企业技术创新管理

刘振武　高旭东　胡　健　著

石油工业出版社

内 容 提 要

技术创新能力是企业竞争优势最主要的源泉之一，技术创新管理对企业的生存和发展具有至关重要的作用。本书主要内容包括：技术创新能力与企业竞争优势、技术创新战略、企业研发组织管理、研发项目管理、研发人员管理、企业知识产权管理、研发项目的评估与决策、技术变革与演化的基本规律与理论。本书适合于从事技术创新和管理的人员阅读。

图书在版编目（CIP）数据

企业技术创新管理/刘振武 高旭东 胡健著.
北京：石油工业出版社，2010.6
ISBN 978-7-5021-6541-3

Ⅰ. 企…
Ⅱ. ①刘…②高…③胡…
Ⅲ. 企业管理-技术革新
Ⅳ. F273.1

中国版本图书馆 CIP 数据核字（2008）第 040645 号

出版发行：石油工业出版社
（北京安定门外安华里 2 区 1 号　100011）
网　址：www.petropub.com.cn
发行部：（010）64210392
经　销：全国新华书店
印　刷：石油工业出版社印刷厂

2010 年 6 月第 1 版　2010 年 6 月第 1 次印刷
787×1092 毫米　开本：1/16　印张：19.5
字数：380 千字　印数：1—2000 册

定价：76.00 元
（如出现印装质量问题，我社发行部负责调换）

前　言

我国越来越多的企业逐步认识到，技术创新能力是企业竞争优势最主要的源泉之一，技术创新管理对企业的生存和发展具有至关重要的作用。我们认为，经济国际化给我国企业带来的挑战是前所未有的，如果不能在比较短的时间内在核心技术的自主开发和产业化方面取得重大突破，在我国市场上，我国企业在同跨国公司面对面的竞争中就很难取胜；在失去了国内市场的支撑后，我国企业在国际市场上也不可能有好的表现。

面对严峻的挑战，如何尽快提高技术创新能力？这是本书试图回答的问题。我们认为，必须做好以下工作：正确认识技术创新能力与企业竞争优势的关系，制定有效的技术创新战略，提高研发组织管理、研发项目管理、研发人力资源管理、知识产权管理水平，不断加强对技术变革和技术演化的基本规律、基本理论和基本知识的学习。

本书的总体结构如下：第一章，首先介绍技术与技术创新的概念，进而探讨技术创新能力与企业竞争优势的关系，并强调指出，核心技术不是企业竞争优势的唯一来源，但一定是最重要的来源之一；两个企业直接竞争时，在其他条件一定的情况下，缺乏核心技术的，一定处于不利地位。正因为如此，我国企业在应用“比较优势论”时要非常谨慎。“比较优势论”是关于国际分工、国与国之间贸易的理论，我国企业在国际市场上遵循这一理论，发挥特有的优势（比如劳动力成本低），是有一定道理的。但是，如果把“比较优势论”泛化，用于国内市场上的竞争，就非常值得商榷，因为我国已经加入 WTO，国内市场已经非常开放，国内企业与跨国公司在国内市场上是直接面对面地竞争，劳动力成本低、甚至了解国内市场等传统优势将逐渐降低，甚至消失。

第一章还特别强调，对自主技术创新缺乏信心是影响我国企业技术能力培养的首要因素：很多人认为，国内企业技术能力还很弱并且很难在核心技术开发上有所作为，因此，同跨国公司竞争需要寻找其他的方法，比如试图通过单纯的“商业模式”或“管理模式”创新来弥补技术能力的不足，或者试图以没有核心技术的“集成创新”代替核心技术的自主创新。这都是典型的信心不足的例子。实际上，自主技术创新是可以做到的，我国企业没有必要妄自菲薄，关键是需要避免陷入五大误区。

第二章介绍企业技术创新战略的基本概念、主要内容以及我国企业的技术创新战略。我们把“技术战略”界定为关系技术管理和技术创新全局的一些重要问题，比如，正确认识技术战略与企业总体战略的关系，正确把握企业技术创新的边界，正确认识企业技术能力培养的影响因素，有效组织企业技术创新活动等。我们特别强调，我国企业作为发展中国家的企业，又处在经济国际化、竞争日趋激烈的背景下，需要特别注意正确认识发展中国家企业技术能力培养的特殊性，比如，正确处理技术引进与自主开发的关系、技术追赶与技术超越的关系；不断探索在技术能力培养上“以小搏大”的方法，从而有效应对来自跨国公司的竞争。

第三章至第七章分别介绍如何进行企业研发组织管理、研究和开发项目管理，研发人力资源管理，企业知识产权管理以及研究和开发项目评估与决策。具体而言，第三章“企业研发组织管理”的主要内容包括：企业研发组织的产生与发展；设计企业研发组织需要考虑的主要问题；加强企业内部技术转移的组织保障；企业海外研发机构的设立与管理。第四章“研发项目管理”的主要内容包括：研发项目管理的概念和特点；研发项目管理的工具和流程；门径管理流程及其发展；研发项目的组合管理。第五章从介绍研发人员管理的特殊性入手，分析研发人员的人力资源规划和职业生涯设计，研发人员的绩效考核和激励机制，以及研发团队如何通过有效沟通与合作提高研发效能。第六章分析知识产权制度和技术创新的关系，介绍企业知识产权管理的主要内容，探讨知识产权战略的制定和实施。第七章阐述研发项目评估与决策的基本原则，介绍研发项目评估与决策的定量和定性方法以及综合定性和定量的管理科学方法，讨论不同方法对不同研发项目评估和决策的适用性，以及多研发项目组合评估和决策的理论和案例。

本书的前七章主要介绍企业技术创新与管理的内容和方法，具有比较强的实用性，是本书的基本内容。与此同时，我们认为，为了提高技术创新的有效性，企业还需要对技术变革与演化的基本规律与基本理论有深入的认识，防止出现“知其然，不知其所以然”的情况。基于这一考虑，我们在第八章中集中介绍了技术创新管理的一些重要理论基础，包括：技术演变的A—U模型、技术生命周期理论、结构性技术变革理论、S曲线以及关于创新的源泉的理论。

本书反映了我们在技术管理领域多年研究和实践的一些体会，希望它的出版能够对我国企业提高技术创新能力，为我国学术界进一步加强和深化技术创新管理研究，起到一定的作用。对于书中的错误和不足，请技术管理领域的同仁们指出，以备将来修正。

本书是集体合作的成果：中国石油天然气集团公司副总工程师刘振武以及孙星云、张建军、清华大学高旭东、西安石油大学胡键负责全书的策划、统稿；中国石油天然气集团公司、清华大学、西安石油大学有关人员负责初稿的写作，具体分工为：第一章和第二章由清华大学高旭东、中国石油天然气集团公司孙星云、张建军负责，第三章由西安石油大学范琦、黄莉负责，第四章由清华大学李纪珍负责，第五章由西安石油大学侯海青、陈楠负责，第六章由西安石油大学田党宏负责，第七章由清华大学李习宝、李纪珍负责，第八章由清华大学王毅负责。

目　　录

第一章　技术创新能力与企业竞争优势

这一章介绍技术创新的基本概念，技术创新能力与企业竞争优势的关系，以及在国际化条件下我国企业开发自主核心技术、提高技术创新能力的基本思路。

第一节　技术创新的概念

现代管理学对技术和技术创新的理解有其独特的视角，是理解企业的性质、企业管理模式、企业技术创新模式、企业竞争优势的来源等问题的重要基础。

一、技术的概念

按照《现代汉语词典》(2002) 的定义，技术 (Technology) 是指"人类在利用自然和改造自然的过程中积累起来并在生产劳动中体现出来的经验和知识，也泛指其他操作方面的技巧；技术有时也指技术装备。"

卢森博格和佛里斯泰克认为，技术是储存在由专业人员组成的一个个团队中的知识的总和，而这些知识来源于人们在设计、生产、投资等活动中积累起来的经验。从这一意义上讲，技术不是显性的公共信息，不能免费获得，不能随意获得，也不能免费复制。技术主要是隐性的知识，不可能全部以设计图纸、工作手册等形式体现出来[1]。

帕威特持有类似的观点，认为技术是一系列高度差异化的技能和知识，它们不能够简单地从科学原理中得出，也不能简单地直接归结为科学原理，而是以技能、实践以及经验估计为基础的[2]。

勃高门等在他们主编的《技术与创新的战略管理》一书中认为，技术是可以用于开发产品、服务以及生产和运输系统的理论和实践方面的知识和技能。技术可以体现在人、原材料、认知过程和物理过程、工厂、设备以及工具之中。技术通常是将发明和发现转化为实际应用的开发活动的结果[3]。

二、技术创新的概念

在《现代汉语词典》中没有对技术创新 (Technological Innovation) 直接定义，而是定义了"技术革命"和"技术革新"。前者是指生产技术上的根本变革，例如从用体力、畜力生产改为用机器生产；后者是指生产技术上的改进，如工艺流程、机器部件等的改进。

马为和卢森博格认为，技术创新是指“上游的”科学知识在“下游的”新产品设计和新工艺开发中的应用[4]。这一定义是对新古典经济学理论的补充和纠正：新古典经济学理论关心的是企业如何独享研究的成果。马为和卢森博格同时还强调支持利用研究成果的条件。

根据马为和卢森博格的研究，技术创新的特点可以归纳为：

(1) 用于技术创新的知识的获取不是一劳永逸的。技术创新的过程不是单向的、一次性的从基本的科学知识向应用的转移。技术创新与知识转移是一个复杂和交互的过程。在这一过程中，双向的、持续的信息流通起着至关重要的作用。

(2) 成功的技术创新需要技术与经济两个层面的结合。在技术层面，成功的技术创新需要考虑现有的可以利用的技术知识；在经济层面，成功的技术创新需要考虑经济效果，也就是需要考虑技术创新需要达到的效果以及不同技术方案的有效性。

(3) 技术创新要以企业的技术积累为基础。一个企业的技术知识是与该企业的具体特点紧密相关的，是企业 R&D 部门与其他部门互动的结果，因而相当一部分知识是隐性的。正因为如此，一个企业的技术创新需要以企业的技术积累为基础。

(4) 正确理解基础研究的作用。基础研究一般不会直接解决企业的技术问题。但是，深入的基础研究可以为应用研究指明方向。基础研究还是监控、评价企业外部有关研究的基础。因此，基础研究应当被看做是知识网络的入门券。特别需要指出的是，基础研究有其特殊的规律：从基础研究中获得的知识是高度不可预测的。从这一意义上讲，基础研究是不可计划的。为了提高基础研究的有效性，最有效的办法是创造能够使从事基础研究的科学家和工程师与从事应用研究的科学家和工程师高度互动的条件。

需要特别指出的是，著名学者熊彼特在他的《经济发展理论》一书中对“发展”(Development) 的定义对人们理解“创新”，包括技术创新，产生了深远的影响。在熊彼特看来，“发展”，或者叫“创新”有 5 种含义[5]：

(1) 采用一种新的产品，也就是消费者还不熟悉的产品，或一种产品的一种新的特性。

(2) 采用一种新的生产方法，也就是在有关的制造部门中尚未通过经验检定的方法，而且这种新的方法不一定要建立在科学新发现的基础之上。

(3) 开辟一个新的市场，也就是有关国家的某一制造部门以前不曾进入的市场，不管这个市场以前是否存在过。

(4) 获取或控制原材料或半成品的一种新的供应来源，不必问这种来源是已经存在的，还是第一次被创造出来的。

(5) 实现任何一种工业的新的组织，例如形成一种垄断地位（例如通过“托拉斯化”），或打破一种垄断地位。

还需要特别指出的是，熊彼特特别强调，正确理解他讨论的“发展”，或者叫“创新”，需要特别注意两点：

(1) 创新并不一定要由现有的企业、包括行业领先企业来实现。相反，在很多情况下，创新是由新创企业实现的。

(2) 创新不是一般的技术进步或提高生产率，而是发明或发现使用生产要素的全新的方法，或者发明或发现新的生产要素。

第二节 技术创新能力与企业竞争优势

技术创新能力是企业竞争优势最主要的源泉之一，在本节中我们将从理论和实践两个角度对此加以说明。

一、关于竞争优势来源的理论

1. “资源基础论”

在战略管理领域，关于竞争优势的来源有很多研究和理论，其中“资源基础论”（The Resource Based Perspective，简称“the RBP”）代表了最新的研究成果[6]。在“资源基础论”看来，一个企业持续的竞争优势来源于它独特的“资源”，其主要特点是：有价值，能够为企业带来竞争优势，这是首要的，也是显而易见的；稀缺性，难以在竞争性市场上买到；难以模仿，竞争者不可能在很短时间内开发出相同的资源；难以替代，其他资源不能带来同样的竞争优势。

虽然“资源基础论”还没有清楚地描绘出能够为企业带来竞争优势的独特“资源”的所有具体表现形式，但是很多研究表明，以核心技术为主体或基础的“知识资产”（Knowledge Based Assets），是最重要的表现形式之一[7~10]。换句话说，核心技术不是企业竞争优势的唯一来源，但一定是最重要的来源之一。两个企业直接竞争时，在其他条件一定的情况下，缺乏核心技术的，一定处于不利地位。

2. “比较优势论”

同“资源基础论”相比，“比较优势论”目前在我国的影响更为广泛。根据这一理论，我国企业在同国外企业、特别是跨国公司的竞争中没有资金优势，但是享有劳动力成本低的优势，因此我国企业目前还不到需要高资金投入的自主技术创新阶段，而是需要以引进技术为主，以低成本同国外企业、特别是跨国公司进行竞争。通过发挥“比较优势”，我国经济的高速增长就还可以持续很长一段时间。

我们的基本观点是，“比较优势论”是关于国际分工、国与国之间贸易的理论，我国企业在国际市场上遵循这一理论，发挥特有的优势（例如劳动力成本低），是有一定道理的。但是，如果把“比较优势论”泛化，用于国内市场上的竞争，就非常值得商榷，因为我国已经加入 WTO，国内市场已经非常开放，国内企业与跨国公司在国内市场上是直接面对面地竞争，国内企业劳动力成本低、甚至了解国内市场等传统优势将逐渐降低，甚至消失。

一个紧密相关的问题是，如何看待“比较优势”在日本、韩国经济发展中的作用？一方面，在经济追赶过程中，日本、韩国很多企业的产品出口的确遵循了“比较优势”原则，充分发挥了劳动力成本低的优势。但是需要注意的是，这是在国际市场上、在实施“出口导向”发展战略的过程中。在国内市场上，在相当长的时间里，日本、韩国企业并没有真正同跨国公司正面竞争，因为国内市场高度保护，外资流入也非常少，国内市场的竞争主要是国内企业之间的竞争，起作用的不是“比较优势”。

另一方面，日本、韩国企业在发展很多支柱产业（比如钢铁、汽车、通讯设备等）时，都违反了“比较优势论”。这些企业这样做的结果，不是在竞争中失败而是也具备了强大的国际竞争力[11~14]。至少在这些产业，“比较优势论”是难以成立的，企业国际竞争力的培养也不一定需要遵循“比较优势”原则。这也很容易理解：“比较优势论”是建立在一系列假设基础之上的，但是在现实中，很多假设是不成立的，在这种情况下如果硬要根据“比较优势”来制定国家政策和企业发展战略，那就只会在实践中失败。

实际上，韩国、日本企业提高国际竞争力的核心是，在高度保护的国内市场上，国内企业以“竞争优势”而不是“比较优势”为基础展开竞争，逐步提高竞争力，在竞争力达到国际水平之后（而不是之前），再大举进军国际市场。

3. “企业资源与产业竞争阶段匹配模型”

如果“资源基础论”是正确的，那么如何解释这一现象：改革开放以来，我国很多企业并没有多少“核心技术”等资源，为什么也能够迅速发展？为了解释这一现象，高蔚卿提出了“企业资源与产业竞争阶段匹配模型”[15]。根据这一模型，企业的成长既取决于企业拥有的资源，也受产业竞争阶段和环境的影响。

就企业拥有的资源而言，可以分为两类：通用性资源和独特性资源。通用性资源是企业能够在不同业务单元中使用，具有较强的共享性和可转移性的资源，例如各种职能管理能力（特别是财务管理能力、市场管理能力以及资本运营能力），品牌和声誉，企业文化，资金等。与通用性资源相反，独特性资源是很难在不同业务单元之间转移或共享的资源，例如特定用途的自然资源、技术优势和专有知识等。

产业竞争也可以分为两个阶段：初级阶段和高级阶段。在产业竞争的初级阶段，存在很多有利于企业以通用性资源参与竞争的条件，企业可以凭借通用性资源获得竞争优势；在竞争的高级阶段，通用性资源在竞争中的地位将趋于下降，独特性资源在竞争中的作用将显著提高。

根据“企业资源与产业竞争阶段匹配模型”，改革开放以来，我国很多企业之所以在没有多少“核心技术”等独特性资源的情况下，仍然能够快速发展，是可以理解的。我国很多产业处于产业竞争的初级阶段，通用性资源在竞争中起着关键性作用。但是，随着竞争从初级阶段走向高级阶段，“核心技术”等独特性资源的作用日益增强，我国企业缺乏独特性资源的负面影响正在凸现出来。

二、从实践看技术创新能力与企业竞争优势的关系

从技术战略的角度，我国企业大体可分为5类：(1) 以引进消化吸收国外技术为主的企业（例如家电企业）；(2) 以合资为主的企业（例如大部分轿车企业）；(3) 利用全球统一的技术平台的企业（例如联想）；(4) 以自主产品集成国外技术的企业（例如VCD/DVD以及U盘生产企业）；(5) 以发展自主核心技术为主的企业（例如方正、曙光、华为、中兴、大唐等）。上述5类企业中的前4类，都曾经取得过辉煌的成就。但是，国际化、加入WTO使得很多企业正在甚至已经被边缘化。

1. 引进消化吸收国外技术

长期以来，引进消化吸收国外技术是我国企业解决技术来源问题的主要方法之一，也曾经很有效。以我国的家电企业为例，通过引进消化吸收国外技术，在品牌、规模和国际化方面都取得了巨大成就。

但是，在我国加入WTO以后，特别是最近一段时间以来，情况已经发生了非常大的变化。首先是跨国公司越来越把国内企业当成对他们有威胁的竞争对手，技术转让越来越困难，国内企业靠引进技术来发展的可能性越来越小了。

另外，也是更严峻的，由于跨国公司在我国本土市场上与国内企业直接面对面地竞争，国内企业已经感受跨国公司的巨大压力，生存问题并没有真正解决。

在《北大商业评论》评出的2004年中国市场最具价值消费品牌中，韩国的三星名列第一。这说明了什么呢？一方面说明了我国经济开放的力度已经很大，另一方面也说明了国内企业面临着巨大的竞争压力。

压力有多大呢？看一看三星是个什么样的企业就清楚了：2000年，在美国获得专利的所有公司中，三星的专利数量名列全球第四；2003年，三星品牌被

国际权威品牌评估机构 Interbrand 评为世界上最有价值的 25 个品牌之一，排在 DELL 和 Nike 之前。面对这样的跨国公司，国内企业面临的压力之大是可想而知的。

2. 建立合资企业

建立合资企业也是我国企业解决技术来源问题的主要方法之一，也曾经有比较好的效果，特别是在制造能力的培养和提高方面。但是，总得来讲，合资这种形式对我国企业培养和提高创新能力的帮助是有限的。

例如汽车合资企业，到现在为止也没有真正培养起独立的轿车开发能力，没有真正建立起有影响的轿车自主品牌。大量的研究表明，轿车合资企业目前的日子普遍不好过：中方合作伙伴对企业没有控制权，没有车型，需要消化巨额的成本上升，而且被外方看不起，认为中方合作伙伴的“贡献几乎为零”。更为严峻的是，中方合作伙伴有被跨国公司甩掉的危险，因为加入 WTO 后，中方合作伙伴的作用的确大大下降了。

3. 利用全球统一的技术平台

利用全球统一的技术平台是指，在核心元器件主要由供应商主导的行业，例如微机制造，我国的最终产品生产企业可以通过在国际市场上购买这些核心元器件而获得发展。联想就通过采购英特尔的 CPU、微软的操作系统、其他有关企业的显示屏等来组装微机。从这一角度看，联想与 DELL 是站在同一条起跑线上的。

但是，即使是可以通过利用全球统一的技术平台来发展的情况下，在我国加入 WTO 以后，我国企业也面临越来越大的压力。这是因为，我国企业大都是后来者，比如联想相对于 DELL，品牌、规模都可能没有优势。实际上，戴尔对联想已经形成了巨大的挑战，在笔记本电脑市场上如此，在台式机市场上也是如此。2005 年，戴尔公布的一款型号为 Dimension 2400N 的 17 英寸❶液晶电脑的报价比联想的 17 英寸液晶电脑的最低价还要低 200 元[16]。

4. 以自主产品集成国外技术

以自主产品集成国外技术指的是，虽然我国企业没有核心技术，但是可以提出全新的产品或服务概念，并以这些全新的产品或服务概念集成国外的核心技术。我国 VCD/DVD 行业走的就是这样一条路子，在一段时间内也获得了很大的发展。

但是，以自主产品集成国外技术也存在严重的缺陷，因为我国企业不掌握核心技术。例如，我国的 DVD 生产企业已经面临巨大的压力，受跨国公司专利费征收的影响，多数国内企业已经停止了普通 DVD 产品的出口；与此同时，跨国

❶ 1 英寸 = 0. 0254 米。

巨头在我国市场上则开始全面低价渗入，整个 DVD 行业隐藏着极大的危机[17]。

与上述 4 类企业不同，我国自主技术创新搞得好的企业，总体而言情况要好得多。1994 年，北大方正在我国报纸照排市场上占有 99%的份额，在书刊照排市场上占有 90%以上的份额。到 1994 年，曾对北大方正构成严重威胁的某国外公司，在技术上已经走下坡路，产品正在被北大方正的产品取代[18]；现在，北大方正的产品早已经销售到世界各地，而且正从中文市场向西文市场发展。中兴、华为以自主开发的大容量数字程控交换机为基础，已经在众多领域取得技术突破，成为跨国公司强有力的竞争者。

中国石油天然气集团公司（以下简称“中国石油”）下属企业宝鸡石油机械有限责任公司（以下简称“宝石公司”）的发展历史也充分说明了技术创新与企业竞争力的关系。

宝石公司的前身是宝鸡石油机械厂（以下简称“宝石厂”），始建于 1937 年，是新中国第一个专门从事石油机械研制生产的国有企业，是国务院最早确定的机电产品出口基地之一，也是中国石油下属最大的石油装备制造企业，在我国石油机械制造史上创造了辉煌，曾一次次地填补了我国石油机械工业的空白，曾率先把一批批系列石油机械产品打入国际市场，在诸多标志着我国石油机械装备制造综合实力和科研水平的重大项目上，刻下了“宝石”的品牌印迹。

但是，进入 20 世纪 80 年代末，由于产品多而不具规模，企业大而不强，主导产品之一的石油钻机局限在传统中小型机械钻机上，宝石厂效益逐渐下滑，陷入困境。1991 年，在国内最大的一次抽油机订货会上，订货总量 4000 台，而作为石油装备制造行业第一大厂的宝石厂，经上级部门协调才拿到 20 台订单，仅占总量的 0.5%，败在了众多小兄弟厂家的手下。

从 1997 年开始，宝石厂在新一届领导班子的带领下，调整发展战略，大力提高技术创新能力，用技术创新和高新产品开拓市场，取得了令人瞩目的成就。1998 年底，公司一次完成国内首台 5000 米直流电驱动钻机的起升，这不但显示了宝石公司的设计制造能力和水平，更重要的是增强了公司进一步开发新产品的信心，5000 米直流电驱动钻机也成为日后宝石公司的主导产品之一。

2001 年，宝石公司先后在国内多个油田企业组织的招标项目中中标，拿到了 30 多台钻机订单，合同额 3 亿多元，远远超过了竞争对手。2002 年，生产钻机 55 台（套），泥浆泵 256 台，超过全球最大的石油机械制造商美国国民公司年产量 30%，成为全世界最大的石油钻机制造企业。2004 年，宝石公司又取得了更大的成就：首次被评为“中国机械工业最具成长性公司”和“中国企业新纪录优秀创造单位”；填补了国内空白并打破国外垄断的首台海洋模块钻机在中国南海顺利开钻；向全球最大的钻井承包商美国 Nabors 公司成套出口“宝石”深井交流变频电驱动 ZJ70DB 钻机；国内第一台 9000 米超深井交流变频电动钻机交付用户。

第三节　我国企业技术创新能力的培养

如果技术创新能力是企业竞争力的重要来源，我国企业如何才能尽快培养起自主技术创新的能力呢？我们认为，根本的出路是提高技术创新管理的水平。其中包括：树立自主技术创新的信心，制定有效的技术创新战略，提高研发组织管理、研发项目管理、研发人力资源管理、知识产权管理的水平，并不断加强对技术变革和技术演化的基本规律、基本理论和基本知识的学习。在本节中，我们主要讨论如何树立自主技术创新的信心，其他内容则分别在以后各章节中介绍。

一、建立自主技术创新的信心

对自主技术创新缺乏信心是影响我国企业技术能力培养的首要因素。很多人认为，国内企业技术能力还很弱，很难在核心技术开发上有所作为，因此，同跨国公司竞争需要寻找其他的方法。试图通过单纯的“商业模式”或“管理模式”创新来弥补技术能力的不足，从而对抗跨国公司的想法。这是信心不足的典型例子。试图以没有核心技术的“集成创新”代替核心技术的自主创新也是典型的信心不足。

问题在于，跨国公司也可以进行“商业模式”、“管理模式”创新以及“集成创新”，如果只进行这类创新而忽略核心技术的开发，国内企业仍然无法有效应对跨国公司的挑战。实际上，自主技术开发是可以做到的，我国企业没有必要妄自菲薄，关键是需要避免陷入 5 大误区[19,20]。

1. 误区一：过高估计跨国公司的技术优势和竞争优势

实际上，跨国公司的优势并没有人们想象的那样大。这是因为，虽然跨国公司拥有核心技术等优势，但是它们要在我国市场上把技术优势转化为竞争优势可能面临很多的障碍。这些障碍至少包括政策障碍、资源障碍、协调障碍、战略障碍。

从某种程度上讲，政策障碍是发达国家企业、特别是跨国公司把它们拥有的“知识资产”或核心技术在发展中国家市场上转化为竞争优势面临的最明显的障碍。政策障碍来源于政府对发达国家的企业、特别是跨国公司的限制[21,22]。例如关税、不允许外国企业持有多数股份的规定、不允许外国企业建立自己的销售渠道均是政策障碍。

需要指出的是，政策障碍既可能来源于发展中国家的政府，也可能来源于发达国家的政府。如某些发达国家的政府限制它们国家的企业向某些发展中国家出口高技术。在这种情况下，这些发达国家的企业，特别是跨国公司，虽然拥有核心技术优势，但是它们面临自己国家政府的政策障碍，它们的高技术优势就难以顺利或完全转化成为竞争优势。

通过设置政策障碍来限制发达国家的企业以保护本国工业发展的例子非常多。日本汽车工业的发展是一个典型例子。无论是二战前还是二战后的很长一段时间里，美国和欧洲的汽车企业比日本企业有明显的竞争优势。但是，在日本市场上，主要是小型轿车市场上，这种优势并没有发挥出来。在二战前，日本政府通过不允许外国企业成为主要股东的做法，把福特、通用等公司挤出了日本市场。二战后，日本政府通过严格限制轿车进口，使得美国和欧洲汽车企业的竞争优势无法发挥。

资源障碍来源于跨国公司之间的竞争。虽然在某些行业跨国公司能够获得高额利润，甚至垄断利润。但是在大多数情况下，跨国公司之间也存在剧烈的竞争。因此，很多跨国公司的利润不是很高。这意味着，很多跨国公司试图在发展中国家投资，把它们的技术优势转化为竞争优势时会面临比较强的资源约束。那种认为跨国公司一定拥有资金优势的看法，在很多情况下是不正确的。

资源障碍的一个例子是汽车工业。在这一行业，自 20 世纪 70 年代以来，跨国公司之间的竞争异常激烈，企业盈利很少。美国三大汽车企业在上世纪 80 年代陷入了严重的危机，利润严重下滑，甚至亏损严重。这种状况一直到上世纪 90 年代才有所改善，但直到现在也没有完全好转。日本的汽车工业，除了丰田公司以外，目前情况也不好。

协调障碍来源于跨国公司协调企业内部活动的复杂性。跨国公司一般都规模巨大，各部门、各项活动之间的协调非常复杂。这种高度复杂的组织协调使得跨国公司难以顺利地把它们的优势资源从它们的母国转移到发展中国家，在发展中国家使用。

协调障碍的一个例子也来源于汽车工业。某跨国公司在全球拥有子公司，在德国的子公司拥有出色的汽车设计能力，在日本的子公司拥有先进的降低汽车开发和生产成本的能力。该跨国公司做了很大努力，试图把这两种能力推广到其他子公司，但是收效甚微。

战略障碍来源于跨国公司的战略考虑。对于大多数跨国公司而言，虽然它们在很多国家有业务，但是它们在其母国的业务一般都具有战略意义。母国市场大都是跨国公司收入和利润的主要来源。像技术这样的资源主要是在跨国公司的母国开发的。相反，外国市场，特别是发展中国家的市场，一般只是处于次要地位。正因为如此，跨国公司一般都是把它们的大部分资源和精力用于其母国，而对发展中国家的市场只作有限的投入。在发展中国家，跨国公司可能只对高端市场感兴趣，只在大城市开展业务，忽略欠发达的城市、小城市和农村地区。跨国公司也可能只是把它们针对其母国开发的技术和产品转移到发展中国家，而很少针对发展中国家的市场特点做适应性变化。这样做的结果是，跨国公司的技术等优势难以真正发挥作用。

战略障碍的例子也很多。某著名豪华车制造公司，虽然有很好的技术和产品，但是对中国市场的关注在很长时间内非常有限，因此出现了售后服务非常糟糕、消费者非常不满意的情况[23]。跨国公司的战略障碍也是包括中兴、华为在内的我国通信设备制造企业崛起的一个重要原因。

2. 误区二：过低估计中国企业开发核心技术和提高技术能力的机会

无论在成熟技术领域还是在新兴技术领域，我国企业都有很多开发核心技术和提高技术能力的机会。在新兴技术领域，至少有学习性机会、动力性机会、组织性机会和文化性机会四种机会。

学习性机会来源于新技术开发的低进入壁垒。许多研究表明，新兴技术的一个重要特点是其进入壁垒比较低，因此，很多企业都有机会尝试各种方法来发展新兴技术。这就意味着发展中国家的企业也可以利用这种低的进入壁垒在新兴技术领域做各种尝试，不断积累知识，取得突破，甚至可以超越跨国公司，率先在新兴技术开发上取得成功。

动力性机会来源于发展中国家的企业可能具有的开发和使用新兴技术的动力优势。许多研究表明，现有的领先企业一般都存在开发和使用新兴技术动力不足的问题，因为新兴技术的开发和使用可能会对这些企业的现有业务造成威胁。由于发展中国家的企业相对于跨国公司而言大都是跟随者，因而对这种威胁的担心应该要小，而对开发和使用新兴技术的动力应该要更大。这就意味着发展中国家的企业可以利用它们的动力优势在新兴技术上赶超跨国公司。

组织性机会来源于发展中国家的企业可能具有的开发和使用新兴技术的组织优势。许多研究表明，现有的领先企业在开发和使用新兴技术上面临很多组织障碍。现有的组织结构和程序很可能使企业难以觉察到结构性的技术变化，或难以安排适当的资源和采取必要的组织措施开发和使用新兴技术。在新兴技术对企业现有能力不是促进而是取代或使其价值降低时，情况更是如此。由于发展中国家的企业相对于跨国公司而言是跟随者，它们在开发和使用新兴技术时受到现有组织结构和程序的阻碍应该要小，这就意味着发展中国家的企业有更多的组织优势进行新兴技术的开发和使用。

文化性机会来源于发展中国家的企业可能具有的开发和使用新兴技术的文化优势。一些研究表明，现有的领先企业在开发和使用新兴技术上面临文化障碍。

比如，领先企业往往相信他们拥有最先进的知识和技术，而不会认真考虑其他企业拥有最先进的知识和技术的可能性。由于发展中国家的企业相对于跨国公司而言是跟随者，它们受到上述文化影响的可能性要小，因而更有可能感知到新兴技术的发展，从而采取相应的措施。

我国不少企业已经利用新兴技术提供的机会在核心技术开发上取得了成功。比如前面介绍过的北大方正。北大方正在激光照排上为什么能够取得巨大成功？一个重要的原因是他们在 1976 年选择了开发新兴技术，即开发当时还没有的商品——第四代激光照排系统，而不是仿制当时流行的二代机或三代机。同北大方正类似，由于坚持在新兴技术上进行探索，中兴在软交换技术上已经成为世界的领先者之一；曙光公司在高性能计算机上能够与 IBM、惠普、SUN 等公司同台竞争；大唐的 TD-SCDMA 成为 3G 国际三大标准之一，在产业化上也进入了快速发展时期。

除了在新兴技术领域的机会外，发展中国家的企业在成熟技术领域也有机会提高它们的技术能力，缩短与跨国公司的差距，虽然这并不容易。这些机会至少包括："改进成熟技术"的机会和"重新发明"成熟技术的机会。

"改进成熟技术"的机会来源于对现有技术进行改进的可能性。工艺或流程创新就是改进成熟技术的一种机会。以丰田为代表的日本汽车企业创造的"精益生产方式"是一个典型例子。我国著名企业海尔的 OEC 就是工艺或流程创新成功的典型例子。

"重新发明"成熟技术就是开发与现有成熟技术功能相同或类似的技术。"重新发明"成熟技术的机会来源于对现有技术"重新发明"的可能性。王选教授就指出，进入我国市场的外国产品有可能存在缺陷，从而为我国企业改进这些产品创造了机会。这些缺陷包括：(1) 开发年代早，未能跟上新潮流；(2) 集成度低，使用不便；(3) 过分通用，不适合某些专门领域。

在很多情况下，"重新发明"成熟技术对发展中国家的企业具有重要意义。比如跨国公司基于某种考虑可能不同意转移某种成熟技术，即使同意转移，也可能价格太高。

很多因素有利于"重新发明"成熟技术。首先，因为是成熟技术，有关这些技术的信息就比较容易获得，因而有利于"重新发明"成熟技术。有关信息可以通过分析有关专利获得，也可以通过分析有关产品获得，还可以通过阅读有关出版物获得。实际上，这些信息不但有利于"重新发明"成熟技术，而且有利于改进成熟技术。

其次，新的技术开发工具的应用也有利于"重新发明"成熟技术。例如计算机集成制造技术（CIMS）已经帮助我国不少企业提高了产品设计、开发和制造能力。

再次，很多成熟技术是智力密集型或知识密集型的，它们的“重新发明”可能不需要太多的资金投入。比如软件技术、产品设计技术中最主要的是智力投入，开发周期也可能比较短。我国通讯设备制造企业的迅速崛起，一个非常重要的原因是它们选择了知识密集型技术为突破口。

“重新发明”成熟技术与“改进成熟技术”可以同时进行。为我国通信设备制造业的崛起立下汗马功劳的 HJD 04 大容量数字程控交换机就是一个很好的例子。在设计该交换机的数字交换网络结构时，我国的科研工作者打破了传统的时—空—时（T—S—T）结构，设计了分布式复制 T 交换网络，大大提高了 HJD 04 机的性能[24]。

3. 误区三：认为发展自主核心技术必须从“引进、消化、吸收”开始

长期以来，大多数中国企业的技术能力培养走的是“引进、消化、吸收”的道路，并认为这是发展核心技术的必由之路，因为日本和韩国企业就是这样走过来的。

这种认识也存在非常大的问题，因为在国际化程度日益提高，特别是中国加入 WTO 以后，中国企业的发展环境发生了根本性的变化。在相当长的一段时期内，日本和韩国企业很少面临跨国公司的直接竞争，因此有时间和空间真正消化吸收引进的技术，进而开发自主核心技术。战后日本政府长期通过严格限制轿车进口保护本国轿车工业，直到 20 世纪 70 年代日本企业已经具备了强大的国际竞争力以后，这种保护才逐渐减少。

中国企业则不同，现在必须直接面对跨国公司的竞争，很可能没有足够的时间和机会来对引进的技术进行消化吸收。中国的电视机制造工业通过技术引进迅速发展，中国早已成为世界上最大的电视机生产国。但由于对培养技术创新能力的重要性认识不足也重视不够，我国企业还没有能够在核心技术的开发上取得大的突破，在同跨国公司的竞争中面临很大困难，不得不在核心技术上仍然严重依赖于跨国公司；而随着跨国公司的本地化，国内企业的成本优势也日益消失。令人欣慰的是，20 世纪 90 年代末以来，有些企业意识到了缺乏核心技术的问题，并开始采取行动。

4. 误区四：过度依赖跨国公司提高自己的技术创新能力

很多中国企业认为，由于自身的技术能力较弱，应该通过与跨国公司合资或合作来培养自主创新能力。实践证明，这种做法对培养自主技术创新能力的作用有限，甚至有反作用。

以汽车工业为例，二战结束时尼桑公司在汽车生产上比丰田公司经验丰富，之后尼桑公司选择了同跨国公司合作，而丰田公司选择了自主开发，最终丰田公

司取代了尼桑公司的领先地位。又比如，大宇公司曾是韩国汽车工业的领先者，但之后大宇公司采用与通用公司合资的模式，而现代公司更注重自主发展，最终超越了大宇公司。再比如，中国合资汽车企业中的中方企业，无论是规模、资金还是人才，大都比选择自主发展的国内企业要强得多，但是，真正开发出自主品牌轿车的是后者，而不是前者。

对中国新技术企业的研究发现，同跨国公司建立战略联盟往往不是促进，而是阻碍了中国企业的新产品开发；只有当中国新技术企业自身的创新能力较强时，同跨国公司建立战略联盟的作用才是正面的。

合资对提高企业技术创新能力有限，主要有三个原因：

第一，提高合资企业的技术创新水平可能不符合跨国公司的利益，因为跨国公司选择合资的目的是为了更好地实现自己的全球战略和获得更高的投资回报，往往看中的是当地合作方的制造能力或资源，对技术转移则持谨慎或保留态度。例如，大宇公司选择同通用汽车公司合资，是出于增强自主开发能力的考虑，而通用汽车公司的目的却是把大宇汽车公司当作其全球制造工厂之一。

第二，合资这种组织形式提供的学习机会有限。以汽车合资企业为例，在自主培养核心技术能力的情况下，中国企业可以学习到轿车开发的所有主要环节，从内外形设计、模型设计、工程设计、工艺设计到生产制造，从而开发核心技术，提高技术水平。在合资的情况下，能够提高技术水平的范围就主要局限于生产制造环节上。同时，合资企业的车型多是跨国公司已有的车型，技术开发常常着眼于改进这些车型，很容易陷入合作外方现有的技术路径，难以利用来自其他企业的技术。

第三，与合资、合作相比，独立自主地发展核心技术，常常迫使企业领导和员工全心全意地发展企业，没有后路和借口。中国选择发展自主品牌轿车的企业大都已经建立了研发中心，并真正舍得在研发上投入资金和人力。

5. 误区五：认为自主技术创新必须有巨大的资金投入

一个普遍流行的观点是，中国企业的实力还很薄弱，没有进行自主技术创新的条件[25]。在其他条件一定的情况下，资金投入的多寡会影响自主技术创新的成效。但是，很多技术的开发并不需要大量的资金投入。重庆力帆公司，开发100毫升四冲程摩托车发动机，只花了50万元人民币，但由此奠定了力帆公司迅速成为行业领先者的基础。鲁北化工公司，依靠40万元科技攻关经费，成功地开发出了世界领先的盐石膏制硫酸联产水泥技术。中兴、华为等我国优秀的通信设备制造企业，在开始进行自主核心技术开发时，也都还是规模很小的企业。远大集团、东软集团、用友公司等等，更是白手起家，开发出了自己的核心技术。

特别需要强调的是，影响技术开发的主要障碍可能不是资金短缺。研究表明，企业在没有感受到自主开发技术的压力及没有自主开发技术的信心时，即使有充足的资金，企业也不一定投资于创新能力的培养，更多的是把资源用于扩大规模，或多元化。相反，在企业感受到自主开发技术的压力、也有自主开发技术的信心时，即使受到资源限制，企业也会想方设法寻找各种资源，支持技术开发[26]。

二、自主技术创新并非高不可攀

自主技术创新不但从理论上看是可能的，我国不少优秀企业的实践也说明，自主技术创新并非高不可攀。中国石油、北大方正、中兴通讯、曙光等都是非常成功的例子。

以中国石油为例，在自主技术创新方面已经取得了巨大的成就，最直接的表现是在一系列核心技术、包括重大核心技术的突破方面。下面是几个具体实例：

第一，大型软件 GeoEast V1.0。2003 年，中国石油将 GeoEast 地震数据处理与解释一体化软件研发确定为中国石油“十五”期间重大科研专项，当年 4 月 17 日，项目在东方地球物理勘探有限责任公司（以下简称东方公司）正式启动。一般来说，同等规模（700 万行左右的代码）的软件产品，国外先进的软件公司至少需要 300 人的研发团队，用 3 年至 5 年的时间才能完成。但是，东方公司没用那么长的时间。2004 年 12 月 31 日，在北京中国国际科技会展中心，东方公司总经理王铁军郑重宣布：具有自主知识产权的 GeoEast V1.0 处理与解释一体化系统正式发布。

对于 GeoEast V1.0 成功开发的意义，有关专家评论说，这是中国油气勘探软件发展史上的一个重大事件，也是东方公司发展史上一个具有里程碑意义的事件。为什么给予如此高的评价呢？因为 GeoEast V1.0 的成功开发意味着在大型地震数据处理软件方面，中国企业必须依赖进口的局面有望彻底改变，东方公司国际化的最大障碍将被扫除。

第二，ABS 生产工艺。2003 年 10 月，大庆石化总厂做出了一个重大决策：“依靠自己的力量自主开发 ABS 新工艺”。不到 1 年的时间，ABS 新工艺开发成功。对此，2005 年 4 月 22 日大庆石化总厂厂长、党委书记郑怀义在总厂科技工作会议上指出：“‘PB 聚合、附聚和高胶接枝 ABS 技术’的开发成功，成为我厂自重组分立以来技术发展史上的一件意义深远的大事。这一技术的成功开发，使我们全面掌握了 ABS 生产的核心技术，打破了多年来国外对该技术长期垄断的格局，并被评为 2004 年中国石油科技十大成果之一……这一成绩的取得，是我们艰苦奋斗、自力更生的结果，是我们自主创新的成功实践，必将会更加坚定我们搞好扩能改造的信心和决心。”

2005 年 8 月，大庆石化总厂已经形成了 7 万吨的 ABS 生产能力，并将尽快扩建到 10.5 万吨。大庆石化总厂王彬副厂长说：“我们还要进一步研究，下一步还要再建一个 10 万吨的 ABS 生产线。我们正在申请国外专利，希望将有关专利技术组成一个全新的工艺包，实现向国内外的技术转让。”

第三，多底分支井技术。2004 年 12 月 20 日，中国石油网发布了这样一则报道：辽河油田锦 612－12－新 22FP 分支水平井投产，并获得高产油气流。有关人士称，该井是中国石油重点攻关项目——“多分支钻完井技术”的重点试验井，其配套技术已达到国际 TAML4 级水平。这标志着这项拥有自主知识产权的技术已达到世界先进水平。

所谓分支井，就是从一个主井筒中侧钻出两个或两个以上的分支井筒的井，一般把井下两个井眼钻在同一层的叫多底井，把两个井眼钻在两个不同油层上的井叫分支井。近年来，多底分支井技术已经逐步被认为是提高油气藏动用程度、开采难采储量、改善低效油田开采效果、降低建井成本的有效手段。因此，多底分支井技术目前已成为钻井技术领域的前沿课题。国外各大公司都相继投入了大量人力、物力开展了卓有成效的工作，并已成为国外主要石油公司的标志性技术。

辽河油田和全国许多油田已到了开发的中后期，后备接替资源紧张，老区自然递减和综合递减加快，需要寻求新技术以降低原油开采成本、提高效益。中国石油辽河油田公司的最小井距已到了 83 米，老区平面调整相当困难，进行纵向调整是保持油田和老区稳产的关键，充分利用现有的老井场、管线以及老井筒，提高采收率和采油速度，大幅度降低成本，多分支井开采技术是最有效的方法和措施之一。

第四，“顶部驱动钻井装置”。顶驱是美国华高（Varco）公司于 1982 年研制成功的钻井装备系统，其工作原理是把钻井的动力引至钻具上部，用顶部驱动取代柴油机带动钻机转盘，直接驱动钻具旋转钻井。顶驱具有自动化程度高、安全性能好、提高钻井速度、缩短建井周期、便于优化钻井参数、提高钻井质量、大幅度降低卡钻等钻井事故的发生等优点。

2003 年 1 月 5 日，中国石油与北石厂签订顶驱科技项目合同，组织北石厂、中国石油勘探开发研究院机械所强强联合，发挥各自优势，研发生产具有中国石油自主知识产权的顶驱产品。2004 年年初，四川石油管理局购买了第一台北石顶驱。2004 年 12 月，美国 Rowan 公司定购北石顶驱。

GeoEast 地震数据处理与解释一体化软件、ABS 生产工艺、多分支井技术、顶驱装置等都是非常复杂的技术，但是中国石油把这些技术都开发出来了。中国石油的经验表明，国内企业丝毫没有必要妄自菲薄，不敢进行自主技术创新。只要真正认识到自主技术创新是关系企业生死存亡的大事，真正重视自主技术创新，并采取恰当的措施，自主技术创新就可以成功。

中兴通讯公司是我国通讯设备制造业的杰出代表，在自主技术创新上的成就也是有目共睹的。中兴通讯公司创建于 1985 年，已经成为在全球有一定影响的综合性通信制造业上市企业，是近年全球增长最快的通信解决方案提供商之一，2005 年合同销售额为 450 亿元人民币，其中海外销售额 20 亿美元，与 2004 年同比增加 25％。

中兴通讯公司为什么能够迅速成长为一家在国际上有一定知名度的企业？自主技术创新是基础。具体而言，1995 年 3 月中兴万门机（ZXJ10）的研制成功为中兴从几百家通讯设备企业中脱颖而出立下了汗马功劳。在万门机研制成功的基础上，中兴通讯公司在 1996 年开始了“三大转变”：（1）产品结构突破单一的交换设备，向多元化产品领域扩展；（2）目标市场由农话向本地网、市话网扩展；（3）由国内市场向国外市场扩展。正是以万门机为基础的上述转变，使中兴通讯公司迅速成长壮大起来。

曙光公司是另一个自主技术创新成就巨大的企业。曙光公司成立于 1995 年，目的是为了实现 1990 年成立的国家智能计算机研究开发中心的科研成果的产业化，发展我国的高性能计算机产业。从发展高性能计算机入手，坚持“技工贸”的道路，曙光公司已经成为国内服务器行业最有影响力的本土企业。曙光公司的主要成就集中表现在：

第一，是我国高性能计算机领域的领导企业，推出了一系列具有重要影响力的产品。例如，1995 年 3 月曙光 1000 正式推出，是我国第一台实际运算速度超过每秒 10 亿次浮点运算（峰值速度 25 亿次）的并行机。在这台计算机诞生的第三天，国外宣布 10 亿次计算机对我国解禁。又比如，2001 年 1 月，曙光 3000 超级服务器正式通过科技部组织的成果验收，使我国成为世界上少数几个能够研制和商品化生产超级服务器系统的国家。4 月，曙光 3000 落户“华大基因”，为我国成为世界上唯一一个成功完成“人类基因组测序”计划的发展中国家立下了汗马功劳。再比如，2003 年开始陆续推出的曙光 4000 系列高性能服务器，使基于服务（Service－Based）的机群操作系统、网格通信协议、网格文件系统、用于网格应用资源路由的智能网卡、支持网格的高性能计算机体系结构等一系列网格技术的应用成为可能。

第二，走出了一条发展高科技的新路。不同于联想公司的“贸工技”，曙光公司的实践证明，在高科技领域完全可以直接走“技工贸”的路子。实际上，在高科技领域，“技工贸”可能是一条更有效的路子。曙光公司之所以能够在很短的时间内迅速成为服务器领域本土企业的第一品牌，最重要的原因就在于其强大的技术优势。例如，2000 年以前，中国服务器厂商在 PC 服务器领域基本上都处在或 OEM 或组装的低水平竞争中，产品同质化现象严重。2000 年，曙光公司推出天阔 I220S，首次在 PC 服务器上实现了监控管理功能和多种冗余技术。高端技术下移使曙光 PC 服务器开始走向“标准部件组装 + 系统设计”的差异化之路。在国际化加剧、跨国公司在我国国内加速扩展的情况下，“技工贸”可能是高技术产业唯一可行的路子，“贸工技”的路子已经很难走通了。

三、在实践中建立自主技术创新的信心

我国自主技术创新搞得好的企业的一个重要经验是，在实践中学习如何进行自主技术创新，在实践中建立和增强自主技术创新的信心。实际上，我国自主技术创新搞得好的企业，刚开始进行自主技术创新时，也不是都有信心。

北石厂的例子很说明问题。北石顶驱项目负责人、北石厂长刘广华说：“2002 年年底，当中国石油提出来把顶驱产业化项目交给北石时，我们几乎不敢接这个‘烫手的山芋’，根本不知道怎么弄，无从下手。”

北石厂总工程师邹连阳也说：“2003 年刚开始上顶驱项目的时候，顶驱有哪几大部件我们都还搞不清楚。从哪个部件开始起步、哪个部件是核心，我们都还抓不住。我们是在这种情况下开始上顶驱的，所以技术人员都有一个信心问题：别人干了那么多年也没能实现产业化，我们能不能干好？怎么才能干好？当时为了给大家建立起信心，刘厂长就在大会小会上灌输这个思想：我们能干好的，因为我们有上级支持、用户的支持，还有合理的组织和项目管理，我们的脑子、能力和智慧是没有问题的；当然我们得采取一些措施，包括全球采购，不一定所有的东西都自己做，我们需要变换思想、不能走过去的老路。刘厂长提炼出了‘中国智慧加全球资源’的战略思想。现在回过头看，这些思想是非常正确的，对于我们不管是在振奋精神上还是在工作方法的指导上都是非常有意义的”。

思　考　题

（1）如何理解技术的不同定义？

（2）什么是技术创新？

（3）如何理解技术创新的特点？基础研究在技术创新中的作用是什么？

（4）如何理解技术创新能力与企业竞争优势的关系？

（5）国际化对中国企业的影响是什么？

（6）中国企业应该如何培养技术创新能力，开发核心技术？

参考文献

[1] Nathan Rosenberg, Claudio Frischtak (eds.). International Technology Transfer: Concepts, Measures, and Comparisons. New York: Praeger, 1985.

[2] Keith Pavitt. Technology Transfer Among the Industrially Advanced Countries, 1985: an Overview, in Nathan Rosenberg and Claudio Frischtak (eds.). International Technology Transfer: Concepts, Measures, and Comparisons, New York: Praeger, 1985 3-23.

[3] Burgelman A R Maidique M A, Wheelwright, S C. Strategic Management of Technology and Innovation, IRWIN, 2001 4.

[4] Mowery D, Rosenberg N. Technology and the Pursuit of Economic Growths. Cambridge: Cambridge University Press, 1989.

[5] Schumpeter J A. The Theory of Economic Development. Harvard University Press, 1934.

[6] Foss N. Resources, Firms, and Strategies. Oxford University Press, 1997.

[7] Amsden A. The Rise of "the Rest": Challenges to the West from Late-industrializing Economies, Oxford: Oxford University Press, 2001.

[8] Hymer S. The International Operations of National Firms: A Study of Direct Foreign Investment. Cambridge, MA: The MIT Press, 1976.

[9] Prahalad C K, Hamel G. The Core Competence of the Corporation, Harvard Business Review. 1990, 68 (3): 79-91.

[10] Kogut, B, Zander U. Knowledge, Market Failure and Multinational Enterprise: A Reply. Journal of International Business Studies 1995, 26 (2): 409-415.

[11] Amsden A. Asia's Next Giant, New York, NY: Oxford University Press, 1989.

[12] Kim L. Imitation to Innovation: The Dynamics of Korea's Technological Learning. Boston, MA: Harvard Business School Press, 1997.

[13] Cusumano M A. The Japanese Automobile Industry: Technology and Management at Nissan and Toyota, Cambridge, MA: Harvard University Press, 1985.

[14] Fransman M. Japan's Computer &Communications Industry, Oxford University Press, 1995.

［15］高蔚卿．企业竞争战略：资源类型与竞争阶段的匹配，北京：知识产权出版社，2005.
［16］王京．戴尔 2999 元电脑挑战联想配置高于联想乡村电脑．京华时报，2005－05－11.
［17］卢德夫．每台专利费达 26.2 美元国内停止普通 DVD 出口．广州日报；2004－03－12.
［18］王选．王选谈信息产业．北京：北京大学出版社，1999.
［19］高旭东．自主核心技术：陷阱还是馅饼．北大商业评论，2005.5，28－37.
［20］Gao，Xudong，Ping Zhang，Xielin Liu. Competing with MNEs：Developing Manufacturing Capabilities or Innovation Capabilities，Journal of Technology Transfer，2007.32：87－107.
［21］Hymer S. The International Operations of National Firms. A Study of Direct Foreign Investment. Cambridge，MA：The MIT Press 1976.
［22］Dunning J H. Multinational Enterprises and the Global Economy. Reading，MA：Addison－Wesley Publishing Company.，1992.
［23］李海龙．考验．北京：华夏出版社，2003.
［24］王选．王选谈信息产业．北京：北京大学出版社，1999.
［25］赵忆宁．“技术引进”与“自主创新”的论争．瞭望新闻周刊，2003－07－07（27）.
［26］Gao X. Technological Capabilities Catching up，Follow the Normal Way or Deviate，Ph. D. Dissertation，MIT Sloan School of Management，2003.

第二章　企业技术创新战略

这一章介绍企业技术创新战略的基本概念、主要内容以及我国企业的技术创新战略。

第一节　技术战略的基本概念

一、什么是技术战略

哈佛商学院的波特教授认为，技术战略是一个企业开发和使用技术的方法，是企业总体竞争战略的核心要素之一。他还指出，技术战略需要解决三个问题：(1) 开发什么技术；(2) 是否追求技术领先地位；(3) 技术许可的作用[1]。

波特对上述三个问题的回答同他的竞争优势和竞争战略理论是一致的。他认为，开发什么技术取决于一个企业试图取得什么样的竞争优势，取决于企业的竞争战略。表 2－1 是他对这种对应关系的具体描述[1]。

表 2－1　技术战略与基本竞争战略

项　　目	成本领先	差别化	成本聚焦	差别化聚焦
开发什么样的产品技术	产品开发以减少原材料消耗、方便制造、简化对后勤服务的要求以及降低产品成本为目标	产品开发以提高产品质量、增强性能、可供性或转换成本为目的	产品开发以只提供恰好满足目标市场的绩效为目的	产品开发以满足目标细分市场的需求为目的
开发什么样的工艺技术	基于“学习曲线”减少原材料消耗或降低劳动投入；增强规模经济	工艺开发以支持产品的高质量、快速供货等为目的	在满足目标市场需求的情况下降低成本	工艺开发以满足目标细分市场的需求为目的

是否追求技术领先地位是波特技术战略理论的第二个内容。技术领先指的是一个企业追求先于其他企业进行技术变革以支持其竞争战略。技术跟随指的是一个企业有意识地、明确地选择不首先进行技术创新。是选择技术领先还是选择技术跟随，取决于三个因素：(1) 技术领先的可持续性；(2) 领先者能够取得的优

势；（3）领先者可能遇到的劣势。波特特别强调，如果存在很强的领先者劣势，即使能够保持技术领先，一个企业也不应该选择技术领先战略。

技术许可的作用是波特技术战略理论的第三个内容。波特认为，技术许可费很少能够抵消由于竞争优势受损而造成的损失，因此，如果技术是竞争优势的来源，一个企业就需要认识到把技术许可给竞争对手的危险性，所以只有在特殊情况下才进行技术许可。这些特殊情况包括：（1）企业自己无力使用技术，比如众多的小生物技术公司往往选择把开发的技术转让给大型的制药企业，因为这些小公司无力实现新技术的产业化；（2）加速形成行业标准，比如索尼公司和松下公司为了把自己的技术确立为行业标准，都采取了广泛许可各自的 VCR 技术的策略；（3）交叉许可，这是大型企业、特别是跨国公司普遍采用的一种策略，为的是避免在竞争中形成互相制约、形成合力或压制其他竞争对手。

威尔赖特和克拉克认为，技术战略的目标是指导企业获取、开发以及应用技术以取得竞争优势，并认为，技术战略需要特别注意解决两个问题：一是把技术发明同技术应用分开；二是实现产品技术和工艺技术的整合[2]。

把技术发明同技术应用分开的重要性是非常明显的：一般而言，技术发明不但费时、费力、费资源，其结果在很大程度上也是难以预测的，如果把二者混在起，技术应用项目（比如产品开发）就很难避免不能按计划完成。正因为如此，管理良好的跨国公司一般都采取把技术发明同技术应用分开的做法。比如惠普公司的做法是，根据企业的竞争战略确定一系列必须的技术，预先把这些技术开发并储存起来，产品开发实际上是从已经储备的技术中选择相关技术进行“组装”。

我国“太行”发动机的研制也充分说明了技术发明同技术应用分开的重要性。2005 年 12 月 28 日，我国第一台自行研制的大推力涡轮风扇发动机，“太行”发动机，在沈阳一航动力所诞生。这标志着中国的航空发动机技术达到了第三代水平，解决了长期困扰我国航空技术发展的发动机"瓶颈"问题，为我国走航空发动机自主发展道路以及实现我国第三代战斗机动力装置立足国内提供了保障。

在总结“太行”发动机研制的经验和教训时，“太行”发动机总设计师张恩和问了这样一个问题：“太行”发动机从立项到研制成功整整用了 18 年，为什么“太行”发动机的研制这么难？除了技术难度大以外，没有将技术发明同技术应用分开也是一个重要原因。张恩和指出：“在型号立项之前，由于技术储备不够，故立项后较多时间花在了技术攻关方面。而且我国发动机行业的设计队伍工程经验较少，研制过程中走的弯路也比较多，增大了研制风险，也拖长了研制时间。”

实现产品技术和工艺技术的整合是威尔赖特和克拉克特别强调的第二个技术战略问题。他们认为，在很多企业里，工艺技术的开发往往被忽略，“开发项目”

指的就是“产品开发项目”，认为生产工艺可以很容易获得。事实并非如此。比如在开发 VCR 的过程中，美国企业 AMPEX 更看重的是产品开发，希望通过与日本企业合作，从日本企业获得工艺技术，结果是败给了既重视产品技术也重视工艺技术的索尼、松下和 JVC 等企业。正因为如此，管理良好的企业一般都高度重视产品技术和工艺技术的整合。

二、技术战略关注的主要问题

借用毛泽东主席在“中国革命战争的战略问题”一文中关于“战略”的概念，我们把“技术战略”界定为关系技术管理和技术创新全局的一些重要问题[1]。这样的问题比较多，我们认为，从技术能力培养的角度至少包括以下 4 个：

（1）正确认识技术资源、技术能力与企业竞争优势的关系；

（2）正确认识技术战略与企业总体战略的关系；

（3）正确把握企业技术创新的边界，即企业什么时候应该以自主开发技术为主，什么时候应该以引进技术为主；

（4）正确认识企业技术能力培养的影响因素，有效组织企业技术创新活动。

我国企业作为发展中国家的企业，又处在经济国际化、竞争日趋激烈的背景下，需要特别注意正确认识发展中国家企业技术创新能力培养的特殊性，比如：

（1）正确处理技术引进与自主开发的关系和技术追赶与技术超越的关系；

（2）不断探索在技术能力培养上“以小搏大”的方法，有效应对来自跨国公司的竞争。

对于技术战略关注的上述问题，我们在以下各节中进行更为深入细致的介绍和讨论。

第二节　技术战略与企业竞争战略的关系

技术战略与企业竞争战略之间的关系可以概括为两个方面：企业竞争战略是企业技术战略的指导；企业技术战略可以影响、改变企业竞争战略。

一、企业竞争战略是企业技术战略的指导

企业竞争战略是企业技术战略的指导这一关系是比较容易理解的：为了生存

---

[1] 毛泽东：“只要有战争，就有战争的全局。世界可以是战争的一全局，一国可以是战争的一全局，一个独立的游击区、一个大的独立的作战方面，也可以是战争的一全局。凡属带有要照顾各方面和各阶段的性质的，都是战争的全局。研究带全局性的战争指导规律，是战略学的任务。研究带局部性的战争指导规律，是战役学和战术学的任务。”（“中国革命战争的战略问题”，1936 年 12 月，《毛泽东选集》第一卷）

和发展，企业需要制定和实施特定的竞争战略，并取得竞争优势，而技术战略是实现竞争优势的保证条件之一，因此技术战略需要与竞争战略保持一致。比如，如果某一企业的基本竞争战略是成为成本领先者，那么该企业的研发（R&D）计划就需要在所有对成本有重要影响的活动中安排足够多的研发项目。相反，如果一个企业的基本竞争战略是率先向市场提供高技术含量的产品，那么这个企业就需要安排一系列以取得重大新技术突破为目标的研发项目。

技术战略与竞争战略保持一致并不一定意味着技术战略具有很强的稳定性。实际上企业的技术战略有时甚至会进行重大调整。中国石油下属企业东方公司就是一个典型例子。

20 世纪 90 年代，中国石油提出了“充分利用国内外两种资源、两个市场”的战略方针，实施国际化战略。在此背景下，东方公司的前身物探局于 1994 年 6 月在美国休斯敦向国际地球物理承包商协会提交了加入申请，并于次年获得批准，取得了进军国际物探服务市场的资格。1994 年 10 月 20 日，物探局首次以招标形式获得厄瓜多尔国家石油公司的地震采集技术服务承包合同。这是物探局凭借自身实力获得的第一个国际项目。到 2002 年，东方公司的国际化战略已使其国际业务收入首次超过国内业务，东方公司从上到下感到“很振奋”。到 2004 底，东方公司国际地震队伍发展到 40 支，国外业务办事处 27 个，国外数据处理中心 9 个。主营业务市场占有份额跃居全球同行业前四位，陆上地震勘探市场占有份额跃居全球同行第一位。

但是，东方公司的国际化战略实施并非一帆风顺。2002 年，当时的总经理徐文荣先生在美国参加地球物理勘探协会（SEG）年会，就东方公司的国际化发展做了专题演讲，引起了非常大的反响，西方地球物理界纷纷向他表示祝贺。会后东方公司举行招待会，宴会厅的座位都被占满了还不够。但是，徐文荣先生回国不久，就面对这样的挑战：美国西方地球物理公司（以下简称西方公司，或 WGC）宣布，不再向东方公司出售 OMEGA 软件及其升级版本；法国地球物理公司（简称 CGG）也提出了购买其软件的新条件：（1）软件价格没有丝毫商谈的余地；（2）软件只能在中国本土使用；（3）软件不能处理东方公司海外业务中收集的地震资料；（4）在使用软件的过程中，要随时接受 CGG 公司的资料处理来源核查。

在跨国公司调整它们的技术政策的情况下，东方公司不得不对其技术战略做出重大调整：从技术引进转向自主创新，开发具有自主知识产权的 GeoEast 处理解释一体化系统。

实际上，在国际化日益深入、特别是我国加入 WTO 的情况下，我国企业都需要调整它们的技术战略，实现从以引进技术为主向以自主开发技术为主的转变，虽然它们的竞争战略并没有大的变化。

二、企业技术战略对企业竞争战略具有反作用

企业技术战略对企业竞争战略的反作用主要体现在两个方面：一是一般意义上的反作用，即技术战略的有效性、技术能力的高低会影响竞争战略的实施情况，二是企业技术能力的变化、提高，可以引起企业竞争战略的调整和优化。

技术战略的有效性、技术能力的高低影响竞争战略的例子非常多。海信公司的竞争战略是以高质量的产品赢得市场，强大的技术消化吸收能力为海信公司这一战略的有效实施提供了强有力的保证。虽然海信公司没有向其他同行企业一样花大量的资金做广告，但是海信公司已经建立起了很高的质量信誉。1999 年，“海信”成为我国的“驰名商标”。2001 年，海信公司的电视机、空调和 PC 成为我国的“名牌产品”。2001 年海信公司还获得了“全国质量管理奖”，成为我国家电行业唯一连续四年获得“全国质量管理奖”的企业。

我国也有很多企业的技术战略、技术能力不能很好地支持它们的竞争战略。例如我国的手机生产企业选择的以低成本、低价格主攻低端市场的竞争战略。由于这些企业同时选择了以引进技术为主的技术战略，在核心技术开发上进展缓慢，当跨国公司也进入低端市场以后，国内企业的发展和生存就变得越来越困难了。

技术能力的变化和提高也可以促使竞争战略的调整和优化。曙光公司是一个典型例子。1997 年到 2000 年间曙光公司走的是“整机 OEM + 标准部件组装”的道路。由于中国服务器厂商在 PC 服务器领域基本上都处在或 OEM 或组装的低水平竞争中，产品同质化现象日趋严重。这也就迫使曙光公司寻求突破同质化的新路。2000 年，天阔 I220S 的推出首次在 PC 服务器上实现了监控管理功能和多种冗余技术。高端技术下移使得曙光 PC 服务器开始走向“标准部件组装 + 系统设计”的差异化之路。

第三节　正确把握企业技术创新的边界

如何正确把握企业技术创新的边界，已经有非常多的研究，在本书中我们重点讨论我国企业如何处理这一问题。我们认为，关键是处理好自主技术创新与技术引进的关系，明确在什么情况下需要以自主技术创新为主，在什么情况下需要以技术引进为主。

一、处理自主技术创新与技术引进之间关系的理论框架

一种非常有影响力的观点是，发达国家的企业，特别是跨国公司，拥有“知

识资产”或核心技术，而我国企业缺乏这种资产。正因为如此，我国企业应当把引进技术，培养制造能力，作为同跨国公司竞争的主要战略。

我们同意发达国家的企业，特别是跨国公司，拥有“知识资产”或核心技术，而我国企业缺乏这种资产的论点。但是，我们认为，把引进技术，培养制造能力，作为同跨国公司竞争的主要战略，不见得是唯一的选择，更不见得是最优的选择。这是因为，我们在第一章中指出，（1）有很多因素会使跨国公司难以把它们的“知识资产”或核心技术等资源优势顺利转化为在发展中国家市场上的竞争优势；（2）我国企业面临很多提高自己“知识资产”或核心技术等资源的机会。这就决定了我国企业同跨国公司在技术等资源上的真正差距并没有现有文献讲的那么大，我国企业应该根据跨国公司的资源优势转化为竞争优势所面临的障碍和我国企业培养技术资源、提高技术创新能力的机会的具体情况确定自主技术创新与技术引进的对策。

当跨国公司把它们的技术等资源优势转化为在我国市场上的竞争优势所面临的障碍很少时，我国企业如果实行引进技术、培养制造能力与跨国公司竞争的战略，就会难以奏效。这是因为，当障碍很少时，跨国公司就不难在我国市场上培养强大的制造能力。换句话说，由于跨国公司不但拥有先进的产品技术，而且也不难拥有强大的制造能力，我国企业由于只拥有制造能力，就很难在与跨国公司的竞争中取胜。

与此相反，当跨国公司在把它们的技术等资源优势转化为在我国市场上的竞争优势所面临的障碍很多时，我国企业就有可能通过引进技术、培养强大的制造能力与跨国公司竞争。这是因为，当障碍很多时，跨国公司就难以在我国市场上培养强大的制造能力。这也许可以解释为什么日本和韩国的企业可以通过引进技术、发展制造能力而同跨国公司进行有效的竞争。

当我国企业有很多机会提高技术能力时，这些企业就有可能通过培养创新能力与跨国公司竞争，因为在这种情况下它们有可能尽快提高自己的技术能力。这也许可以解释为什么我国和韩国有些企业能够通过发展创新能力与跨国公司进行有效的竞争。与此相反，当机会很少时，我国企业就不应该试图通过培养创新能力与跨国公司竞争，因为在这种情况下很难尽快提高自己的技术能力。

具体而言，在如何处理自主技术创新与技术引进的关系上，我们提出如下原则：

（1）当跨国公司把它们的技术等资源优势转化为在我国市场上的竞争优势所面临的障碍很多，而我国企业有很多机会提高技术能力时，我国企业既可以实行引进技术、培养制造能力的战略，又可以实行培养自主创新能力的战略。引进技术、培养制造能力并不是唯一的战略，也不一定是最佳的选择。

（2）当跨国公司把它们的技术等资源优势转化为在我国市场上的竞争优势所面临的障碍很多，而我国企业提高技术能力的机会很少时，我国企业可以实行引进技术、培养制造能力的战略，而不应实行培养自主创新能力的战略。

（3）当跨国公司把它们的技术等资源优势转化为在我国市场上的竞争优势所面临的障碍很少，而我国企业提高技术能力的机会很多时，我国企业可以实行培养自主创新能力的战略。引进技术、培养制造能力与跨国公司竞争的战略是难以奏效的。

（4）当跨国公司把它们的技术等资源优势转化为在我国市场上的竞争优势所面临的障碍很少，我国企业提高技术能力的机会也很少时，我国企业既难以实行引进技术、培养制造能力与跨国公司竞争的战略，也难以实行培养创新能力与跨国公司竞争的战略。

表 2－2 是对以上原则的简要总结。

表 2－2　障碍、机会与技术创新的边界

障碍＼机会	很　多	很　少
很多	自主技术创新 或引进技术	引进技术
很少	自主技术创新	避免与跨国公司 面对面的竞争

下面的几个具体实例说明，上述理论框架是有助于我国企业处理好自主技术创新与引进技术的关系的。

二、高性能计算机：以自主技术创新为主

我国的高性能计算机工业已经取得了重大发展，在一些关键领域大大缩短了同跨国公司的差距。曙光公司就是一个非常成功的例子。曙光公司成立于 1995 年，其核心技术来源于成立于 1990 年的国家智能计算机研究中心。面对强大的竞争对手，曙光公司已经在高性能计算机市场上取得了 25％以上的市场份额，其中绝大部分是在政府未加任何干预和引导的情况下完成的。另外，曙光公司的发展也产生了巨大的社会效益，这包括：迫使跨国公司降低产品售价，以技术溢出的方式促进高性能计算机工业的发展等等。

如何运用上面提出的理论框架分析曙光公司的巨大成就呢？首先应该分析在高性能计算机领域，跨国公司把它们的技术等资源优势转化为在我国市场上的竞争优势所面临的障碍，以及我国企业提高技术能力的机会。我们的结论是，跨国

公司面临很多障碍，而我国企业面临很多的机会。具体而言，由于美国等国家的政府对 IBM、SUN、HP 等企业向我国出口高性能计算机有严格限制，这些企业在把它们的技术等资源优势转化为在我国市场上的竞争优势时面临很大的（政策）障碍。

战略障碍是另一个因素。高性能计算机领域的跨国公司的行为表明，在很长一段时间里，它们并没有把中国市场放在一个重要位置。它们的基本战略是在中国市场上推销产品，而不是培育一个有重要战略意义的市场。也就是说，它们对中国市场的关注是有限的。例如，一个企业购买了跨国公司的高性能计算机，但这一机器出现问题时，跨国公司并没有迅速做出反应，这个企业没有得到所希望的及时的服务。

除了跨国公司把它们的技术等资源优势转化为在我国市场上的竞争优势面临很大的障碍外，我国企业，比如曙光公司，面临很多机会谋求/获取它们的技术资源，提高技术能力。比如，国家智能计算机研究中心在开始开发曙光一号时，并行计算技术还不成熟，还没有被普遍接受的工业标准。又比如，在上世纪 90 年代中期，集群技术正在兴起，也没有被普遍接受的工业标准。所有这些因素都为曙光公司开发核心技术、追赶行业领先者，提供了非常有利的条件。

根据我们提出的理论框架，由于跨国公司面临很多障碍把它们的技术等资源优势转化为在我国市场上的竞争优势，而我国的企业面临很多培养技术资源，提高技术能力的机会，曙光公司既可以通过引进技术发展制造能力，又可以通过培养创新能力，自主开发技术。曙光公司选择了后一种战略。

具体而言，曙光公司的自主技术开发战略包括以下几个方面的内容：

第一，重点突破。相对于跨国公司，曙光公司是一个后来者，是一个小企业，在公司发展的初期没有力量涉足太多的产品领域，开发所有的重要技术。曙光公司的战略是重点突破，集中力量开发某些最关键领域的技术。

第二，避免开发过于超前的技术。曙光公司的宗旨是发展能够实现产业化的高科技，而不是单纯的高技术研究，因此曙光公司坚持避免开发过于超前的技术的原则。比如在 1990 年国家智能计算机研究中心建立时，中心决定不把力量用在智能计算机技术上。这是因为，虽然智能计算是学术界的热门话题，但是距离产业化太远。因此，中心决定把重点放在以并行计算为基础的高性能计算机上。

第三，避免开发跨国公司拥有绝对优势的技术。曙光公司决定在其早期发展阶段避免在 CPU 和存储技术上与跨国公司比高低，因为在这些领域，曙光公司难以在短期内取得突破。

第四，集中力量于新兴技术而不是成熟技术的开发上。国家智能计算机研究中心在开发其第一个产品曙光一号时，核心技术选择的是并行计算。这一技术当时还不成熟，还没有被普遍接受的工业标准，因而还有创新的机会。又比如，在20世纪90年代中期，曙光公司选择了正在兴起的集群技术作为其新一代产品的核心技术。

第五，集中力量于软件的开发上。曙光公司认为他们在软件技术上有优势，因而把软件开发作为技术突破的一个重点。实际上，曙光公司的主要创新，像UNIX操作系统，集群操作系统，系统软件等等，大都以软件技术为基础。

第六，用事业吸引和留住人才。曙光公司的产品都是高知识密集型的，需要的人才也是高素质的。曙光公司的主要创建人李国杰研究员是中国工程院院士；曙光2000的主要设计者徐志伟研究员到曙光公司以前是美国南加州大学教授。相对于他们的才智和贡献，曙光公司职工的工资待遇并不高。为了吸引和留住人才，曙光公司一方面采取各种措施提高职工的工资待遇，同时更注重用事业吸引和留住人才。曙光公司相信，比钱更重要的是创造机会让高素质的人才做重要而富有挑战性的工作。具体而言，就是发展我国自己的高性能计算机事业。大家为能够为这一事业作出贡献而自豪。

事实证明，曙光公司的自主技术开发战略很成功。技术创新能力的培养使曙光公司能够在高性能计算机的高端市场与这一行业的领先企业面对面地竞争。更为重要的是，曙光3000开发成功以后，市场竞争的游戏规则已经发生了重大变化：从某种意义上讲，曙光公司的竞争者已经变成了自身，而不是强大的跨国公司，因为美国政府严格限制性能相当于或高于曙光公司产品的高性能计算机向中国的出口。这一游戏规则的变化具有重要的战略意义，它不但减轻了曙光公司面临的竞争压力，而且为曙光公司提供了获取高额利润，从而进一步增强技术创新能力创造了条件。如果曙光公司能够抓住这一机会，就可以进一步缩短与跨国公司的技术差距，更快地赶超它们。

三、电视机制造：从技术引进到自主技术创新

改革开放以来，我国的电视机制造工业已经取得了迅速的发展，我国早已成为世界上最大的电视机生产国。但是，我们还不是电视机强国。因为我国企业在电视机核心技术研发上的成就是非常有限的，同跨国公司的竞争主要还是依靠成本和价格优势。而且跨国公司的本地化已经取得了重大进展，已经有能力通过价格战与我国企业竞争。

如何运用我们提出的理论框架分析我国电视机制造企业的成就和困境呢？首先应该分析，在电视机行业跨国公司把它们的技术等资源优势转化为在我国市场上的竞争优势所面临的障碍，以及我国企业提高技术能力的机会。我们的观察结果是跨国公司面临的障碍呈现逐步降低的趋势，而我国的企业面临很多培养技术

资源，提高技术能力的机会。

跨国公司曾经面临的主要障碍是政策障碍。直到20世纪90年代中期，我国的电视机市场一直由较高水平的关税保护着，因而跨国公司对国内企业的技术等优势并没有真正发挥出来。20世纪90年代中期以后，情况有了很大的变化，关税大大降低了。另外，20世纪90年代中期以前，跨国公司兼并收购国内企业也受到一定限制。20世纪90年代中期以后，这种限制大大减少了。关税的降低和对跨国公司兼并收购国内企业限制的减少使跨国公司面临的障碍大大减少。

战略障碍也呈降低的趋势。20世纪90年代以前，跨国公司在我国电视机行业的直接投资非常有限。从20世纪90年代开始，跨国公司在电视机行业的直接投资日趋活跃。更重要的是，从20世纪90年代中期开始，跨国公司日益重视其经营活动的本地化（包括生产制造的本地化，甚至一些R&D的本地化）。

虽然跨国公司面临的障碍呈现逐步降低的趋势，我国企业一直面临很多提高技术能力的机会：数字技术在传统电视中的应用；数字电视的兴起；背投电视的兴起和改进；新的显示技术（PDP，LCD）的发展。

根据我们提出的理论框架，由于跨国公司面临的把它们的技术等资源优势转化为在我国市场上的竞争优势的障碍呈现逐步降低的趋势，而我国企业一直面临很多提高技术能力的机会，我国的电视机制造企业可以采取培养创新能力的战略，也可以采取培养制造能力和培养创新能力并重的战略。应该避免的是过于依赖制造能力的培养，而忽视创新能力的培养。

实际情况是，我国企业非常重视制造能力的培养，但对创新能力的培养重视不够，或者更确切地说，对创新能力的培养起步太晚。

重视培养制造能力对于我国企业抓住市场机会起到了非常重要的作用。20世纪90年代中期以前我国的电视机市场处于迅速扩张的状态。一个企业只要能够生产出质量合格的产品，就可以获得很好的回报。在这种情况下，不少企业通过培养强大的制造能力成为国内企业的领先者。长虹公司的发展可能是最典型的例子；海信公司的发展、康佳公司的发展、TCL公司的发展，也都是培养制造能力非常成功的例子。

我们具体看一下海信公司的发展情况。海信公司的发展建立于1969年，1984年开始生产彩色电视机，现在是国内技术水平最高的彩色电视机生产企业之一。

海信公司的技术战略包括以下几个方面的内容：

第一，积极跟踪国际上最新的技术动态，引进最先进的技术。虽然引进技术是国内电视机生产企业的通行做法，海信坚持积极跟踪国际上最新的技术动态，只引进最先进的技术，认为这样会更好地与国内其他企业进行竞争，可以尽快赶上跨国公司。1984年海信公司在进入彩色电视机行业时面临两种选择：一是花150万美元引进一家香港企业的技术设备，二是花300万美元引进一家日本企业的技术设备。虽然第一种选择成本低很多，但是第二种选择能够引进最先进的技术。海信公司选择了后者。1993年海信公司决定进入大屏幕彩电市场时，基于同样的考虑选择了东芝公司的技术和设备。在进入纯平电视和背投电视时，海信公司做了类似的选择。

第二，培养强大的技术消化吸收能力。海信公司认为，电视机行业的一个重要特点是消费者对电视机功能、规格、特点、价格等的要求变化很快。为了适应这种变化，只是引进先进技术是不够的。培养强大的技术消化吸收能力，不断推出新产品以适应市场变化是至关重要的。海信公司采取了一系列措施培养其技术消化吸收能力。1992年海信公司建立了技术中心，并投入了大量资金。海信公司的技术中心现在已经是我国企业中最先进的技术中心之一，在国家经贸委2001年、2002年技术中心评价中均名列第六。又比如，海信公司非常重视人才引进。1992年海信公司只有两位职工拥有硕士学位，400人拥有学士学位，到1999年时有42人拥有博士学位，260多人拥有硕士学位，2800多人拥有学士学位。海信公司很注意激励其科研人员进行创新。1992年以前，海信公司的工资和福利向一线职工倾斜。1992年海信公司改变了这一政策，工资和福利向科研人员倾斜。

第三，建立有效的质量保证体系。海信公司认为，高质量不一定能够使企业繁荣，但是低质量肯定会使一个企业倒掉。基于这一认识，海信公司建立了有效的质量管理体系以确保生产高质量的产品。海信公司不但重视制造过程中的质量控制，更重要的是非常重视大规模制造前的质量控制。海信公司在大规模制造前要做很多小批量试生产以确保产品的高质量。又比如，虽然1996年以后电视机市场上的价格战愈演愈烈，海信公司坚持以质量而不是价格战赢得市场。海信公司也拒绝花大量的资金做广告，而是更相信基于使用海信公司产品的口碑的作用。

实践证明，海信公司已经形成了很强的制造能力，并成为我国电视机行业的领先者之一。早在1993年海信公司就已经能够对不同跨国公司的技术进行比较，从而选择最先进的。到1997年海信公司已经能够通过引进技术开发平面显示电视，并成为国内第一个能够大批量生产这种电视的企业。1996年价格战爆发时海信公司的新产品开发能力使其在某种程度上避免了价格战的消极影响。1998年，海信公司85％的销售收入来源于新产品。

如前所述，虽然强大的制造能力使我国的电视机制造工业迅速发展，但是对创新能力的培养重视不够，起步太晚，我国企业在同跨国公司的竞争中还是面临很大困难。因为创新能力不够，缺少自己的核心技术，就不得不在电视机核心技术上仍然对跨国公司有很大的依赖；随着跨国公司的本地化，国内企业在成本上也没有多少优势了。

第四节 管理好两种类型的技术创新

正确认识企业技术能力培养的影响因素及有效组织企业技术创新活动的一个重要内容是管理好两种类型的技术创新：“计划内创新”与“计划外创新”❶。对一个企业的持续健康发展而言，“计划内创新”和“计划外创新”都是必须的。由于两种类型的创新的管理有很大的不同之处，在本节中我们分析、介绍如何管理这两种类型的创新。

一、“计划内创新”的概念和主要内容

所谓“计划内创新”，指的是一个企业为了实现其既定的发展目标和竞争战略而有计划地安排的创新活动。换句话说，“计划内创新”活动是以企业既定的发展目标和竞争战略为指导的，是为了保持企业在现有业务领域已经建立起来的竞争优势以及在选定的新的业务领域建立竞争优势。保持企业在现有业务领域已经建立起来的竞争优势是“计划内创新”的短期目标，也是一个企业日常技术创新活动的主体。在选定的新的业务领域建立竞争优势是“计划内创新”的长期目标。

综合有关的研究，“计划内创新”管理的主要内容可以概括为以下七个方面[3]：

(1) 确定发展目标和竞争战略：明确企业在什么领域开展业务，目标是什么，如何实现目标。

(2) 确定技术战略：明确实现企业发展目标的关键技术是什么，如何获得这些技术（内部开发、合作开发还是引进）。

(3) 确定产品/市场战略：明确提供什么产品，主要用户是谁，产品的主要特点是什么，用户为什么要选择本企业的产品而不是竞争对手的产品。

(4) 确定开发目标：明确每一个产品开发项目的具体目标（开始时间，投放市场时间，盈亏平衡点在哪里），以及确保这些开发项目作为一个整体能够实现

---

❶ Robert Burgelman 和 Leonard Sayles 在他们的《Inside Corporate Innovation》（The Free Press, 1986）一书中提出了“诱导性战略行为”（Induced Strategic Behavior）和“自发性战略行为”（Autonomous Strategic Behavior）的概念。本书中的“计划内创新”和“计划外创新”概念是在“诱导性战略行为”和“自发性战略行为”两个概念的基础上提出的。

企业的发展目标。

(5) 制定“总体项目计划”：保证各个开发项目构成一个有机的整体，而不是互不相干、甚至相互矛盾的项目组合。

(6) 实施项目管理：其要点是在保证单个项目同企业的发展目标和发展战略有清晰的联系的基础上，高效率地完成项目计划，实现项目目标。

(7) 进行项目后学习：其要点是更好地实现项目间知识和技能的继承和转移，真正实现持续不断的改进。

下面我们重点介绍三个方面的内容：确定产品/市场战略、确定开发目标和制定“总体项目计划”。

1. “确定产品/市场战略”

“计划内创新”管理的一个主要内容是“确定产品/市场战略”。根据威尔赖特和克拉克的研究，“确定产品/市场战略”的要点包括三个方面：一是在各种不同类型的研究和开发项目（“平台产品”开发项目、“衍生产品”开发项目、“突破性产品”开发项目、“研究和高级开发”项目以及“技术联盟”项目等）之间建立必要的平衡和有效的联系，二是确定“平台产品”推出的数量、时机和频率，三是确定“衍生产品”推出的数量、时机和频率[1]。

不同类型的开发项目是根据它们涉及的产品技术和工艺技术的特点划分的：开发新的“平台产品”需要同时开发下一代的产品技术和工艺技术；开发“衍生产品”只需要对现有的产品技术和工艺技术进行必要的改进和提高；开发“突破性产品”则需要开发全新的、突破性的产品技术和工艺技术（表2-3）。

表2-3　不同类型的技术开发项目

对产品技术/工艺技术的不同要求	突破性工艺技术	下一代工艺技术	现有工艺技术
突破性产品技术	突破性产品		
下一代产品技术		平台产品	
现有产品技术			衍生产品

另外，“研究和高级开发”项目是为了发现、积累企业确定的重要科学和技术领域的新的科学知识或技术诀窍，为具体开发项目的顺利进行提供知识支持。“技术联盟”项目是同其他企业或组织的技术合作，目的是为了弥补企业自身技

[1] Wheelright 和 Clark（1992）在《Revolutionizing Product Development》书中把企业研究和开发项目分为五种独立的类型：“平台产品”开发项目、“衍生产品”开发项目、“突破性产品”开发项目、“研究和高级开发”项目以及“技术联盟”项目。我们认为，“突破性产品”开发项目和“平台产品”开发项目一般都需要深入的研究的支持。

术能力的不足或提高技术开发的效率。

确定“平台产品”推出的数量、时机和频率需要考虑众多因素的影响。比如，技术演进的特点是一个重要因素，因为这决定了可以使用的新技术的性质（渐进性的还是突破性的）和数量（多还是少）。行业和产品特点是另外一个因素，在有些行业，过多的“平台产品”对企业的竞争力反而会产生负面影响。竞争对手推出新的“平台产品”的特点也是一个重要影响因素。一般而言，如果能够持续地领先于竞争对手推出“平台产品”，企业的竞争优势就能够更好地保持。企业可利用资源（人才、资金）的数量和质量也是一个重要影响因素。

确定“衍生产品”推出的数量、时机和频率也需要考虑众多因素的影响。比如，“平台产品”的推出时间和生命周期是一个重要因素。过早推出“衍生产品”不利于从“平台产品”获得尽可能多的效益，过晚推出“衍生产品”则会因为不能很好地衔接“平台产品”而丢掉市场份额。

2. “确定开发目标”

“计划内创新”管理的另一个主要内容是“确定开发目标”。根据威尔赖特和克拉克的研究，“确定开发目标”的要点包括两个方面：（1）明确企业的发展目标，包括市场份额、销售收入、利润，也包括新的平台产品的推出时间、技术成就以及新产品和新工艺的绩效指标等；（2）将企业的这些发展目标落实在一系列开发项目上[4]。

“确定开发目标”的主要目的是在企业的发展目标和开发项目之间建立明确具体的联系，一方面可以为一个个具体开发项目提供明确具体的指导和方向，另一方面可以把企业的发展目标落到实处。

3. 制订“总体项目计划”

“计划内创新”管理的再一个主要内容是制定“总体项目计划”。根据威尔赖特和克拉克的研究，制定“总体项目计划”的要点是：（1）保证平台产品开发、衍生产品开发、突破性产品开发等不同类型的开发项目有合理、有效的组合；（2）合理配置研发资源，特别是保证所安排开发项目所需要的资源不超过企业所能支配的资源总量[5]。

保证不同类型的开发项目有合理、有效的组合，首先是不能过于依赖某一种开发项目而忽视其他类型的项目。比如，虽然“衍生产品”比“平台产品”和“突破性产品”需要的时间短、资源少，但是如果“衍生产品”开发项目太多，企业的长远发展就无法保证。相反，如果“平台产品”和“突破性产品”太多而“衍生产品”太少，企业的短期效益和竞争力也会受到影响，进而影响到企业的长远发展。

保证不同类型的开发项目有合理、有效的组合，还需要使所有研发项目形成一个相互支持的有机整体，而不是一个个彼此孤立、甚至重复浪费的项目。

在研发资源的配置方面，除了需要有足够的科研投入外，一个非常重要的问题是解决资源供给和资源需求的矛盾。比如，很多企业常犯的一个错误是所安排开发项目所需要的资源远远超过企业所能支配的资源总量，结果造成大量的研发项目不能按计划完成。又比如，很多企业习惯于安排科研人员同时从事多个研发项目，但是经验表明，一个科研人员如果同时参与的科研项目超过 3 个，其效率就会急剧下降。

二、“计划内创新”管理的注意事项

在“计划内创新”活动的管理方面，国内外企业已经积累了大量的经验，也有很多值得吸取的教训。对于我国企业而言，需要特别重视应用基础研究和基础研究，因为我国企业普遍存在不重视应用基础研究和基础研究的问题，认为应用基础研究、特别是基础研究是研究院所和大学的事情。实际上，应用基础研究和基础研究是企业技术创新的重要内容，没有深入的应用基础研究和基础研究，企业的技术创新工作就只能停留在比较低的水平上。

我国优秀企业的实践也充分说明了应用基础研究和基础研究的重要性。比如，侯云德教授在干扰素方面的基础研究是我国不少企业建立和发展的基础。周立文和丁学国在他们的“中国基因：三个人物与一个事业”一文中指出：

“‘50 年前，两位英国学者发现了干扰素及其作用。20 世纪 80 年代，美国、瑞士等国的科学家以基因工程的方式，把干扰素制备成治疗药物，并投放市场，很快成为国际公认的治疗肝炎、肿瘤等疾病的首选药。干扰素十分珍贵，每克价值 50 万美元。’

‘外国生产的干扰素为 α－2a 和 α－2b，基因来自瘤细胞和白种人白细胞。1987 年，侯云德等学者首次发现，中国人白细胞在受到病毒攻击时，诱生出的干扰素主要类型不是 α－2，而是 α－1。’

‘α－1b 干扰素实验室的研究完成之后，一位外国专家断言：中国要实现干扰素的产业化，只能是天方夜谭。然而，科兴生物工程公司的诞生，打破了这一预言……1996 年科兴生物公司的销售额为 6000 万元，两年后便被改写为 2 亿元，利税增长了将近 12 倍。‘赛若金’一跃成为中国干扰素第一品牌，连续 3 年所占市场份额超过 60%。’

‘α－1b 干扰素从研制成功到大规模生产，创造了五个第一：第一个采用中国人基因的生物工程药物；卫生部批准生产的第一个基因工程药物；国家一类新药证书；中国‘863’计划生物技术领域第一个实现产业化的项目；第一批国家火炬项目。’”[6]

中国石油天然气管道局（以下简称管道局）的例子也充分说明了应用基础研究的重要性。1973 年 4 月 16 日，国务院批准组建成立管道局，对全国石油天然气管道生产建设和运营进行统一管理。1999 年，管道局的管道运营业务与管道工程服务业务分开，以管道运营业务为基础组建中国石油管道公司，以管道工程服务业务为基础组成新的管道局，成为中国石油的直属企业，主营业务为油气长输管道储运设施的勘察、设计、科研和建设。

新的管道局成立之初，解散了在局机关独立设立的科技管理部门——科技处，一个原因是局机关机构庞大，需要精简压缩。与此同时，对科研的总体思路也变为实用性，科研项目要有看得见的收益，不上基础和应用基础性项目，认为这些是应该由高校承担的任务。比如，像“输气管道抗氢致裂纹（HIC）用钢性能技术指标研究”这样的应用基础项目就是当时被砍掉的。

2000 年，国家批准建设西气东输工程。西气东输工程主干管道全长约 4000 千米，年输气量达 120 亿立方米，管径为 1016 毫米，工作压力达 10 兆帕，是我国当时计划建设的距离最长、管径最大、压力最高、输气量最大、技术含量最高的输气管道工程，市场是巨大的。

但是，西气东输工程也使管道局面临一系列技术难题：管材需要采用 X70 输送钢管；如果采用传统手工焊接技术，施工工期和质量难以保证。管道局以前没有承担过这样高技术难度项目的经验，因此面临着巨大的市场竞争压力。

也正是这个时候，管道局的新领导班子上任，对科研工作提出了新的思路，出台了新政策，在局机关设立局科技部，主管全局的科研工作，管道局下属单位的研发体系也逐步完善起来，研发经费投入逐步增加，并重新上马一些基础和应用基础性科研项目。

实践证明，这些科研项目为管道局承担西气东输工程提供了坚实的技术基础，管道局的竞争力也得到了很大提高。比如对 X70 管线钢材料性能的研究，为钢厂生产提供了技术支持。新研制的大口径管道全自动焊机、管道坡口整形机、管道气动对口器等施工机具，改变了此类工程设备只能依赖进口的局面。管道自动焊接技术水平的提高对适应长距离、大口径、高压力、大壁厚、高强度钢输油气管道的建设速度和质量要求也是十分必要的。

西气东输项目在技术和市场上给困难重重的管道局创造了机遇，同时也使管道局充分认识到基础性研究和应用基础性研究的重要性，管道局因此大大加强了对这两类研究项目的支持力度。如从 2004 年开始研究 X80 管线钢，已完成 7.4 千米的现场应用研究，并且负责制定了相关技术标准。在建的西气东输冀宁管道就在国内首次采用了 X80 管线钢。

三、“计划外创新”的概念

所谓“计划外创新”，指的是一个企业中“计划内创新”以外的创新活动。也就是说，“计划外创新”是非计划安排的、自发的创新活动。正因为如此，“计划外创新”很容易被忽视，被认为是无关紧要的，甚至被认为不符合企业的战略和政策，是对资源的浪费，应该取消。

实际上，对一个企业来讲，“计划外创新”具有重要的战略意义。IBM 在上世纪 90 年代初期能够顺利实现从制造到服务的顺利转型、英特尔在 PCI 总线芯片上的巨大成功都离不开“计划外创新”的贡献。具体而言，“计划外创新”的作用包括如下 3 个方面：

第一，有利于充分利用企业“未被使用的”资源[7]。

在很多情况下，一个企业在支持其“计划内创新”活动以后，还可能有“未被使用的”资源，包括研发人员的研发能力，管理人员的管理能力，试验设施等等。为了有效利用这些资源，允许、鼓励自发的“计划外创新”活动，是一个很好的选择，这可以为企业的未来发展储备更多技术。

第二，有利于提高科研活动的有效性。

在企业科研管理中、特别是技术密集型企业的科研管理中，一个无法回避的问题是：科研管理者的职位越高，离科学和技术发展的前沿就越远，越难以对科研项目的价值做出正确的判断。“计划外创新”为这一问题的解决提供了重要帮助：通过“计划外创新”展示科研活动的可能性和价值。科研管理者可以在看到了某一科研活动的可能性和价值以后，再将其纳入到“计划内创新”之中[8]。

第三，有利于完善、修正企业发展战略。

企业的“计划内创新”活动是以企业现有的发展战略和现有的对企业竞争优势的认识为基础的。问题在于，企业现有的发展战略不一定是最有效的，对企业竞争优势的认识也不一定正确；企业内部也可能对什么是企业的竞争优势，如何保持和增强企业的竞争优势存在不同的看法。为了解决这一问题，有必要鼓励“计划外创新”活动，使企业发展战略能够不断完善、修正。

由于“计划外创新”的重要性，许多优秀企业都非常注意创造条件支持“计划外创新”活动的开展。主要的措施包括：

（1）防止过于依赖、强调“计划内创新”，防止出现与现有战略和业务联系不大的创新一出现就被否定的现象。

（2）建立必要的资金支持渠道，比如给中层管理干部、特别是研发部门的中层管理干部适当的资源支配权，使他们能够自主地支持一些与现有战略和业务联系不大的创新。

（3）避免过于依赖数量化指标考核研发人员和研发工作，避免过于依赖短期指标考核研发人员和研发工作，给研发人员留下必要的时间和精力考虑“计划外创新”。3M公司就明确规定，公司的研发人员可以自由支配15％的工作时间。

（4）建立、维护容忍失败的企业文化，鼓励对新技术、新产品、新方法的探索。

（5）企业最高领导的高度重视，因为“计划外创新”具有更高的不确定性和失败率，因此更不容易得到支持。

（6）充分发挥中层管理者的作用。这些管理者对创新的可行性有更多的了解，同时还掌握着一定的可以自主支配的资源。当然，要推进“计划外创新”，中层管理者需要具备必要的素质，特别是需要敢于承担风险，敢于牺牲眼前利益。

四、“计划外创新”举例

我国企业的“计划外创新”活动比较少，但是也有搞得好的。辽河石油勘探局（简称辽河局）多分支井技术就是一个比较典型的“计划外创新”与“计划内创新”相结合的例子。这一技术发展的早期，是一个典型的“计划外创新”过程，是由余雷等工程技术人员自发搞起来的。在技术发展的后期，主要是技术的验证、完善、成熟，则是一个典型的“计划内创新”过程。

余雷是1983年从西南石油学院石油工程系毕业分配到辽河油田钻采技术研究所完井研究室工作的。在完井研究室，余雷先后参加了局级、部级、国家级等多项科研项目，自身能力得到了很大的锻炼和提高。1990年，室领导把辽河局“八五”重点科技攻关项目“水平井钻完井技术研究”的任务交给了余雷，让他担任项目组长，全面负责这一重大科研项目的技术开发和组织协调工作。1993年，余雷被提升为完井研究室主任，他带领一支10多人的科研队伍，承担了辽河局重点科技攻关项目“防沙筛管技术研究”和中国石油“九五”重点科技攻关项目“侧钻水平井钻完井技术研究”等重大科研项目的技术开发和应用推广工作。

作为完井研究室主任，余雷经常查阅国外的专业技术资料。当时国内关于油气井工程方面的资料不很多，中国石油天然气总公司信息研究所组织专业人员翻译一些技术文献资料，供内部人员参考。1995年3月的一天，余雷在中国石油天然气总公司信息研究所查阅资料时看到了一篇介绍前苏联和美国的一些石油公司成功研究开发多分支井技术的文章，他脑子里闪出一个念头：我们也需要搞多分支井技术！

一直从事完井研究的余雷马上把文章介绍的多分支井技术和自己熟悉的水平

井、侧钻水平井技术联系起来。他想，一个水平井能提高产量，靠的是它比直井在油层段里能穿的长度更长，但是这个长度受到技术限制，也不能太长；而多分支井可以比水平井在油层里穿得更长，因为它可以在同一个油层里向不同的方向打多个井眼，或者利用一个主井筒在多个油层打多个分支井眼，所以这个技术肯定能够提高产量、降低吨油成本，是未来一个重要的发展方向。可惜的是，文章只讲了多分支井的概念和大致原理，没有介绍具体的技术方案。根据多年的工作经验，余雷感觉打多分支井的难点在于完井工程，别的方面和侧钻水平井差不多，完井研究室有可能能搞出来。

余雷带着复印好的文献资料回到辽河油田，兴奋地向钻采技术研究所所长刘坤芳汇报了发现的信息和自己的想法。刘坤芳从 1992 年开始担任研究所完井研究室主任，1993 年被提升为钻采技术研究所所长，余雷接任完井研究室主任，所以，刘坤芳一直是余雷的直接上级，互相之间很了解。听完余雷的汇报，刘坤芳也很兴奋，表示完全同意余雷的看法，并且他本人也要参加这项技术的研究工作。考虑到多分支井在国内还是个新概念，技术难度很大，他们两人商定，先在完井研究室“私下里”干起来，而不急于向局里申请正式立项。

刘坤芳的支持和鼓励使余雷开发多分支井钻完井技术的信心和决心更大了。余雷邀请钻采技术研究所退休返聘的高级工程师蒋正亚和完井研究室两名年轻能干的工程师喻晨和李敏加入这个项目的研发工作，他们都乐意地接受了。余雷、喻晨、李敏、蒋正亚和刘坤芳成为辽河局多分支井项目组最初的核心成员。

余雷回忆道：“当时有找项目的压力，这也是 1995 年决心开发多分支井技术的原因之一。那时候心里总在想，带着室里的十几个年轻人，目前效益还不错，可是往下怎么走呢？总不能走着走着走没了吧”！当时的政策虽然没说要求科技人员自己养活自己，但是也要做项目创收才有奖金发。那几年完井研究室的水平井等科研项目经济效益还不错，1995 年有几百万元人民币的产值。当时辽河局要求研究室的利润全部上缴到局里，局里再按比例返回一部分给职工发奖金。余雷和研究室的同事们商量：我们上缴利润，如果今年完成了 50 万元，局里明年就指望你完成 60 万元，压力越来越大，还不如留些钱作为新项目的前期研究费用❶，为研究室将来的发展打下基础。将项目的研究费用打进成本，上缴的利润就少一些，大家得到的奖金自然也少一些。研究室成员都是年轻人，余雷是最年长的，大家都觉得为了将来这样做是很值得的。当时研究所别的研究室也有这样的项目，例如钻井研究室的取心项目，也是这么做出来的。

“多分支井项目前期科研的费用不是太多，太多的话我们承受不起，主要是

❶ 辽河石油勘探局从 2000 年开始设立新的科研项目预研究立项申请制度，在此之前没有为新项目的“前期研究”提供资金支持的正式渠道。

花精力，耽误休息时间，耽误就耽误了吧。”余雷说。

研究工作的第一步是查外国公司的资料，跑到北京的中国石油天然气总公司信息研究所查阅杂志，看公开发表的文章。同时，尽可能多参加国外公司来中国举行的有关技术讲座和技术交流会，结合他们所讲的内容，进一步查询，进行理论研究，理解多分支井的概念、原理和主要工艺。后任辽河局工程技术研究院多分支井技术研究所所长的喻晨回忆道：“……跑到北京查资料或者听讲座，人家只讲个概念和大致的原理，不说详细的东西，找不到详细的资料。所有具体的东西，都只能靠我们自己琢磨。”

接下来，余雷、喻晨、李敏、蒋正亚和刘坤芳他们开始自己设计多分支井的完井工程方案。余雷说，就像盖大楼，首先要考虑的是一个总体构架，这个大的思路、构架决定下来之后，再来考虑局部的细节问题，如在什么地方开几个门等等。

他们想了很多方案，经过讨论、试验，都解决不了问题。最主要的问题是两根钢管相交的地方怎样连接，以保证各个分支井眼生产套管的畅通，这在几千米深的地下，实现起来难度很大。刚开始，他们想用法兰连接，经研究，发现法兰无法上去。然后想到另一个办法，用一个钩子，把第二根钢管钩在先下去的钢管的预开孔上，结果发现这样也存在问题，并且实现起来很困难。然后又想了一个方案，在主井眼分支处打一个大井眼，然后注水泥，等水泥凝固后，再把管子挂在水泥上，可是最后发现水泥的强度根本不足以支撑几十吨重的钢管。然后又想了一个方案，干脆让两根管子不连接，控制好它们之间的间隙大小，可是最后发现控制起来太困难。最后又想了一个方案，利用定位钻穿技术把主井眼的钢管在分支井眼处钻穿，可是发现很难找准那个点，因为上千米的管子在施工中丈量时发生十几厘米的误差太容易了。

这里的技术难题和常规的完井问题有很大的差别，可以直接借鉴的东西很少，不过大家以前的工作经历还是很有帮助的。大家根据经验画图纸，画大框图，一般是画草图，画出来以后大家一起讨论，挑毛病。两个管柱之间的关系怎么处理，怎么贯通，怎样保证预开孔的管子下到准确位置，还要保证方向。这些难题始终都困扰着他们。余雷说：“有时真是要想破脑袋。”李敏说：“有时睡觉时还在合计，问题怎样才能得到解决？”

对于当时有没有想到去买外国公司的技术，余雷说：“我们买不起，而且也买不来。人家这种技术不会卖给你。1996 年，我国某海上石油公司请某外国公司提供技术服务，打了一口多分支井，服务费上百万美元，外国公司在工程施工中采取了各种各样的技术保密措施，连看都不让中国人看。所以这个技术是买不来的，非得我们自己开发不可！”

很长一段时间内，研究没有正式立项，时间压力不那么紧，他们几个人在完成其他“正常”项目工作之余，有空就来琢磨一下解决难题的办法。李敏说：“这东西也不是一下子就能想出很多。”余雷说：“这个事情主要是在脑子里想，白天干完活，晚上可以想。大家的讨论，也常常是非正式的，有时在饭厅碰到了，就讨论一下。”

就这样，放放捡捡，捡捡放放，项目进展缓慢，最长的一次放了将近半年。可是，他们从来没有放弃，一有空就不知不觉地又来思考解决难题的方法，想了很多种办法，一个办法不行，就再想一个。

1998 年 12 月的一天，蒋正亚想出了一个方法，把一个小工具固定在先下去的钢管上，后下去的钢管的末端在拐弯时可以卡死在有工具的地方。这巧妙地利用了钢管的结构刚性，可以解决两根钢管在井下连接的问题。余雷、喻晨、李敏、刘坤芳、蒋正亚五个人一起讨论，蒋正亚站在前面，一边讲解他的构想一边在白板上画草图。像往常一样，大家一边听一边挑毛病，你一言我一语，挑来挑去，居然挑不出什么毛病来。余雷担心不同钢管的刚性大小差别可能有影响，刘坤芳说，已经考虑得比较充分了，可以找一口井试一试。

于是，他们立即着手撰写申请立项报告，填申报表、画正式图纸、联系外协单位加工工具。因为项目前期研究充分，提出的方案可行，而且在辽河油田就有需要采用多分支井技术提高油气采收率的地质地层条件，所以这个项目很快就被辽河局批准了，并且得到辽河局高层领导的重视和支持。

第五节　开展有效的 R&D

正确认识企业技术能力培养的影响因素和有效组织企业技术创新活动的另一个重要内容是开展有效的 R&D。

一、有效的 R&D 的基本特点

很多研究表明，技术可以理解为一系列的知识，技术创新过程就是通过 R&D 获取和应用各种知识的过程。正因为如此，知识获取和应用的特点决定了有效的 R&D 需要具备下列特点[9]：

第一，尽早开展以自主核心技术为目标的 R&D。这是因为，知识是逐渐积累起来的，在其他条件相同的情况下，开展 R&D 的起步时间早也就意味着更大的知识积累和更高的技术创新成效。

第二，舍得在 R&D 上进行比较大的资金投入。这是因为，知识的获取是一个“昂贵”的过程，在其他条件相同的情况下，在 R&D 上的投入越大，技术创新成效就会越大。

第三，从事 R&D 的人员数量多、素质高。这是因为，知识的获取是一个充满了“创造性”的过程，在其他条件相同的情况下，从事 R&D 的人员的数量越多、素质越高，技术创新的成效就会越大。

第四，与科研院所开展深入的合作。这是因为，知识的获取往往需要利用企业外部的资源，在其他条件相同的情况下，与科研院所的合作越多、越深，成效就会越大。

实践证明，我国自主技术创新搞得好的企业的 R&D 也具备上述特点，下面我们用一些具体的实例做进一步的说明。

二、尽早开展以自主核心技术为目标的 R&D

尽早开展以自主核心技术为目标的 R&D 的重要性，在东方公司 GeoEast V1.0 软件开发过程中体现得非常明显。这一创新看似简单：无法再购买国外软件了，只有自己开发一条路了，于是“破釜沉舟，发扬革命加拼命的精神”，两年内完成了这一艰巨任务。真是这么简单吗？实际不然。东方公司在开发 GeoEast V1.0 以前，就已经在有关技术领域进行了很长时间的技术积累。这是 GeoEast V1.0 开发成功的重要条件。

我们看一下 GeoEast V1.0 项目总体组成员赵振文是如何描述这一技术积累过程的。赵振文说：他 1970 年从北京石油学院毕业以后就到东方公司的前身物探局工作。当时正值计算机应用于石油工业，150 工程（原石油工业部和北京大学在 738 厂研制中国第一台一百万次计算机）将 30 多人组织在一起，共同进行研发。

赵振文谈到，1975 年我国从法国引进第一套计算机软件，派一批人到法国巴黎学习硬件和软件，赵振文也参加了学习，从那时起对这些地震数据处理软件进行消化、吸收，现在的很多模块都是对当时技术的消化、吸收、改进和移植。当时谈判很艰苦，但最终外方给出源程序、流程图以及地震模块源码等，如果打印出来，一卡车也装不下。所以一部分打印出来，另一部分是磁带。这在 150 计算机上的软件基础上有了很大的飞跃。后来赵振文通过学习理解，在典型模块解剖方面完成了两本专著，对模块进行了一些改造，如偏移程序改进后，速度提高一倍多。

1982 年，国防科技大学已经研制出运算速度超亿次的银河Ⅰ型计算机，国防科工委和国防科技大学签订协议，并与物探局合作，开发出银河地震数据处理系统。该软件主要由王宏琳设计，赵振文也参加了这一项目。

为了加速油气工业的发展，增强中国石油勘探数据处理的能力，特别是由于国内油气勘探战略西移的需要，从 1984 年到 1988 年，原石油工业部与中国科学院合作开发了 KJ8920 大型数据处理系统，物探局参加了主要研制工作。

在消化吸收引进软件、开发银河地震资料处理软件以及 KJ8920 大型数据处理系统的基础上，从 1986 年开始，物探局着手研制建立在不同操作系统下，不同机型兼容的，在大、中、小型计算机上都能运行的，具有批处理和交互处理功能的地震数据处理系统 GRISYS。1992 年 5 月 8 日，GRISYS 系统的第一个产品 GRISYS/PC V1.0 版本现场地震数据处理系统通过技术鉴定，开始推广应用。在此之后，又相继推出了 GRISYS/WS（工作站处理系统）、GRISYS/SP（共享内存并行机处理系统）、GRISYS/NP（网络并行处理系统）等。这些产品是集多年的方法成果、软件开发和资料处理经验，并吸收国际先进软件技术和硬件，独立设计的、完整的地震数据处理系统，具备二维、三维、VSP 资料和特殊处理功能，模块功能丰富，处理手段齐全，操作方便，可以完成各种复杂的地表条件和地下构造的处理任务，在国内外广泛应用。1995 年又研制出 GRIStation 工作站地震资料交互解释系统。到 2002 年为止，GRISYS 已经升级到 8.0 版本，GRIStation 也已经发展到 3.0 版本。GRISYS 对打破国外的技术封锁起到非常重要的作用。

1995 年 12 月，物探局还根据中国石油的要求，开展了油气勘探软件集成平台 OIO（Oil In One）的开发，目标是“开发出具有自主版权的、能解决我国实际问题的、具有国际水平和在国际市场上有竞争力的处理解释软件集成平台”。1997 年，项目组在美国旧金山进行了 9 个月的合作软件开发，完成了 OIO 软件平台的基础工作。1998 年 6 月底，OIO V1.0 版本推出，1999 年 5 月 OIO V1.0 通过技术鉴定，被认为“符合国际技术发展方向，在总体上具有国际先进水平，特别是在油气勘探开发领域，采用即插即用的工作空间管理和面向对象应用框架等技术，具有国际领先水平”。

三、舍得在 R&D 上进行比较大的资金投入

我们曾经指出，很多技术的开发并不需要大量的资金投入。但是，因为知识是逐渐积累起来的，在其他条件一定的情况下，在 R&D 上的投入越大，自主技术创新成效就会越大。中兴、大唐、华为在我国企业中属于少数舍得在 R&D 上花大钱开发自主技术的企业，它们一般把占销售额 10%以上的资金用在 R&D 上。与中兴、大唐、华为相比，我国的电视制造企业在 R&D 上的投入很有限。虽然不少企业宣称它们在 R&D 上的投入很高，但根据 TCL 的当家人李东生先生的说法，国内企业在 R&D 上的投入非常少。跨国公司在 R&D 上的投入一般占它们销售额的 6%到 8%。国内企业在 R&D 上的投入不到销售额的 2%。这可

能是我国通讯设备制造企业与电视机制造企业自主技术开发成效天壤之别的重要原因之一。

北石厂和东方公司的例子也说明了这一点。在开发顶驱的过程中，北石厂花在有限元分析软件和顶驱专用试验台架上的投入近1000万元，这对一家规模不大的石油设备专业生产厂来说不是个小数目。东方公司GeoEast处理与解释一体化软件开发的投资，包括中国石油总部的投入，大约1.7亿元。

四、从事R&D的人员数量多、素质高

众多企业的实践表明，自主技术创新要取得成功，需要有高素质的科学家、工程师。比如中兴通讯公司，21000名员工中，博士、博士后有400多人，硕士5800多人，本科以上学历员工占员工总数的70%。华为公司22000多名职工中，本科以上学历员工占总数的85%。拥有如此众多的高学历员工，自主技术创新取得巨大成就就不是偶然的了。

又比如华大基因公司，它的主要研发人员都是在国外受过良好教育的生物技术领域的博士。如果以在《自然》这样档次的杂志上发表文章来衡量科学家的素质和水平，国内还没有一所大学能够超过华大基因公司。

同样的道理，大唐公司之所以能够开发出TD-SCDMA，是因为有以李世鹤先生、陈卫先生这样的电信技术权威为核心的研发队伍；曙光公司能够开发出能够同IBM等企业抗衡的超级服务器，是因为有以李国杰院士这样的计算机专家为核心的科学家和工程师；北大方正能够开发出世界领先的激光照排系统，是以王选院士等在计算机软硬件领域长期的知识积累为基础的。

五、与科研院所开展深入的合作

在我国，与科研院所开展深入合作的重要性，不仅仅因为一个企业难以创造它所需的所有知识，还因为特殊的历史原因：直到改革开放以后的很长时间里，我国的科研人员主要集中在研究所和重点高校，大多数企业到现在也没有力量成为创新主体。这就决定了我国企业与高校、研究所合作的重要性，特别是在自主技术创新的早期阶段。

中兴通讯公司是一个非常典型的例子。中兴通讯公司在1987年下半年开始组织研发人员开发用户数字程控交换机，而公司真正学过交换机或计算机专业的只有三四个人。于是，中兴通讯公司与北京邮电学院（现北京邮电大学）合作研发出500门用户数字程控交换机，并于1989年11月通过邮电部测试，被认定为国内具有自主知识产权的第一台数字程控交换机。

1993年9月，中兴通讯公司开始研制大容量局用数字程控交换机，1995年

11 月这款交换机被认定为“目前能与国际一流机型相媲美的最好机型，具有国际 20 世纪 90 年代水平”。在这款交换机的研制过程中，同南京邮电学院的合作起了十分重要的作用。

第六节　积极探索适合我国企业特点的技术创新能力培养方法

一般来讲，同跨国公司相比，中国企业的整体实力还比较弱。在这种情况下，在自主技术创新中不断探索“以小搏大”的对策，具有特殊重要的意义。在本节我们介绍三类有效的方法：选择好技术突破口，处理好“重点突破”与“全方位探索”的关系，有效应对“后来者劣势”问题。

一、选择好技术突破口

第一，高度重视“成熟技术”的重新发明。原因有二：其一，“重新发明”成熟技术以及在“重新发明”的基础上进一步改进技术，对中国企业具有重要意义。这是因为，在多数情况下竞争是以成熟技术为基础的，从跨国公司购买并不容易，即使能买到，价格也可能太高。其二，很多因素有利于“重新发明”成熟技术，包括有关信息比较容易获得，以及新技术开发工具的应用等。

第二，重视比较容易赶超的新技术、新产品。

这包括几个方面：

(1) 当技术创新是破坏性（Disruptive 或 Competence Destroying）的时候。在这种情况下，现有领先企业的已有技术优势将难以转移到新的技术和产品领域。硬盘驱动器的发展是一个非常典型的例子。在 1978—1980 年间，几个新企业开始生产 8 英寸盘，并由此导致原有的生产 14 英寸盘的所有企业全部退出硬盘驱动器产业，一个根本原因就是 8 英寸盘的创新属于破坏性创新。

(2) 跨国公司容易忽视的领域。比如，跨国公司由于对我国市场了解不够，有可能即使拥有核心技术，也不知道如何根据我国市场的特点，利用这些新技术开发出适合我国消费者需求的新产品。我国企业就是凭借对本土市场的深刻理解发展起了 VCD/DVD 产业和 U 盘产业。

(3) 跨国公司缺少“互补性资产”（Complementary Assets）的领域。在很多情况下，技术本身还不足以使一个企业拥有竞争优势，这时“互补性资产”的作用就非常重要。比如在制药工业，很多新兴的生物技术公司愿意把它们开发的新技术卖给大型制药公司而不是自己进行商品化，一个关键原因就是它们缺乏应对政府管制的“互补性资产”，而大型制药公司则拥有这种资产。我国的大型制药公司，比如华北制药，如果拥有类似的“互补性资产”，就可以在生物制药领域有所作为，而不必过于担心国外企业在技术上的优势。

第三，重视知识密集、试验周期短、资本投入少的技术。不同种类知识的获取特点是不同的。有些知识，因为试验周期短，比较容易在短时间内积累起来，比如软件知识；相反，有些知识，需要大量投资和很长时间才能积累起来，比如航空发动机知识。因此，无论在成熟技术领域，还是在新技术领域，选择知识密集、试验周期短、资本投入少的技术，就更有可能在较短的时间内以及投入不太大的情况下取得技术突破。中兴公司在核心技术上的突破与其高度重视软件技术的开发，是紧密相关的。在中兴公司看来，软件是他们整个产品的最核心部分，因此在中兴公司的研发队伍中，大约有70%的人员从事软件工作。

二、处理好“重点突破”与“全方位探索”的关系

中国企业整体实力还比较弱，因此在开发自主核心技术的早期，应当坚持选择有限领域、实现“重点突破”的原则。在有了一定基础之后，则可以考虑在更多的领域实现突破。华为公司的“压强原则”是“重点突破”的成功例子，中兴公司的“森林原理”与“低成本尝试”则是“全方位探索”的成功例了。

所谓“压强原则”，就是在成功关键因素和选定的战略生长点上，以超过主要竞争对手的强度配置资源，要么不做，要做，就极大地集中人力、物力和财力，实现重点突破。

所谓“森林原理”是指针对技术和市场结合的程度，对不同的技术和产品，根据其不同的生命周期，采取三种不同的策略：

（1）处于萌芽期，或者尚未进入成长期的产品，中兴公司在投资上的策略是不落后、不争先。如在有线领域，以软交换为核心的NGN将继交换机之后成为新的基础平台，可以延伸出多种成长性业务，中兴公司在这一市场上一直与国际保持同步；在数据方面，中兴公司拥有国内首张高端路由器入网证书，但没有像华为公司那样急于打入美国市场；在3G领域，三大标准齐头并进。

（2）进入成长期的产品，中兴公司则采取短时间加大投入的突破策略。如CDMA、PNS和手机等。

（3）逐步进入衰退期的产品，中兴公司的态度是不放弃，并且将其转移到海外市场，使其产生新的活力。相对于经济基础比较薄弱的国家和地区，交换和接入、GSM等产品依然是相对先进的技术。

所谓“低成本尝试”，有以下五个层面的含义：

（1）对于各种可能出现的并已经形成一定热点的技术或产品，不管市场前景最终如何，在没有足够的证据否定之前，不放弃任何一次尝试的机会；

(2) 在产品或技术没有足够把握可以开发出来之前，只做尝试性的研究；

(3) 产品或技术虽然可以开发出来，但尚不能发现一个明确的、有足够容量的市场之前，只停留在产品和技术的实验室研究上，不做市场的投入；

(4) 在市场出现明显的征兆，但尚未启动前，如果有足够把握，则根据市场成熟的进度，进行有节奏的大规模投入，以求突破；

(5) 对于比较大的项目或前景不明确的项目，通过借助外力进行开发，比如与其他组织合作研究，或采用其他组织已有的成果，以便少走弯路，将风险分散。

三、有效应对“后来者劣势”问题

“后来者劣势”是指，即使我国企业在核心技术开发上取得了突破，同跨国公司相比，也往往更不容易被市场接受。比如，TD－SCDMA 是由大唐公司提出的第三代世界三大移动通信标准之一。但是，由于存在“后来者劣势”问题，在相当长的时间里，TD－SCDMA 的技术先进性受到广泛怀疑，产业化之路更是困难重重，直到 2004 年才柳暗花明。再比如北大方正的激光照排技术，其产业化也是“九死一生”。

为了解决“后来者劣势”问题，我国企业可以考虑采取如下对策：

第一，重视争取用户和消费者的支持，从客户需求出发设计产品，用一切办法让用户了解自己的技术、产品、服务和其他优势。在这一点上，中兴、华为等企业的经验值得借鉴。比如在中兴公司，无论是市场人员还是系统设计人员，都必须将 50％的工作日用于深入市场一线，高层管理团队也花大量的时间拜访客户。

第二，企业自己创造市场。“后来者劣势”的核心不是技术问题，而是市场问题。在高度重视外部市场的同时，中国企业，特别是大企业集团，还可以通过纵向一体化为自己的新技术、新产品在本企业内部找到市场。实际上，这正是日本、韩国大企业发展新技术最主要的方法之一。

第三，积极寻求政府的帮助。这同现在特别强调市场作用的观点有很大不同，但至关重要。日本轿车工业发展是一个很好的例子。正如研究日本轿车工业的著名专家、麻省理工学院管理学教授库苏马努指出的，“（日本）政府官员对轿车工业的影响比对钢铁、造船和电子工业的影响要小，但是一项政策——通过限制进口保护国内企业，就使得一项原本肯定会失败的事业变成了一项利润非常高的事业。这就告诉我们一个非常明显同时又非常关键的关系：虽然（日本）政府的政策没有直接增强日本轿车企业的国际竞争力，但是尼桑、丰田公司以及整个日本轿车工业成功的一个主要原因是国内市场的保护”。实际上，战后日本政府长期通过严格限制轿车进口对其轿车工业进行保护，轿车进口一直只占国内销售的1%左右，直到20世纪70年代日本企业已经具备了强大的国际竞争力以后，这种保护才逐渐减少。正是在这种保护下，日本轿车企业才没有在战后被强大得多的美国、欧洲的企业挤垮，并通过精益生产方式等新的技术与管理方式发展起来[10]。

第七节　通过“重量级团队”开发自主核心技术

我国企业的大量实践说明，对于重大的技术攻关项目，“重量级团队”这种组织形式是比较有效的，我国企业作为后来者，需要从战略上对这种技术开发方法加以重视。在本节，我们介绍三个企业是如何通过建立“重量级团队”加强自主技术创新能力、开发核心技术的。

一、东方公司“GeoEast软件研发”

1. 项目背景

1999年东方公司亏损8.8亿元，是中国石油下属企业中的亏损大户之一。我们在本章第二节中指出，通过实施国际化战略，东方公司2002年的国际业务收入首次超过国内业务，并比原计划提前3年实现扭亏。东方公司从上到下感到“很振奋”。但是，也是那一年，跨国公司在技术转让上的态度发生了重大变化：不再向东方公司出售有关软件及其升级版本，并对使用它们的技术提出了非常苛刻的条件。

在跨国公司公司改变了对东方公司的政策后，东方公司领导层与有关专家召开了紧急会议，认为不打破技术封锁，就不可能发展，并三次向中国石油当时主管科技工作的吴耀文副总经理汇报，决定成立项目组“全力以赴进行自主研发”。

2003年1月，中国石油投资1.4亿元，正式立项研发GeoEast处理解释一体化软件。吴耀文先生在2003年4月17日专程到东方公司主持了项目启动会，对项目提出了明确的要求：“在抓好技术创新的同时，必须重视管理创新；要通过开发一个产品，建立一套制度、培养一支队伍”。

2. 项目负责人

GeoEast项目的负责人刘超颖，是一位优秀的技术专家和管理专家。他1982年毕业于华东石油学院物探专业，分配到东方公司研究院后，从事地震数据处理方法研究11年，此后历任东方公司北京地球软件公司副总经理、东方公司研究院总工程师、研究院副院长等职务，具有丰富的地震数据处理及方法研究和软件开发经验，也具有物探方法研究与软件开发科研项目的组织管理经验。

1999年，刘超颖参加了塔里木盆地克拉2勘探研究项目，负责地震数据的精细处理工作。通过6个月的攻关，解决了克拉2号复杂构造地震成像的多个世界级难题，包括：静校正，叠前去噪与提高分辨率的迭代技术，三维模型约束的地震数据处理技术，以及多重约束下的偏移速度场建立技术等，为克拉2特大超高压气田储量的探明并顺利通过国家储量委员会的验收奠定了技术基础。刘超颖作为主要研究人员获国家科学技术进步一等奖。

自1994年至2002年，刘超颖先后组织并直接参加了地震数据处理系统GRISYS V3.0、V4.0、V5.0和V7.0的研发，获2002年国家科学技术进步二等奖，刘超颖作为项目组的代表，参加了在北京人民大会堂召开的2002年度国家科学技术进步奖励大会。

刘超颖不但技术上过硬，而且具有丰富的管理经验。从1991年到1996年，受当时国内经济环境的影响，国内物探服务市场非常不景气，国有企业也在转轨过程中，下岗分流，多种经营，人人办公司，个个创实体。当时物探局（现东方公司）研究院1000多人，就有70多家公司，有的搞地震数据处理解释业务，还有不少搞边贸，甚至做服装，研究队伍受到很大冲击，技术人员严重流失。刘超颖认为，今后国家对石油工业不可能不重视，不可能不发展物探技术。因此，1993年他毛遂自荐投身管理，担任研究院物探方法所所长。1993—1997年间，他七次去辽河油田，三次去冀东油田，找服务项目或推销软件，辛辛苦苦干了4年，挣了点钱，留下了一批科研骨干。1994年，以原中国石油天然气总公司的勘探局和物探局注册了北京地球软件公司，支持GRISYS和GRIStation软件的开发，中国石油天然气总公司以购买设备和软件的形式，投入3000万元，在其下属企业推广应用了50套处理系统（GRISYS 4.0），拯救了这支队伍，参加GeoEast项目开发的很多技术人员都是当时留下来的。

物探局（现东方公司）1994年进入国际市场，就感到核心技术的重要，刘超颖和他的同事们也逐步认识到，当前地震数据处理解释技术的发展趋势是实现处理和解释一体化。在国外，地球物理服务公司一般只做地震数据的采集和处理，解释工作是石油公司做，国外有一些一体化软件，但是存在不完善的地方。在GeoEast项目正式立项以前，刘超颖和他的同事们就已经进行了两年的预研工作。原国家计委、科技部、中国石油天然气总公司共投资了1800万元支持预研工作，为GeoEast项目开发打下了坚实的基础。

3. 项目组织与管理

在GeoEast的开发中，刘超颖和他的项目组主要采取了五个方面的措施：

第一，开放的人力资源观念。GeoEast V1.0的开发利用了很多东方公司以外的专业技术人员，在很大程度上缓解了项目研发在数据平台、CGM成图、批量处理模块开发等方面人力资源紧缺的状况。

第二，树立广泛开展国内外合作的研发理念，选择、吸收国内外成熟的先进技术成果。同时，与外部签订的所有外协合同都有专人参与合作开发，实现引进技术、培养人才、方便维护、持续发展。GeoEast V1.0 项目共签订外协合同 17 个。广泛开展的国内外合作不仅缩短了研发周期，也提升了整体技术水平。

第三，建立了新的薪酬体系，真正做到不唯学历、不唯职称、不唯资历、仅唯能力。实现了薪酬与岗位、职责与研究内容的紧密挂钩。另外，薪酬体系确定的仅是项目成员的资格薪酬，为使所建立的薪酬体系对项目成员起到激励与约束的双重作用，制定了两个 1/3 和两个 1/6 的实施方案。具体来讲就是，为保持项目成员基本稳定的收入，以整体薪酬的 1/3 作为基本工资按月发放；为保障项目的最终完成，1/3 待项目验收后发放；薪酬的 1/6 根据月计划的完成情况发放，薪酬的另外 1/6 根据阶段成果完成情况发放。

第四，项目管理求真务实、不断创新。GeoEast V1.0 项目研发具有极大的挑战性，不仅时间紧、任务重、难度大，在技术层面上还存在着系统平台研发与应用功能开发需要协调进行的挑战。项目进展初期，刘超颖对这一问题认识不足，仅依据软件研发管理著作与一般软件研发的模式，组织制定了里程碑（阶段成果）式的研发计划（即由需求分析到概要设计、详细设计、滚动开发测试、集成测试的串行开发流程，并依此开展项目管理）。但项目运行到 2003 年三季度，问题逐渐显露出来，项目研发进度明显滞后。若继续按里程碑式的研发模式进行，完成预定的开发内容起码要延长一年时间。2003 年 9 月，刘超颖对项目的任务构成、人员情况、开发周期等方面存在的问题进行了全面深入的思考和分析，精心设计并提出了“螺旋加瀑布”的研发计划，其核心是当下一道工序的部分需求被满足时，便立即启动下道工序的工作，在符合软件工程化管理的前提下，最大限度地利用全部人力资源。“螺旋加瀑布”方案极大地提高了研发的效率。到 2004 年 2 月，项目进度基本上与预期计划吻合。

第五，加强团队建设。刘超颖认为，个人的力量是有限的，尤其在重大任务面前，科研骨干队伍的建设就显得尤为重要。作为研究中心的主任和 GeoEast V1.0 项目负责人，要使项目在预定时间圆满完成，必须依靠全体项目成员的共同努力，必须充分调动全体项目组成员的积极性和创造性，必须形成一个勇于直面挑战、勇于创新、善于协作的高素质研发团队。因此，刘超颖注重加强与项目研究骨干成员的沟通，一方面使自己能够在第一时间掌握各子项目的研究进展与面临的问题，另一方面使大家能够充分理解项目长所提出的每一项工作要求，保证项目组始终成为一个整体；与此同时，积极实践“以人为本”的理念，真心、诚心、热心为骨干科研人员解决工作、生活中的实际问题。刘超颖要求研究中心领导班子和全体辅助人员全力以赴为 GeoEast V1.0 保驾护航、排忧解难。刘超颖提出“骨干人员无私事”，就是把骨干人员的后顾之忧提前予以解决，使他们全身心地投入到研发工作中。在工作中，刘超颖始终以身作则、率先垂范，严格要求自己。在700多天的时间里，牺牲了所有的节假日，几个长假期间，都在针对工作中存在的问题，思考、制定下一步的改进措施。

4. 项目成果与主要经验

2004年12月31日，在北京中国国际科技会展中心，东方公司总经理王铁军郑重宣布：具有自主知识产权的GeoEast V1.0处理解释一体化系统正式发布，这是中国油气勘探软件发展史上一个重大事件，也是东方公司发展史上一个具有里程碑意义的事件。

在谈到GeoEast V1.0开发影响因素时，东方公司主管科技工作的公司副总经理张玮认为，主要是四个方面：

第一，中国石油天然气集团公司高度重视，全力支持。2003年1月，中国石油投资1.4亿元，正式立项研发GeoEast处理与解释一体化软件。在项目研发近两年的时间里，中国石油的领导时刻关注GeoEast项目进展，多次到东方公司检查项目的研发情况，提要求，鼓士气。中国石油科技发展部还将GeoEast项目进展情况列为每周部务会的固定议题，通报项目研发动态，集中研究并及时协调软件研发中遇到的问题。

第二，东方公司领导高度重视，总经理徐文荣、总经理王铁军先后担任领导团队组长，副总经理张玮、公司总工程师任副组长。领导团队从项目设计阶段开始，每月一次定期听取项目进展情况汇报，如有问题当场拍板解决，动员全公司的力量为项目研发工作提供保障。

第三，东方公司在所有政策方面都给予倾斜，在项目管理上采取了很多全新的办法，主要包括：（1）实行项目长负责制，聘任拥有丰富管理经验的著名技术专家刘超颖任项目长；（2）保证项目组宽松的资金使用环境和政策；（3）精心的项目整体设计和技术需求分析，包括围绕核心技术的一系列工作，都有一些特殊措施。另外，项目组人员薪酬激励水平较高，研究人员年薪平均7万元。

项目长刘超颖说：“特事特办”的确让他放开了不少手脚，必要的时候还可以“先斩后奏”。他还拥有解决问题的“直通车”，包括到中国石油总部的“直通车”，可以直接向中国石油天然气集团公司副总经理吴耀文和周吉平汇报。

刘超颖的同事们也认为刘超颖起的作用至关重要。技术专家赵振文是GeoEast V1.0项目总体组成员之一，1970年从北京石油学院毕业以后，赵振文就到东方公司的前身物探局工作，是一位深受人们尊敬的技术专家。赵振文说，从自己经历的软件开发来讲，GeoEast V1.0的工作量是最大的，1.4亿元的投资，300多人参与，通常情况下，4年完成也很困难，因此一定要有一个好的项目长，管人、管钱、协调、拍板。项目的需求分析做了一年，项目涉及物探方法研究、软件开发、应用系统开发，针对技术问题有很多争论，哪些可以舍掉，哪些必须包括在里面，必须由项目长来拍板。

第四，国外公司的技术封锁对自主核心技术开发是一件好事。公司副总经理张玮还指出，国外公司技术封锁加快了自主创新的节奏，也增强了自主创新的决心和信心。成立项目组后，大家的民族自尊心非常强。从专家、领导到普通的研发人员都树立了坚定的信心和决心，项目长和技术骨干都有攀登高峰、给中国人争气的雄心壮志。

二、大庆石化总厂“ABS 生产工艺创新”

1. 项目背景

ABS（Acrylonitrile－Butadiene－Styrene）树脂是丙烯腈—丁二烯—苯乙烯的共聚物，只要改变其三者的比例、聚合方法、颗粒的尺寸，便可以生产出一系列具有不同冲击强度、流动特性的品种。ABS 是一种综合性能良好的树脂，无毒，微黄色，在比较宽广的温度范围内具有较高的冲击强度，热变形温度比 PA（尼龙）、PVC（聚氯乙烯）高，尺寸稳定性好，收缩率好，而且绝少出现塑化后收缩，虽未列入五大通用工程塑料（尼龙、聚碳酸酯、聚甲醛、聚苯醚、聚酯）行列，但是它的使用量远远超过五大通用工程塑料中的任何一种。

大庆石化总厂的 ABS 项目最早从 1992 年开始论证，1997 年正式投产。由于引进的技术和设备不是一流的，大庆石化总厂虽然生产出来了合格的产品，但产品的力学性能、外观性能、加工性能和世界著名厂家奇美、LG、GE 等的差距较为明显，ABS 项目一直亏损。从 2001 年开始，大庆石化总厂决定扩能改造，主要有 3 个目的：（1）扩大产能；（2）降低消耗，提高质量；（3）实现 ABS 业务不再亏损。

出于多方面考虑，大庆石化总厂 ABS 扩能改造方案首先考虑的是技术引进。大庆石化总厂王彬副厂长说：“当时全世界最大的 ABS 树脂生产商是台湾奇美，产能达 150 万吨，占全球产量的近四分之一，所以我们首先想到的技术引进对象就是它。也考虑过美国 GE，毕竟 GE 是 ABS 的鼻祖……但是这些巨头看到庞大的中国市场，想的只是如何输出产品，而丝毫没有技术转让的迹象……最终我们不得不回到原来的技术供应商——韩国锦湖公司。通过再次考察，我们认为韩国锦湖公司虽然近期在技术上没有很大提高，但是毕竟在化学附聚方面也有了一些进步，也能满足我们的要求，所以还是可以考虑的……”。

与韩国锦湖公司的谈判从 2002 年底开始，持续了一年的时间。在 2003 年年初，技术细节基本敲定，但到了最后的报价阶段，王彬副厂长说：“韩国锦湖公司一开口就是580万美金的天价，几经谈判，价格降低到550万美元且是底价，光这个550万美元就已经占我们项目总预算的三分之一，这远远超过我们150万美元的技术引进预算目标……再说韩国锦湖的技术还不算一流技术，不能达到我们抢占世界先进水平的总体要求。”

2003年10月，长达一年的谈判以破裂告终，大庆石油化工总厂的ABS扩能改造工作被迫暂停，中国石油也暂时冻结了大庆石化总厂的ABS扩能改造项目。在这种情况下，大庆石化总厂做出了一个重大的决策：“依靠自己的力量自主开发拥有成套自主知识产权的ABS新工艺”。

2. 项目负责人

为了确保“ABS生产工艺创新”项目的顺利实施，大庆石化总厂成立了由厂长领导、技术发展部、设计院、物资供应、施工单位等参加的开发领导协调组，组长由大庆石化总厂厂长挂帅，主管技术的万志强副厂长负责协调。由于大庆石化总厂石油化工分厂是项目的主要承担单位，时任化工厂厂长的王彬被任命为项目的具体负责人。

3. 项目组织与管理

“ABS生产工艺创新”项目的技术难度很大：一方面要保证相关指标如聚合周期和接枝时间的先进，另一方面，需要避开有关公司的专利技术，所有的配方和工艺过程都要从头筛选。在“ABS生产工艺创新”项目中，大庆石化总厂主要采取了四个方面的措施：

第一，成立了由多名高级工程师和十几名工程师组成的科研开发攻关项目组，全力开展研发工作。

第二，用最快的速度购买了专用的粒径仪、脱水器、玻璃反应釜、高精度电子天平、真空干燥箱等试验用设备，在试验过程中建立了实验室。

第三，实施管理创新，绕开传统线条式的工作方法，采取矩阵式科研管理模式。在试验过程中，PB聚合、附聚、接枝各试验单元的实验室小试、中试和工业化放大生产交叉并且同步进行。整个项目是边进行配方摸索，边进行力学性能测试，边进行工业化。这些做法有效缩短了试验时间，实现了PB聚合、附聚、接枝各试验单元的前后平衡，极大地提高了工作效率。

第四，加大组织协调力度，各部门对ABS新生产工艺研发项目特事特办。

4. 项目成果与主要经验

2004年9月27日，由中国石油天然气集团公司科技发展部组织的专家组一致同意大庆石化总厂的ABS项目通过鉴定，并认为：大庆石化总厂开发的ABS新生产工艺技术中，有两项技术达到国际先进水平，一项技术达到国内先进水平。以PB聚合技术为例，其水平远远超过了锦湖公司，达到了国际先进、国内领先水平。

大庆石化总厂 ABS 技术开发的成功，主要原因在于：

第一，集中全厂的力量支持技术开发工作。大庆石化总厂厂长亲自挂帅，各部门对技术开发工作特事特办，并在人力、物力、资金方面向技术开发工作倾斜。

第二，敢于冒风险。中试成功后，项目组开始直接在工业装置进行工业放大（产业化）。攻关小组经过周密的计算和设计，利用闲置装置的不锈钢贮罐，制作了两台 15 立方米的化学附聚反应器，设计出具有自身特点的搅拌器，虽然前两次放大试验都失败了，但是并没有动摇大庆石化总厂开发 ABS 工艺技术的决心。王彬副厂长说："即使攻关小组前三次放大都失败了，我还是做好了再次失败的准备。第二次失败后，尽管有一些人信心有所动摇，但化工厂在组织和财务等各方面始终没有放松。"

第三，引进著名专家黄立本教授。黄教授不但理论造诣很深，而且拥有丰富的实践经验：他 1968 年大学毕业后分配到兰州石化（简称"兰化"）工作，首先在催化车间进行了 14 年的催化剂生产和研究，而后又在兰化中试室进行科研工作，后为兰化研究院化学所所长，曾经组织翻译了 300 多万字的外文资料。黄教授 1988 年晋升为高级工程师，1998 年晋升为教授级高工，同年获国务院颁发的政府津贴，1999 年荣获人事部颁发的有突出贡献中青年专家称号。黄教授获省部级以上奖励 10 余项，发明专利 11 项，著作 10 余部，其中 2001 年由化学工业出版社出版的《ABS 树脂及其应用》具有广泛影响。

对于黄教授在 ABS 新生产工艺开发的作用，王彬副厂长是这样评价的："黄教授对加快项目的开发进程是非常重要的，起到了技术核心的作用。"

第四，在 ABS 研发上已经做了不少准备工作。大庆石化总厂最早从韩国锦湖公司引进 5 万吨 ABS 装置的时候，同时引进了一个实验室，这锻炼了一批有实践经验的科研人员。2002 年，大庆石化总厂还用自己的工艺技术对韩国设备进行了大刀阔斧的改革，把两步法归并为一步法，将空气干燥改为氮气循环干燥，都取得了很好的效果。2003 年，大庆石化总厂还建立了 ABS 乳液聚合研究实验室，同大连理工大学的老师进行了长达一年的合作，通过一年的高分子附聚法合作试验，知道了高分子附聚法走不通，化学附聚才是希望。

第五，压力变动力。2003 年大庆石化总厂的 ABS 可能是中国石油系统内最落后的，所以他们在中国石油系统内最有压力。技术引进没有成功，项目也停了下来，不搞技术创新就无路可走。

三、北京石油机械厂"顶部驱动钻井装置研究"

1. 项目背景

顶驱在深井、欠平衡井、大位移井等高难度井的施工作业中具有显著的优越性。随着中国石油集团海外市场的开拓，大批井队参与了海外钻井工程的竞标活动，但是其前提是必须配备顶驱，否则就没有投标资格。国内市场由于深井、超深井和复杂井开发数量的增多，对钻井设备的要求也越来越高，如果没有配备顶驱同样难以作业。无论在国际市场还是在国内市场，顶驱都到了非用不可的地步，成为我国石油工业的急需设备。

由于国内顶驱产品技术相对落后、可靠性较差，缺乏能够替代进口顶驱的产品，我国使用的顶驱基本依赖进口。国外几家技术领先的顶驱供应商长期处于市场垄断地位，他们的顶驱产品不但价格昂贵，而且技术服务不及时，极大地影响了中国石油海外市场开发的成本和速度。顶驱成为中国石油钻井技术发展和海外业务扩展的“瓶颈”。

在这样一个大背景下，2003 年 1 月 5 日，中国石油正式组织北石厂、中国石油勘探开发研究院（以下简称勘探院）机械所研制我国自己的顶驱产品。

2. 项目负责人

北石厂顶驱项目的负责人是北石厂厂长刘广华，顶驱项目的日常工作由北石厂总工程师邹连阳负责。

3. 项目组织与管理

为了顺利完成顶驱项目，北石厂采取了如下措施：

第一，成立专家顾问组。一是成立由行业内知名专家、教授组成的专家顾问组，为项目研发把关、定方向；二是成立由对顶驱的操作使用、管理维护熟悉的用户专家组成的顾问组，在管理和操作上给予技术支持。

第二，建立专门的组织机构。在顶驱项目的前期，北石厂设立了顶驱项目组，下设基建、营销、生产等职能部门。随着项目的迅速开展，成立了按项目管理模式运作的北石厂顶驱中心，级别相当于一个分厂，集设计、制造和服务于一身，有独立的采购权，中心主任由总工程师邹连阳担任，从产品研发、制造到营销服务实行一体化管理。

第三，建立先进的科研装备和科研设施。项目之初，北石厂的领导和技术人员首先问自己：其他单位以前的产业化工作为什么不成功？顶驱产业化需要干什么？经过一番仔细分析，他们找到了问题的关键。（1）以前国产顶驱的总体设计方案是可行的，但是许多局部设计还不够完善，影响了顶驱的质量和可靠性，北石厂需要对原设计进一步推敲、改进。如果设计不过关，生产出来顶驱也是白做。认清了这一点，他们在还没开始做设计前就购买了一套有限元分析软件，以便在设计中对顶驱的关键零部件和主要承载件进行分析计算，确保安全可靠。（2）上顶驱先要上试验台架。试验台架可以模拟各种钻井工况，设计参数的确定、整个系统的优化都必须通过试验台架来做。没有试验台架，就没办法验证生产出来的顶驱是好是坏。因此，北石厂在设计顶驱的同时设计试验台架。顶驱还没出来，1000 吨的顶驱专用载荷试验台架和综合性能试验装置就先建起来了。北石厂花在有限元分析软件和顶驱专用试验台架上的投入近 1000 万元，这对一家规模不大的石油设备专业生产厂来说不是个小数目。

第四，看重团队的作用。刘广华厂长说："我们做成顶驱这件事情，确实是天时、地利、人和。在人和方面，我们有一个很好的领导班子，像我们的邹总，在设计方面、整个顶驱项目的运作方面，起了至关重要的作用、功不可没；还有负责生产的顾厂长、负责销售的高厂长。我和李书记负责把关。我们是一个非常具有战斗力的团队"。

4. 项目成果与主要经验

2004 年年初，四川石油管理局购买了第一台北石顶驱。刘广华厂长说："最初他们确实担心国产顶驱的质量，说什么也不想买。我们就反复地向他们介绍、与他们交流，对他们提出的问题，一个一个地解答，请他们看北石顶驱的各个部件是怎样设计的、元器件选的是谁家的，最终终于打动了他们。把北石顶驱运到新疆现场一用，他们马上就感觉这确实是好产品、是世界一流的顶驱，他们的观念发生了 180 度的大转变。以此为起点，北石顶驱直到现在还是供不应求。"

在国外市场上，北石厂积极制定和实施国际化营销战略，与国际上知名的钻井公司加强联系和沟通，让北石顶驱尽快打入国际市场。2004 年 12 月，美国 Rowan 公司定购北石顶驱就是一个成功的例子。这台顶驱于 2005 年 3 月运抵美国，安装在位于路易斯安那州的陆上钻机上，3 月 24 日开钻第一口井，4 月 25 日开钻第二口井，井深均在 12000 英尺[1]左右，钻进正常。Rowan 公司的统计表明：这两口井累计停机 25 小时，远远少于其他品牌顶驱的单井 30～100 小时的停机时间。另外，两口井钻机的顶驱的安装均由客户自己完成，中方服务人员均不在场，对北石顶驱简便易用的良好性能，美国用户反映非常满意。

北石顶驱项目能够取得巨大成功，主要原因在于：

第一，全长高度重视。刘广华厂长等厂领导班子认识到：顶驱项目是中国石油天然气集团公司交办的项目，一方面给北石厂带来了一个很好的发展机遇，另一方面，项目如果失败了，北石厂将损失巨大。所以，"顶驱无小事，一切优先"，实行"特事特办"，一门心思要把顶驱项目搞好。为此，厂里调集了优秀的研发技术人员和技术工人，用先进的项目管理方式实施管理，用签订责任状的形式明确每个部门的职责。

第二，找到了有效的技术路线，即"中国智慧加全球资源"。2002 年年底，

[1] 1 英尺 = 0. 304 8 米。

当中国石油提出来把顶驱项目交给北石厂时，刘广华厂长“几乎不敢接这个‘烫手的山芋’，根本不知道怎么弄，无从下手”。经过几个月的深思熟虑，他“豁然开朗”，树立起了坚定的信心。他说：“我的习惯是在干一件事之前，先要理清思路。思路理清了，干起事来就容易得多。我那时候为了理清干顶驱的思路，确实花了很长时间，不止两三个月。这个思路就是：中国智慧加全球资源，打造北石顶驱”。具体而言就是：利用中国石油自有知识产权的成熟的顶驱技术，选择国内和国外最好的供货商，采用全球采购方式，在北石设计、制造、组装和调试，研制出具有国际水平的顶部驱动装置，用中国人的智慧，加全球最佳资源打造北石顶驱。

顶驱项目运用“中国智慧加全球资源”思路解决技术问题的一个典型实例是750 吨提环的设计制造。邹连阳总工程师说：“这个提环实实在在是我们做的设计，德国人加工的。最初北石厂在国内寻找合作厂家，但是国内厂家最大只做过450 吨的提环，都不太敢于填补 750 吨提环的空白。国内做不了 750 吨提环，我们怎么办？购买国外公司现成的 750 吨提环吗？人家卡你、不卖给你。请外国公司设计吗？不但设计费很贵、周期很长，而且我们就会受限制了。所以我们就自己设计、包括所有的设计计算和分析都自己做，然后找到德国一家工厂给生产出来。”

第三，良好的科研装备和科研设施。实践证明，北石厂花巨资建立起的科研装备和科研设施对北石顶驱的研制成功起到了至关重要的作用。比如前期研制的顶驱减速箱经常漏油，北石厂的技术人员在有限元分析软件的帮助下进行了优化设计，第一个方案不行，就再考虑一个方案，再来分析，第二个方案还有问题，就又重新设计，一共设计了 19 个方案，经过反复的分析比较，才得到满意的结构设计。邹连阳总工程师说：“没有有限元分析，就没有北石顶驱。”

试验台架也是技术人员每天都离不开的工具。看到北石顶驱车间里高高矗立的 1000 吨顶驱零部件载荷试验台和顶驱性能试验架，一位来自新疆的用户驻厂监理说：“北石人真是干事的人；你们这么个干法，生产出的顶驱不可能有问题”！

第四，中国石油天然气集团公司的支持。刘广华厂长说：“中国石油天然气集团公司起了很大的协调作用，集团公司科技发展部和规划计划部联合立项，把这个项目完全放在北石厂，整个设计组、包括机械所的设计人员，也都在北石厂。在聘请专家和协调用户等方面，集团公司也给予了大力协助。

思 考 题

(1) 什么是技术战略？技术战略关心的主要问题是什么？

（2）为什么要把技术发明与技术应用分开？请举例说明。

（3）如何理解技术战略与企业竞争战略的关系？

（4）如何确定企业技术创新的边界？“比较优势论”会如何分析技术创新的边界问题？

（5）“计划内创新”管理与“计划外创新”管理的主要区别是什么？

（6）有效的 R&D 的基本特点是什么？

（7）在中国企业的整体实力还比较弱的情况下，如何在自主技术创新中不断探索“以小搏大”的对策？

（8）如何应对“后来者劣势”问题对我国企业的挑战？

（9）如何通过“重量级团队”开发自主核心技术？

参 考 文 献

[1] Porter M. Competitive Advantage. New York：The Free Press，1985.

[2] Wheelright S，Clark K. Revolutionizing Product Development. The Free Press，1992.

[3] Porter M. Competitive Advantage，New York：The Free Press，1985

[4] Wheelwright，Clark. Revolutionizing Product Development. The Free Press，1992，44－48 .

[5] Wheelwright，Clark. Revolutionizing Product Development. The Free Press，1992，48－51 .

[6] 周立文，丁学国．中国基因：三个人物与一个事业．光明日报．2000－11－22

[7] Penrose，Edith Tilton. The Theory of the Growth of the Firm. Oxford. Basil Blackwell，1959.

[8] Burgelman R A，Sayles L R. Inside Corporate Innovation. The Free Press，1986.

[9] Gao Xudong. Technological capabilities Catching up：Follow the Normal Way or Deviate”，Ph. D. Dissertation，MIT Sloan School of Management，2003.

[10] Cusumano M A. The Japanese Automobile Industry. Technology and Management at Nissan and Toyota. Cambridge，MA：Harvard University Press，1985.

第三章　企业研发组织管理

在这一章我们介绍和分析如何提高企业研发组织管理的有效性。本章的主要内容包括：企业研发组织的产生与发展，设计企业研发组织需要考虑的主要问题，加强企业内部技术转移的组织保障，以及企业海外研发机构的设立与管理。

第一节　企业研发组织的产生与发展

一、什么是企业研发组织

学术界目前对企业研发组织的含义、边界和类型还没有一个统一的看法，而是存在各种不同的描述和划分标准。比如，保罗·特罗特按照研发活动的集中与分散，把企业的研发组织分为三类[1]：

（1）中心实验室。中心实验室的主要优势是科学家和工程师们集中在一起从事研究工作，能够比单独研究时获得大得多的成就。通过聚集来自不同经营部门的科学家和工程师成立中心实验室可以发挥协同效应，并帮助公司获得技术领先地位。

（2）分散的实验室。分散的实验室的主要优势是能够加强研发与企业经营，尤其是与企业的产品和企业所面对的市场的联系。那些庞大的中心实验室的研发力量常常被认为过于远离技术的最终应用者，而通过建立分散的研究中心，能够加强研发与生产和销售部门的交流，改善产品的开发。建立分散的实验室的缺点是可能会导致过于重视短期的产品开发。

（3）内部研发市场。在企业内部建立有关研发的市场体系，每一个经营业务单位要获得它们所需要的研发服务都必须通过统一的成本核算中心付费。尽管这种做法受到一些学者的质疑，但是也取得了较大发展。它的局限性和上述分散的实验室一样，就是可能会导致过于重视短期的产品开发。

我国著名技术创新学者傅家骥教授等在研究国内外有关研究的基础上，总结出以下常见的企业研发组织类型：技术创新小组，技术中心，内企业家，新事业发展部，虚拟组织等[2]：

（1）技术创新小组。技术创新小组是指为完成规模较大、任务比较复杂繁重的创新项目而成立的一种创新组织。创新小组的成员大多是自愿参加的，但对一些重大创新项目来说则需要对成员进行挑选。创新小组具有明确的创新目标和任务，企业高层主管对创新小组充分授权，完全由创新小组成员自主决定工作方式。创新小组的职能一般比较完备，在创新过程中有较高的效率，已成为激发企业创新活力的有效组织形式。

（2）技术中心。技术中心是大的企业集团中从事重大关键技术和新一代产品研究开发活动的专门机构，是企业技术创新体系的重要组成部分。技术中心是为企业长期发展战略服务的，是企业进行技术储备、增强发展后劲和形成新增长点的重要依托。技术中心通常有较完备的研究开发条件，有知识结构合理、素质较高的技术力量。技术中心的研究开发项目一般具有较高的技术水平，有一定的超前性和综合性。

（3）内企业家。内企业家是在大企业为了鼓励创新、特别是更好地实现技术商品化的大背景下出现的。具体而言，有的企业允许自己的员工在一定的时间内离开本岗位工作，从事自己感兴趣的创新活动，并且可以利用企业的现有条件，如资金、设备等，这些员工就是内企业家。内企业家往往是一个人或少数几个人在一起工作，因此基本上没有分工，谈不上集权或分权，也很少受部门或企业整体战略决策的影响，其运作方式基本上是非正式的，因此是结构最为简单、行动最灵活的创新组织方式之一。

（4）新事业发展部。新事业发展部是大企业为了开创全新事业而单独设立的研发组织形式。全新事业涉及意义重大、对企业生存发展具有重要战略性影响的技术创新、产品创新或工艺创新，开创全新事业在管理方式和组织结构上可能与原有事业的运行有着本质区别。由于重大的技术创新伴有很大的风险，因此这种创新组织又称为风险事业部。新事业发展部拥有很大的决策权，只接受企业最高主管的领导，是企业进入新的技术领域和产业领域的重要方式之一。

（5）虚拟组织。虚拟组织是一些独立的经济实体基于某种共同的目标而组织起来的一种灵活的临时性联盟。当某个新的市场机会出现时，通常由最早意识到这一市场机会或者掌握某一关键技术的企业牵头，联合其他有关机构和企业形成一个一体化的临时组织，迅速动员各自互补的资源和核心能力，对市场机会做出敏捷的反应，共同完成新产品的开发和新市场的开拓。

我国学者阎康年认为，企业研发组织可以分为企业研究实验室和企业的一般实验室。企业研究实验室的主要责任是在实验数据或现象的基础上发现这些数据或现象之间的关系，并在这些关系的基础上探索尚未发现的规律。企业的一般实验室的主要职能是检测既定对象的物理和化学性质与组织，判定它们是否合乎规定的标准，而不是创造知识和发现新规律[3]。

更多的国内外学者认为，企业研发组织就是企业内部所有研发机构的总称，比如企业研究院、企业实验室、企业研究实验室、企业研发中心、技术中心等[4]。

二、企业研发组织的形成和发展

美国是工业最发达的国家之一，日本是后起的工业发达国家之一，因此我们以这两个国家为例，介绍企业研发组织的形成和发展。

1. 美国企业研发组织的形成和发展

美国企业研发组织的形成和发展可以分为三个阶段：20 世纪以前，20 世纪初到二战结束，二战以后。

19 世纪 70 年代，企业内部研究实验室（In - House Industrial Research Laboratory），或者叫做工业实验室，首先起源于德国的化学工业；19 世纪末 20 世纪初，美国的一些化学和电力设备工业企业设立了类似的研发组织，承担了全国绝大部分技术开发任务。其中，托马斯·爱迪生（Thomas Edison）于 1876 年设立的门罗公园实验室，成为美国企业研发的开端。此后，又有一些科学家和发明家，在电气、石油、电话、化学等行业建立了大批工业实验室，成为工业公司研究机构的基础。比较著名的有 1893 年建立的伊斯曼柯达摄影公司实验室，1895 年成立的 B. F 古德里奇橡胶公司实验室，宾夕法尼亚铁路公司实验室等[5]。

1901 年通用电气公司研究实验室的建立标志着美国企业研发组织的发展进入了新的阶段。在第一次世界大战前的 10 年间，杜邦化学公司、西屋公司、美孚石油公司等都建立了类似的实验室。到第一次世界大战前夕，美国已有重要的工业实验室 365 个，集中了上万名优秀科学家和工程师，从事研发工作。

第一次世界大战后到第二次世界大战前，美国工业领域的科学研究飞速发展，实验室数量猛增。1930 年，美国工业企业的实验室已达到 1600 个，有 3.5 万名工作人员，其中一半是科学家。在罗斯福新政的鼓励下，工业实验室更是迅速增加，在美国参加二战前夕，全国已有 2200 个工业实验室，工作人员达 7.2 万人。另外，这一时期，在政府的支持下，太平洋沿岸各州很快发展和壮大了航空工业，一些著名的航空公司如道格拉斯、洛克希德、北美航空公司等建立了先进的研发组织[6]。

第二次世界大战使美国的工业研究发生了重大变化。战争期间，美国政府动员了美国各方面的人力、物力和财力，实施了“曼哈顿计划”等重大科技项目。在美国政府的重大科技项目中，企业的工业实验室发挥了巨大的作用，也因此赢得了前所未有的声誉[7]。

在这一阶段，研发活动的性质与前一阶段有了明显不同，表现为研发的目的是为了将现代科学知识应用于工业中，而不仅仅是基于经验的研究。通用电气公司工业研究实验室的主任 W. R. 惠特尼指出：我们的研究实验室是以这样的思想发展，即大的工业组织可以通过对科学技术的研究为它们本身的生命保险。这体现了美国大型工业企业的新认识：科学技术是公司存在和发展的最安全保障，它不但投资少、收获大，并且在所有的投入中最为安全和有效。

第二次世界大战以后，美国企业研发组织的发展进入了进一步发展和完善的阶段。在这一阶段，随着科技革命的深入发展，美国企业的研发活动在原来的基础上又大大地增加了，达到了空前的规模，尤其是在飞机材料、电子学和通讯设备等领域，企业研发机构进一步增加，到 2000 年达 35303 个❶。

2. *日本企业研发组织的形成和发展*

日本企业研发组织的发展也可以分为三个阶段：初创时期、第一次改编和重组时期，第二次改编和重组时期[8]。

早在第二次世界大战之前，日本已有少数企业建立了专门的研发组织。二战期间，日本很多企业的研发组织转为研究军工产品，研发能力大大提高。二战后，更多的日本企业开始建立自己的研发组织，日本现在大部分一流企业都早在 20 世纪五六十年代就组建了自己的研发组织。原日本科学技术厅在 1969 年实施的一项调查表明，在管理和财务上独立于生产部门并按照专业化原则建立了研发组织的企业，已达到开展研发活动企业总数的 70%。

战后日本企业热衷于创建研发组织的原因，从企业内部来看主要有两个：一是通过 20 世纪 50 年代引进和消化吸收欧美的先进技术，企业认识到了科学技术对于发展的巨大推动作用，产生了自主独立开发技术的强烈愿望；二是随着战后企业现代化建设的进展和日本经济整体的复兴，企业逐步有了相当的资本积累。

20 世纪五六十年代日本企业新建或增设的研发组织，多采用了集中程度较高的中央研究院的形式。这是因为，当时处于经济技术相对落后的日本产业界的战略目标是尽快追赶欧美发达国家，当时企业研发组织的主要任务是引进和消化吸收发达国家的先进技术，并将其扩散到制造部门。高度集中的中央研究院的组织形式，适应了当时企业追赶战略的需要。

从第一次石油危机到 20 世纪 70 年代后半期，日本的企业研发组织进入了第一次改编和重组时期。在此之前，企业多搞所谓的“技术推动型”的研究开发，即以技术开发推动市场营销。20 世纪 70 年代以后，尤其是面对石油危机造成的经济不景气，不少企业的中央研究院未能对市场做出及时有效的反映，未能对企业改善困难的经营状况作出应有贡献。日本企业逐步认识到，企业研发活动与市场息息相关，市场既是企业研发活动的出发点，又是检验企业研发活动成败的最

❶ 数据来源：NSF Science & Engineering Indicators－2000.

终标准；认识到技术商品化的风险，往往比技术开发本身的风险更大。因此，企业的研发组织必须接近市场，接近顾客，必须重视研发部门同销售部门的沟通和协作。

东芝公司将其原子技术研究所和半导体研究所从技术本部移交给事业部管辖，并设立了由技术部门和事业部干部组成的综合技术委员会，负责对涉及全公司的科研项目的审批和资金的分配。三菱电机公司下属生产家电的群马制作所，为了有效利用市场信息直接为产品开发服务，按产品为主线将原来的技术部和销售部合并重组。

日本企业研发组织第一次改编和重组的主要特征是：改集中管理为集中和分散相结合，接近市场，接近顾客，适应了企业从“技术推动型”向“市场引导型”战略转变的需要。

到了 20 世纪 80 年代，在日元升值、泡沫经济、新技术革命等大环境下，为了集中资源加强战略领域的投入，日本企业又开始了第二次研发组织的改编和重组。根据原日本科学技术厅 1985 年对资产在 10 亿日元以上并开展研发活动的企业进行的调查，1980 年到 1985 年的 5 年中，日本企业从事基础研究、应用研究、开发研究、综合研究的企业研发组织的数量都有了提高（表 3－1）。与以往重视建立综合研究机构不同的是，第二次改编和重组时期企业更重视研发组织的分工，其中综合研究机构的增长率最低，基础研究机构的增长率遥遥领先，应用研究机构和开发研究机构也有较快增长。

表 3－1　日本 20 世纪 80 年代前期不同类型研究所的数量变化[9]

研究种类	基础研究			应用研究			开发研究			综合研究		
数量变化	1980	1985	增长	1980	1985	增长	1980	1985	增长	1980	1985	增长
	26	40	54%	55	71	29%	111	136	22%	249	287	15%

日本企业研发组织第二次改编和重组的主要特征是：在加强基础研究的同时，提高了研究机构的专业化程度，体现了国际新技术革命大环境的要求。

总之，日本企业通过对研发组织的两次大规模的改编和重组，使企业研发组织的设置更趋合理，数量和规模上也获得了空前的发展。据日本总务省统计局统计，到 2001 年为止，日本企业的研发组织数达到 17903 个，占全国总数的 81. 17%，投入的科研经费达到 114510 亿日元，占全国总数的 69. 28%，与研发相关的各类人员数达到 561735 人，占全国总数的 57. 76%，企业成为名副其实的技术创新主角。

第二节 企业研发组织的设计

设计研发组织需要从企业研发组织的任务出发，综合考虑影响企业研发组织有效性的各种因素，并借鉴领先企业的经验。

一、企业研发组织的任务

企业研发组织的设计需要反映企业生存和发展的需要，明确企业各类研发组织的具体任务。比如，根据原国家经贸委1998年《企业技术中心认定与评价办法》及《企业技术中心评价指标体系》的规定，我国企业的技术中心具有以下任务：

一是超前研究开发有市场前景的新技术、新产品、新工艺、新材料、新装备，为本企业产品的更新换代和形成新的经济增长点提供技术支持；

二是开展将科技成果转化为生产技术和商品的中间试验，对引进的国内、外新技术进行消化吸收和创新，形成具有自主知识产权的技术和主导产品；

三是参与制定、执行企业技术发展战略和技术创新、技术改造、技术引进、技术开发规划和计划；

四是组织和运用国内外的技术和智力资源，开展范围广泛的、多种形式的国际技术交流与合作，利用国内外已有的科技成果进行综合集成和二次开发，与高等院校、研究院所以及同行企业建立长期、稳定的合作关系；

五是收集、分析与本企业相关的全球技术和市场信息，研究行业发展动态，为产品和技术发展决策提供咨询、意见和建议；

六是创造一流的工作条件，建立有效的人才激励机制，吸引国内外的技术人才以各种形式为企业工作。组织科技人员培训，为企业培养和造就高素质的技术和管理人才；

七是开展技术经营和服务，对科技成果进行技术经济评估、技术咨询和技术转让，促进科技成果在企业内外的推广应用，同时对企业内其他研究开发机构的工作进行指导并提供服务。

又比如，微软亚洲研究院院长张亚勤认为，企业研究实验室的基本任务有3项，即思考战略、创造知识以及孵化产品。

一是思考战略：即制定公司的产品战略和技术战略。企业研究实验室对行业技术发展规律有直接和准确的把握，是公司的大脑和智囊团，它要对今后一段时期科技的演变，市场的趋势，产品的走向以及用户的需求，有深入的调查、思考、判断及预测，进而对公司的产品开发、研究方向等做出战略安排和调整。

二是创造知识：即做国际领先的研究。企业在发展高新技术上有 2 种模式：技术创新和技术模仿。技术模仿可以迅速缩小技术差距，降低研发成本，节约时间。技术创新则可以使自己取得垄断的地位，拥有自主知识产权。企业研究实验室的主旨是做技术的研发，既有创新也有模仿，但重心应该是技术创新。如果只是把国外成熟的产品进行本地化，根本掌握不到核心技术。一个科技企业要想在业内独领风骚，必须有自主知识产权，必须要有自己的核心技术。

三是孵化产品。这是研究成果转化为经济效益的保证，也是形成研发、生产、市场、再研发的良性循环的保证。企业研究实验室并不是一个单纯的研发中心，需要重视产品与产业的结合，它所开发的产品要能够产业化❶。

再比如，根据劳塞尔等的研究，企业研发组织的任务有三个：保护、支持和扩大现有业务；推动新业务发展；拓展、深化企业的科技能力。这三项任务是通过“改进型（Incremental）研发”、“创新型（Radical）研发”和“基础型（Fundamental）研发”实现的[10]：

（1）“改进型研发”的目的是用新的方法对现有的科学和工程知识进行进一步的挖掘，在技术上实现小的进步，比如降低成本。这类研究具有“小研究、大开发”和低风险、低回报的特点。

（2）“创新型研发”的目的是以现有的科学和工程知识为基础，发现针对公司特定业务目标的新知识，所获得的知识在全世界范围内都可能是全新的。这类研究具有“大研究、大开发”和“高风险、高回报”的特点。

（3）“基础型研发”的目的是在公司确定的对企业未来具有战略意义的技术领域进行知识创新，所获得的知识在全世界范围内一般来讲是全新的。这类研究具有“大研究、不开发”和“高风险、高不确定性”的特点。

二、影响企业研发组织有效性的主要因素

企业研发组织的有效性受很多因素的影响，创立企业研发组织需要充分考虑这些因素。在这里我们重点分析研发活动的集中与分散、研发组织的具体形式、正式组织与非正式组织的关系等因素的影响。

第一，研发活动的集中与分散。

对于同时进行很多研发项目的公司来说，是集中还是分散研发活动是一个很复杂的问题。把研发活动分散到公司的不同单位和部门有利于各经营单位开发出更贴近特定部门需求的新产品或新工艺，有利于研发同生产营销结合，有利于缩短新产品研制和投入市场的周期。但是，研发力量的分散部署也存在明显的问

❶ 根据张亚勤在 2002 年首届企业研究院论坛上的演讲整理。

题。比如各个单位和部门的科研活动会有重复创新的危险；一项技术的价值也可能由于不能在其他单位和部门应用而不能充分体现出来；研发力量的分散部署还可能使研发的规模经济和学习曲线效应得不到体现。这些问题在研发力量集中部署的情况下可以得到比较好的解决。

对于如何处理研发活动中集中与分散的关系，劳塞尔等提出了以下需要考虑的因素[10]：

（1）企业规模是首要因素。大型公司至少都有一个集中的研发中心，它为公司多个部门和业务服务，集中于长期、高风险的创新研发项目，并注重专门知识和技术诀窍的开发。与此同时，各战略经营单位可以建立各自的研发机构，主要从事改进型研发工作。

（2）技术的共用程度。当某一种技术对若干个部门均很重要时，对于这些技术集中进行研究可能是一种正确的选择。

（3）在全球部署研发力量时，要考虑在全球范围内的高效率，一般来讲，采用相对集中的研发组织更合适。

（4）本地化是不少产业中企业部署研发力量时必须考虑的重要因素，比如制药行业，往往受制于当地政府的医药政策与规定的限制，又如食品行业，也要考虑当地顾客的饮食习惯。

（5）接近顾客是所有企业均需考虑的重要因素。从这一要求出发，分散配置研发力量是一种适宜的选择，即应该将足够的研发力量配置在各战略经营单位，以便于更好地反映顾客的需求，更迅速地作出有效的反应。

（6）有效利用当地的科技人才。技术的发展受到社会、历史、经济、教育、文化等多种因素的影响，从而形成了不同国家、不同地区在学科和技术上发展的地域差异，把研究组织建立在人才聚集的地方，有利于吸引人才，提高研发效率。

在总结国外大企业实践经验的基础上，我国学者许庆瑞认为，处理研发活动中集中与分散的关系需要遵循以下规则[11]：

（1）支持现有经营业务的研发应分散到各部门；

（2）支持新经营业务的研发应先集中在公司的中央研发部门，以后转移给各有关部门；

（3）支持国外生产的研究与发展，应接近所在国的生产单位，使产品和工艺适应当地条件。

第二，研发组织形式的选择。

研发的具体组织形式的选择是影响研发组织有效性的另一个重要因素。根据劳塞尔等的研究，研发的基本组织形式有两种：输入导向（Input－Oriented）的组织形式和输出导向（Output－Oriented）的组织形式[10]。

输入导向的组织形式就是按照科学与技术的学科来建立研发组织，例如斯伦贝谢公司研究中心设有地质模拟研究室、油藏优化研究室、岩石学研究室、地球物理学研究室、生产测井研究室等等。

输入导向的组织形式同人才培养非常对口，毕业的学生很容易在这种组织形式中找到专业对口的研究部门，因此这种组织形式对于基础研究与应用基础研究是非常合适的，更有利于获得新的科技知识，尤其适用于那些发展迅速、知识更新快的学科与领域。具体来看，这种组织形式的优点是：

（1）研发人员熟悉这种组织形式，很容易在相关的研究课题中找到感兴趣的、专业对口的课题；

（2）相同专业的研发人员在一起，可以互相帮助，有利于在专业上互相交流和共同提高，尤其有利于新生力量和刚毕业的研发人员的培养与成长；

（3）有利于研发人员充分运用其学科基础、过去的研究经验和成就，也便于同一学科的研发人员从外界获得新的知识；

（4）基层领导便于进行学术上的领导和组织研发活动，也容易做好考核与评价工作。

输出导向的组织形式就是按产品或客户来建立研发组织。设立输出导向的研发组织与新技术、新产品开发具有以下特点：

（1）新技术、新产品开发往往需要综合运用许多学科的知识，因此需要各有关学科技术人才的通力合作。

（2）技术进步的加快与市场竞争的加剧要求企业加速产品的更新换代。在这种情况下，企业能迅速拿出实用的解决方法更为重要。正因为如此，世界主要工业发达国家的企业在研发方面已经把有利于迅速完成新产品开发的组织形式放在更重要的位置[11]。

斯伦贝谢公司就是采用输出导向的研发组织形式的一个实例。该公司从1998年2月起将油田服务业各项业务按照解决方案和产品划分。解决方案小组按客户地域市场组织，是公司与客户联系的主渠道，在美洲市场、中东和亚洲市场、欧洲—俄罗斯—西亚市场3大块和27个客户市场区域聚集研发队伍和生产服务队伍，共同满足各个客户市场的服务需求，并向客户提供专门的解决方案。产品小组以利用现有产品系列和专项技术为主，负责技术研发、服务与支持，称为产品和技术服务部，并按照油公司在油藏整个寿命周期内的研发管理思路划分为3个产品小组、13个技术服务部门，3个产品小组涵盖了优化油藏性能全过程：油藏评价、油藏开发和油藏管理❶。

❶ 中国石油集团经济技术研究院（原中国石油集团经济和信息研究中心）“中国石油天然气集团公司技术创新战略研究”（内部研究报告2004）。

需要特别指出的是，选择输入导向的研发组织形式的企业往往需要采用矩阵组织对产品开发项目进行管理。矩阵组织具有以下特征[10]：

（1）研发人员或下级主管有两个上级，要接受来自两个方面的领导与指挥。这突破了传统的管理原则，即一个下属只能向一个上级报告工作、接受一个上司的指挥。

（2）高层管理者需要处理好两个平行系统负责人（职能部门负责人和项目负责人）之间的关系，特别是注意平衡两者对同一下属的权力分配问题。

（3）职能部门负责人和项目负责人同时领导一个下属，需要有独特的领导方式和工作方法。

（4）研发人员或下级管理者同时有两个上级领导，需要注意处理好同两个上级之间的关系。

哈里伯顿公司就采用了矩阵组织。在每一个产品研发项目确定之后，公司会成立一个集中产品研发小组（Focus Product Development，FPD），这个小组是由生产、研发、营销、人事、财务等人员组成的一个多功能小组，负责在最短的时间内完成新技术、新产品的研发。通过研发人员与其他部门人员的配合，保证研发活动的顺利进行，并在研发过程中解决新技术、新产品在生产、营销、现场服务时可能出现的问题，进一步提高研发成果的商业化率❶。

对于企业应该根据什么标准选择两种不同的研发组织形式，劳塞尔等给出了这样的建议：综合考虑项目中研发人员所属技术学科的变化速度及市场变化速度。具体而言：如果技术学科的变化速度比研发项目完成的速度快，公司应该更倾向于建立基于输入研发组织，这样有利于研发人员保持其技术不落后；如果研发项目完成的速度比技术学科的变化发展快，那么公司首选的研发结构倾向于基于输出的研发组织，这样更有利于研发项目的顺利完成（图3－1）。

第三，正式组织与非正式组织的作用。

一个企业里正式组织与非正式组织的状况也是影响企业研发组织有效性的重要因素。在企业研发组织中，所谓正式组织或非正式组织，是指各种研发机构受公司内部的规章制度和各种行为关系准则制约的程度，受制约的程度越小，非正式程度就越高，反之非正式程度就越低。

从技术创新的实践看，技术创新并不一定首先发生在企业正式组织之中，而是可能首先存在于企业内某个员工的头脑之中，经过一定的流程才最终进入决策者的视野，成为正式的研发项目。实际上，大量的实践证明，企业员工的创新想法往往不会直接为正式组织所获得和接受，更经常的是在员工所属的非正式组织

❶ 中国石油集团经济技术研究院（原中国石油集团经济和信息研究中心）“中国石油天然气集团公司技术创新战略研究”（内部研究报告2004）。

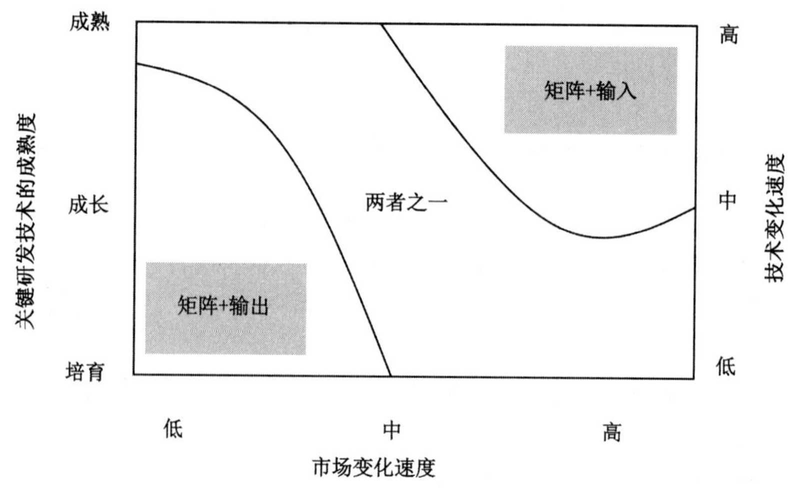

图 3－1　如何选择不同的研发组织形式[10]

内（这一非正式组织可能局限在企业之内，也可能超出企业的边界）。在初步交流探讨甚至是经过初步试验后，当其潜在价值为正式组织认可后，才能够进入企业正式组织的研发流程。

正式组织与非正式组织具有各自的优势。采用正式程度较高的研发组织形式，有助于把握研发的方向，使研发活动与公司的总体战略目标保持一致，研发活动所需的资源投入也比较有保证。非正式组织的优点也有很多：受到的约束少，气氛活跃，有利于产生创新思想；占用企业的资源较少；有利于企业提高决策效率、降低决策成本，特别是降低决策风险。正因为如此，很多企业试图通过改变组织结构来获取正式组织和非正式组织各自的优势[12]。

三、企业研发组织的基本结构

根据刘进先的研究，虽然国家之间和企业之间存在很大差异，但是大企业研发组织的基本结构是大体相同的，一般都包括中央研究院，与中央研究院平行的研究所，事业部下属的研究开发机构等[13]。

（1）中央研究院：主要从事基础性、前沿性、长期性、尖端性技术研究，立足于公司的长远发展，着眼点是公司多年以后的技术储备。这里的科学家选题比较自由，力求探索新领域，寻求新突破，开辟新产业。他们不仅站在世界科学前沿，有力地推动本企业的技术创新，而且还对人类的进步和发展带来深远的影响。

（2）与中央研究院同级的研究所：主要从事重大新产品产业化前的研究开发，一般是 5 年以后商品化的新产品和新技术。

（3）事业部下属的研究开发机构：主要从事本事业部新产品开发、老产品及工艺的改进，为事业部的发展提供技术支持。

我国企业的研发组织基本上都是围绕责任中心构建起来的。根据原国家经济与贸易委员会 1996 年对我国企业技术中心建设情况的调研报告，我国企业集团的研发组织大致隶属于投资层（决策中心）、经营层（利润中心）和生产层（成本中心）三个层次（图 3-2）：

第一个层次是技术中心，隶属于投资层，主要根据企业的发展战略和发展规划，从事长远性的研究和综合、关键、重大技术的开发，以及全新一代产品的开发。技术中心的研究开发项目要具有一定的超前性和风险性，以增强企业的技术储备、发展后劲和形成新的经济增长点。这类似于国外企业的中央研究院。

第二个层次是隶属于经营层的研发机构，主要根据来自市场的信息，从事新产品的开发和现有产品的改进，以及通用生产技术和系统的开发。

第三个层次是隶属于生产层的技术开发机构，主要根据生产中降低成本、提高质量的要求，从事工艺、设计以及装备的开发工作。一般来讲，降低成本主要靠设计，提高质量主要靠工艺。

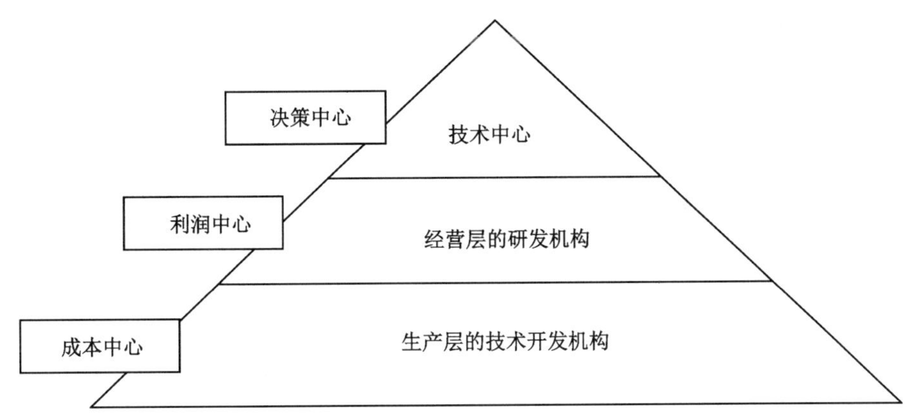

图 3-2　金字塔形的研发组织体系

这种以技术中心为核心，长中短期研究开发活动相结合的研发组织，既有利于为企业的长期发展提供技术储备，又有利于企业产品的迅速更新换代和工艺的改进；既能使企业保持后劲，又能形成市场的冲刺能力。

四、企业研发组织举例

在介绍了企业研发组织的主要任务和影响企业研发组织有效性的主要因素及企业研发组织的基本结构以后，我们在这一部分通过几个实例进一步说明如何设计和建立企业的研发组织。

1. 索尼公司

索尼公司是世界著名的电子产品研发和生产企业，它的研发组织包括三部分：研究中心，研究实验室以及事业部研究开发部门[14]。

(1) 研究中心位于研发的上游，主要从事电子材料及设备的中长期研究，有250位研究人员，其中75%是物理学家，其他为化学家和机械工程师。研究中心的全部研发活动由研究中心主任负责，包括人员招聘和工作安排。研究中心的预算及其安排也由研究中心主任负责向公司董事会和总裁提出。

(2) 研究实验室位于研发的中游，主要对光学、磁学、音像以及先进的产品技术进行应用研究，起着研究中心和事业部研究开发部门之间桥梁的作用（比如向事业部研究开发部门的工程师提供培训和支援），大约有600名工程师分散在各研究实验室。研究实验室的工作由公司研究开发计划和协调部管理，这个部门每周直接向公司总裁报告工作。

(3) 各个事业部的研究开发部门位于研发的下游，它们的主要任务包括：一是作为技术孵化器，从研究中心接收开发出来的技术，并将它应用于本事业部的产品，二是以3年为周期为本事业部开发下一代产品。

需要特别指出的是，索尼公司高度重视通过事业部之间的合作与交流提高研发活动的有效性。可录式便携激光唱盘（MD）的开发是一个很好的例子：这一产品的成功开发是在公司6个事业部和6个研究实验室以及其他部门合作的基础上进行的，完成了原来认为不可能按时完成的任务。

2. 阿斯特拉泽尼卡公司（ASTRAZENECA）❶

阿斯特拉泽尼卡公司是由阿斯特拉医药公司（AstraAB）和泽尼卡集团上市公司（Zeneca GroupPLC）在1999年4月合并而成的，总部设在伦敦，共有5万名员工，产品领域包括治疗肿瘤、心血管、中枢神经系统、胃肠道、感染、镇痛麻醉和呼吸系统的医药产品，产品销往100多个国家，在19个国家设有工厂。

阿斯特拉泽尼卡公司的研发组织包括三部分：

(1) 新药研究中心：由分布在美国和欧洲的八个研究机构构成，负责发现潜在新药，主要技术涉及分子生物学、化学、药学、药物动力学、安全性实验、基因学、遗传学和信息学。

(2) 授权科技中心：由分布在瑞典默思达尔、英国阿尔德利（Alderley）、美国波士顿（Boston）的研究机构构成，负责提供平台技术，支持新药发现，在化合物筛选、结构化学、蛋白生成和信息等方面有许多合作伙伴；最新技术包括标靶药物识别和鉴定、化学合成生物信息学和化学信息学、人类生理和疾病的数学

❶ 根据www. astrazeneca. com有关资料整理。

模型。

（3）新药发展中心：负责新药加工过程研发（process R&D）、新药物及其药理配方分析、临床实验和政府审批，其中临床研究机构和其他部门密切合作，将获得审批的药物在 12 个月之内在全球同步推出。新药发展中心在全球共有 3500 员工，集中在美国、英国和瑞典的有关机构。

3. 埃克森莫比尔公司[1]

埃克森莫比尔公司是世界著名的能源公司，其研发组织分为三个层次：

（1）组织管理层：由公司主管科技的副总裁负责，主要职责是对公司的科技发展方向、科研组织与协调工作进行宏观管理和指导，促进公司在全球范围内的技术进步与应用，确定和批准研究部门的年度计划和中长期研究项目；

（2）研究中心：由埃克森莫比尔上游研究公司和下游研究公司组成，是公司科技战略实施的主体，目的是以公司的战略发展、未来发展的技术需求和当前业务经营所需为目标，开展相应的研究、技术开发与技术服务；其中，上游研究公司是埃克森公司和莫比尔公司合并后将原来两公司上游科研力量进行重组后成立的，是埃克森莫比尔公司上游业务的研究机构，设在美国休斯敦；下游研究公司有两个层次，第一层次是位于费尔法克斯的下游研发总部中心；第二层次是分布在全球各地的 20 个大型科研单位。

（3）专项技术研究单元或实验室：根据国际化经营的需要，以公司某项专有技术或产品的开发为目的，在世界各地成立的研发机构，都有很专门的研究方向和任务，一般不参与公司层面的科研规划工作。

4. 斯伦贝谢公司

斯伦贝谢公司是一家全球性的石油技术服务公司，其研发组织也分为三个层次：

（1）组织管理层：由公司总部分管科技的高层领导和科研管理部门组成；在董事会中专门设立了技术委员会；在高层管理团队中设有分管科技工作的副总裁和首席科学家。

（2）研究中心：负责基础理论和方法研究，任务是提出新仪器和新方法的设想、理论、试验和样机雏形，研究中心共有 5 个，分别设在美国、英国、挪威、俄罗斯和沙特阿拉伯。

（3）技术中心：一般是在研究中心研究成果的基础上继续进行开发和试验，开发出可以现场应用的仪器、方法或软件，并进行生产、销售，以及提供技术支持。技术中心共有 14 个，分别设在美国、法国、日本、挪威、英国、中国等。

---

[1] 中国石油集团经济技术研究院（原中国石油集团经济和信息研究中心）："中国石油天然气集团公司技术创新战略研究"（内部研究报告，2004）。

第三节　知识和技术转移的组织保障

很多企业经常面临的一个挑战是：在企业研发组织内部以及研发组织与企业其他部分之间难以实现有效的沟通与合作，企业内部的知识和技术转移面临很多障碍，企业研发活动的效果受到很大影响，比如技术开发与技术应用脱节，或者开发不出可以提高企业竞争能力的技术，或者开发出了新技术但是得不到有效的利用。为了解决这一问题，企业需要加强研发组织内部以及研发组织与企业其他部分之间的沟通与合作，为企业内部的知识和技术转移提供组织保障。

一、建立有效的沟通与合作

对于如何建立研发组织内部以及研发组织与企业其他部分之间的有效沟通与合作，学者们已经提出了很多方法，西格法德·哈里森在研究日本的技术和创新管理时发现，有效的沟通与合作可以通过建立网络化的机制来实现。具体而言，日本企业重视[14]：

（1）提供在职培训和战略性轮换，以保证开发过程中每个成员都懂得技术要素和制造要求。

（2）把研究人员转移到生产车间，把技术带到车间，特别是对于新技术而言，这可能是使其商品化的唯一有效途径。

（3）高度重视工厂生产现场，把它作为真正创造价值的地方。

（4）在研究开发项目的早期，把展示样品给相关事业部作为获得资助的重要机制，迫使研究开发人员考虑可制造性，并加强同生产制造部门的合作。

（5）从事研究开发的工程师和研究人员具有一定的销售经验。

（6）研究开发人员与客户、市场和销售人员保持频繁的接触。

（7）为研究人员、设计和制造工程师及生产经理举办定期的交流讨论会。

比如，索尼公司有一个“技术交流会”，就是加强部门之间信息沟通的一种有效形式，因为这个会议向全体产品、市场和销售经理展示了索尼公司的技术能力——现有的技术和正在研发的技术，这些技术的潜在买家或研究项目的资助者可以全方位地了解企业的技术状况；索尼公司的研发人员也可以展示他们希望开发和实现商品化产品的雏形，以吸引潜在的资助者以获取研究资金。

需要特别指出的是，在建立研发组织内部以及研发组织与企业其他部分之间的有效沟通与合作的具体方法上，由于业务和研发特点的不同，不同企业可以有非常不同的做法。西格法德·哈里森的研究提供了很好的实例：佳能公司采取把研究人员转移到生产车间去的方法，丰田公司采取生产工程师早期介入的方法，索尼公司则采取转移研究人员和生产工程师早期介入并重的方法。

佳能公司为什么采取把研究人员转移到生产车间去的方法，即使这些研究人员不喜欢这种转移？一个重要的原因是，佳能公司的研究开发项目是技术驱动型的。在这种情况下，生产工程师不可能对新技术有足够的经验，让他们在研发项目的早期就介入意义不大，最好的做法是让研发团队的成员把技术带到生产车间去。

丰田公司采取生产工程师早期介入的方法与轿车开发的特点有关系。比如，一个新的轿车项目所需要的很多技术都不是新技术，生产部门的工程师在很多技术上拥有丰富的经验，在轿车开发的早期阶段就可以发挥重要的作用。

表 3－2 总结了各公司在研究、开发和生产活动之间重要联动关系的相对强度[14]。

表 3－2　研究开发和生产的联动关系

项目＼公司	佳能	索尼	丰田
研究人员生产培训	2 个月 *	1 个月	－－－
开发工程师生产培训	2 个月 *	1 个月	3 个月
研究人员输送到开发部门	• • •	• • •	•
开发工程师输送到生产部门	• • •	• •	•
生产工程师引进到研究开发	•	• •	• • •
在研究中重视样品	• • •	• • •	•
在开发中重视样品	• • •	• • •	• •

表中符号的含义：• • •强联系；• •中等强度联系；•弱联系；－－－无联系；* 这类培训对有些研究人员和工程师已经取消。

二、沟通与合作：技术集成

从某种意义上讲，技术创新就是在不同类型的知识的获取和应用之间建立有效的联系以开发出有竞争力的产品。知识可以分为专业领域知识（Domain Specific Knowledge）和应用系统知识（System Knowledge About the Specific Context of Application）两类，数学、物理、化学、生物学知识属于专业领域知识，处理器、显示屏、键盘知识也是专业领域知识；应用系统知识则是关于如何在特定环境中应用专业领域知识的知识。在企业中，专业领域知识和应用系统知识这两类知识的获取和应用通常是由不同部门（研究、开发、制造、销售和售后服务）完成的，因而是分散的。这就意味着，在专业领域知识和应用系统知识之间建立有效的联系是不容易的。实际上，传统的研究—开发—制造—销售串行技术创新模式在很多情况下是低效的，前面提出的在不同部门之间建立合作与沟通也有其缺陷。

哈佛大学商学院的伊安塞特教授提出，可以用“技术集成”的方法在专业领域知识和应用系统知识之间建立有效的联系，具体方法是建立专职的负责“技术集成”的团队[15]。伊安塞特运用他的“技术集成”概念研究了很多产品开发项目的绩效，包括美国、日本和欧洲企业大型计算机开发项目。他收集了 27 个开发项目的资料，发现美国和欧洲企业的绩效远远低于日本企业。比如，美国和欧洲企业需要投入的资源远高于日本企业，前者需要 456 人/年，后者只需要 188 人/年。伊安塞特的研究表明，是否设立专职的“技术集成”团队或小组是一个关键因素。

在上述研究中，伊安塞特还提出了可以从事的具体活动：

(1)“技术集成”团队成员必须拥有实践经验丰富、知识的深度和广度都非常强的技术专家作为成员，该专家同时又是整个项目的主要负责人。一般来讲，这样的技术专家应该有至少 10 年的产品开发经验，参加过多个开发项目。

(2)“技术集成”团队成员既拥有深厚的专业领域知识又能够判断它所在领域的决策将如何影响整个项目所有主要阶段的工作。

(3)“技术集成”团队成员有连续性，至少 30%成员曾是以前项目的“技术集成”团队或小组成员。

(4)“技术集成”团队成员熟悉并负责确定具体的生产工艺和生产设备。

(5)“技术集成”团队直接而不是通过中介同系统设计团队、零部件设计团队交流。

(6)“技术集成”团队在现场负责解决试生产阶段出现的问题。

(7)“技术集成”团队与制造部门经常保持联系，至少每周联系一次，共同讨论制造问题，并负责解决生产中出现的重大问题。

第四节　企业海外研发机构的设立与管理

为了获得技术上的领先地位，行业领先的企业，特别是跨国公司都不惜投入巨资进行技术研发。长期以来，跨国公司出于垄断核心技术的目的，往往把主要的、设备齐全的研究机构设在母国，即在研发的区位选择上采取集中的策略。但是，20 世纪 80 年代以来，由于国际竞争的加剧，特别是跨国公司技术垄断地位受到挑战，对以往的政策进行了比较大的调整，根据不同东道国在人才、科技实力以及科研基础设施上的实际情况，在全球范围内有组织地重组科研资源，从事新技术、新产品的研发工作，从而促使研发日益朝着国际化、全球化的方向发展。在市场国际化、生产国际化、资本国际化之后，技术国际化已成为跨国公司发展的新趋势。

一、企业设立海外研发机构的原因

企业设立海外研发机构的原因是多种多样的。比如，在具备了比较高的技术能力和竞争能力以后，日本企业日益重视在国外建立研发机构。索尼公司从上世纪80年代后期开始扩展海外的研发能力，在美国、欧洲等地建立研发机构，以缩短开发周期以及有效利用国际科技资源。丰田公司也在美国、欧洲等地建立了设计中心、技术中心，收集市场情报，观察竞争对手。

特别需要注意的是，佳能公司也重视在国外建立研发机构，但是佳能公司这样做的一个重要目的是为了避开日本社会中常见的官僚主义、日本的习惯和思维方式[14]。

NEC公司在海外设立研发机构的一个重要原因是为了更好地进行基础研究。在NEC公司的发展中，技术引进和技术合作曾经起了很大作用。比如，在上世纪60年代初期，NEC公司的计算机业务只有它的主要合作伙伴HONEYWELL（霍尼韦尔）公司的四分之一，但是20年后，NEC公司就超过了HONEYWELL公司，而HONEYWELL公司则不得不把自己的计算机业务卖掉。在成为国际市场上的重要成员以后，NEC公司认识到再也无法从国外引进新技术了，于是从1984年开始考虑建立自己的研究中心，从事基础研究；1988年，NEC公司在美国的普林斯顿设立了一个研究中心[16]。

克莫乐研究了238个海外研发基地，并得出了这样的结论：企业设立的海外研发机构基本上可以分为两类，一类是为了进一步增强在母国的研发力量（以下简称“能力增强型”研发机构），一类是为了充分利用在母国现有的研发力量（以下简称“能力利用型”研发机构），前一类大约占45%，后一类大约占55%[17]。

方虹等人的研究表明，企业在海外设立的研发机构，从功能上看大致可以分为以下5类[18]：

（1）转移技术单位。转移技术单位的宗旨是将母公司的制造技术转移到海外子公司，同时也向外国客户提供相关服务。

（2）本土技术单位。本土技术单位的宗旨是专门为外国市场开发新产品和改进新产品，这类产品不是母公司提供新技术就能直接产生的。由于新产品和新工艺的商业性开发比技术服务活动要复杂得多，需要建立实验厂、安装设备、启动生产、进行新产品的营销等，而这些又都需要特别技术和大规模项目的支持，所需投资数额大，因此企业会努力实现技术本土化。

(3) 全球技术单位。全球技术单位的宗旨是开发供跨国公司在主要世界市场同步使用或差不多同步使用的产品和工艺。建立这类研发机构的 3 个必备条件是：一是研发活动必须与企业在国外业已配置的大规模生产与营销资源相联系；二是需要有单一产品供应全球市场的总体战略；三是由于母公司创新资源已得到充分利用，因而必须将特定产品和工艺的研发责任指派给特定的国外子公司。

(4) 公司技术单位。公司技术单位的宗旨是为母公司研制长期性或探索性新技术。其建立的条件是：第一，为了维持本公司的未来竞争地位，必须着手或扩大长期性探索研究；第二，招募国外的科学研究精英；第三，公司必须寻求的精英不能到母公司工作。

(5) 区域产品单位。区域产品单位的宗旨是针对扩大区域（如欧盟）进行特定产品或工艺的研发活动，为维持跨国公司在当地的竞争地位服务。建立此类海外研发机构是出于两方面的原因：一是国际经济区域化，降低了区域内各国环境的差别；二是跨国公司在成长壮大过程中寻求集中控制与适度分散的有效结合。

二、海外研发机构的设立和整合

一般来讲，在海外设立研发机构比在本土设立研发机构更为复杂，面临的挑战更难以应对，设立成本和运行成本也可能会很高。为了提高海外研发机构的有效性，需要加强对设立过程和整合过程的管理。根据克莫乐的研究，在海外研发机构的设立和整合过程中，可以采取如下措施以提高海外研发机构的有效性[17]。

第一，建立技术指导委员会。这是设立海外研发机构的第一步。成功企业的经验表明，设立一个直接向 CEO 报告的、小规模的（5～8 人）技术指导委员会是非常必要的。这个委员会直接负责领导海外研发机构的筹建。委员会的人员构成非常重要，他们不但需要有深厚的技术能力，而且需要对企业的组织管理有深入的了解，在企业中有足够高的地位和影响力，能够比较方便地调动必须的资源。在很多情况下，技术指导委员会的成员包括研发、制造、销售部门的主要领导。

第二，明确设立目的。如前所述，企业设立海外研发机构的目的可能会有很大的不同，或者是为了进一步增强在母国的研发力量，或者是为了充分利用在母国已有的研发力量。不同的设立目的对研发机构战略的确定和地点的选择及负责人的配备等都有不同的要求。

第三，选好设立地点。对于“能力增强型”研发机构，设立地点应该是地区科技中心，从而有利于通过参加学术会议、招聘员工等形式融入当地的科技网络，在这一科技网络中获取所需的知识。西门子、NEC、松下、东芝等企业都在普林斯顿大学和贝尔实验室的附近建立了海外研发机构，一个重要原因就是普林斯顿大学和贝尔实验室在通讯技术领域的成就。

对于“能力利用型”研发机构，设立地点应该是接近海外市场中心或公司的海外制造基地，从而更好地为企业海外的市场开拓和产品生产服务。比如惠普公司和德州仪器（TI）公司在新加坡都设立了实验室，一个重要原因就是这两家企业在新加坡的生产基地生产非常复杂的产品，需要生产和研发部门进行紧密的合作。

第四，选好研发机构的负责人。实践表明，首任负责人对企业海外研发机构的影响是巨大的，不但关系到研发机构早期的生存和发展，而且对研发机构的绩效和文化的形成具有重要影响。一般来说，对于“能力增强型”海外研发机构，负责人最好从有重要影响的当地科学家中选择，这样更有利于企业海外研发机构从当地吸引优秀的研发人员以及尽快顺利融入当地的科技网络。

需要特别指出的是，“能力增强型”海外研发机构的负责人还必须具有比较丰富的管理经验，因为他的工作涉及如何取得公司的支持，如何从公司中取得必要的资源，如何在海外研发机构与企业其他部门之间建立良好的合作关系等，只有技术专长是无法有效地完成这些工作的。

还需要特别指出的是，跨国公司在我国设立“能力增强型”研发机构时，遵循的原则比较特殊：很少选择本土培养的有影响的科学家作为其第一任负责人，而是从公司总部派遣，虽然有时也会派遣在发达国家受过良好教育的华人科学家。这可能与我国是发展中国家有关。

对于“能力利用型”海外研发机构，负责人最好从企业内部受到高度尊重的资深管理者中选拔，因为这样可以更好地协调海外研发机构与海外生产或营销部门之间的关系，建立有效的合作。

第五，确定研发机构的规模。企业海外研发机构的规模既不能过大也不能过小：规模过小就很难在当地产生足够的影响力，在研发机构内部研发人员之间也不容易产生相互启发的效应；规模过大也有问题，比如研发人员之间非正式的交流会变得非常困难。克莫乐的研究表明，在海外研发机构发展的初期，最佳规模在 30～40 人左右，进入正常运转后在 200 多人。

第六，高度重视设立初期的管理。企业海外研发机构的前期管理对于它的后续发展具有非常重要的影响，需要公司、包括公司最高层领导的特别关注。

企业海外研发机构建立初期的管理内容很多，一个重要内容是高度重视解决影响企业海外研发机构有效运转的组织障碍。比如，美国一家领先的电子企业在英国建立了一个“能力增强型”研发机构，但是发现这个研发机构不但扩张乏力，对公司的研发也没有多少正面影响。人们的最初反应是，这可能是由于科学和技术发展的过程本身需要更多的时间。深入的分析表明，各种组织障碍是其主要原因：这个研发机构的负责人在公司内部影响力有限，研发机构获得的资源有限，与公司其他部分的联系也很少。

企业海外研发机构建立初期管理的另一个重要内容是创造条件，包括预算支持，建立同公司现有研发机构的密切联系。比如，可以安排新建立的研发机构的研发人员到公司现有研发机构工作一段时间，或者安排公司现有研发机构的研发人员到新建立的研发机构工作一段时间。

第七，加强海外研发机构与公司其他各部分的联系。很多跨国公司拥有众多的海外研发机构。比如，佳能公司在 5 个国家有 8 个研发机构，摩托罗拉公司在 7 个国家有 14 个研发机构。对于这些企业，海外研发机构的有效管理是一个很大的挑战，特别是加强各个研发机构之间的联系以及研发机构与公司其他各部分的联系。

松下公司管理其 15 个研发机构的经验值得借鉴。比如，松下公司高层管理者同 R&D 高层管理人员紧密合作，共同确定企业的研发计划并把任务分配给各个研发机构。为了完成这一任务，需要对企业现有的技术能力以及企业未来需要什么样的技术能力有比较深入的认识。松下公司采取的一个具体措施是，由中央实验室每年举行 2～3 次会议，在这些会议上，研发人员向业务部门展示他们的技术和能力，制造部门的工程师向研发人员介绍公司的市场现状和未来发展趋势。在此基础上，资深项目管理者、研发、制造、市场等部门的代表对具体研发项目的时间表、资源需求等做出安排。

三、海外研发机构的组织结构

由于影响企业海外研发活动的因素很多，不同时期、不同行业、不同能力的企业开展海外研发活动的动因差别较大，企业海外研发机构的组织结构也有很大不同。表 3－3 是方虹等人对企业海外研发机构的组织结构的分类[18]。

表 3－3　海外研发机构的组织结构类型

作　　者	分类依据	类　　型
Ronstadt（1977，1984）	研发活动区位，海外研发活动的目标市场	技术转移单位；当地技术单位；全球技术单位
Bartlett and Ghoshal（1990）	同上	中心—全球型；当地—当地型；当地—全球型；全球—全球型
Hankanson（1990）	中心/分散的行为定位	单个中心型；分散“联邦”型；整合网络

续表

作　　者	分类依据	类　　型
Zander（1994）	全球复制；全球多样化	母国中心型；全球复制型；全球多样化和分散型；全球多样化和集中型
Niosi and Godin（1997）	相关多样化；垂直整合 全球网络	相关和多样化型；垂直整合型；全球网络
Kuemmerle（1997）	知识利用活动 知识生产活动	以母国为基础的知识利用 以母国为基础的知识生产
Gerybadze and Reger（1999）	基于科学与技术创新的主导市场	母国强研发基础型；母国弱研发基础型 母国市场领先型；海外市场领先型

有的学者的研究表明，企业海外研发机构的组织结构也可以做这样的分类：民族中心型，地域中心型，多中心分散型，研发中心型和研发网络型[19,20]。

（1）民族中心型。这种海外研发机构的基本特点是：跨国公司母国比其海外子公司东道国在相关技术上更有优势，因而企业将其全部研发活动都集中在母国，以确保企业的核心技术作为一种“国家财富”保留在国内；同时，将其产品生产逐渐扩展到全球其他地区，并实施面向全球的营销战略。在这一点上，美国微软表现得较为明显，微软虽然近年来在英国剑桥、中国北京和印度海得拉巴都建立了研发中心，但是其最核心的技术和研发能力始终留在美国国内。

（2）地域中心型。这种海外研发机构的基本特点是：研发活动仍主要集中在母国国内，但由于企业对海外市场和当地研发能力的依赖性加大，需要在母国招聘具有研发工作经验的外国技术人员，以增强企业研发的全球意识，同时需要派遣研发人员到海外去参与研发合作，与当地生产商、供应商和用户加强交流（图3－3）。

日本尼桑公司在为欧洲市场开发 Primera 轿车时专门成立了一个位于西欧的核心项目团队。这一团队得到日本国内几百名有着欧洲文化阅历的技术人员的支持。该团队不断向日本国内研发中心反馈当地市场的需求信息，并在欧洲的高速公路和道路上进行产品测试。通过这种交互作用，尼桑公司成功地开发出了适合欧洲市场的 Primera 轿车。

地域中心型的资源整合模式以外部整合和垂直整合为主。一方面，企业将特定市场的信息资源和外部的人力资源整合到母国，为企业研发创造有利的条件；另一方面，企业将资源筹供、研发、生产和售后服务等各项活动纵向整合为一个有机的整体。

（3）多中心分散型。这种海外研发机构的基本特点是：分散在海外的研发单

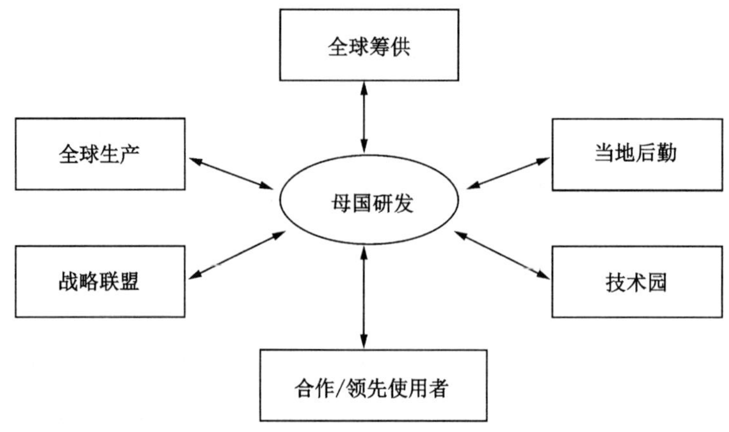

图 3－3　地域中心型结构

位与当地市场联系紧密，独立性强，有助于充分利用当地的各种资源，但由于海外研发机构之间、海外研发机构与总部研发组织间的信息共享度低，缺乏必要的协调，容易导致研发活动的重复（图 3－4）。

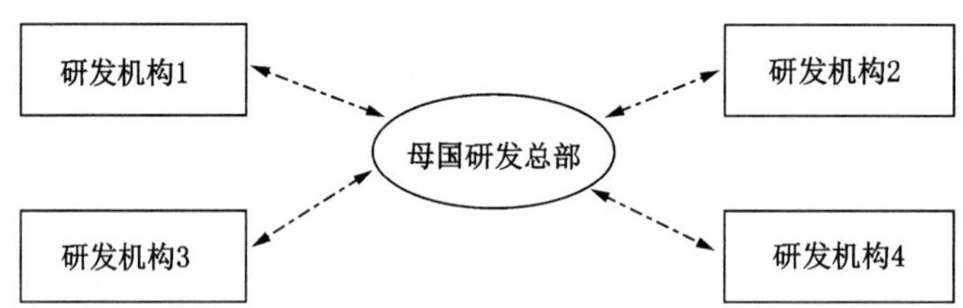

图 3－4　多中心分散型结构

由于这类结构类型的优点和缺点都比较突出，为了保证海外研发的成功运作，必须重视对资源整合模式的选择，采取一种以外部整合为主、内部整合为辅的模式。首先，应加强与当地市场信息、人力资源和用户群等的外部整合，更好地发挥这种研发结构的区位优势。其次，要注意海外研发机构之间、海外研发机构与总部研发组织间的信息沟通和协调，突出各方优势，进行有针对性的研发活动。

荷兰皇家壳牌集团就长期采用这种多中心分散型结构。在 1984—1997 年间，壳牌公司分别在阿姆斯特丹、美国休斯敦和比利时三地的研发机构同时开发一种名为 Carilon 的聚合物，造成不必要的重复劳动。后来，经过分析发现，美国是这种聚合物的最终目标市场，于是就将 Carilon 的研发全部转移至休斯敦进行，既贴近了市场，又避免了重复研发的弊病。

（4）研发中心型。这种海外研发机构的基本特点是：位于母国的研发中心是各种研发活动的主要实验室，通过长期研发项目和各种资源的配置，对分布在全球的研发机构进行控制和协调（图3－5）。对于这种结构的管理要特别强调资源的内部整合，总部的研发中心应综合分析各海外研发机构的职能和优势，在资金、技术和人力资源方面进行合理配置。另外，在加强不同机构间研发活动互补与协作的同时，应该注意降低协调各方的成本。

图3－5　研究中心型结构

德国戴姆勒—奔驰公司的研发组织就属于研究中心型结构。奔驰公司从1995年开始在德国以外建立研发机构，为了获取信息技术和软件方面的创新性知识资源，在美国硅谷的斯坦福大学附近和印度的班加罗尔都建立了研究中心。为了接近海外目标市场，奔驰公司在中国上海建立了联合研究实验室。同时，还在俄罗斯和日本都设立了技术情报中心。所有这些海外研发机构都直接受母国研发总部的控制，联系比较紧密。

（5）研发网络型。这种海外研发机构的基本特点是：母国研发单位不再对所有研发活动进行控制，而是与海外研发机构享有同等的权利和义务（图3－6）。一方面，海外研发机构已转变成一种战略性组织，不仅要跟踪和监测东道国的各种变化，而且要制定相应的研发战略；另一方面，各研发机构之间始终保持灵活的联系，从而避免了各单位间的重复开发。通常这种结构的管理要注重把目标市场与研发有关的各种信息和知识全部纳入企业研发过程，进而通过生产和营销实现研发商业化，各机构之间在研发项目扁平式结构的基础上实现研发的协同效应。

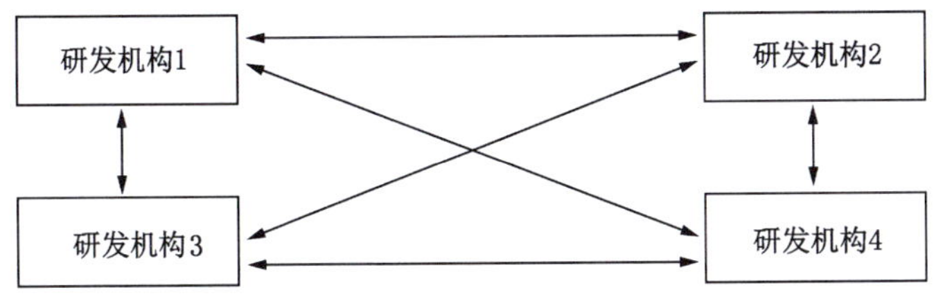

图3－6　研发网络型结构

成立于1874年的世界第一大自动扶梯生产商——瑞士迅达公司就采取研发网络型结构。该公司1996年开始组建以能力为基础的研发网络，其研发力量主要分布在瑞士、法国、西班牙、瑞典和美国等地。1998 年以后，为了避免重复研发和达到最佳协同效果，该公司将研发核心能力分解为三部分，即公司研发部、市场研发部和区域运营研发部。每个研发部都有各自的任务，同时又互相联系，从而大大缩短了新产品开发周期。

思 考 题

（1）什么是企业研发组织？

（2）如何理解“大的工业组织可以通过对科学技术的研究为它们本身的生命保险”？

（3）企业研发组织的任务是什么？

（4）影响企业研发组织有效性的主要因素是什么？

（5）如何设立和管理企业海外研发机构？

参考文献

[1]（英）保罗·特罗特（Paul Trott）著，吴东等译．创新管理和新产品开发（Innovation Management & New Product Development）．北京：中国人民大学出版社，2005.

[2] 傅家骥等．技术创新学．北京：清华大学出版社，1998.

[3] 阎康年．R&D 与企业原动力．北京：中国经济出版社，2004.

[4] 梁雨谷．企业技术中心价值导向．北京：中国经济出版社，2005.

[5]（美）V K Narayanan 著．技术战略与创新．程源，高建，杨湘玉译．北京：电子工业出版社，2002.

[6] 王斯德．世界通史．武汉：华东师大出版社，2001.

[7] 朱斌．当代美国科技．北京：社会科学文献出版社，2001.

[8] 俞晓军．日本企业研发机构的组织特征和运作方式分析．东北亚论坛，2004（7）.

[9] 日本科学技术厅．民间企业の研究活动に关する调査．日本：科学技术厅，1985.

[10]（美）菲利普 A. 劳塞尔，卡马尔 N. 萨德，塔马拉 J. 埃里克森著，第三代研发（Third Generation R&D：Managing the Link to Corporate Strategy），赵凤山，庞艳，胡杨译．北京：机械工业出版社，2004，15－52.

[11] 许庆瑞．研究、发展与技术创新管理．北京：高等教育出版社，2000.

[12] Jelinek M，Schoonhoven C B. The Innovation Marathon：Lessons from High Technology Firms. San Francisco：Jossey－Bass，1993.

[13] 刘进先．企业技术中心研究．武汉：武汉出版社，2001.
[14]（瑞典）西格法德．哈里森，日本的技术与创新管理．华宏慈等译．北京：北京大学出版社，2004.
[15] IANSITI MARCO，Technology Integration，Harvard Business School Press，Boston，Mass，1998.
[16] Kuemmerle W，Kiichiro Kobayashi. NEC：A new R&D Site in Princeton. HBS CASE，1998.
[17] Kuemmerle W. Building Effective R&D Capabilities Abroad. Harvard Business Review March－April，1997，61－70.
[18] 方虹．国际企业管理．北京：首都经济贸易大学出版社，2006.
[19] Gassmann，Zedtwitz. New Concepts and Trends in International R&D Organization. Research Policy，1999，28.
[20] 葛顺奇．跨国公司技术战略与发展中国家技术模式选择．北京：中国经济出版社，2002.

第四章 研发项目管理

在竞争日益激烈的经济环境中，越来越多的组织已经把项目管理作为一种在竞争中获胜的重要手段，研究和开发项目管理更是在技术密集的竞争环境中生存和发展的关键。

虽然企业对研发项目寄予很大希望，但是很多项目难以达到目标；即使有很好的资源投入和管理计划，也常常因遇到不可预料的问题和组织失误而遭受挫折，以至于无法实现包括市场在内的最终目标。

如何通过有效的管理才能达到研发项目的目标呢？这是本章所要回答的问题。为此，在本章第一节首先说明研发项目管理的概念和特点；其次，阐述成功研发项目管理最重要的两个方面——工具和流程（第二节和第三节），并结合这两方面，第四节介绍一种综合项目管理工具和流程的实际办法——门径管理流程及其发展；最后，在本章第五节简单介绍研发项目的组合管理。

第一节 研发项目管理的概念

一、项目及项目管理

项目是建立一个新企业、开发一个新产品、实施一项新工程、规划一项新活动等的统称。美国项目管理协会的定义是：为提供某种独特产品、服务或成果所作的临时性努力[1]。

一般来说，项目具有如下特征：

（1）临时的活动：有确定的开始和结束，是非重复性的有组织的活动。

（2）独特的目标：有特定的产品/服务/成果与质量、进度、成本等要求。

（3）逐步实现目标：随着时间的推移，项目在实施过程中逐步完成，一步步达到最终目标。

项目管理就是对项目进行管理。具体来说，项目管理是项目管理者在有限的资源约束下，运用系统的观点、方法和理论，对项目涉及的全部工作进行有效地管理，即从项目的投资决策开始到项目结束的全过程进行计划、组织、指挥、协调、控制和评价，以实现项目的目标。

二、研发项目的概念

研发项目是以获得具体的研发成果（新知识、新技术、新产品、新工艺等）为目标，通过高效地利用各种所需资源，进行一系列相互衔接的任务或阶段性工作，最终实现目标的活动。

一般情况下，研发项目具有如下几个特点：

（1）具有明确的目标，而且通常这个目标以研发范围、质量、成本和时间等形式来表达。例如，2003 年 4 月 17 日，中国石油集团东方地球物理勘探有限责任公司（简称东方公司）承担的 GeoEast 地震数据处理与解释一体化软件研发项目启动，该项目要求用 1.4 亿元的投入在 2005 年 1 月 1 日前推出大约 700 万行代码的 GeoEast 地震数据处理与解释一体化软件。

（2）为实现项目目标，研发项目需要将整个项目过程划分为一系列相互作用和相互依赖的阶段性任务并按一定的顺序完成。任何一个环节出现问题，都可能得不到最终的有效研发成果。GeoEast 软件将项目开发分为需求分析、概要设计、详细设计、滚动开发测试和集成测试等过程。

（3）项目任务的完成过程中，各种资源（人力、资金、技术、设备等）得到了有效的利用。例如，GeoEast 软件在项目研发过程中，东方公司在计算机设备、科研人员（包括外聘专家）、科研管理、知识产权等方面对项目组提供了全力支持，为该项目创造了良好的研发环境；另外，中国石油天然气集团公司科技发展部还将 GeoEast 项目进展情况列为每周部务会的固定议题，集中研究，整合资源，及时解决软件研发中遇到的问题。

（4）一个研发项目拥有至少一个客户，项目团队应当成功地完成项目目标，满足客户需要。客户既可以是个人，也可以是组织，对研发项目进行投资，并对研发成果的性能、规格、质量等指标提出要求。GeoEast 软件的客户首先是东方公司，其他用户如中国石油系统的油田公司。

（5）每个研发项目都具有自身的独特性，是一个为实现特定目标的渐进的努力过程。例如，GeoEast 软件研发项目是一个平台与应用并重的系统工程，需要物探方法研究、处理和解释应用、数据管理和可视化软件开发、批量模块和交互软件开发、测试和项目管理等各个学科人员共同协作完成。这些对于东方公司来说是以前没有的，只有逐渐摸索才能完成这一项目。

三、研发项目管理的特点

项目管理的概念最初起源于企业管理范畴，现在已经迅速发展成为企业进行商业活动的标准方法之一，大量企业致力于用项目管理的方法主导其研发活动。

与此同时，越来越多的非赢利性科研机构，如大学和科研院所，也意识到项目管理的优点并开始采用这一方法管理其科研工作。作为赢利性组织的企业与非赢利性组织的科研机构在研发项目管理上有很多不同之处，但相比而言，企业的研发项目管理更有代表性。因此，本章以下均以企业（赢利性组织）的研发项目管理术语进行阐述，一般来说，这些术语也适用于非赢利性组织的研发项目。

研发项目管理具有高投入、高回报、高风险和多影响因素等特点。

第一，高投入。

相对来说，研发项目的高投入高回报的特点表现得非常明显。高投入特点体现在以下几个方面。

（1）技术投入。研发项目所需的技术或者是企业在以前的研发活动中逐渐发展和积累起来的，或者是从外部购买的。前者实际上是企业的一种经济租，后者可以直接以技术市场上的交易价格衡量。如 GeoEast 研发项目在 2003 年正式研发之前的 2001 年，就有原国家计委、中国石油和东方公司共投入 1800 多万元对相关技术进行预研。

（2）人力资源投入。技术人才的投入是项目中人力资源投入的主要方面。技术人才，特别是高科技行业的技术人才一般具有高学历、高知识的特点。能够胜任高水平研发工作的技术人才对企业而言炙手可热，他们的薪资福利水平也相对较高。2005 年，GeoEast 研发项目人员平均年薪在 7 万元，核心骨干为 10～15 万元，而项目长年薪则在 20 万元以上，这样的薪酬处于河北涿州（东方公司所在地）的绝对高水平。

（3）设备投入。研发活动，特别是高科技的研发活动需要各种精密尖端的仪器设备，而这些设备往往价格不菲。例如，为保证 99.9999％的实时通话可靠性，无线通信系统的研发除利用仿真设备进行各种模拟测试外，还必须采用与通信运营公司的商用系统一样的实机设备进行系统集成测试，其中仅交换机一项就价值数百万美元。

（4）管理投入。研发项目需要进行周密的市场需求调查，细致的创意筛选，严谨的可行性分析，切实可行的项目计划，科学的进度控制，严格的成本控制，弹性的资源调配，高效的风险管理等；企业内部的质量管理部门需要对研发项目进行质量管理的检查，有时还需邀请外部专门的审计机构进行审计；优秀的研发项目还需要有持续的学习改进机制，比如在项目初始阶段通过借鉴以前其他类似项目的经验和教训进行合理的计划，在项目的主要阶段完成时做阶段性的总结，在项目收尾时进行总体回顾，找出值得推广和需要改进的地方，以供后续阶段任务或以后类似项目参考；研发项目的顺利开展也离不开项目经理出色的组织协调、各职能部门经理的通力协作、来自企业高层管理的关注和支持等。

（5）资金投入。除了以上各项投入外，研发项目的高风险可能使某些任务或阶段失败，这些任务或阶段将不得不返工，导致时间延期和成本增加。项目必须充分考虑到这些风险的影响，准备充足的资金应对项目进程中意外的反复。事实上，高额的资金投入已经成为研发项目高投入特性的标志。在美国，一种新药研发项目的费用通常高达数亿美元，中国企业的研发费用虽说没有那么高，但若从源头开始研制新药，也需要上亿元人民币的投资。GeoEast 项目的投资也在 1.4 元人民币。

第二，高回报。

研发项目是一个充满创造性的过程，通过创造出不同以往的，不同于他人的新技术、新产品、新工艺，可以开拓出新的市场领域，或在已有市场上划分出新的空间，或赢得显著的成本优势。因此，研发项目的成功能够使企业获得一定程度的垄断力量，攫取高额的垄断利润，从而避免陷入简单的同质化产品的价格竞争泥沼。研发项目的技术难度越大，过程越复杂，项目成功后建立的防止他人模仿和防止他人进入的壁垒就越高，给企业带来的回报就越丰厚。例如，在制药行业，新药研发成功导致的利润回报率高达 10 倍以上。另外，根据美国生产力和质量中心（American Productivity & Quality Center）所作的调查，2001 年到 2003 年美国公司销售收入的 27.5%来自于新产品开发项目的贡献[2]。除带来直接的经济回报之外，研发项目还是企业，特别是高科技企业培养研发人才、健全研发团队、保持技术优势、维持核心竞争能力的战略性杠杆。

值得注意的是，高投入和高回报是研发项目的总体特性。对于研发项目个体而言，并没有证据表明投入和回报之间具有明显的相关关系，仅仅进行高强度投入并不必然导致高额回报。这是因为，研发项目的成功与否取决于多种因素的共同影响。

第三，多影响因素。

决定研发项目成功与否的因素很多，可以分为企业内部和企业外部两大类。

1. 企业内部因素

主要包括信息因素、技术因素、组织结构因素和经济因素。

（1）信息因素主要指研发组织获取知识和信息的能力，这往往是影响研发项目成败的关键因素。信息因素包括信息和知识的获取方式，获取的信息和知识的质量和数量，以及获取的速度。获取知识和信息的能力越强，研发项目的选择余地就越大，不确定性就可以降低，从而使项目成功。

（2）技术因素主要指研发组织的整体技术能力。较高的技术能力能够保证企业在较高的技术层次上进行创新，以相对较低的成本取得技术竞争优势。具体表现形式包括较好的产品和工艺技术、创造性的设想、较好的技术评价体系等等。

(3) 组织结构因素往往制约着研发项目能否获得所需资源。事实上，相对于技术因素而言，组织结构因素对研发项目的影响更大。例如，研发项目的组织结构是职能型结构、项目型结构还是矩阵型结构（强矩阵、弱矩阵、平衡矩阵）抑或是复合式结构，这些组织结构是否有利于研发项目的管理以及是否鼓励跨部门的合作；另外，组织结构因素还包括项目经理是否有能力快速高效地组织研发团队，研发团队成员对创新的接受能力、实施的魄力如何等等。

(4) 经济因素直接影响研发项目的规模和程度。通过贷款或自筹资金等方式，企业可以增强对研发项目的支持力度，减少创新压力。另外，对项目的经济效益，如投资收益率、投资回收期、财务风险等方面的评价，也会影响研发项目的顺利进行。

2. 企业外部因素

主要包括政策因素、社会因素和市场因素。

(1) 政策因素。研发项目有时需要得到政府主管部门的认可和相关政策的支持，因此必须评价项目与国家或地区发展目标的一致性，项目与产业政策的一致性，项目是否有利于科技进步，项目是否有利于增加上缴利税或出口创汇等。

(2) 社会因素。对社会造成负面影响的项目很难得到很多利益相关者的支持。

(3) 市场因素。需求是创新之母，而创新又是研发项目的灵魂。研发组织应该针对市场需求开展研发工作，做好市场研究和评估，充分把握市场竞争态势、需求类型和发展趋势，避免脱离需求，闭门造车。

第四，高风险。

项目存在风险是一种客观必然，这也是由于项目受多因素影响所决定的。一般来说，在项目实施之初的项目定义和项目计划是建立在一些特定的假设和预测的基础之上的，涉及方面众多，诸如市场条件、项目工作量、项目时限、项目成本、所需各种资源的质量及可得性等等。随着时间的推移和项目的深入，这些假设和预测不见得完全与现实相符，因而造成项目的时间进度、投入预算和项目工作范围的不确定性，影响整个项目的顺利完成。研发活动的探索性、创造性等特点又导致研发项目具有比其他一般项目更高的风险。

研发项目的风险可以分为三大类：经济风险、技术风险和管理风险。

(1) 经济风险。研发项目的目标是要推出不同于以往的、新的知识形态和物质形态，例如，新技术、新产品、新工艺、新服务等。这些项目成果用途的不明确会使得研发项目面临较大的风险。比如，研发成果的基本用途一般是明确的，但是其潜在用途在项目可行性论证阶段却是模糊的。即使项目针对客户需求进行大量深入细致的调查分析，但可能客户对自己的新产品需求也没有确切的把握。

因此，判断项目成果的潜在销售范围和市场需求前景存在困难。另外，研发产品，特别是高新技术产品一般没有历史的市场数据可依，并且高新技术项目的研发多是公司的重要机密，因而关于现有和潜在竞争对手的经营情况和竞争态势的情报信息也很难准确收集。

（2）技术风险。

① 技术前景的不确定性。当一种技术的前景不确定时，一是会加大研发的工作量和难度，增大导致研发失败的可能；二是在风险传递作用机制下，研发阶段的风险会引发生产阶段和市场营销阶段的风险。

② 技术的先进性。先进的技术并不一定会产生良好的经济收益。赢得市场成功的新产品不见得技术含量是最先进的。例如，在国外 DVD 技术趋向成熟时，技术水平处于相对低端的 VCD 却在中国取得巨大的成功。有时，一些先进的技术在特定历史阶段并不具备经济上的可行性。有时，适用技术只适合于某种特定类型的企业。当然，完全落后陈旧的技术对于企业来说应当不是一件好事，企业花费巨资去进行重复性、低水平的研发显然是不符合经济性原则的。因此，研发项目应当做到技术上的先进性、适用性与经济上可行性的有机结合。

③ 技术难度和复杂性。技术难度越大，复杂性越高，研发活动的风险就越大。而另外一种经常出现的情况是，当更新、更具竞争优势的技术被他人抢先开发出来，就可能导致原有研发项目被意外终止。

④ 技术效果的不确定性。研发项目在进行过程中往往难以估计其最终的全部技术效果。有的技术具有副作用，例如污染环境、破坏生态平衡，这样的项目可能会受到限制。

⑤ 技术寿命的不确定性。当今世界处于知识爆炸的时代，同一技术可能会有多个企业或科研机构同时在进行研究，同一技术目标也可能会由多种技术方案实现，技术开发的周期变得越来越短，技术更新的速度也越来越快。美国生产力和质量中心的研究表明，在过去 50 年中产品技术的周期整体缩短了 400％[2]。

（3）管理风险。

① 信息了解不足，计划难以实施。开展研发项目必须对各种信息有充分的了解，深入分析市场需求状况和竞争态势及技术发展趋势等情况。否则，就会导致一定程度主观臆断，增加研发的风险。另外，市场的迅速变化和技术发展的不断复杂化，使得对研发项目信息的掌握变得越来越难，包括对完成研发项目的周期估算越来越难。运用现有的项目计划和控制方法管理那些阶段任务明确，周期易于估算的项目比较容易。对于技术不确定性很大，研发组织结构复杂的项目而言，则是一种挑战：项目计划可能过于僵化，弹性不够；项目进度控制可能导致开发成本激增，也可能延误研发的最佳时机，使项目丧失竞争优势。

② 决策水平不高，高层关注不当。如果管理人员仅凭借主观决策、经验决策和个人决策来确定研发项目，就很有可能造成决策失误，导致研发项目失败。另外，研发项目经常容易出现的一个问题是高级管理层对项目的关注程度或关注时机不当。项目计划必须与组织的战略规划相适应，项目所需的资源需要得到保障，项目的团队建设需要得到支持，这些都依赖于来自项目管理人员，特别是高层管理者的关注。而且，高级管理层的关注越早，对项目的影响力越大。在项目早期的规划，知识、信息获取，可行性决策等阶段，高层关注的作用最大。然而，在现实的研发项目中，高层管理的关注往往在项目早期处于较低水平，却在设计阶段后期和试制样品阶段达到高峰，这对及时发现和纠正项目早期可能存在的失误十分不利，导致在项目后期纠正失误的成本急剧增加[3]。

③ 组织管理不力，成员能力欠缺。已有研究表明，对于同类研发项目，相对于低效的组织管理，高效的组织管理可以提高成功率10%～30%，可缩短开发周期20%～60%，可降低额外成本8%左右[4]。对于研发项目来说，项目成员的能力和水平直接影响项目的成败。如果项目经理专业知识水平不高，创新意识不强，经验不足，沟通与协调能力欠缺，那么就会对研发项目的效率和效果产生不利影响。实力雄厚、分工合理的项目团队对于研发项目的顺利开展是非常重要的。团队成员之间是否具有知识互补性，是否具有团队协作精神，也会对研发项目产生重要影响。

④ 风险防范不够，资金难以持续。即使研发组织已经意识到研发项目存在各种风险，但是，如果缺乏对风险影响因素的详细分析，没有建立危机处理机制和防范措施，也会造成风险损失。比如经常出现的情况是，研发项目前期资金到位情况良好，但随着时间的延长，研发项目的资金需求越来越多，而很多企业的资金却不得不首先向生产、销售领域倾斜，这就使得研发项目的资金难以持续，最终影响项目的成功。

第二节　研发项目管理的工具

越来越多的研究开发工作作为项目来实施和管理与三个因素有关：人类可以完成的研发工作越来越庞大，越来越复杂；研发的竞争压力要求必须最大限度地利用时间、人力和物力资源；人类掌握了越来越多的可以应用于项目管理工作的科学工具。因此，学习项目管理，掌握相关工具是非常必要的。本节介绍研发项目管理的常用工具，包括设计结构矩阵和任务编排的工具等。

一、研发项目任务的3种关系

研发项目是由多个工作任务构成的。本节首先讨论这些任务的3种基本关系，然后总结提出编排项目任务的 3 种方式[5]。

图 4－1 显示了研发项目中的 3 个任务关系。任务由方框表示，任务之间的信息依赖关系由方框间的箭头表示。

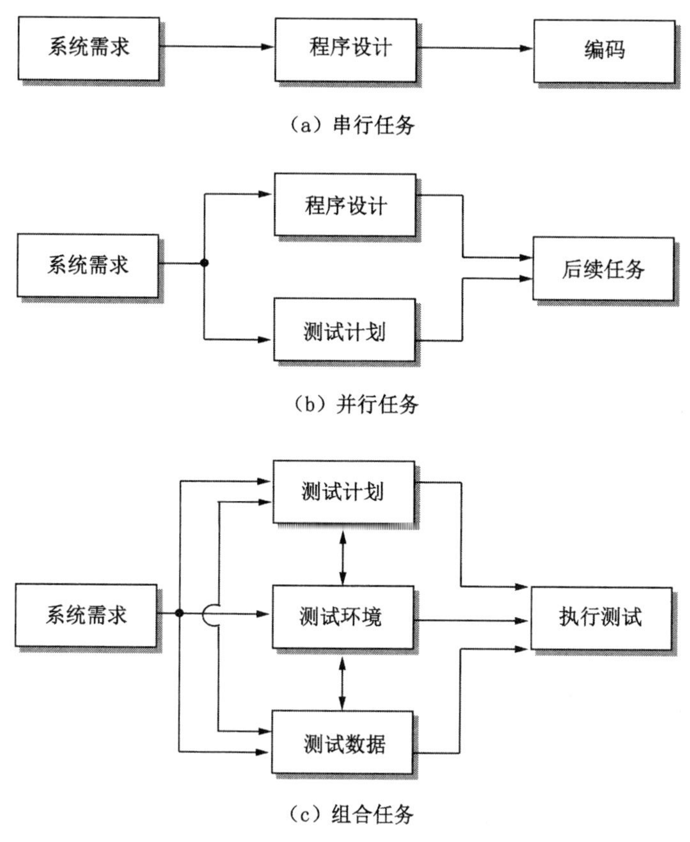

图 4－1　3 种任务关系

图 4－1（a）所示的三个任务中有两个依赖于其他任务的输出结果。例如，软件程序的设计必须基于系统需求，而编码必须立足于设计。这种依赖关系使三个任务必须按串行的顺序完成，因此，它们被称为串行任务。值得注意的是，串行的完成顺序并不是说其后的任务不能在较前的任务完全结束之前开始。一般来说，较后任务工作的起始点可以仅仅基于部分的较前任务的输出信息（注意，较后任务的完成时间不能早于较前任务完成的时间）。这一点与后面将要提到的门径管理流程里的流动性特点有异曲同工之妙。

图 4－1（b）显示了四个开发任务。中间的两个任务依赖于左边的任务，但中间两个的任务之间并不存在相互依赖关系。这种取决于共同的较前任务输出，

但彼此之间独立的情形称为并行任务。例如，程序开发部门的设计工作和测试部门的编制测试计划的工作均以系统需求为前提，但相互之间没有依赖关系，可以同时进行。

图 4－1（c）显示了五个开发任务。中间的三个与并行任务相似，取决于共同的较前任务的结果，不同之处在于它们之间存在相互依赖的关系。这三个任务就是组合任务。在软件开发项目中，编制测试计划、搭建测试环境和准备测试数据的任务是这方面的例子。组合任务或者以齐头并进的方式完成，或者以交互的方式进行（交互方式是指任务的执行具有一定的先后顺序，但可能重复多次，每次的执行结果都可能是临时性的，需要与其他任务的执行情况进行对照和修正，直到取得一致的解决方案）。

二、设计结构矩阵

设计结构矩阵（Design Structure Matrix，简称 DSM）是表示和分析任务之间依赖关系的有效工具。DSM 最初被用来描述研发设计方案，近来已经被广泛地被用来在任务层次上分析研发项目[6]。

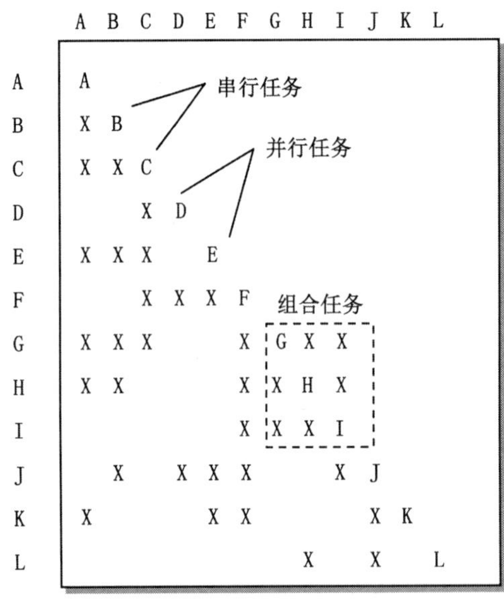

图 4－2　设计结构矩阵示例

在图 4－2 的 DSM 示例中，有十二个以英文字母（A，B，C，…，L）表示的任务。它们被排列在矩阵的行和列上。当任务之间存在依赖关系时，在相应的位置上加上标记“X”。例如，从左向右观察在矩阵中以字母“C”为标志的行，可以发现任务“C”依赖于任务“A”和“B”的输出信息；自上而下观察以字母“E”为标志的列，可以发现任务“E”的输出信息将为任务“F”、“J”和“K”所用。对角线上为对应的任务编号，这样可以将矩阵的上三角和下三角部分区分开来，便于对任务之间的依赖关系进行分析。在矩阵中任务顺序反映实际项目中的任务执行顺序时，这种 DSM 分析最为有效。当项目中只存在串行任务时，DSM 呈现为一个下三角矩阵，也就是说，在对角线上方不存在标记“X”。标记“X”出现在对角线上方表明执行顺序上较早的任务依赖于较晚任务的输出信息，可能是由于两个串行任务的执行顺序颠倒了。因此，可以通过重新排序来消除对角线上方的“X”。如果在所有可能的重新排序完成后矩阵的上三角部分仍然存在“X”，则表明项目中存在组合的任务关系。对任务的重新排序的过程称为“分区”。可以用一些简单的矩阵运算法来消除DSM上三角部分中的“X”。在分区以后，对应行上不含上三角“X”的任务是串行类型；对应行、列上没有“X”的任务是并行类型；含上三角“X”的任务是组合类型。这三种类型的任务在图4－2的DSM中都有所体现。

自20世纪90年代以来，一些更为精细的DSM分析框架被开发出来，并被广泛应用于包括飞机和汽车开发等在内的大型的、复杂的项目。这些分析框架对于理解复杂的任务组合关系，估计项目成本和完成时间，根据产品架构设计项目团队的组织结构等大有裨益。

三、研发项目任务的编排工具

1. 甘特图

Gantt（甘特）图是1900年前后由Henry L. Gantt发明，后来就称为甘特图，也被称为横道图。

甘特图是一种表示项目任务时序的传统方法。图4－3非常直观地描绘了前面DSM中的任务的时间进度表。同样，这些任务分别以英文字母（A，B，C，…，L）为标记，在这里表现为一系列横向延伸的任务状态条，每个状态条都标示了任务的起始时间，状态条中的阴影部分表示当前任务的完成比例。图中的纵向直线显示了当前时间，从图中可以很容易地看出任务“D”的进度是滞后

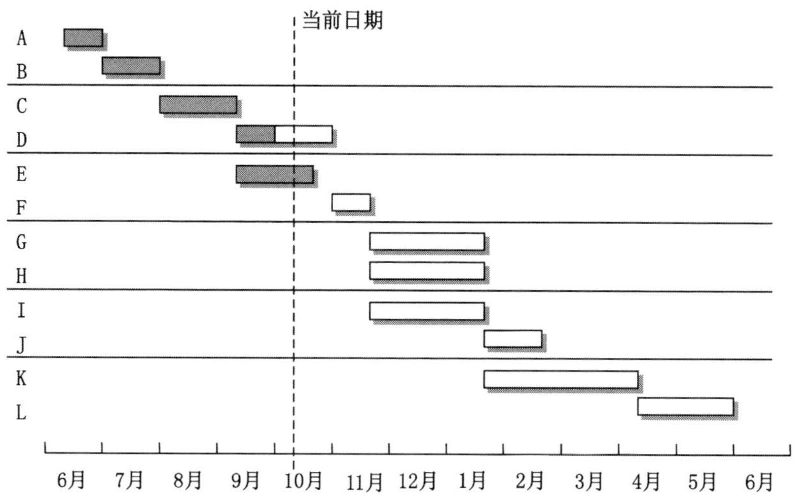

图4－3　Gantt图示例

于原计划的。

值得注意的是，Gantt 图并不能非常清楚地表明任务之间的依赖关系。任务时序受到任务之间依赖关系的限制，但并不完全由依赖关系决定，它还由包括资源、风险等在内的其他因素所共同影响。虽然组合任务的时间一定是重叠的，但是串行任务的执行时间可能重叠于与之没有紧密相关关系的其他任务。因此在 Gantt 图中，时间上重叠的任务即可能是串行类型，也可能是并行或者组合类型。

现代的研发项目往往包含成百上千个任务，项目规模越大，所研发的系统越复杂，任务数量也就越多。这就给 Gantt 图编制工作带来一定难度。所幸的是，计算机技术的进步可以大大减少这一工作量，包括 Microsoft Project 在内的一些软件工具可以根据输入的信息（任务起始时间、完成比例）自动绘制项目的 Gantt 图。

2. 计划评审技术

1958 年，美国海军在北极星（Polaris）号潜水艇项目应用 PERT（Program Evaluation & Review Techniques，计划评审技术），缩短了 2 年工期（计划时间 8 年），联系了 200 多个承包商和 11000 多个企业，取得了非常突出的效果。

PERT 图可以同时表示任务时序和依赖关系，它实际上将 DSM 和 Gantt 图方法结合了起来。PERT 有多种表现形式，这里介绍的是其中应用较为普遍的一种——前导图（PDM，Precedence Diagramming method），如图 4－4 和表 4－1 所示。

表 4－1　前导图时间计算

事件号	从前事件	最乐观时间 t_a	最可能时间 t_b	最悲观时间 t_c	平均时间 t_e	最早完成时间 t_{ef}
8	7	12	14	16	14	14 + 74. 6 = 88. 6
	6	14	18	24	18. 3	18. 3 + 50 = 68. 3
	5	36	40	46	40. 3	40. 3 + 53. 4 = 93. 7
7	2	38	48	60	48. 3	48. 3 + 26. 3 = 74. 6
6	4	4	6	10	6. 3	6. 3 + 43. 7 = 50
	3	20	24	30	24. 3	24. 3 + 22. 3 = 46. 6
5	4	6	10	12	9. 7	9. 7 + 43. 7 = 53. 4
4	1	38	44	48	43. 7	43. 7
3	1	16	22	30	22. 3	22. 3
2	1	20	26	34	26. 3	26. 3

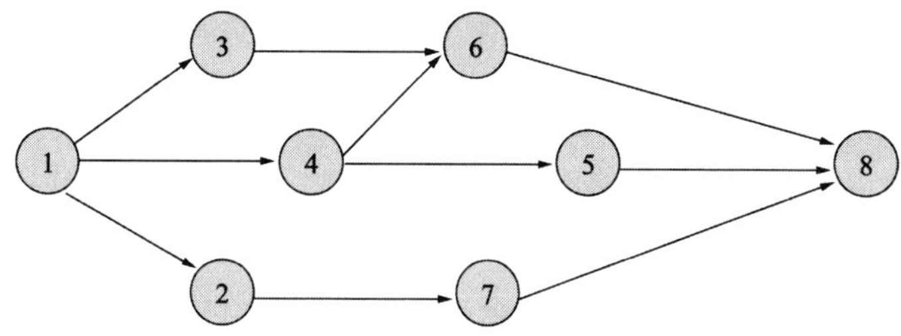

图 4－4　前导图示例

具体来说，对于前导图，首先要按照项目各活动之间的依赖关系排列它们之间的先后次序，同时估计完成每项活动的时间。即：

（1）确定完成项目必须进行的每一项有意义的活动。

（2）确定各项活动之间的关系，特别是活动完成的先后次序。

（3）绘制活动流程从起点到终点的图形，明确表示出每项活动及与其他活动的关系，用圆圈表示事件，用箭线表示活动，结果得到一幅箭线流程图，称为 PERT 网络（PERT Network）。

（4）估计和计算每项活动的完成时间。我们以乐观的时间（t_a）表示在理想条件下完成活动所需的时间；以最可能时间（t_b）表示正常情况下活动的持续时间；以悲观时间（t_c）表示在最差的条件下完成活动所需要的时间，则平均活动时间（t_e）的计算公式为：

$$t_e = \frac{t_a + 4t_b + t_c}{6}$$

根据以上的步骤，可以算出各项活动的平均时间，如表 4－1 所示，最后可以算出各项活动的最早完成时间。通过表 4－1，我们可以看出，节点 1 至 2、3、4 的箭线只有一条，平均时间分别为 26. 3 天、22. 3 天和 43. 7 天；到达节点 5 和节点 7 的也各有一条箭线，其平均完成时间各为 1→4 与 4→5 时间之和（9. 7 + 43. 7 = 53. 4 天）及 1→2 和 2→7 时间之和（48. 3 + 26. 3 = 74. 6 天）；但到达节点 6 的有 2 条箭线，即 3→6 和 4→6，则到达节点 6 的最少完成时间应为 1→3→6 和 1→4→6 中最长的时间，计算表明前者为 46. 6 天，后者为 50 天，因此到达节点 6 的最少完成时间应为 50 天；同理，到达节点 8 的最少完成时间应为 93. 7 天，此即为全部项目完成的最少时间。

全部项目完成的最少时间所包含的活动（节点）即项目的关键路径（Critical Path）。

另外，借助包含项目活动时间估计的 PERT 图，管理者能制定出包括每项活动开始和结束的日期的全部项目的日程计划。

3. 关键路径

关键路径的概念源自 PERT 图中的串行和并行任务依赖关系，它指的是 PERT 图中所需时间“最长”的任务链条，换言之，它代表了完成项目的所有任务所需的最短时间。以图 4－4 为例，构成最少完成时间的路线即为关键路线，即 1→4→5→8 为关键路线，需 93.7 天，整个项目完成时间受此路线的制约，而非关键路线尚有时间空余，如路线 1→3→6→8 只需 63.3 天，1→2→7→8 只需 88.6 天，分别与关键路线有 24.4 天和 4.1 天的时差。

识别项目的关键路径非常重要，因为关键路径上任何任务的迟滞都会导致整个项目的延期。相反，在关键路径之外的其他任务或多或少都有部分缓冲时间，也就是说，这些任务的少许/稍微延迟不一定会拖延整个项目的完成时间。当然，如果 1→2→7→8 在项目的实施过程中由于种种原因出现 10 天的延迟，那么 1→2→7→8 就可能由非关键路径变为需要特别关注的路线。

第三节　研发项目管理的过程

本节首先介绍研发项目常见的生命周期，然后分阶段阐述研发项目管理的主要过程，并说明每一个过程中研发项目的主要工作。

一、研发项目的生命周期

在通常情况下，一个研发项目的生命周期可以划分为四个阶段：项目定义、项目计划、项目实施和项目交付。研发项目的生命周期起始于研发项目立项得到批准时。随着项目的进一步实施，组织的投入程度逐渐提升，在项目执行阶段达到顶峰，然后随着项目交付而降落，最终研发项目结束。如图 4－5 所示。

（1）项目定义（或称为项目初始化）：内容包括识别需求；产生创意和新技术、新产品概念；制定项目需要实现的目标；建立项目规范；确定项目团队的核心成员；明确团队的任务和职责；考察以前是否存在可供借鉴的类似项目经验或教训。此时参与者主要是企业的高层管理人员，项目经理和项目团队的核心成员，也包括职能部门经理和主要的技术专家，以及其他的利益相关者（Stakeholder）。

（2）项目计划：这一阶段的任务主要是确定项目得到所需的各种资源；编制预算；制定项目时间进度表；建立、完善、细化设计方案；建立研发任务清单。此时，项目进入计划阶段，项目团队已经建立，组织的投入水平随之升高，管理人员和团队中负责前期研发任务的人员需要投入较多的精力。

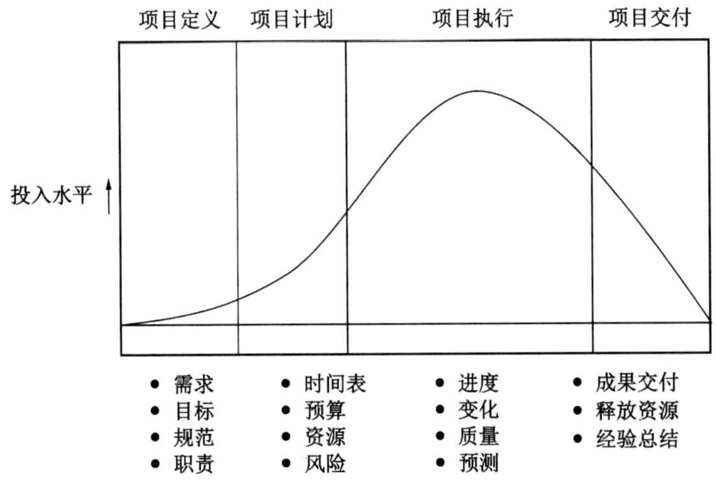

图 4－5　研发项目生命周期

(3) 项目执行：最主要的研发任务在这一阶段进行，组织的投入逐渐达到最高水平。管理人员组织协调整个项目团队展开全面工作。时间、成本、风险、设计指标等都被用来监督和控制项目进程。

(4) 项目交付：这一阶段的任务可以分为三类。第一类，审核并交付研发成果，包括将新产品原型以及产品规格说明、用户使用手册等客户文档移交生产或营销部门。第二类，释放项目资源，将人员、技术资料、设备、剩余资金等转移给企业的有关部门。第三类，总结经验教训，以期对今后类似项目的顺利进行提供帮助。

本节将按照这四个阶段的顺序详细介绍研发项目管理的主要过程和方法。

二、研发项目的定义

项目定义阶段的起始点是制定项目章程（Project Charter）。通过初步筛选的新产品开发创意被项目章程所批准，并正式立项。同时，项目定义阶段还包括其他一系列初步的项目前期规划工作，以保证整个研发项目的顺利开展。

1. 制定项目章程

项目章程（Project Charter）是正式确认项目存在的文档，它授权项目经理在项目活动中动用组织资源，并由项目以外的负责人发布或签发，负责人的地位或级别根据项目的需要而确定。

项目章程由企业的规划、财务、研发、生产、营销等不同部门共同制定和共同遵守。它需要描述新技术、新产品概念，指明客户需求；确定开发项目的名称和目标，保证项目符合企业的整体战略；预估项目的规模，规定研发成果交付的时间期限。企业的高层管理人员需要以正式的方式对项目章程进行审核和授权，并提供必要的项目启动资金。

2. 指定项目经理并确定其职责

项目经理的人选必须在项目定义阶段指定，使项目自一开始就有明确的推动者和负责人。项目经理可能是个人，如东方公司 GeoEast 项目中的刘超颖除了担任项目长（即项目经理）外，还分别承担了一个 1 级子项目长和 2 级子项目长的职责。对大型的、复杂的项目而言，项目经理的职责也可能由多人承担。例如，某大规模软件开发项目的任务分为三个层级，分别是解决方案级，产品线级和功能模块级。一个解决方案由若干产品线构成，每个产品线一般也包含多个功能模块。相应的，该项目的项目经理的职责也分为三级，分别由一个解决方案级项目经理，若干个产品线级项目经理和若干个功能模块级项目经理承担。

3. 组建项目的核心团队

项目经理需要根据项目章程组建跨职能的项目团队。需要注意的是，项目定义阶段的很多信息是不完全的，大量实质性的开发工作也还没有开始进行，因此，在项目的早期就成立整个项目团队是困难的，也是没有太大必要的。比较合理的方法是确定所需的各个职能的关键人员，组建项目的核心团队。核心团队的成员具有高度的专业化技能，能够根据这一阶段的不完全信息对项目所需的人力、技术、设备、资金等做出初步估计。另外，这些核心成员作为项目的“种子选手”，也将在今后的完整项目团队的组建过程中发挥重要作用。

4. 资源投入

在核心成员对项目做出初步估计后，项目经理就可以协调不同的职能部门投入各种资源了。值得注意的是，资源估计在项目的定义和计划阶段是一项持续性的工作。市场需求、技术复杂程度、人员可得性、设备利用率等各方面信息将随时间的推进变得越来越完全，资源估计结果可能被修正，实际的资源投入也可能需要相应的修改。

5. 检视历史数据

历史数据是指以往类似项目的经验和教训。它有两个来源，其一是以往项目在执行过程中对各种数据指标的统计分析，其二是以往项目在交付后进行的回顾（Retrospective）。

对现代企业而言，仅仅关注单个项目的“一锤子买卖”是不足以保持长期竞争优势的，因此，对一系列项目进行持续性的改进成为项目管理的一个重点。对历史数据的检视和利用体现了这一思想。在当前项目的初始阶段吸取其他项目的教训、借鉴其他项目的经验可以大大减少犯同样错误的可能性，能够对项目的成功提供有力的保障。

三、研发项目的计划

这一阶段工作的具体表现形式是制定项目计划书，对项目时间、风险和所需资源进行了深入的评估，并对后续的研发任务做出详细规划。对一些大型项目而言，计划内容可能由多个物理上单独存在文档体现，这些文档可以统称为项目计划书。

1. 任务列表

一般来说，研发项目是由多个具体的研发任务所构成的。制定项目计划书的第一个步骤就是列出所有这些任务。由于研发活动所固有的不确定性，对大多数项目而言，列出所有任务的所有细节是不太现实的。但是，在一般程度上估计出任务的主要内容却是可行的。项目计划书通常包括一个大约由 50 到 200 个任务所组成的列表。对诸如开发手工工具的小型项目而言，任务的平均工作量大概只需一个人工作一、两天；对诸如开发办公用打印机的中等规模项目而言，一个任务大概需要一个小组投入一个星期的时间；对诸如开发新款汽车或飞机的大型项目而言，一个任务的完成可能要占用一个部门数月甚至数年的工作量，这时，每个任务又可以被视为各个部门自己的"子项目"，可能需要制定单独的子项目计划书。

2. 进一步估计所需资源

前面提到，估计工作所需的需求、技术、人员等信息在项目定义阶段往往具有很大的不确定性。因此，那时对所需资源的估计是非常粗略的。随着时间的推移，项目进入计划阶段，有关信息可能仍不完全，但不确定性比以前已经显著减少了，此时可以对初步的、粗略的估计进行修正。此外，整个研发项目已经被分解成一系列明确的、具体的任务，每项任务需要什么资源，需要多少，也都可以得到较为细致的分析和预计。例如，人力投入的估计单位为人/小时、人/周或者人/月，进行估计时需要较为准确地把握各项任务的复杂程度和团队完成任务的速度。估计通常由各部门经验丰富的专业人员共同完成，其中一部分人员可能就是项目团队的核心成员。图 4-6 是一个微型胶片盒开发项目估计人力投入的示例[5]。

在较为精确的估计完成之后，项目经理需要和以前的粗略估计作比较，并决定是否有必要调整各种资源投入。

3. 项目的团队组织

完整的项目团队是在计划阶段成立的，包括完成各项任务的所有人员。项目计划书应该将所有团队成员的姓名、职能和联系方式记录下来，以利于成员之间沟通交流。对于团队成员分布在不同地域的项目而言，这一点尤其重要。为了预

项目阶段 任务列表	估计值(人/周)
概念开发	
确认产品的需求规格	8
产生产品概念	16
细节设计	
设计 Beta 版胶片盒	62
试制 Beta 版胶片盒	24
开发测试方案	24
测试及改进	
测试 Beta 版胶片盒	20
设计正式版胶片盒	56
设计铸模	36
设计组装工具	24
购买组装设备	16
试制铸模	16
调试铸模	24
认证正式版胶片盒	12
预生产	
初步生产	16
共计	354

图 4-6　微型胶片盒开发项目的人力投入估计示例

防和处理成员在沟通和合作过程中出现的问题，一些组织结构复杂的大型项目还在计划书中建立了问题报告机制，列出了各职能部门经理和高层管理人员的姓名和联系方式。

团队是否具备效率取决于很多个人和组织方面的因素。有的学者提出了决定项目团队开发速度的 7 个条件，这些条件实际上也决定了团队在其他许多方面的业绩[7]。

(1) 团队成员不多于 10 人。

(2) 团队成员积极自愿地为项目奉献。

（3）团队成员参与自创意产生到产品上市的整个项目过程。

（4）团队成员在项目中全职工作。

（5）团队成员直接对团队领导负责。

（6）包括营销、设计、生产等在内的关键职能部门都参与到项目中来。

（7）团队成员的位置保持在可对话沟通的距离之内。

虽然很少有项目能够同时满足以上所有的理想化条件，但它们提出了一些有关项目团队组织的关键问题："团队应该有多大?""在较大的企业中如何组织团队?""哪些职能部门必须参与开发项目?""大型项目的团队怎样才能做到像小型项目团队那样敏捷?"这些问题都需要管理人员在项目规模、管理流程、企业组织结构等多个方面进行仔细推敲。

计算项目所需人数的一个看起来简单可行的办法是将人力投入的整体估计值除以项目的周期时间。以图 4-6 所示的微型胶片盒开发项目为例，项目的人力投入估计值为 354 人/周。如果项目的周期是 12 个月，即 50 周，那么两者相除的结果——7 个人，就是项目所需的最小人数。因此，团队应该由 7 个全职投入项目的人员组成。但是，由于以下几个原因，这种办法在现实中并不可行。

（1）对许多项目团队，尤其是大型项目团队而言，很难保证所有人员的工作能力是整齐划一的。核心成员的技能一般高于团队成员的平均水平，新手工作能力可能较弱一些。这种参差不齐的能力差异被简单的除法计算所忽略了。

（2）项目中一些任务的完成需要较长时间，简单地投入较多人力并不能显著地加快进度，这可能是由于任务所需的技术水平复杂，需要长时间的深思熟虑；也可能是由于其他一些项目团队无法有效控制的原因，比如系统需求设计的时间高度依赖于客户的反馈速度。

（3）高度的专业化分工使一些具有特殊技能的人员成为企业的稀缺资源，不大可能全程投入到项目中来，只能在某个阶段参加团队，这一阶段结束后退出团队。

（4）某些团队成员往往同时承担其他任务，无法保证在项目中百分之百地投入。

（5）项目生命周期的特点也决定了人力投入的水平是随时间变化的，既有高峰，也有低谷（图 4-5）。

在组建项目团队时，应充分考虑以上因素。各职能部门需要相互协调，确定不同技能的人员投入项目的程度和时间。

对于项目团队的组织，克拉克和威尔赖特根据研发项目团队对原有组织的结构独立性，提出职能型团队（Functional Team）、轻量级团队（Lightweight Team）、重量级团队（Heavyweight Team）和自治型团队（Autonomous Team）

四种组织模式[8]（如表 4－2 所示）。

表 4－2　研发项目团队的四种类型

特征＼类型	职能型团队	轻量级团队	重量级团队	自治型团队
团队领导	部门经理	项目经理（初级）	项目经理（中级）	项目经理（高级）
职能表征	局限于部门内	兼职项目成员	全职项目成员	全职项目成员
组织权威	仅局限于部门内	相当于部门经理	跨部门，略高于部门经理	高度自主
团队成员负责对象	部门经理	部门经理	项目经理	项目经理
资源任务分配控制	部门经理	部门经理	项目经理	项目经理

我国企业开展研发项目管理时，由于项目战略、组织结构、结构化流程和系统化方法相比欧美企业有一定差距，使得我国企业很多时候不得不依靠临时性的组织（如重量级团队）来实施产品创新活动。在“重量级团队”的组织模式下，由于项目领导由企业/组织的中高层管理人员担任，而且他们往往拥有较强的专业知识和重要的组织影响力，因此，项目可以通过个人魅力或者通过职能部门控制和监管组织成员的研发力度，并管理其他工作；同时由于组织的适度灵活性，组织成员的激励也可以达到良好的效果；最终通过系统的参与，保证了解决方案的综合性和完整性，因而备受管理者的青睐。

另外，克里斯藤森在研究组织策略对环境的有效反映时，特别强调了“重量级团队”在新兴的商业机会与传统的组织流程不符时，实施研发项目管理的重要作用[9]。

4. 时间进度表

时间进度表是项目任务和时间期限的结合，列出了各项任务及主要阶段的起始时间。项目经理利用它监控项目的进度，项目团队成员利用它交流信息、传递和交付任务成果。主要阶段的研发任务往往十分关键，阶段结束时的审核点，又称为项目的“里程碑”，通常会影响到绝大部分团队成员的工作，因此，它们常常被当作时间进度表的基准点。

制定时间进度表的具体步骤是：

（1）利用 DSM 和 PERT 图发掘任务之间的依赖关系。

（2）在 Gantt 图上标明项目的主要阶段，将任务分别添至各个不同的阶段。

（3）在充分考虑人力和其他各项资源配备情况的条件下，确定任务的起始时间。

(4) 根据任务的起始时间制定主要阶段的时间进度。

5. 项目预算

项目预算通常表现为一张表格。虽然不同的企业可能为申请和批准研发项目预算制定许多不同形式的表格，但主要内容都基本相同，包括人力、原料和服务、项目特定的设施以及外部资源（例如咨询）等几个方面。

对相当多的研发项目而言，大部分预算出自对人力成本的考虑。例如，在前面提及的微型胶片盒开发项目中，人力成本占整个开发项目的 80%。人力成本的计算比较简单，可以用此前做出的项目人力投入估计值乘以企业制定的人均资金系数。这个系数通常是人均工资的两到三倍，因为它不仅包含了员工的工资和福利，还考虑了包括培训费用、管理成本等在内的其他开销。这个项目人力预算具体数额是 354 人/周（估计值）×3000 元/人/周（系数）= 1062000 元（预算）。此外，在项目的早期，各种不确定性还维持在较高水平，对时间成本的预测和估计可能包含了 30%到 50%的浮动范围，因此有必要在预算中额外增加一些储备资金以应付可能发生的紧急情况。下图是微型胶片盒开发项目的预算表格示例[5]。

预算条目		金额（元）
人力		1062000
原料和服务		125000
铸模		75000
外部资源		25000
差旅		50000
	加总	1337000
	储备资金	267400
	共计	1604400

图 4－7　微型胶片盒开发项目的预算表格示例

6. 风险管理

由于研发项目早期所固有的不完全信息，无论如何努力地进行周密的分析和估计，计划还是不可避免地带有不确定性，也很少有项目能够不折不扣地执行计划中的每一个细节，有的偏差对项目结果影响甚微，有的偏差却可能导致严重的项目延期和显著的资金缺口及低劣的产品质量，或者超高的生产成本。所以，必须在制订计划时充分考虑到可能出现的各种偏差，并制定切实可行的应对方案，这一过程被称为风险管理。在研发项目中进行风险管理应注意以下几个主要方面：

（1）风险来源分类：一般来讲，研发项目的风险一般来源于客户需求变化、资源不足、时间期限过急、技术或产品结构复杂以及管理不力等几个方面。如果有以往类似项目的经验可以借鉴，这一工作应该并不困难。因此，当前项目完成后，应对各种风险作统计分析，为今后其他项目的风险管理提供方便。

（2）风险负责人：必须为每个风险指定负责人，以推动风险的管理。风险负责人可能是项目经理，也可能是其他管理人员或者专业技术人员。有些风险的管理可能需要来自不同部门的多人共同努力，但为防止责任推诿，最好还是指定一个主要负责部门和主要负责人。

（3）风险优先级：不同风险的概率不同，对项目影响的程度也不同，因此，有必要设定风险管理的优先顺序。表 4－3、表 4－4 和表 4－5 是一个软件开发项目评估风险概率、影响和优先级时所采用的准则的例子。

表 4－3　风险概率评估准则示例

概　　率	风险评估
0.1～0.4	低，风险发生的可能性小，但如果条件发生变化，风险将发生
0.4～0.6	中等：风险发生和不发生的概率基本相等
0.6～0.9	高：风险很有可能发生
>0.9	非常高：风险几乎确定要发生

表 4－4　风险影响评估准则示例

影响度 项目目标	很低 0.05	低 0.1	一般 0.2	高 0.4	很高 0.8
费用	不明显的费用增加	<5%的费用增加	5%～10%的费用增加	10%～20%的费用增加	>20%的费用增加
进度	不明显的进度拖延	进度拖延<5%	总体项目拖延<5%～10%	总体项目拖延<10%～20%	总体项目进度拖延>20%
范围	很难发现范围的减少	范围的次要部分受到影响	范围的主要部分受到影响	客户无法接受范围的减少	项目成果没有实际用途
质量	很难发现的品质降低	只有在要求很高时应用才会受到影响	质量的下降应得到客户的认可	质量下降到客户无法接受的程度	项目所完成的质量的产品没有实际用途

表 4-5 风险优先级评估准则示例

概率 \ 影响度	<0.2	0.2～0.4	0.4～0.6	0.6～0.8	>0.8
0.1～0.2	很低	很低	低	低	中等
0.2～0.4	很低	低	低	中等	中等
0.4～0.6	低	低	中等	中等	高
0.7～0.8	低	中等	中等	高	非常高
0.9	低	中等	高	高	非常高

（4）风险趋势：随着项目的进展，需要不时检视风险概率的变化。

（5）减少风险的行动计划：明确降低风险概率的方案，并制定行动负责人和行动时间。

（6）触发点：指明风险演变为现实问题的条件或事件是什么。

（7）应急行动计划：如果减少风险的行动失败，风险演变成了现实问题，那么应该如何应对？同样，应急行动计划需要指定负责人并确定行动时间。

（8）风险数据库：在项目计划阶段建立数据库，描述以上各方面的情况，随时间推移不断存入风险管理的历史记录。在项目交付阶段进行回顾和分析，为以后其他项目的持续改进提供借鉴。

7. 项目提速

随着商业竞争的加剧，企业必须在最短的时间为客户提供独特的、高质量的产品。速度已经成为研发项目绩效最主要的考核指标之一。事实上，除了在项目的整个过程中应用灵活的、敏捷的新一代门径管理流程之外（见本章下一节的内容），还有其他一些在项目计划阶段的方法和准则可以加快项目进程。

比较宏观的方法包括：

（1）提早开始项目：在项目初始阶段项目团队成员的神经一般不像在项目收尾时绷得那么紧。比如，协调各职能部门和企业高级管理人员参加项目章程和项目计划的审核会议很有可能会延期。考虑到这一现实，提早开始项目可以挽回一些时间，以减轻项目收尾时抢进度的压力。

（2）管理项目范围：不断给正在开发的产品添加额外功能要求是一种普遍存在的现实问题，如果不对其进行有效的管理，项目范围可能被无限扩大，项目目标也就变成了镜花水月。比较合适的作法是设定需求的冻结点，其后的额外要求可以由后续其他的新项目来实现。

（3）推动信息交流：正如 DSM 所示，每一个任务都至少需要为其他另外一个提供信息。事实上，项目团队内部需要实现大量的信息流动。对小型项目而言，成员之间距离比较近，个别交谈或开会讨论十分容易。对大型项目而言，沟通则不是那么方便，因此，需要充分利用互联网和计算机技术进步的成果推动信息交流。

第二类方法关注的焦点在于缩短处于关键路径上的任务的时间。需要注意的是，采用这种方法往往需要投入额外的资源，因此，有必要在资源投入和缩短时间的好处之间作成本/收益分析。包括：

（1）较快完成关键路径上的任务：如果一个任务位于关键路径上，会引起项目更多的关注，可能会尽早开始，也可能受到较少的干扰。必须指出的是，缩短关键路径上的任务时间可能使项目的关键路径和非关键路径相互转化。

（2）集中安全时间：由于各种可能的风险会对研发任务造成延期，项目团队在估计执行任务所需的时间时往往倾向于加上一段“安全时间”。虽然添加安全时间的初衷是为了应对随机问题，但在实际项目工作中包含安全时间的估计值基本上成为团队执行任务的时间目标。事实上，很少项目能够提前完成，相反，不少任务甚至在此基础之上仍然发生延期。以色列研究“关键链”（Critical Chain）的著名项目管理学者 Goldratt 认为加上安全时间后的项目周期可能是实际所需时间的两倍。他建议挤压各个任务的安全时间，将这些时间集中到项目末尾作为缓冲区。因为风险是随机发生的，只有部分任务会真正占用缓冲区内的时间，所以缓冲区可以比各个任务安全时间的累加值更短，这样，关键路径任务的完成时间就可以提前了。这种方法即被称为“关键链”[10]。

（3）全面评估关键路径任务：深入分析各个关键路径任务是否还有其他更快的技术解决办法。

（4）消除等待资源所需的时间：项目有时可能为了等待资源到位而不得不处于停滞状态，等待所浪费的时间可能比实际完成任务所需的时间还要长。这种情况时常发生在设备的采购环节上。解决办法可以是提前采购，甚至可以是直接购买一些供应商的生产设施以建立自己生产所需设备的能力。孤立地看，采取这些措施的代价高昂，但对项目的整体绩效可能是有利的。另外，各种行政审批程序也会导致一些等待时间。为消除这种影响，一些项目团队往往倾向于提前争取管理人员的审批签名。当然，这种方法不可避免地要冒风险，而且还有使行政审批过程成为形式上的“橡皮图章”之虞。

（5）有选择地重叠关键路径上的任务：仔细分析关键路径上各项任务的相互关系，一些串行任务也许可以部分重叠，甚至转变成并行任务。为达到这一目的，有时需要重新定义任务内容，有时甚至需要改变产品架构。

（6）大型任务的流水线处理办法：将单个的大型任务分解成一系列较小的任务，每个较小任务完成后，结果可以被尽快传递出去，相应的后续任务就可以立即开始了。例如，寻找和确定新产品的元件供应商往往需要花费大量时间，因此可以将整套元件的采购方案分解为几个单独元件的采购行动，这样一来，与元件相关的部分后续任务就可以提前进行了。

（7）外包部分任务：项目受到资源的限制是一个普遍现象，因此，将部分研发任务外包可能是加快项目进程的有效办法。

第三类办法主要用于加快组合任务的执行，包括：

（1）加快任务之间的信息交互过程：许多组合任务的延迟都是由信息交互过程中团队成员互相等待反馈所造成的，因此，加大团队成员之间交流信息的频率是一个解决办法。

（2）分解组合任务：将组合任务分解成相互独立的并行任务是减少甚至消除信息交互过程的一个可行方法。例如，如果所开发的产品是由几个子模块构成，在设计阶段对子模块之间的接口规范做出清楚的定义能够使各个子模块开发工作以并行模式进行。接口规范的定义工作需要花费一定的时间，但和减少信息交互的时间比起来还是划算的。

四、研发项目的实施和控制

即使项目具备了良好的计划，项目团队还是需要高度关注执行过程，特别要关注以下三个关键问题：应该采用什么机制协调各项任务的顺利进行？怎样评估判断项目的进度和状态？应该采取什么行动纠正执行过程中相对于计划产生的偏差？

1. 协调机制

项目各任务之间的依赖关系决定了协调工作的必要性。由项目执行和项目计划之间意外的偏差所导致的问题也需要团队协调行动并加以解决。事实上，项目团队成员之间协调一致及形成合力是研发项目管理的一个重要课题。协调工作的困难来源于不够充分的信息交流以及在跨职能部门合作方面存在的组织障碍。以下是克服这些困难、推进协调工作的几个机制。

（1）非正式沟通：许多团队成员之间的沟通交流都是以非正式的方式进行的。譬如，某人偶然路过他人的座位交谈几句，或者打个电话寻求解决问题的帮助。非正式沟通是打破在跨职能合作方面可能存在的组织障碍的有效方法。通过将项目团队的核心成员安排在同一个地点工作可以显著地推动这一方法的实施。麻省理工学院的艾伦（Thomas Allen）对研发组织的研究表明，人们的沟通频率和他们的分布距离之间存在负相关关系，而且，随着距离增加，沟通频率将急剧减少（图 4－8）[11]。

（2）会议：会议是项目团队主要的正式沟通方式。大多数项目团队每周开会

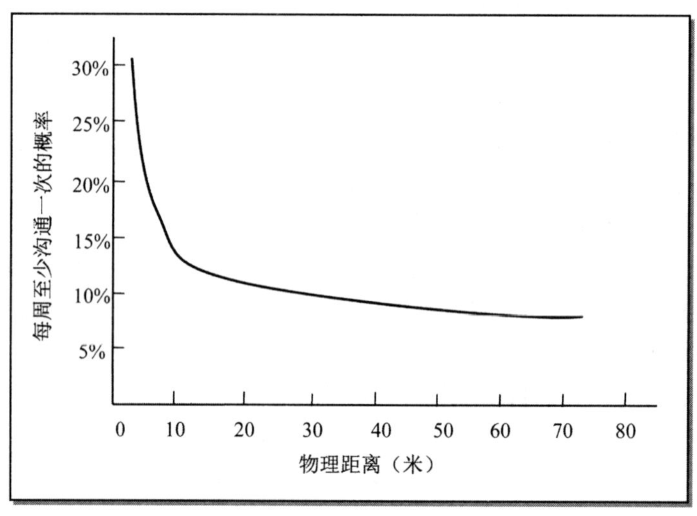

图 4－8　人们的沟通频率和分布距离之间的负相关关系

一次，许多项目团队每周开会两次，有的项目团队甚至每天都举行会议。与那些在同一地点工作的项目团队相比，成员分布在不同地域的项目团队需要更多的正式沟通会议。值得注意的是，参与会议的时间越长，留给任务工作的时间就越少。因此，需要尽量提高会议的效率，减少不必要的时间浪费。可行的办法包括制定书面的会议议程；明确会议的主题；指定会议主持人；在午餐或下班前举行会议促使与会人员加快会议进程；在固定时间和固定地点安排例会以减少组织工作等等。

(3) 公布时间进度表：项目执行阶段最重要的信息系统是以 PERT 图或 Gantt 图为表现形式的时间进度表。许多取得成功的项目指定了专人负责监控项目进度及定期更新时间进度表。在较小的项目中，这项职责往往由项目经理承担，在大型项目中，则可能由其他人员承担。

(4) 每周更新项目状态信息：项目状态的书面备忘录由项目经理撰写和更新，每周一次的更新频率是比较普遍的。备忘录必须及时发布给所有的团队成员，一个比较简便的方法是将各个时期的备忘录集中放置在网页上并培养团队成员定期查看的习惯。备忘录的内容一般包括：

① 对项目进展的概括性描述。例如，时间进度表的更新版本；项目各任务的完成情况（包括关键任务的执行结果），主要的客户信息反馈；管理层的重大决定等等。

② 项目执行过程中各种统计数据的分析结果。包括对进度、成本、质量、管理方法等方面的统计分析。

③ 由于执行与计划之间的偏差产生的问题。分析问题的来源、影响、优先级，并制定相应的解决方案（需要指定行动负责人和行动期限）。

④ 预测和管理项目风险。

（5）激励：项目团队成员的业绩完全由各自所属职能部门的经理来评价，往往不利于产生有效的跨部门合作。因此，建立以项目业绩为基础的评价机制可以激励团队成员通力合作，为项目作出更大的贡献。让项目经理和职能部门经理共同评价员工的业绩，并做出升职、加薪、津贴等方面的决定，可以向员工发出企业高度关注项目成果的强烈信号。

2. 评估项目状态

评估项目状态是项目管理的关键环节。项目经理可以通过正式项目会议、非正式的个别沟通，以及各种管理信息系统收集有关项目状态的信息。在规模不太大的项目中（例如，小于 50 人的项目），评估项目状态并非难事，因为项目经理参与项目工作的所有方面是可能的。对于规模较大的项目而言，指派若干非核心的团队成员帮助项目经理收集项目状态信息也许是一个可行的办法。

高层管理人员参与项目审核是另一个评估方法。这些审核通常在项目的里程碑进行。不但高层管理人员可以通过这些审核过程了解项目、做出必要的行/止决定，或者提供必要的支持。而且，较大范围的任务可以通过审核过程发生更加紧密的联系。值得注意的是，这些审核也可能对项目绩效产生消极影响。例如，为高层管理人员准备正式项目报告需要花费大量的时间和精力；高层管理人员一般非常繁忙，要抽出时间参加项目审核可能并不容易，所以项目可能会在等待上浪费一些时间；审核过程可能因过于纠缠一些细节问题而变得拖沓冗长，从而影响项目进程等。因此，可以考虑采用第三代门径流程中有关“模糊化入口”的一些方法来减轻这些不利影响（本章第四节内容）。

前面提到的关键链是监控项目进度的另一个有效途径。通过检视项目缓冲区的使用情况，项目经理可以比较迅速地评估项目的进度和预测项目的完成时间。比如，如果项目的缓冲区消耗过快，则项目就有延期的风险。因此，当研发项目采用关键链管理方法时，项目的状态备忘录可以将缓冲区使用情况包括进来。

3. 改正行动

执行与计划之间可能产生偏差，有的在风险管理的过程中被预测到，也已被提前消除了；有的虽然已经被预测到，但减少风险的行动计划失败，问题还是发生了；有的则根本没有被预测到，完全发生在意料之外，并对项目产生了不利影响。当偏差问题实际发生时，需要采取相应的改正行动消除不利影响（以上第二种情况对应的改正行动就是在前面风险管理部分提到的应急行动计划）。由于大多数的问题的不利影响的结果都表现为延迟项目进度，所以在下面介绍的改正行动也将重点放在这一方面。

（1）改变项目会议的频率：有时将一周一次的例会改为每天举行，这可以加快项目团队成员之间的信息交流。有时将每周的例会时间由星期二上午改为星期五下午可以潜移默化地使项目团队产生“将该干的事在本周干完”的想法，从而促进任务按期完成。

（2）改变人员配备：项目团队成员的数量是影响项目结果的因素之一。当项目的人力不足时，增加特定技能的人员可以产生积极影响（注意：在项目临近尾声才匆匆忙忙地增加人员可能会适得其反，因为新增人员融入团队所需的协调成本可能过高）。当项目的人力过剩时，减少人员也对项目有利。

（3）将团队集中在一起：让项目团队成员在一个地方集中工作可以促进沟通与合作。当大家不得不在不同地域办公时，可以借助“虚拟集中”的办法加强合作，譬如电子邮件、视频会议以及其他一些互联网工具。

（4）专注于项目：如果一些项目的团队成员同时参与了多个项目，那么为了增加特定项目的投入，将他们从其他项目中解脱出来是有帮助的。高效的项目团队往往是由专注于此的成员组成的。

（5）关注关键路径任务：关键路径只包含一个任务链条。当执行关键路径任务所需的资源不足时，可以考虑暂时牺牲部分非关键路径任务，腾出资源，确保关键路径任务的顺利完成。

（6）引入外部资源：可以考虑引入诸如咨询公司、供应商和承包商的外部资源完成部分研发任务。如果任务具有清晰的定义，而且协调方面不存在问题，这种办法的效果不错。

（7）修改项目计划：在以上所有办法都无效的情况下，为了维持一个可信的、可行的项目计划，项目经理可能不得不对它进行修改，要么改变项目范围，要么修改时间进度表。

五、研发项目的收尾和交付

交付阶段是研发项目的尾声，在这一阶段的任务主要有三个。

1. 审核和交付研发成果

研发成果包括将新技术资料、新产品原型、规格说明、使用手册和其他客户文档等等。在研发成果交付前必须进行跨职能部门的审核，审核的形式一般为正式会议，并且需要项目经理、职能部门经理甚至企业高层管理人员的签字意见。审核范围主要包括成果的数量、质量以及项目管理的方法、过程等几个方面。

2. 释放项目资源

项目结束后，应释放人员、技术资料、设备、剩余资金等资源，供企业的其他项目使用。值得注意的是，“释放”是个相对的概念。例如在新产品开发过程中，产品原型移交给生产或营销部门后，部分研发人员还必须继续和这些部门合作，直到产品成功上市。

3. 回顾和总结

项目交付阶段的回顾、总结与项目初始阶段的检视历史数据相对应，体现了企业对研发项目进行持续改进的思想。

(1) 对项目计划和执行阶段的一些数据进行统计分析。例如，利用风险数据库和项目执行状态的备忘录，分析项目总共有多少风险，各种类型风险的比例如何；有多少风险被成功地消除了，有多少没有被成功消除并且对项目产生了实际的不利影响；为什么减少风险的行动计划会失效，有哪些实际问题没有被提前预测到，原因是什么等等。有了这些分析，其他项目的风险管理可以从中获益。

(2) 项目结束时的回顾会议。对于小型项目而言，所有团队成员都应该参加会议。对较大的项目而言，可以由项目经理和核心团队成员作为代表参加会议。会议主要讨论两个方面的内容：第一，回顾项目中取得良好结果的实践经验，可以被其他类似项目有选择地借鉴和推广。第二，回顾项目中的教训，可以警示其他项目尽量不要再犯同样的错误。对经验和教训的讨论可以包括任何方面，总结出来的条款需要标明优先顺序。应该将回顾会议的内容撰写为书面报告，并且确保企业的管理人员和其他项目团队可以比较容易地得到这些报告。

第四节 门径式研发项目管理过程

本节以当前研发项目管理方法中比较有代表性的门径式（Stage－Gate）管理流程为例，介绍研发项目管理过程及其发展。门径式系统是目前应用得最为普遍的项目管理流程。这种流程建立在众多新产品开发项目最佳实践的基础之上，可以被视为将新产品从最初创意变为最终商业化成功的行动路线图。它将整个产品开发的过程进一步分解成一个个前后相继的阶段，每个阶段都规定了一系列并行的、跨职能的工作任务，各阶段之间存在决定项目行/止的审核点，对项目进程进行监督及控制。

不同行业、不同企业的研发项目可能采用不同形式的门径式管理流程，少则有四、五个门径，多则可能有上十个门径。然而，绝大多数门径都可以对应到以项目生命周期为基础划分的阶段中。这是因为，从项目的生命周期可以直观地看出项目的寿命是有限的，而且组织的资源投入水平和关注焦点在项目过程中也会发生变化。在实际工作中，项目生命周期经常被用来编制不同研发任务的时间先后顺序。例如，设计任务一般开始于项目定义阶段，而质量审查任务则主要发生在项目的后期。因此，许多项目经理将生命周期作为他们管理项目的基础。

按照门径管理流程分阶段考虑各种任务是生成这一列表的有效方法。比如，某个企业里符合 TL9000 规范的软件系统开发项目按时间先后顺序划分了 12 个主要的门径式阶段（Gate），每个 Gate 的名称都标识了主要的阶段性工作（图 4－9）。当然，这些名称是概括性的，还必须细化成各自明确的、具体的任务集合。例如，Gate 6——软件程序员的白盒调试，就可以细化成"设计调试计划"、"审查调试计划"、"准备所需的计算机调试环境"、"调试执行"、"检查调试后软件代码"、"生成稳定的、可用于黑盒测试的正式程序（Official Load）"等多项任务。如果有以往类似项目的经验可作借鉴，生成任务列表的工作将被大大简化。事实上，以往类似项目的任务列表可以被作为制定当前项目任务列表的模板。对于一个常年从事同一类型的软件开发项目的团队而言，为一个新的同类项目制定任务列表可以说并不困难。

- Gate12：识别潜在需求，形成产品概念，立项，确定项目经理
- Gate11：描述客户需求，预估成本/收益，草拟项目计划，组建项目核心团队
- Gate10：组建整体项目团队，确定详细的技术/系统需求，制定预算，确定项目计划
- Gate9：进行高阶层设计（High-level Design）和系统架构设计
- Gate8：进行细节（Low-level Design）设计
- Gate7：编程实现设计方案
- Gate6：软件程序员的白盒调试
- Gate5：测试工程师在仿真通信设备上针对新添功能进行黑盒测试
- Gate4：测试工程师在仿真通信设备上针对整个系统进行黑盒测试
- Gate3：在企业内部构建通信实机系统，进行系统集成测试
- Gate2：首次客户商用测试
- Gate1：正式上市

图 4－9　一个软件开发项目的门径式管理流程示例

建立门径式管理流程的主要目的之一是控制新产品开发项目所固有的高风险。分阶段的审核过程增加了决策过程，打破了以往要么得到全部要么一无所获的决策：每一阶段的工作都为判断风险提供了进一步的信息，在阶段末尾的行/止决策点也提供了退出或终止项目的机会。总之，门径式管理流程的出现规范了研发活动，使整个项目的过程变得清晰有序。

迄今为止，门径式管理流程的发展经历了三个阶段。

一、第一代门径式流程

第一代门径式流程最早是由美国宇航局（National Aeronautics and Space Administration，简称 NASA）于 20 世纪 60 年代提出的，称为阶段性审核流程[12]。它为美国宇航局的空间项目制定了详尽的工作方案，同时，美国军方也要求其供货商采用这种流程研制武器系统。在此之后，一些其他领域的企业也开始采用阶段性审核流程管理自己的产品开发项目。

阶段性审核流程有效地减少了项目的风险，确保了开发任务得以及时完成。然而，作为一种早期的管理方法，它也存在一些缺陷：过于专职化，将焦点集中于项目的技术和工程方面，在跨职能机制的建立方面有所不足；没有将成功的产品开发所必需的生产、营销等视角引入其中，仅仅关注于项目的技术风险，而对商业化方面的风险重视不够；另外，阶段性审核流程略显笨重，在阶段末尾对大量任务的完成情况进行逐一审核费时费力；采用这种管理流程的项目的进程也比较慢，有时，仅仅一个未完成任务就可能使阶段性审核无法进行，导致整个项目不得不处于停滞状态。

二、第二代门径式流程

库柏于 1990 年提出了第二代门径式流程的模型[12]。这个模型描述了一个典型的新产品由创意产生到上市使用的过程，它包括五个线性的门径式阶段，阶段之间都设有承前启后的入口，如图 4－10 所示。

从图 4－10 可以看出，与早期的阶段性审核流程相似，第二代门径式流程也将新产品开发项目分成几个具有审核节点的阶段。但是，相似之处也仅止于此。事实上，第二代门径式流程建立在对大量新产品开发项目的调查研究基础之上，囊括了一系列促使项目成功的关键因素：

（1）跨职能合作：第二代门径式流程的每个阶段都包含了来自各个不同职能部门的工作任务，没有哪个阶段是被某一个部门“独占”的。这样就有效地减少了企业各个部门之间可能的“山头主义”障碍，促使各职能部门通力合作，积极参与到产品开发项目中来。在各阶段间入口的审核也是跨职能的。掌握不同资源的各职能部门的经理人员汇聚一堂、互相协调，共同做出项目的行/止决策和资源投入的决定。同时，决策所依赖的判断标准也更加严格，通常包括一系列从不同角度制定的衡量指标，例如，定量的财务收益、定性的市场吸引力、竞争优势的可持续性等等。

（2）强调开发前期工作：研究表明，在研发正式开始之前的市场调查、竞争分析、产品概念测试、生产评估、财务分析等工作对项目的成功而言至关重要。

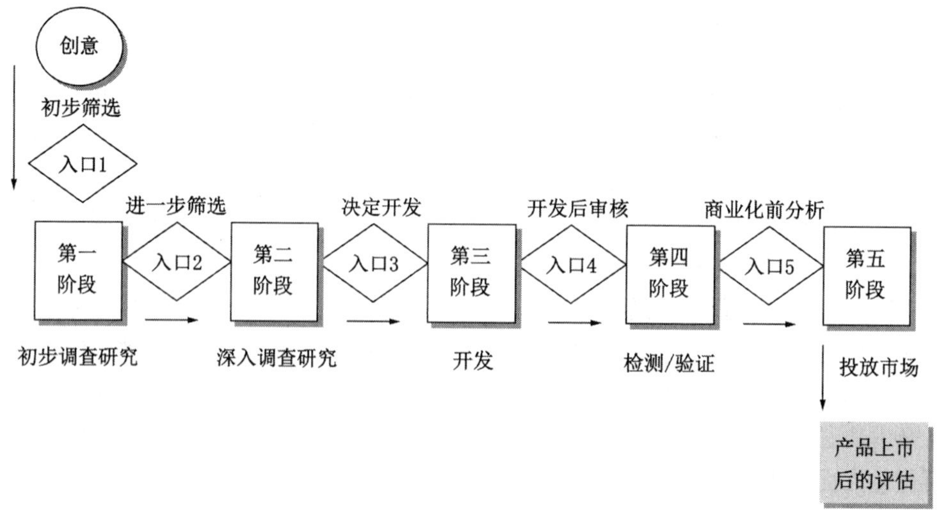

图 4－10　典型的第二代门径式管理流程模型

然而，这些工作在现实的项目管理中经常被忽略，或者开展的力度不够[13]。

（3）强烈的市场导向和清晰的产品定义：这两点都是强调开发前期工作的结果。前者意味着客户已经成为项目管理流程有机的组成部分，整个项目的最终目的是满足客户需求，而非为科研人员建立一个封闭的象牙塔。后者意味着研发活动起始于更加清晰、严格的产品定义。事实上，参与项目的各方在新产品的规格、定位、需求以及得益等方面取得一致意见是导致项目成功的关键因素之一[14]。

（4）并行处理：过去，项目通常是通过序列化的方式进行的——一项任务接着另一项任务，形成一个序列，情形就像接力赛跑，各个部门为项目“跑各自的一百米”，然后“将项目传下去”，或者“把它扔过墙头去”。与这种序列化方法相对的，是并行处理的方法，即许多任务在逻辑允许的范围内同时进行。与接力赛跑不同，它更像是足球比赛，一个团队（不是一个选手）在赛场上同时进行拼抢。并行处理是一种满足完整的高质量流程所需要的方法，同时也可以减轻快节奏的商业活动给研发活动带来的时间压力。

以上因素使得第二代门径式流程具备了许多优点：更好的跨职能团队合作，较早发现错误，较少的返工概率，较短的项目周期，更加成功的产品上市等等。目前，世界上一些著名的大公司，譬如柯达、艾克森化工、杜邦、惠普、北电、朗讯、宝洁公司等，都已成功地采用门径式流程管理自己的新产品开发项目。值得一提的是，在以上模型中的阶段划分方法并不是唯一的，企业可以根据自身的需要做出一定调整。

必须指出的是，第二代门径式流程在改进早期管理方法的同时，也存在一些缺陷，这包括：

（1）虽然并行的任务处理可以加快项目进度，然而项目仍然必须在每个阶段的入口审核所有任务完成情况，某一个任务延期就会导致整个项目处于停滞状态。可以说，这个早期的阶段性审核流程中存在的问题并没有被第二代门径式流程解决。

（2）阶段的重叠以及阶段的忽略都是不允许的。这很像一些学校的升级规定：学生必须修完所有一年级的课程，才有可能升到二年级；要想毕业，必须按顺序修完所有年级的课程。但是，当今商业社会对项目速度的要求使得这种规定看起来有些僵化。实际上，如果有些特别的学生（或许特别聪明，或许特别看重提前毕业时间）自己愿意承担压力和风险，应该允许他们同时修一些跨年级的课程，也应该允许他们跳级。

（3）虽然在各个入口都设置了对项目进行行/止决策的标准，但这些标准仅仅关乎项目本身，对跨项目的比较重视不够，没有对项目优先级的分析和设定。因此，对项目群的管理有所欠缺，这样一来，企业的可行项目列表可能不断加长，而企业根本没有足够的资源可供分配。

（4）一些企业的第二代流程规定过于繁复琐碎，造成了理解和执行的困难，甚至使项目团队成员产生流程“官僚化”的感觉。另一方面，过于繁复琐碎的规定压抑了人们发挥主观能动性的思考，而这一点对项目的灵活性而言非常重要。

三、第三代门径式流程

随着商业竞争的加剧，更好地满足客户需求已经成为新产品开发项目的终极目标，企业必须在最短的时间为客户提供独特的、高质量的产品。然而，第二代的门径式管理流程由于其自身存在一些缺点，在企业界这一新的、更高的要求面前显得捉襟见肘。因此，新一代的门径式管理流程应运而生。这一新的方法对早期流程的缺点进行了改进，形成了以六个以“F”为标志的特点：

第一个特点是流动性（Fluidity）。过去，开始下一阶段工作的前提是上一阶段的任务已被全部完成。有时，仅仅因为个别任务完成时间较晚导致了整个项目不得不处于暂停状态。对于其他较快完成的任务而言，实际上是一种对时间的浪费。因此，整体效果必然是项目节奏放慢和项目周期拉长。有鉴于此，第三代门径式流程允许阶段之间的重叠。也就是说，下阶段的某些任务可以在上阶段还未结束时就开始，一些需要很长准备时间的任务也可能提前到上一阶段中进行。以前面提到的具有个12门径的软件开发项目流程为例（图4－9），在Gate 6——软件开发程序员进行白盒调试阶段的后期，如果代码质量已经比较稳定，属于

Gate 5 的功能测试任务可以提前开始。有时，功能测试工程师和软件程序员并行开展各自的工作；有时，软件程序员可以将部分合适的功能测试方案加入调试计划中，自己执行功能测试计划。类似情况也可能发生在其他阶段之间，比如 Gate 4 和 Gate 3 重叠，或者 Gate 3 和 Gate2 重叠。这种时间重叠会直接缩短项目周期。另外，由于上一阶段的工作得到了加强，潜在的软件错误被漏到下一阶段的概率大大减小了，因此下一阶段剩下的工作也就变得更加顺利。这种"早发现问题，早进行纠正"的方法为项目处理危机赢得了更多的余地，使开发进程变得更加平稳，也从另一个方面对缩短开发时间作出了贡献。

必须引起注意的是，门径重叠会导致人力成本在不同的职能部门之间的重新调整。还是以前面的软件开发项目为例，如果将功能测试方案加入到程序员的调试计划中，那么测试工程师的部分工作量也就转嫁到程序员身上，测试工程师剩下的工作只是重复性的测试任务，相对简单。因此，不同职能人员之间的密切合作以及良好的团队精神是必不可少的前提。即使在测试与调试方案不重复，程序员和测试工程师完全独立地并行工作的情况下，门径重叠也有需要高度关注的风险。如果调试后期的软件程序不够稳定，测试工程师提早介入只会适得其反，从而引起不必要的额外项目成本。所以，整个项目团队必须对门径重叠方法导致的所有风险、后果有充分的认识。

第二个特点是灵活性（Flexibility）。流程不是项目管理的紧箍咒，每一个项目都应该可以根据具体的风险水平和需要来选择行动的路线。如果对风险水平有着很好的了解并能够做出合理的决策，则某些阶段可以被忽略，入口也可以被合并。有时，企业可以事先建立严格的项目分类标准，对项目进行甄选。对于那些技术复杂性较低、开发工作量较少、具有紧急商业需求、所需资源充足的项目，某些阶段的工作可以被忽略。有时，客户鉴于商业竞争态势的突然变化，在项目进程的中途紧急要求提前产品交付的时间。项目的应对方案可能是合并几个门径阶段，甚至可能是直接省略个别门径。当然，前提是客户清楚地认识到由此产生的风险，并且进行了成本/收益分析，准备为可能发生的问题付出代价。

把握灵活性的"度"是一个关键问题，过于灵活的流程规定可能会使项目管理变成一盘散沙。所以，上述的阶段忽略或者合并通常需要提前请企业高层管理人员审查和批准。由此又可能产生另外一些问题：高层管理人员并不总是全程紧密关注所有项目进展。因此，当某个项目提出申请时，他们往往还需要一定的时间了解情况、调查评估。然而，一些紧急项目并不能承受这段等待时间，致使阶段忽略或阶段合并的申请得不到及时的高层批复。虽然现代信息技术的进步可以从一定程度上减少等待时间，但根本上的问题还得不到很好的解决。另一个更加微妙的潜在问题源自和以上同样的原因，高层管理人员也许会对申请抱以回避风险的态度，致使这种申请很难获得批准。

第三个特点是模糊化（Fuzzy）的入口。“模糊化”在这里有两层含义。首先，团队意识到项目的前期工作的特点就是比较“模糊”，诸如市场调查、产品概念测试、技术前景分析等大量工作都包含着相当程度的不完全信息。因此，流程中较早的几个阶段的结束条件并非“100%完成任务”，例如，将 Gate 12 的结束条件设为“完成 70%的任务”，将 Gate 11 的结束条件设为“完成 80%的任务”。未完成的那些部分需要更多时间来确认信息，因此可以留待在以后阶段中并行处理。其次，对于那些结束条件为“100%完成”的项目阶段，流程在特定情况下也允许“未全部完成，但可以有条件通过”。前提条件是，门径入口的审核人员认为有充足的证据表明尚未完成的个别任务对项目整体进程的影响不大，项目团队也有把握在规定的时间内结束这些任务。例如，当 Gate 4 的截止期到来时，测试任务的完成进度并非 100%，而是已经完成 96%，剩下未完的 4%依赖于 2 个待解决的程序问题。如果这 2 个程序问题不是非常严重，以至于下阶段的绝大部分工作都无法进行，并且这些问题肯定可以在合理的期限内解决，审核人员就可以做出让 Gate 4“有条件通过”、让 Gate 3 开始进行的决定。这样处理的结果可以避免不必要的等待时间，保证项目较快向前发展。

建立门径管理流程的初衷之一是通过门径式的工作划分，阶段性地控制由不完全信息引起的项目风险。然而，模糊化的入口审核允许在不完全信息条件下做出项目行/止决策，其理念与传统方法有些背道而驰。成功实施的关键在于跨职能团队对项目风险的科学分析，以及在及时决策和风险管理之间进行权衡取舍的较高水平的项目管理技能。

第四个特点是集中（Focus）。第三代门径流程是有所侧重的，未通过审核的项目在入口处被剔除出去，资源被重新分配到最符合企业需要的项目中去。这不仅仅意味着建立科学的项目比较标准，并进行敏锐的行/止决策，更意味着管理流程迈向了一种有效的组合化管理阶段。具体的组合化管理方法可以参考本章第五节的内容。

第五个特点是推动作用（Facilitation）。从来不存在成功地采用了门径式管理流程却不设立一个流程管理者——通常是项目经理，以推动流程管理的项目。对大公司来说，这是一个全职的职位。流程推动的作用就是确保门径式流程能够有效地发挥作用。项目经理推动每一个重要的入口审核会议，充当裁判角色，确保入口审核人员遵循相关的规则，并做出正确的决策；带领项目团队，帮助团队成员克服困难和障碍；更新管理流程，持续地进行必要的流程改进。

复杂的流程无论多么出色，都无法自行实施。有经验的门径流程使用者乐于承认成功的关键不在于流程的设计，而在于流程的实施。如果门径式管理流程失败了，更有可能是由于错误的实施行为，而不是错误的设计。因此，要想充分发挥这种推动作用，在企业里设置称职的流程管理者是非常重要的。

第六个特点是永远保持生命力（Forever Green）。门径式管理流程具有长久的生命力，随着企业不断地积累有关使用这种方法的经验，这些流程将会不断地更新、重新设计和改进[15]。

需要指出的是，当代的管理流程已经变得越来越灵活、越来越敏捷，为企业的管理高层、项目经理和项目团队提供了较大的自由决策空间，由此也产生了较大的项目风险，需要各个管理层级对此给予的充分认识和高度关注。同时，成功地开展项目工作也对管理人员和项目团队的经验、管理方法以及管理技巧提出了更高的专业化要求。

第五节　项目组合管理

一、战略指导下的多项目管理

1. 多项目战略管理的发展历程

一种观点认为，企业研发战略经历了三个发展阶段[16]。第一阶段的时间区间大约在上世纪 50 年代至 70 年代，基本特征是：公司集中控制；研发逐渐在公司的总体预算中占有一席之地；技术推动是管理的中心理念；技术目标和商业战略之间没有明显的联系。第二阶段大概处于上世纪 70 年代至 90 年代，特征是研发的分散化和商业化导向，市场驱动的研发已经成为公司的理念和行动方向。但是，第二阶段的研发管理仅仅局限在单个项目的孤立管理上面，没有对项目群进行组合管理。自上世纪 90 年代之后，研发战略逐渐进入了第三阶段，特征是将分散化研发整合于长期的、整体的企业战略之中，并根据企业战略的需要，制定项目选择和资源分配的优先级顺序，实现对项目群的平衡，取得最佳绩效。

2. 多项目战略管理需要注意的问题

多项目管理要求企业从事一系列研发项目，或者项目经理同时管理多个研发项目，需要特别注意以下几个问题：

（1）为每个项目保留一个全职的项目经理也许会受到成本的限制。一个项目的规模大小和风险会决定是否需要指派一个全职的或兼职的项目经理。在某个不需要过多管理的环节上任命一个全职的项目经理，就会导致过度的管理成本。例如，软件开发项目中，在程序员进行测试前的白盒调试阶段，并不需要项目经理投入过多的精力。

（2）为了成功地完成一个项目，各职能部门经理，或者技术小组的领导

(Team leader，一般是在小组中起核心作用的技术专家）可能应该担负项目经理的部分责任。项目经理主抓整体的管理工作，而不是对每个职能性的活动进行计划编排和进度安排工作。有时，甚至项目经理的职责本身也可以分为高低不同的几个层次（与职务级别无关）。例如，在某个大规模的通信系统开发项目中，项目经理的职责可以分为三级：解决方案级，产品线级以及功能模块级。解决方案级项目经理主要关注影响整个系统的活动。例如，系统需求在子系统间分解，各子系统设计时相互间接口的依赖性、各子系统在一起进行系统集成测试，等等。产品线级项目经理负责产品各功能模块的开发，协调各模块之间进度和集成。功能模块级的项目经理的部分职责可以由技术小组领导承担，在不同的研发阶段之间切换，在需求分析阶段是核心的系统工程师，在程序开发阶段是主要的程序开发工程师，在测试阶段则是主要的测试专家。随着职能经理和技术小组领导接受越来越多的应付责任，项目经理管理多项目成为可能。

（3）有的企业存在“战略实施缺口”的问题，即高层和中层管理者之间缺乏对组织战略的一致理解和认识。高层管理者的最大资产是他们作决定的能力，但是高层管理者时常仅仅制定战略，而将实施战略的任务完全交给中层、低层管理者。例如，将所有计划编排以及相关的决策授权给项目经理和职能经理，各个层级之间没有明显的联系，而是相互独立地进行各自的目标设定和计划编排，导致组织环境功能紊乱，战略实施过程无效率。这是一个比较严重的问题。对“财富500强”企业的高级经理所作的调查发现，认为自己企业的中层、高层管理人员在这一方面联系紧密的受访者仅占总数的四分之一[17]。

（4）企业内部存在的政治因素会对项目的选择产生重要影响。在有的企业里，项目的选择不是基于客观事实及科学论证，而是受项目发起人（通常是高级管理人员，他们在赢得项目的批准和在关键发展阶段提供保护方面起重要作用）的权力和游说的影响。这方面的一个例子是施乐公司在上世纪70年代失败的ALTO计算机开发项目。这个项目最初拥有极大的技术优势，包括最早开发出鼠标、用户界面友好的应用软件、激光打印机、本地局域网等核心部件，领先竞争对手至少5年。但是最终施乐没能抓住新兴的个人计算机市场带来的机遇，原因就在于公司内部的纷争，该项目缺少强有力的发起人[18]。

（5）多个项目之间可能需要共享某些资源，例如，几个项目都要从程序开发职能部门抽调工程师。这时，每个项目经理都想为自己的项目争取到最好的人员，这种争夺有时是非常激烈的，因为所得资源的好坏直接关系到项目的结局。资源共享也产生了多任务问题，也就是研发人员在一个项目工作一段时间后，跳到另一个项目，然后又回到原来的项目。同时为几个项目工作的效率是比较低的，因为在项目间来回跳转，人们的思维和行动不得不时常被打断。

（6）必须正确地对多项目的优先级进行排序，以获得项目团队对排序结果的信任。有时，在那些重要性不同的职能领域，例如市场和研发等领域，在制定战略性项目目标时可能存在很大的不同，由此可能导致项目的优先级模糊不清。在对 280 位项目经理的调查中，只有 17%受访者认为自己的项目有清楚的优先级，持否定回答的则占 40%。由此可见，建立一个整个企业范围内通用的排序系统可能是必要的[19]。

（7）如果允许客户/发起人不断变更项目范围，那么同时管理好多个项目几乎是不可能的。在管理多个项目时，项目经理必须明白，大多数的需求范围变更可能必须通过项目升级的方式，而不是通过不断修改原来的项目来实现。较大的范围变更会干扰项目经理对时间的控制，而使他不能应付其他项目。同时，不断的范围变化几乎总是伴随着对原来项目优先级的重新编排，从而加深了项目管理的难度。

（8）从严格的政策和规章制度到简便的指导方针和检查表格，有多种管理方式可供选择。在进行多项目管理时，应当给予项目经理一定的灵活性。比如，正式的项目管理方法带来了太多的书面工作要求，从而减少了管理多个项目的机会。应该认识到书面工作的高成本，把书面工作要求减少到可以接受的最低水平。

（9）只要几个项目处在不同的生命周期阶段，管理多项目就没有问题。项目经理投入到项目的各个不同的生命周期阶段的精力是不同的。因此，为了使项目经理可以在几个项目之间有效地平衡他的时间，最好不要同时启动几个项目。

（10）如果项目经理打算管理多个项目，那么，要使他在所有项目的所有领域都成为技术专家是根本不可能的。因此，企业的组织结构很可能采用弱矩阵类型。在这种组织结构中，职能经理拥有较大的权力，负责工作的分配，项目经理主要关注项目中和项目间的沟通和协调。

3. 多项目管理的发展路线图

路线图（Roadmap）的定义是：一群利益相关者（Stakeholder）关于怎样到达他们想要到达的地方，怎样实现他们的期望目标的总的观点和看法。路线图被开发出来是为了帮助企业预测和明确资源及业绩要求，对复杂项目及项目序列进行战略规划和系统管理。根据路线图的不同目的和重点，可以把它们分为四类，即科技路线图，产品—技术路线图，产业路线图和产品路线图。在这里主要讨论的是产品—技术路线图，将三个重要关键因素连接起来，即客户需求与市场机会，产品竞争定位，以及企业的技术能力。在产品—技术路线图的制定过程中，企业内各部门协调一致，通过收集和分析市场、产品和技术信息，从而达成共识，一方面提出对未来技术发展和市场变化的预测，另一方面通过相应的研发项目的实施，使企业能够在今后的发展中赢得竞争优势，获取最大的经济利益。

从图 4－11 中可以看到，在外部环境中，市场变化拉动产品的变化或进步；在内部环境中，研发项目的进展可以推动企业技术能力的发展。内部、外部环境的结合处正是产品—技术路线图。它说明了市场、产品和技术随时间变化的关系。

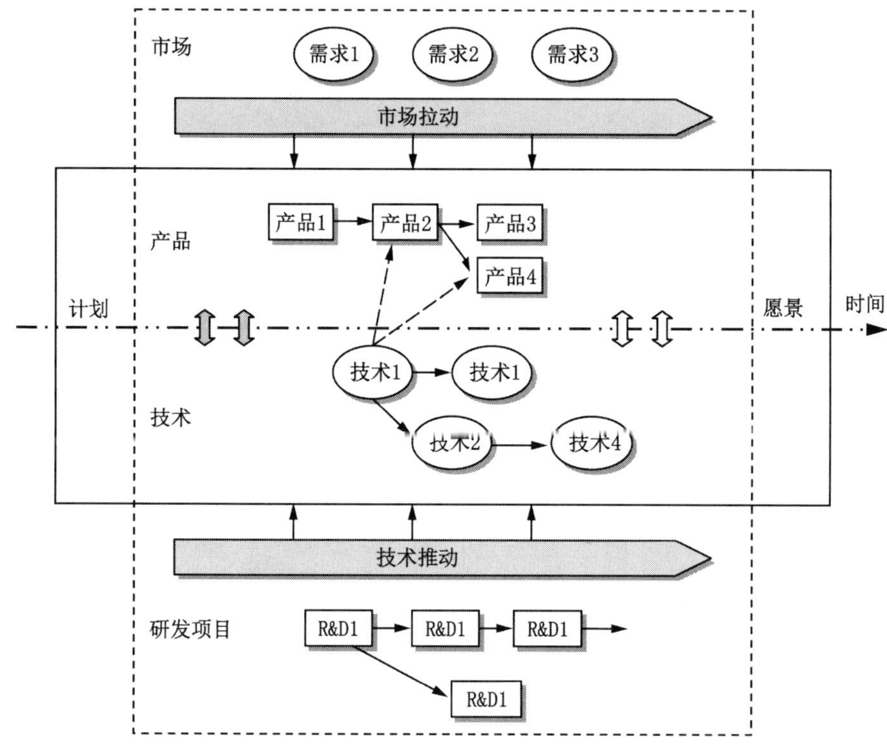

图 4－11　路线图中市场、产品和技术的关系

在满足市场需求和技术发展的长期战略指导下，多个研发项目之间往往呈现出相互联系、层层推进态势。有时，行业发展是一个漫长的演化过程。例如，无线通信技术从 2G 到 2.5G，再到 3G 和 4G 的演化。此时，企业的产品既不能落后于市场，也不能过度超前，这就需要将开发活动进行阶段性分解，按时间顺序开展多个研发项目；有时，多个不同客户具有不同的需求，需要在共同的技术平台上进行不同的客户化开发（Customized Development），这就要求企业进行细致的需求分析，深入调查各个客户需求的时限和竞争对手的开发策略，制定进行并行或串行研发项目规划；有时，企业基于核心能力的长期发展目标，需要开展探索性的预研项目，这也要求企业在综合考虑长期、短期经济利益的情况下，做

出有效的安排。

二、项目组合的分类管理

一个公司想要做的事情并不总是它有能力做得到的事情，主要的限制来自关键资源的质量和可得性。一般而言，在一定的资源约束条件下，一个企业需要开展多种不同的研发项目，并采用不同的管理方法。

1. 按产品和工艺变化程度分类

根据产品和工艺变化的大小，一个企业的研发项目可以分为以下四类（图 4-12）[8]：

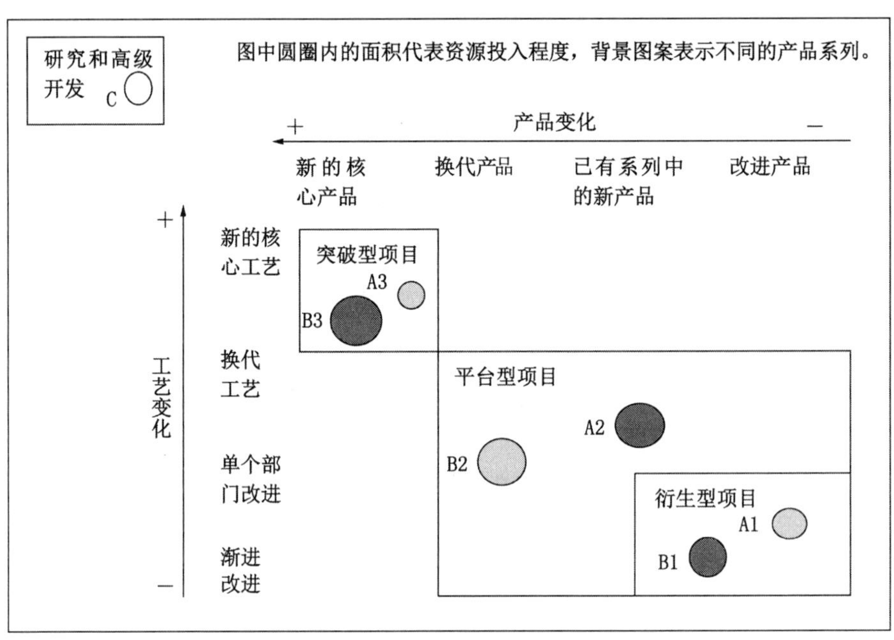

图 4-12 按产品和工艺变化程度分类的研发项目组合图

(1) 衍生型项目（Derivative Projects）：这类研发项目对现有的产品或生产工艺仅有比较小的改变，既可能是为降低成本而在工艺流程上做的改进，也可能是为细分市场而在产品功能上进行的细微调整。比如，微软公司针对不同用户推出的 Windows XP 专业版本和家庭用户版本；Intel 公司推出的 486（或 586）芯片系列的不同配置；丰田汽车佳美系列的 LE、SE 和 XLE 款式等。

(2) 平台型项目（Platform Projects）：这类项目的预期结果是新一代的产品或工艺，与现有产品或工艺相比，在成本、质量或性能上将会有较大的变化。之所以将其称为平台型项目，是因为它们有可能成为新一代产品（或工艺）的基础。比如，微软公司的 Windows XP 和 Windows Vista，Intel 公司的 486，586 芯片，丰田汽车公司的凌志、佳美、花冠等都属于不同的产品平台。

（3）突破型项目（Breakthrough Projects）：这类项目比平台型项目涉及的在产品上或工艺上的技术创新或改变更具有革命性和突破性，目的是为了利用行业中刚出现的根本性创新（radical innovation）或者“破坏性（disruptive）”技术。比如，利用光纤代替电缆进行信息传输；光盘的出现（相对于磁带）；油电混合汽车等。

（4）研究和高级开发项目（Research and Advanced Development）：这类项目主要是针对未来可能出现的、对企业具有战略意义，但商业应用前景尚不明朗的技术而进行的。比如，电动汽车（或氢燃料）汽车项目等。

企业所有正在实施的和计划中的项目被分类后，可以非常直观地反映在如图 4－12 所示的项目组合图上。根据不同项目在图中的位置分布，高层管理人员能够比较容易地判断出企业在技术开发战略上是否存在问题以及问题出在什么地方，并决定是否需要增加或减少某种类型的项目，进而对企业的技术资源（人员、时间、资金等）进行合理分配和有效管理。在此基础上，通过合理安排不同类型项目的实施时间和顺序，还可以进一步提高管理者对技术资源的管理水平和利用效率。因此，这种分析工具有助于保证企业在技术资源的分配上与企业技术战略保持一致和统一。

2. 按项目利益和资源质量分类

图 4－13 表示的是组合分类矩阵法，每个潜在的项目均按照优势、劣势、机遇和威胁进行分析。之后，根据项目的潜在利益，以及为获得这些利益所需要的资源质量（图 4－13），这些项目被列在九个方框的其中一个之内。图 4－14（a）和图 4－14（b）分别列出了潜在利益的各方面内容和资源质量的各方面内容。

图 4－13 中的九个方框可以按照战略重要性加以排序，如图 4－15 所示。

图 4－15 中的九个方框也可以用来确定所需项目管理技能的质量，如方框中的标注所示，其中每一个单元可以被描述如下：

（1）举足轻重（高收益以及资源的高质量）：这些项目可能被称为企业的“生命项目”。它们要求专业化的项目管理。企业和项目经理都将项目管理视为一种正式的职业发展途径。对项目管理方法的持续改进也是必不可少的。

（2）举足轻重（高收益以及资源的中等质量）：这类项目可能需要一个全职的项目经理，但不一定要通过认证。另外，需要一个侧重于加强项目管理薄弱环节的升级的项目管理方法。

（3）举足轻重（中等收益以及资源的高质量）：这些项目的重点在于培养项目经理，尤其注重他们的领导艺术。这类项目的目标通常是努力使客户价值增

资源质量
优势/劣势
高
中
低
高
中
低
情况评估
战略问题
项目利益
机遇/威胁

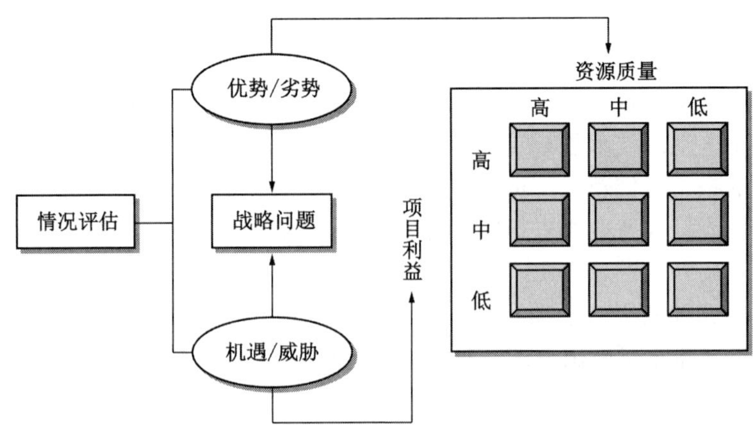

图 4－13　项目组合分类矩阵

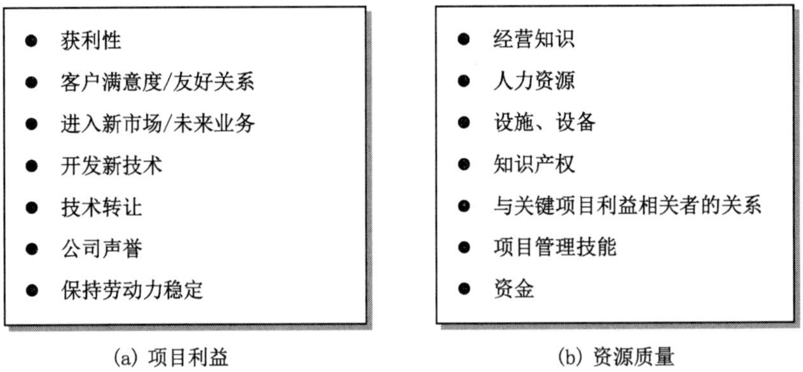

获利性
客户满意度/友好关系
进入新市场/未来业务
开发新技术
技术转让
公司声誉
保持劳动力稳定
(a) 项目利益
经营知识
人力资源
设施、设备
知识产权
与关键项目利益相关者的关系
项目管理技能
资金
(b) 资源质量

图 4－14　项目潜在利益和资源质量的各方面内容

值，而不是开发新产品。

(4) 职能管理/项目管理（高收益以及资源的低质量）：这通常是支持重复性改进工作的项目。跨职能的整体化工作较少，因而职能经理能够履行项目经理的职责。持续时间短是这类项目的特点。

(5) 局部开发（中等收益以及资源的中等质量）：这些项目是特殊的，或许是重复性的，并且只注重业务的某个特定领域。它们需要有限的项目管理力量，也需要风险管理，特别是技术风险管理。

(6) 团队领导（低收益以及资源的高质量）：这些往往是小的、短期的研发项目，只需要很少的整体协调工作，但需要很强的技术技能。因此，技术专家可以履行团队领导的职务，不需要太多的项目管理知识。

(7) 兼职的项目管理（中等收益以及资源的低质量）：这是些小资本项目，

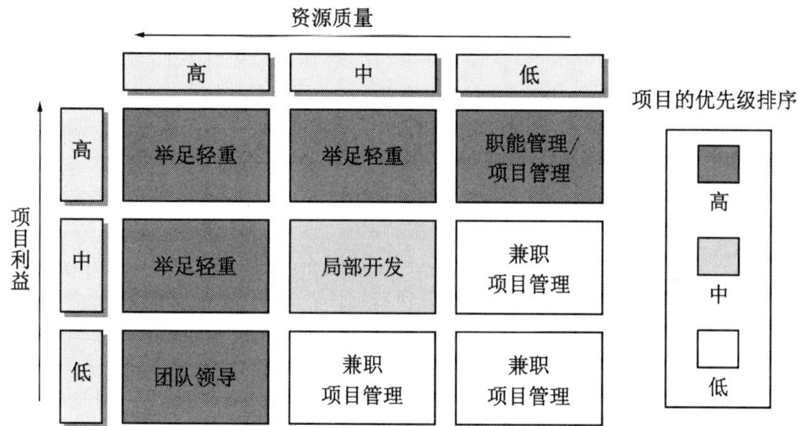

图 4-15 项目的优先级排序

只需要初步的项目管理知识，一个项目经理也许能管理多个小项目。

(8) 兼职的项目管理（低收益以及资源的中等质量）：这是些内部项目或者是些资本极小的项目。这些项目的预算非常少，可能也没有什么风险。

(9) 兼职的项目管理（低收益以及资源的低质量）：这些项目往往由职能经理来计划，但是由项目协调员或项目联络员来完成。

思 考 题

(1) 研发项目及其管理有哪些特点?

(2) 设计结构矩阵在研发项目管理中有什么作用?

(3) 研发项目管理有哪些过程，每一个过程的特点是什么?

(4) 有哪些典型的研发项目团队?

(5) 门径式管理过程经历了哪三个发展阶段?

(6) 什么是项目组合管理?

参 考 文 献

[1] Project Management Insititute. A Guide to the Project Management Body of Knowledge. 3rd Edition. Project Management Insititute，Inc. 2004.

[2] American Productivity，Quality Center，Improving New Product Development Performance and Practice. Houston，TX.：APQC，2003.

[3] 吴贵生．技术创新管理．北京：清华大学出版社，2000.

[4] 陈劲．研发项目管理．北京：机械工业出版社，2004.

[5] Ulrich，Karl T，Eppinger，Steven D. Product Design and Development. Boston：Ir-

win/McGraw - Hill，2003.

[6] Eppinger，Stevem D. et al. A Model - Based Method for Organizing Tasks in Product Development. Research in Engineering Design. 1994，6（1）.

[7] [美] Melissa A. Schilling 著. 技术创新的战略管理（Strategic Management of Technological Innovation）. 谢伟，王毅译，北京：清华大学出版社，2005.

[8] Wheelwright S C，Clark K B . Revolutionizing Product Development：Quantum Leap in Speed. Efficiency and Quality，The Free Press，NY：：New York 1992，188 - 217.

[9] Christensen，Clayton M，Michael Overdorf. Meeting the Challenge of Disruptive Change [J] . Harvard Business Review 78（2 March - April）2000，75.

[10] Goldratt，Eliyahu M. Critical Chain. North River Press. Great Barrington，MA，1997.

[11] Allen，Thomas J. Managing the Flow of Technology：Technology Transfer and the Dissemination of Technological Information Within the R&D Organization. MIT Press，Cambridge，MA，1977.

[12] Cooper，Robert G. Stage - gate Systems：A New Tool for Managing New Products. Business Horizons，1990，33（3）.

[13] Cooper，Robert G. Kleinschmidt，Elko J. New products：What Separate winners from losers. Journal of Product Innovation Management. 1987，4（3）.

[14] Cooper，Robert G. Kleinschmidt，Elko J. New Products：The Key Factors in Success. Chicago：American Marketing Assoc，1990.

[15] Cooper，Robert G. Third - Generation New Product Processes. Journal of Product Innovation Management，1994，11（1）.

[16] Coombs，Rod，Albert Richards. Strategic Control of Technology in Diversified Companies with Decentralized R&D. Technology Analysis & Strategic Management. 1993，5（4）.

[17] Steven E. Floyd，Bill Wooldridge. Managing Strategic Consensus：The Foundation of Executive Implementation. Academy of Management Executive，1992，6（4）.

[18] O. P. Karhbanda，Jeffrey K. Pinto. What Made Gertie Gallop：Learning from Project Failures. New York：Van Nostrand Rinhold，1996

[19] Joseph C. Fusco. Better Policies Provide the Key to Implementing Project Management. Project Management Journal，1997，28（3）.

第五章　研发人员管理

本章从介绍研发人员管理的特殊性入手，分析研发人员的人力资源规划和职业生涯设计，研发人员的绩效考核和激励机制，探讨研发团队如何通过有效沟通与合作提高研发效能。

第一节　研发人员管理的特殊性

研发人员由于其所从事的创造性工作的特殊性，使得他们在心理和行为上表现出不同于一般个体的行为特征，这些特征不仅影响到对研发人员的管理方式，而且还影响到吸引和留住研发人员的激励方式，如薪酬制度、晋升和职业发展通道等。

一、研发人员是知识员工

对知识员工的研究是近十年来人力资源管理研究的热点问题。弗朗西斯·赫瑞比认为："知识员工就是那些创造财富时用脑多于用手的人们。他们通过自己的创意、分析、判断、综合、设计给产品带来附加价值"[1]。

作为典型知识员工的研发人员拥有特定的、在劳动力市场上难以获得的技能，为企业带来的战略性利益远远超出雇用和开发他们的成本，在企业发展中的重要作用是不可替代的。这种不可替代性在从事创造性工作非常必要的六种个人资源上面体现得很明显。这六种个人资源是[2]：

(1) 智力。如果一个人的智商低于 120（美国大学生的平均值），则不利于产生新的思想，虽然富有创造力的人并不一定需要太高的智商。

(2) 知识。一个人需要知道别人在某一领域做过什么，但他没必要什么都通晓。实际上，如果一个人竭力想通晓一切的话，就得花尽可能多的时间来阅读文献，而不是提出新的思想。

(3) 思维风格。考虑那些不寻常的、深奥的、重要的事物。"创造力是 99%的汗水和 1%的灵感"意味着需要进行很多深入的思考。

(4) 个性。要想具有创造力，必须愿意承担风险，也必须愿意接受别人的嘲讽，因为许多富有创造性的想法会让普通人感到惊讶，因此会把提出这种想法的人当作傻子或疯子，要敢于挑战现状。

（5）动机。富有创造力的人精力充沛，能够产生许多新的想法。他们通常非常敬业，非常专注地对待工作。他们不是那些每天只工作 5～8 个小时的雇员，而是时时刻刻在工作。由于他们有许多新的想法，其中总会有一些想法非常有价值。而那些很少产生新想法的人，有价值的想法也就不会很多。

（6）合适的环境。富有创造力的人需要这样的管理者：能够放手让他们独立做事，并能帮助他们找到最合适的工作环境。有些人在与他人一起工作时更具创造性，但大多数人是在单独工作时最具创造性。

二、研发人员的特点

有关知识员工的早期研究指出，知识员工特别是先驱型的科学家具有这样的特征：不喜欢科层制，厌恶管制，在自主、自治方面有强烈的需求，希望获得专家而不是企业的认可，更加看重工作出色所带来的自尊和自我实现而不是工作所获得的物质报酬[3]。

郑耀州对有关知识工作和知识员工特征的文献分析表明，知识员工有这样的需求特征[4]：

（1）内在动机（Intrinsic Motivation）：经济上的需求是必须满足的，但知识员工是被工作本身和完成创造性的、挑战的任务所激励的；

（2）外在刺激（External Motivators）：如薪资的增加、奖金和职务升迁，除了分散其注意力外并不起太大作用；

（3）同行的认可（Peer Recognition）：因为知识员工的身份是与其专业相连的，故他们对其专业领域的参照群体比较敏感，并依赖参照群体所建立的规范和价值。

彭剑锋、张望军（1999）对我国的知识员工进行了大量研究以后，把知识员工的特点归纳为[5]：

（1）知识员工从他们的工作中获得了巨大的内部满足感；

（2）知识员工的忠诚度更多的是针对自己的专业而不是雇主；

（3）为了和专业的发展保持一致，知识员工需要经常更新知识；

（4）知识员工对专业的投入意味着他们很少把工作周定义为每天工作 8 小时，每周工作 5 天；

（5）知识员工一般都有较高的收入，希望在工作中有更大的自由度和决定权，同时也看重支持。

苏东水的相关研究表明，研发人员的心理特点表现在以下几个方面[6]：

（1）自主性：研发人员一般都接受过长期的、系统的专业教育和训练，在自己的专业领域内拥有一定的特长，不管是对专业领域的状况，还是对其发展趋势，都有自己的判断和见解。因此，在解决本专业领域的实际问题时，会依照自己的专业知识进行创造性的思维，并不断形成新的知识成果。在就业观念上，他们有很强的自主性，表现在工作任务的特点上，要求有一定的挑战性；在工作环境的氛围上，要求具有人性化、个性化的办公区间，希望在工作中能够自我引导；在工作时间和地点的安排上，希望具备一定的灵活性，体现出宽松、和谐的人文关怀。

（2）独立性：研发人员的创造性工作特点要求其具有追求真理、相信科学的独立精神，而不是随波逐流、人云亦云，更不是趋炎附势、惧怕权势或权威。相反，他们会因执著于对知识的探索和真理的追求而蔑视任何权威。此外，由于研发人员掌握着专业知识和技能，可以对上级、同级和下属产生影响，因此，传统组织层级中的职位权威对他们往往不具有绝对的控制力和约束力。他们有非常明确的奋斗目标，有展示自我的强烈愿望，希望能够发挥自己的专长，成就一番事业，实现自我价值，得到社会认可。

（3）流动性：研发人员由于占有特殊生产要素，即隐含于他们头脑中的知识，而且他们有能力接受新工作、新任务的挑战，再加上部分专业劳动力市场上供不应求的形势，因而拥有远远高于非知识型员工的职业选择权，一旦现有工作没有足够的吸引力，或缺乏充分的个人成长机会和发展空间，他们会很容易地转向其他组织，寻求新的就业机会。所以，研发人员更多地忠诚于对职业的承诺，而非对组织的承诺；更多地追求终身就业能力，而非终身就业饭碗；更多地忠诚于自己的专业，而可能较低地忠诚于所在的组织。

（4）自我价值感：知识资源的稀缺性和市场需求高增长之间的矛盾，使得研发人员自我价值感很高。从人力资本投资的角度看，研发人员在积累知识的过程中曾经支付了较高的成本，既包括学习费用，也包括学习期间没有收入的机会成本，还存在学习很艰苦的心理成本。他们之所以付出这些成本，是因为对将来获得高收益有一定的预期，因此，研发人员选择职业或跳槽的过程实质就是寻求投资收益最大化的过程。这种收益既包括代表自身价值的经济因素，也包括象征价值的地位因素，还包括弥补心理成本的心理因素。因此，他们很难满足于一般事务性的低薪工作，而青睐于具有挑战性、创造性的高薪职务，并尽力追求完美的结果，渴望通过这一过程充分展现个人才智，实现自我价值。

苏东水的研究还表明，研发人员的工作特点表现在以下几个方面[7]：

（1）以脑力劳动为主，工作的智力含量高：研发人员的生产原料是以信息、资料、数据、文字等形式出现的知识；生产过程是以人的大脑为主体，以计算机等仪器为辅助的搜集、存储、整理、加工和输出过程；生产产品是以新技术、新产品方案、建议书等形式呈现的知识成果；因此，研发人员的最大职业特点是以脑力劳动为主。又因为其在企业内部具有较高的技术权威，对企业的技术领域具有较高的指导作用，所以，研发人员工作的智力含量较高。

（2）工作时间无法估算，工作过程难以监督：表面上，研发人员与其他人员一起准时上班、准时下班，而实际上他们的工作时间远比正常上下班时间多得多，有时他们为了保持思维的连贯性，节假日加班加点，甚至连正常的睡眠时间都不能保证，所有的时间都投入到了科研工作当中。此外，与体力劳动相比，脑力劳动的过程是看不见、摸不着的，因此研发人员的工作过程往往没有固定的流程和步骤，而呈现出很大的随意性和主观支配性，甚至工作场所也与传统的固定生产车间、办公室环境迥然不同，灵感和创意可能发生在每时每刻和任何场所。因此，对脑力劳动过程的监控既没有意义，也很难做到。

（3）工作业绩不容易被衡量，劳动成果难以量化：研发人员的工作业绩往往不能马上看到，而是要经过一段时间后方可显示出来，有时甚至看不到结果。此外，作为一种思想、创意、革新、发明、创造、主意、点子或方案等劳动成果，很难用值多少钱、创造多大产值和利润、降低多少成本等精确的量化指标来衡量，只能从这些成果运用过程中产生的影响粗略估计其带来的价值。另外，在运用过程中又会有大量的情景因素的影响，诸如环境条件的变化、执行者的执行能力等，从而使得成果的价值测量复杂化。

（4）工作压力大：企业的研发任务下达后，时限大多非常紧迫，研发结果也难以预料，这是工作本身带来的压力；其次，项目组内部研发人员之间、项目组之间，还有整个专业领域内的压力，都是竞争性压力；此外，社会、家庭的期望也是研发人员的压力之源。所以，在这种工作压力下，如果考核和激励到位，能够使研发人员将压力转化为动力，提高工作的效率；反之，将极大地挫伤研发人员的工作积极性。

第二节　研发人员的规划

一、研发人力资源规划的一般过程与人力资源信息系统

1. 人力资源规划过程

人力资源规划就是评估企业人力资源的供给与需求，并通过适当的措施减少组织人力资源供给与需求间的差距，因而决定企业需要招募或者辞退员工的类型和数量。这是一个动态的过程，经常需要随着企业的需求和劳动力市场的变化而做出相应的调整。

人力资源规划与企业的战略规划应当一同考虑，甚至更早，对于企业确立和

实施什么样的目标、如何实现这些目标等战略规划来说十分重要。

一般来说，人力资源规划包括四个环节：环境分析、人力资源需求分析、人力资源供给分析和规划措施[8]。

（1）环境分析。收集并整理经济形势、技术、竞争、劳动力市场、人口等外部环境信息和战略、业务计划、产品结构、产品的市场占有率等企业内部信息，帮助企业制定人力资源规划。企业的人力资源规划必须与这些企业内部、外部条件相协调，考虑这些条件的约束。

（2）人力资源需求分析。技术变化、消费者偏好和购买行为、经济形势和企业的市场占有率等因素将影响人力资源的需求分析。在人力资源需求分析中，下列中间变量的分析是有帮助的：企业的产量（据此可以推算出企业的人力需求量）；人员流动率（由于解雇、辞职等原因造成的职位空缺）；技术和管理的改进（指由于新技术、新设备、新方法的采用对人力需求量的改变）；企业的支付能力（企业财务资源对人力资源需求的约束）。

（3）人力资源供给分析。指在现行人力资源政策不变的情况下，对未来的人力资源供给量的预测。在预测过程中，需要考虑晋升、降职、调职、辞职、解雇、退休等因素对供给数量的影响，还应该考虑员工的知识水平、技能、经验和员工成本等结构性因素。

（4）人力资源规划措施。在进行了人力资源的需求和供给分析之后，就可以对人力资源规划进行决策了。具体包括：

① 人力资源供求平衡状态下的措施。当企业人力资源供求达到平衡时，也就是在规划期内可以预见企业的人力资源供给和需求都不发生变化时，人力资源规划的核心就是保持这种平衡的状态，使现有的人力资源更好地发挥作用。这时，规划的主要内容是对现有员工的激励、保持和发展。

② 人力资源供不应求状态下的措施。当企业的人力资源在未来可能发生短缺时，企业经常采用的措施包括：

A. 激励员工；

B. 提升；

C. 平行性岗位调动；

D. 外部招聘；

E. 延长工作时间；

F. 提高企业资本技术的有机构成；

G. 聘用临时工；

H. 进行岗位设计。

③ 人力资源供大于求状态下的政策。当企业的人力资源在未来可能出现剩

余时，企业的措施一般包括：

A. 裁减或辞退员工；

B. 关闭或合并分支机构；

C. 鼓励员工提前退休；

D. 对员工进行培训储备；

E. 开发新的生产领域；

F. 减少工作时间，降低工资水平；

G. 分担工作。

2. 人力资源信息系统

对于许多企业而言，在进行人力资源规划时需要收集、储存和评价大量企业内部和外部环境的信息。人力资源信息系统（Human Resources Information System，HRIS）对企业中的信息进行整体的获取、储存、分析和控制，高度发达的人力资源信息系统可以在几乎一切人力资源管理职能中发挥作用，而且可以极大地提高人力资源管理活动的效率和效果。这个系统一般包括一个追踪求职者的程序、一份技能清单、一个职业规划项目以及员工服务项目。

人力资源信息系统主要有三种类型。一种是让所有员工使用的人力资源信息系统，一种是仅仅服务于某一个职能部门的人力资源信息系统，还有一种是专门为高层管理者服务的人力资源信息系统，也叫管理者信息系统（Executive Information System，EIS）。

人力资源信息系统的主要用途之一是招聘和追踪求职者。许多企业开发出了相当复杂的求职者追踪程序，并且其中大部分已经被证明是卓有成效的。此外，人力资源信息系统在继任安排（Succession Planning）中也扮演着越来越重要的角色，而继任安排被认为是一个综合性的职业规划项目的组成部分。

在企业中，高层管理者的继任安排尤为重要。在许多高层管理者的心目中，到了一定的年龄，退休就是一个人生的抉择了，而且在中层管理者当中，选择提前退休也已经变得越来越时髦，再加上企业还要面对那些不期而遇的离职，例如跳槽或去世，如果组织的继任安排没有做好充分准备的话，企业将陷入混乱之中。

需要注意的是，虽然人力资源信息系统将大大提高人力资源规划的效率，但是在引进这些电脑系统之后，往往使得侵犯员工的隐私变得容易了。尽管不可能让企业来保证员工的私人信息不被其他人窥探，但是可以采取一些防护措施来减低这种风险[8]。

二、研发人员职业生涯规划

1. 职业生涯及职业发展阶段

近些年来，职业生涯的概念已经发生了改变。在传统观念中，职业生涯是由一种职业或一个组织内的一个序列的职位构成的。格林豪斯给出的定义为：职业生涯是和工作有关的经历（例如职位、职责、决策以及对工作相关事件的主观解释）和工作时期所有活动的集合[9]。

这个定义强调，在评价个人时，“职业生涯”并不暗示成功或失败，职业生涯包括态度和行动，是处于发展变化中的一系列与工作有关的活动。虽然职业生涯的概念表面上是与工作有关，但是必须明白离开工作时的生活和角色也是职业生涯的重要组成部分。

随着时间的推移，社会价值观在改变，从而一个人对职业的反应也可能改变。如今，越来越多的管理层和专业人员似乎减少了对晋升、持续的成功和频繁加薪的热衷，而家庭的需要和多些时间与心爱的人在一起，越来越成为个人思考和讨论的主题。

对于研发人员来说，根据道尔顿（Dalton，1976）的研究，他们的职业生涯一般可分为四个阶段[10]：

（1）第一阶段。

拥有技术知识的年轻研发人员进入企业后，往往不理解企业的要求和期望，因此，他们必须与他们的指导者，即“导师”，一起密切合作。年轻的研发人员与“导师”之间形成的关系称为“师徒关系”。年轻的研发人员成为“导师”的助手，通过学习和接受指导，“学徒”希望能胜任主要的工作。在这一阶段，师徒需要密切配合。

（2）第二阶段。

一旦他们通过了第一阶段，研发人员将会步入被称为独立工作的第二阶段。在第二阶段，研发人员要能够在所选择的领域成为一名有一技之长的人。他们可以对项目或工作进程承担部分责任，并通过他们自己的努力取得一些个人成果。在此阶段，研发人员开始从仅与“导师”的“师徒关系”向与同事的良好人际关系发展，可以支配更多的时间，承担更大的责任。

（3）第三阶段。

处于第三阶段的研发人员应对所选择的技术领域有充分的权威，并且已经开始将自己的技能应用于其他一些技术领域。他们越来越多地与供应商、顾客和投资者等外界人士打交道，并做一些对其他人和企业有益的事情。这一阶段的研发人员可以成为处于第一阶段的研发人员的“导师”，许多研发人员会停留在这个阶段上。

（4）第四阶段。

只有少部分由于在第三阶段的表现而取得了重要地位的研发人员可以进入第四阶段。对于进入这一阶段的研发人员，他们要规划、设计企业的未来；他们要整合企业内部的人力、财务和信息资源，谋求企业新的发展；他们要制定企业的各项规章制度，实施并监督企业的工作进程。处于此阶段的研发人员，要努力扩大自己的影响力，从对企业的依赖向对企业的引导转变。

2. 研发人员的职业倾向

不少学者对职业倾向进行了理论研究，最具代表性的研究之一是美国麻省理工学院斯隆管理学院的埃德加·施恩教授作出的。他认为，职业生涯规划实际上是一个持续探索的过程，在此过程中，每个人都在根据自己的天赋、能力、动机、需要、态度和价值观等逐步形成较清晰的与职业有关的自我概念。随着一个人对自己越来越了解，他会逐渐形成一个占主导地位的“职业锚（Career Anchor)”。20 世纪 70 年代，施恩研究并提出了 5 种职业锚，其主要内容如下：

（1）技术或功能型。这种职业倾向的人喜欢面对专业领域的挑战，追求在既定的技术或功能领域的成长和不断提高，通常不喜欢从事一般的管理工作。

（2）管理型。这种职业倾向的人表现出成为管理人员的强烈动机，愿意并且渴望承担责任，认为自己具备足够的分析能力、人际沟通能力和情感能力，将企业的成功看做是自己的工作。

（3）自主或独立型。这种职业倾向的人希望自己安排自己的工作和生活，最大限度地摆脱组织的束缚。他们宁愿放弃提升、工作发展机会和薪金等，也不愿意放弃自由与独立。

（4）安全型。这种职业倾向的人追求有保障的工作、体面的收入和可靠的未来生活。他们关心职业的稳定性和工作的保障性。他们因能够预测到稳定的将来而感到放松。

（5）创业型。这种职业倾向的人希望建立或创设某种完全属于自己的产品、工艺或服务、一家他们自己的公司以及通过自己努力获得的个人成就和财富。他们愿意去冒险，并克服面临的障碍。他们可能正在别人的公司工作，但同时他们在学习并寻找机会。一旦时机成熟了，他们便会走出去创立自己的事业[11]。

依据施恩的职业倾向研究，艾戈巴瑞等学者在 20 世纪 90 年代后期对研发人员进行了抽样调查，发现研发人员的职业倾向呈现多样化[12]：在美国，研发人员的创业型倾向最突出，其次是安全型、自主或独立型。技术或功能型倾向比较低，管理型倾向更低。这与以往对研发人员职业倾向的经验认识不完全一致。一般认为，研发人员从事的是专业技术性工作，技术或功能型与管理型是两种比较突出的倾向。

艾戈巴瑞等地研究还发现，管理型倾向与技术或功能型、安全型等呈负相关，与创业型呈正相关；技术或功能型在与管理型呈负相关的同时，与创业型呈负相关，与安全型呈正相关；安全型倾向在与技术或功能型呈正相关的同时，与创业型呈负相关。

上面的研究表明，研发人员的职业倾向并非主要存在两种职业倾向，而是多元的。因此，对研发人员的二元职业发展是有限的，组织应对研发人员职业发展动机给予更多关注。

3. 研发人员的职业发展路径

研发人员的职业发展路径设置是企业人力资源管理的重要任务之一。企业为研发人员设计合理的职业发展路径，对调动他们的积极性与创造性，增加对企业的忠诚度，从而促进企业的长久发展，具有重要的意义。

企业有为维持其效益、生存和成长而招聘、管理研发人员的需要，研发人员有在自己完整的职业生命周期中寻求具有安全、挑战和自我发展的机会和工作的需要。企业的人力资源管理要善于有效地把组织的目标与研发人员个人的职业发展目标结合起来，努力帮助他们确立一条有所依循的、可感知的、充满成就感的职业发展路径。

在研发人员的职业发展路径设置方面，国外企业中实行最多的是“双梯制”。“双梯制”通常是指在企业中构建两条平行的职业发展路径，一条是管理路径，另一条是技术路径，并且承诺，在两条职业路径上处于同一等级的研发人员可享受同样的待遇和收入。

需要指出的是，“双梯制”在实践中也遇到许多困难。例如，对于同一等级的管理人员与技术人员，管理人员在人们心目中的地位往往要比技术人员高；另外，技术路径往往成为某些失败的管理人员隐退栖身之地。为了克服以上弊病，企业对技术路径上的晋升要实行严格的考核，同时在企业内要形成尊重知识、尊重人才的文化氛围。

“双梯制”的另外一个问题是对技术路径的定义往往太狭窄，如果将一个技术路径分成多个技术路径，“双梯”职位晋升制也就变成了多路径晋升制，可以为专业人员的职业发展提供更大的空间。

下面我们根据陈劲和徐笑君对美国西部电子公司（Western Digital）以及美国 ESCA 公司的研究来说明美国企业研发人员职业发展路径的状况[13]。

美国西部电子公司的研发人员职业发展路径包括 3 条：技术人员路径、技术带头人路径与技术管理人员路径。其中，技术带头人是具备较强技术基础、能管理项目的研发人员，他们除了进行项目资源的计划、协调与控制外，还要确定技术开发策略与产品开发方向。技术带头人也要对技术人员的技术要求进行把关，但是没有直接管理技术人员的权力；技术管理人员则是主要对项目的预算、人员的调动、升迁和绩效考评负责。

在 3 条研发人员职业发展路径中，技术人员分 5 个等级（技术一级、技术二级、技术三级、高级技术一级、高级技术二级）；技术带头人分 4 个等级（一般技术带头人、高级技术带头人、技术主任、技术执行主管）；技术管理人员分 4 个等级（一般管理人员、高级管理人员、管理主任、管理执行主管）。

绩效考评的内容分为 8 个方面，包括技术水平、企业规划能力、解决问题能力、领导能力、团队合作精神、顾客满意度、沟通能力、教育水平与工作经验。

按照西部电子公司的职业发展路径安排，技术带头人等级与技术管理人员等级要高于技术人员等级，技术人员一般要到 4 级（高级技术一级）才有可能进入技术带头人等级或技术管理人员等级，而且这种职业的迁移要取决于企业的内在需要和该员工所拥有的才能。

ESCA 公司的主要特点是通过对研发人员核心能力的考核，确定其职业发展路径。研发人员核心能力包括：公司价值、战略性组织管理技能、人际技能、思考与解决问题能力、沟通能力、执行能力、自我管理能力等关键的管理技能。

ESCA 公司设计了 4 种职业发展路径：技术人员路径、技术专家路径、行政管理人员路径和经理路径。其中，技术人员路径分 6 个等级，技术专家路径分 7 个等级，行政管理人员路径分 7 个等级，经理路径分 3 个等级。

ESCA 公司主要从工作的复杂性、领导能力、决策能力、产业知识、公司知识和教育程度 6 方面对员工进行绩效考评，并根据绩效考评的结果决定其技术和管理的等级。

根据上面的研究，陈劲和徐笑君认为，企业在确立研发人员职业发展路径时应考虑以下问题：

（1）在企业中必须为研发人员建立“双梯”或多轨道的职业发展路径。这已成为激发研发人员的创造性、提高员工忠诚度、保持企业核心竞争力和留住核心人才的重要手段。

（2）结合企业和行业的特点，将技术职称分为多个等级，越高等级的晋升应越难。技术职称的划分应考虑技术的分类，这样便于准确考评不同技术职称的难度和研发人员的技术水平。

（3）企业的考评周期可以灵活安排，实施可由专门的机构承担。在考评中，既要对研发人员的技术水平进行考核，又要重视其对企业的忠诚度、合作精神和沟通能力的考察。研发人员的技术级别应能上能下，其技术等级严格与薪酬挂钩，包括企业的内部股份和各项福利。

（4）挑选优秀技术人员进入管理层。管理（指技术管理，从项目管理到技术战略的制定和技术资源的规划和控制）等级一般应高于技术等级。进入技术管理层一般应有技术开发的经验。

第三节 研发人员的考核与激励

一、绩效考核的基本问题

1. 绩效考核的目的

一个企业的高效运营依赖于员工对企业目标的正确理解，并肯为之付出努力的工作。从管理人员的角度来看，根据员工对企业的贡献对其进行奖励是一种明智的做法。开展绩效考核不仅可以保证企业战略目标的实现，还可以为企业的人力资源管理工作提供支持。根据张一驰的研究，绩效考核的目的在于[14]：

（1）满足员工的成就感，帮助员工通过提高自己的绩效水平获得加薪和晋升的机会。研究表明，大多数员工愿意了解自己目前的绩效状况，并愿意就不足加以改进。通过绩效考核可以让员工了解自己的工作成就和不足。这也有助于为企业的培训指明方向，有的放矢地安排企业的培训和员工开发工作。

（2）为调职、提薪等人力资源管理工作提供支持。在企业的薪酬系统中，薪酬的高低往往是由员工的工作绩效决定的。此外，员工的工作表现、工作能力等工作绩效也是员工晋升的主要依据。这些都可以从企业的绩效考核中找到答案。

（3）提供一份完整的业绩档案，帮助企业进行人事决策。详细、完整的员工业绩档案，可以帮助企业甄别不同绩效的员工，从而为企业进行各项人事决策提供依据。

2. 绩效考核中经常出现的错误

在企业绩效考核的实践中，实施效果往往参差不齐，这与绩效考核过程中经常出现以下这样一些问题有关：

（1）绩效考核的目的不清，有时甚至是为了考核而考核。同时，绩效考核体系在考核原则上自相矛盾，在考核内容、项目设定以及权重设置等方面缺乏内在联系，存在很大的随意性，经常为了体现领导意志和个人偏好，使得绩效考核体系缺乏严肃性，并且难以保证考核政策上的连续性。

（2）绩效考核缺乏明确的标准。大多数企业的绩效考核标准过于模糊，难以准确量化。以这样模糊的标准来对被考核者进行考核，极易导致片面和不客观的判断，模糊的绩效考核标准很难使被考核者对考核结果感到信服。

（3）绩效考核信息来源过于单一，往往只是由上级对下级进行审查式的考核。考核者作为员工的直接上司，和员工的私人友情或冲突、个人的偏见或喜好等主观因素将在很大程度上决定绩效考核的结果。考核者的一家之言由于其他信息来源的欠缺而难以给出令人信服的考核意见，甚至会引起上下级关系的紧张。

（4）绩效考核体系设计缺乏员工的参与。有的企业在设计和实施绩效考核体系时，不与员工进行及时、全面、有效的沟通，员工对绩效考核体系的管理思想和政策指向不明确，甚至对绩效考核体系的科学性、有效性和公正性表现出强烈的怀疑，对考核体系的认识产生心理上的扭曲，极大地削弱了考核体系的功效。

（5）缺少绩效反馈过程。一般有两种情况：第一种是考核者主观上不愿将考核结果及其对考核结果的解释反馈给被考核者，考核行为成为一种暗箱操作，被考核者无从知道考核者对自己哪些方面感到满意，哪些方面需要改进；第二种是指考核者不清楚要将考核结果反馈给被考核者，这种情况往往是由于考核者不了解绩效考核的目的所致。

二、研发人员的绩效考核

研发人员的绩效考核历来是企业人力资源管理中的难点问题。由于研发人员是企业的一个特殊群体，他们的工作方式、团队运作模式以及工作绩效的表现形式与生产、营销等其他类别的人员具有很大不同，他们的劳动成果的表现方式是不一样的，劳动成果对企业短期业绩和长期业绩的影响程度也是不一样的。这都意味着，企业研发人员的绩效考核到底该怎么做才更具科学性、操作性和实效性是不容易回答的一个问题。

以微软研究院为例：它做的是基础研究，是要为微软未来五到十年的技术和产品奠定基础，指导方向。这决定了微软研究院对其研发人员绩效考核的特点。

首先，对外的影响，比如看是否在世界知名的学术期刊上发表了论文，是否参与或引导了重要标准的制定。这些外部的成绩是衡量研究水平高低的一个很客观的评估标准。其次，研究成果是否对微软未来的产品有影响力，是否可以使研究成果转化为生产力，是否最终有助于微软整体的成长和领先都是评估的重要指标。最后，基础研究更多的是追求引领整个产业技术的潮流，尤其像微软这种以标准领先的企业，还应站在引领行业发展方向的角度去研究，所以基础研究的重要衡量指标就是前瞻性，看它在行业里是否领先，是否代表整个行业的发展方向[15]。

根据夏瑞利的研究，对研发人员的考核要注意以下几个问题[16]：

（1）主观性评价切忌流于形式。主观性评价包括行为、态度、成果质量等方面的内容。对于行为态度方面的评价来说，一些研发主管人员出于“面子”的考虑，往往放松对这方面的要求，考核结果常常就是“你好我好大家都好”，这种行为一方面挫伤了一些表现优秀的员工的积极性，另一方面又助长了团队内部的不良风气，对研发团队的管理是极端不利的。从实践来看，做好员工的日常行为考核，完善重要工作落实情况备忘，在考核时做到“用事实说话”是解决上述问题的良好方法。另外，对于研发成果质量的评估，引入专家评估小组是一个不错的选择。

（2）切忌绩效考核中沟通不充分。绩效沟通不畅是造成员工对新方案抵触的主要原因，许多员工认为引入行为考核是针对自己来的。

（3）切忌业绩目标过多。过多的业绩目标和没有目标的效果差不多，如果目标超过 6～8 个，人们就只会关心自己认为最重要的 2～3 个目标。许多企业担心目标体系太简单、不够全面，没有涵盖所有的业绩要求，就设计了一大堆目标，实际上效果很差。

（4）切忌“自我评估”。评价研发业绩时，数量是非常客观的指标，但是质量和成本数据往往是十分主观的。尽管不可能用十分客观的方式测评质量，但在设计评价过程时可以尽量减少主观性。一个比较简单的方法是尽可能地用外在的数据来评价研发业绩的质量。比方说，如果想估计产品改进的价值，可以请工程和制造人员来估计，而不是让研发部门经理来估计他们成绩的价值。

中国石油集团东方地球物理勘探有限责任公司（以下简称东方公司）物探技术研究中心（以下简称研究中心）在绩效考核改革方面积累了很多成功的经验，具有很好的借鉴意义。

研究中心是东方公司于 2003 年 1 月整合所属战略研究部、中油油气勘探软件国家工程研究中心有限公司、北京克浪石油技术有限公司三个单位的研发力量而组建的，是集地震数据采集、处理、解释方法研究、软件开发、装备研制为一体的综合地球物理勘探技术研究机构，是中国石油天然气集团公司层面的专业技术研究中心，也是国家发展与改革委员会支持建设的“油气勘探计算机软件国家工程研究中心”。

研究中心的主要职能是紧密围绕中国石油物探技术发展战略和东方公司的发展战略、业务发展方向和生产技术难题，跟踪、研究世界物探前沿技术，研发与生产紧密相关的中期、长期技术，引进、消化先进实用技术，支持中国石油物探技术发展，增强东方公司技术创新能力，提升核心竞争力。

研究中心有员工 300 余人，其中博士、硕士学历的 69 人；集团公司级技术专家 1 人，东方公司级技术专家 10 人，科技带头人 27 人。中心拥有先进的并行机、服务器、PC－CLUSTER 和百余台（套）工作站及配套设备。

如前所述，在 WGC 公司于 2002 年宣布不再向东方公司销售 OMEGA 处理系统升级版、CGG 公司也宣布东方公司购买他们的软件不能用于东方公司的海外业务后，东方公司决策层做出了开发超大规模地震处理系统软件 GeoEast 的决定。为了保证 GeoEast 项目的顺利完成，研究中心结合 GeoEast 项目的目标对研发人员进行了绩效考核的改革试点。

研究中心绩效考核的基本情况是：首先，确定项目绩效考核周期，分为阶段考核和验收考核，其中阶段考核又分为月度考核与阶段成果考核（里程碑考核）。月度考核按月进行，阶段成果考核按合同中约定的内容、时间进行，验收考核在项目结束后进行。其次，中心内自上而下设置中心领导、项目长、子项目长、项目组成员。上一级负责考核下一级。考核指标在任务量化、分解与下达过程中确定，主要内容包括进度和质量指标。

项目长根据研发目标，拟定项目进度计划、人员聘用计划、质量标准，提出需中心有关部门提供支持的要求，由项目组组织有关专家对计划内容进行评估审核，报中心批准后确定，并作为项目合同的附件执行。在每一个阶段（里程碑）开始前，项目长要制定详细的阶段实施计划，计划要做到月。月度计划不够完善或需调整时，在每月初进行调整完善，月度计划中要明确每周的具体工作内容。

项目长在负责计划任务的分解和下达时，要本着“协商一致和诚信”的原则，通过合同（或协议）、任务书的形式，逐级落实。具体内容是研究中心与项目长签订项目开发合同，明确项目的宏观目标、总体内容、技术指标、完成日期和经费额度。项目长与一级子项目长签订子项目开发合同，落实开发内容、技术要求、进度计划和子项目长的“责、权、利、险”。子项目长将工作目标逐级展开并分解到每一个员工。考核内容为各级合同（或协议）、计划、任务书及其附件中规定的内容，其中质量占30%、进度占70%。

绩效考核的结果分成四档六级，分别为：优（A）、良（B+、B）、合格（C+、C）、不合格（D）。其阶段奖金的兑现比例分别为：100%、80%、60%、40%、20%、0。

最后，中心还规定了考核者与被考核者之间的绩效面谈。在面谈中，要肯定成绩、指出不足、分析原因、制定对策，磋商考核结果和兑现标准，经双方签字确认，并就下一阶段的工作经协商一致后，以书面形式（工作计划或协议书）经双方签字后确认。

经过双方确认的绩效考核结果，由人力资源部记录在员工的业绩档案中留存，成为以后员工升迁、调薪、技术等级评估的主要参考依据。对于中心除项目组以外的其他人员，也参照项目组的做法，建立了月度考核和年度考核制度，按照考核结果兑现月度绩效和年度奖金。研究中心的层次化薪酬体系及绩效考核改革在员工满意度调查中得到一致认可[17]。

三、研发人员的激励

1. 研发人员的阶段性激励

根据胡伟强的研究，不同阶段的研发人员，其激励因素有比较大的区别[18]。

（1）年轻研发人员的激励因素。

刚参加工作的研发人员往往渴望成为一个著名团队的成员，在这样的工作团队中，他们受到高度的激励，努力使自己成为团队中的骨干。在这个阶段，希望成功并得到专家的认可远远超出了研发人员对金钱的渴望。

（2）职业生涯中期研发人员的激励因素。

对职业生涯中期的研发人员来说，地位和企业对他的认可越来越显得举足轻重。金钱，尽管在这个阶段很重要，但它不能代替个人成就感和被他人认可以及被视为创造性的人才。当研发人员的成绩得到肯定时，他们更愿意继续进行研究工作，而不是去从事管理工作。在一些未意识到这一因素的企业中，一些有成就的研发人员被提升到高级管理职位后，通常成为一名平庸无为的管理人员。解决这一困难的最好方法是“双梯制”模式。在这种模式下，专业人员继续在他们的技术岗位上工作发挥他们的作用，但却享受与行政人员同等的待遇。

实际上，处于职业生涯中期的研发人员尤其是那些尚未取得管理职位的研发人员的激励方法创新，可能是企业管理中最具挑战性、最复杂的任务之一。任何方法的单独采用都不会取得理想的效果，因此，将各种激励方法有效地加以组合会比单独使用某种方法一般会效果更好。

（3）高级研发人员的激励因素。

高级研发人员是指那些即将结束职业生涯的研发人员，不包括那些身居高职的年轻的、杰出的、前途光明的研发人员，因为他们正处于职业生涯的早期和中期，有着强烈的自我表现欲，并且具备了解决问题的能力。

激励老年研发人员继续发挥技术职能而不去参与管理工作是出于企业管理多种因素的考虑。由于技术的飞速发展，与最先进的技术保持一致是一项艰巨的任务，昨天的知识在今天已无足轻重，要想取得竞争优势，大量的知识已过时了。有先进知识和技能的年轻工程师在应用最新的技术方面比他们的长者更出色，这很容易造成高级研发人员遭受挫折、失去激情。

为了减少挫折，保持企业高级研发人员的激情，企业的管理者可以采取以下措施：

第一，高度重视对高级研发人员队伍的管理。因为这些人已为企业的成功作出了重要的贡献，他们应该得到管理者的特殊关心。

第二，充分发挥高级研发人员的作用。尽管技术不断更新，但高级研发人员的专业知识不可能完全被淘汰，并且他们在长期的研究职业生涯中积累了非常宝贵的经验。他们的方法论、解决问题的思路、在失败中总结出的教训仍然十分重要。因此，管理者应该将技术知识与经验区分开来。一个年轻的研发人员可能掌握了最新的知识，但他需要一名有经验、年长的研发人员监督、指导他的工作，通过正式安排高级研发人员做年轻研发人员的“导师”，建立他们之间的“师徒关系”，企业就可以有效地利用年长者的经验。另外，让高级研发人员做一些有意义而重要的工作，也有利于增加他们的自信心和工作激情。

第三，探索承认和尊敬高级研发人员的方法。企业要强调高级研发人员的成就和贡献，以此为年青的一代树立榜样。一方面。这可以增强高级研发人员的工作激情，另一方面，也给处于职业生涯初期和中期的研发人员一个信号——当他们年老的时候也会受到尊重和认可，也可以做非常有意义的工作。

2. *研发人员激励机制*

研究发现，在缺乏科学、有效激励的情况下，人的潜能只能发挥出20%～30%，科学有效的激励机制能够让员工把另外70%～80%潜能也发挥出来。这就说明，企业能否建立起完善的激励机制，将直接影响到企业能否吸引、留住和激励优秀的研发人员，从而影响到企业的生存和发展[19]。

曾海姆和舒斯特将全面的薪酬策略与诱人的公司发展前景、个人成长机会、良好的工作环境等看做是赢得未来人才竞争需要关注的4个重要激励因素。他们还认为，全面的薪酬策略包括有竞争力的薪资、多元化的福利计划、额外的奖励制度和工作得到认可和嘉奖等[20]。

（1）薪酬是最重要的激励。

贝惕和坦姆仆对在研发机构、设计公司和工程公司工作的知识员工进行了大样本的问卷调研，并对回收的问卷进行了统计分析，结果发现，对知识员工最为重要的4个激励因素是：①个体成长（33.74%）；②工作自主（30.51%）；③业务成就（28.68%）；④金钱财富（7.07%）。

贝惕和坦姆仆还发现，知识员工在不同的事业发展阶段对不同激励因素的需要强度不同，他们在事业初期比较重视金钱财富方面的激励，而在事业发展期关注的重点开始转为个体成长，随着时间的推移，到达事业稳定期后他们更为重视的则是业务成就方面的激励[21]。

张望军和彭剑锋通过研究得出了我国知识员工的主要激励因素排序，发现排在第一位是工资报酬与奖励。这说明，中国知识员工的激励因素与贝惕和坦姆仆发现的知识员工激励因素可能存在差异[22]。

我国优秀企业的实践也表明了薪酬激励的重要性，这些企业薪酬激励的许多措施也有重要的借鉴意义。在此，我们通过几个实例加以说明。

实例一：东方公司GeoEast项目组薪酬激励。

为了吸引更多的科技人员加入到研发项目中来，东方公司GeoEast项目组参照北京人才市场的薪酬标准，考虑项目的复杂性和开发周期，结合项目组的人员构成，制定了体现企业科研特点的层次化薪酬管理体系，见表5-1。

表 5-1　东方公司 GeoEast 项目组薪酬构成表

<table>
<tr><td rowspan="2">研发人员
管理人员</td><td colspan="2">基本工资（1/3）</td><td colspan="2">阶段绩效（1/3）</td><td rowspan="2">项目奖金（1/3）</td></tr>
<tr><td>技能工资</td><td>岗位工资</td><td>月度绩效
（50%）</td><td>里程碑绩效
（50%）</td></tr>
<tr><td>外聘人员</td><td colspan="2">基本工资（70%）</td><td colspan="2">阶段绩效（30%）</td><td>无</td></tr>
</table>

研究中心研发人员、管理人员的薪酬由基本工资、阶段奖金、项目验收奖金三部分构成，各占其薪酬总额的 1/3。其中基本工资由技能工资和岗位工资构成，根据员工的能力、业绩和职责确定，保证内部公平；阶段奖金由月度考核奖金和阶段成果考核奖金构成，各占阶段奖金的 50%，分别根据月度考核结果和阶段成果考核结果发放。在这里，月度考核奖金与个人的基本工资一同发放，这样就保证了员工的基本生活需要；项目奖金是在项目结束后，经过项目验收考核才能发放。

研究中心将这种薪酬制度命名为“三段四发放”。“三段”：基本工资、阶段奖金、项目奖金；“四发放”：月工资、月度绩效、阶段绩效、项目奖金。基本工资作为月工资按月考勤发放；对研发人员按月进行绩效考核，并按考核结果发放月度绩效；抵达项目开发里程碑，由质量监督组对阶段产品进行评审，评审合格后，按照贡献大小兑现阶段绩效；项目开发结束并验收合格后发放项目奖金[17]。

实例二：大庆石油管理局科技人员薪酬激励。

大庆石油管理局认为，对于科研人员，特别是对基层的科研人员来说，待遇低仍是人员流失最主要的问题。为了解决员工的待遇问题，大庆石油管理局适时提出了津贴制、科技成果提成制、专家激励等一系列激励机制。

津贴制：就是对参加科研项目的科研人员发放津贴。大庆石油管理局也曾有类似的措施，但激励力度很小，当时把项目分为 ABC 三类，A 类项目主要参与人员每月能拿到 80 元的津贴，B 类是 60 元，C 类是 50 元。实行重大项目顶层设计以后，津贴的激励力度大大提高。根据规定，科研人员薪酬由工资、奖金和科研津贴构成，工资、奖金由原单位固定发放，由大庆石油管理局技术中心给科研人员发津贴。大庆石油管理局《重大科技项目研究人员津贴考核发放管理办法》中第十一条还规定，“津贴只能发放给课题组研究人员，其他人员（科技管理人员、辅助人员）不享受津贴”。

科技成果提成：对科研人员及科技成果转化人员可以根据科技成果所创造出来的税后利润提成奖励，可以提 3～5 年，每次可提 5%～10%。这样做，一来可以激励科研人员更好地创造出有更大价值的科技成果，同时也促进了科技成果的转化，对个人、对企业都有好处。2004 年大庆石油管理局拿出了 700 多万元用于科技创效提成。

专家激励：对于那些有突出贡献的科研人员，大庆石油管理局制定了《科技人员激励管理办法》对他们进行特殊激励。大庆石油管理局把专家分成几个档次，中国石油天然气集团公司级专家每月能享受津贴 5000 元，2004 年整个大庆石油管理局连同大庆油田公司在内有 15 人；大庆石油管理局内还有相应的局级技术专家，每月有 3000 元津贴；再往下还有两个档次专家，每月分别有 1000 元和 500 元的津贴。由于这些特殊人才所从事的重大科研工作通常不能在短期内完成，为了更好地激励他们安心地工作，这些专家每两年评议一次，评上之后每月就能固定地拿到相应的津贴[17]。

（2）重视间接物质激励制度设计。

除直接的物质薪酬激励外，对研发人员间接的物质激励也是非常重要的。间接的物质激励制度主要包括各种保护项目、非工作报酬和各种服务。

保护项目包括医疗保险、养老保险、失业保险和抚恤金制度。国家对保护项目的有关制度都有相关规定，企业应当严格执行。

非工作报酬包括节日假期、病假、学术假期、事假、教育补助、家庭财产保险、住宅与交通补助、企业自身产品和服务的折扣等。这里特别应提出，有条件的企业应当实行高层次的研发人员学术假期制度。学术假期是研发人员带薪在一定时间内离开工作岗位，一边学习补充科学知识，一边休息的制度。这种学术假期制度对于提高研发人员的水平、稳定研发人员、激发研发人员的创造力、保持研发人员的有效工作期具有重要意义。

各种服务措施包括咨询服务、儿童照顾服务、娱乐与健康服务、购股优先权、“黄金降落伞”计划等。咨询服务是企业对研发人员提供的有关财务咨询、家庭咨询、工作配置咨询、职业能力及倾向测试和退休前咨询。大中型企业可以为研发人员提供优先购买企业股票的权利，使研发人员更加关注企业的发展，更加自觉地为企业创新服务。“黄金降落伞”原是为企业高级管理人员提供的一种“解职费”（一旦企业被兼并或合并，一部分管理人员可能会失去工作）。这一制度如果用于研发人员，同样会对研发人员产生激励和稳定作用。

（3）必要的精神激励制度设计。

精神激励是建立在人的社会心理需求基础上的一种激励方式，其制度安排主要包括用人制度、职业生涯发展计划、授权、培训、团队氛围、表彰会等。

精神激励可分为外在性精神激励和内在性精神激励。外在性精神激励是通过运用外在的社会情感资源去激发和强化研发人员的技术创新活动。外在的社会情感资源包括：友谊、信任、认可与晋升、表扬、尊重、荣誉等。

内在性精神激励是在技术创新工作中运用研发工作本身蕴涵的激励因素，从而激发和强化研发人员的创新活动。研发工作本身蕴涵的激励因素包括：研发工作的趣味性，研发者乐在其中；研发工作的挑战性，如研发任务较为艰巨，但经过努力又可以完成，这可使研发人员具有成就感；研发工作可以提供机会使研发人员在研发工作中得到锻炼，体会到进步与成长、丰富与充实，增强自信与自尊。

我国不少优秀企业非常重视对研发人员的精神激励，下面是几个具体实例。

实例一：东方公司。

东方公司高度重视人员的培训、培养工作。自 2000 年，东方公司就开始有组织、有计划地开展大规模培训活动。目前，已有 2500 多人次接受过外语培训，10000 多人次接受过专业理论知识和技术培训，2500 多人次出国进修、考察和技术交流。

东方公司 2000 年用于职工培训的资金为 580 万元，2001 年增加到 850 万元，2002 年、2003 年分别为 1000 万元和 1500 万元，2004 年的投入费用继续大幅增加。同时，东方公司在 2005 年工作会议上提出，职工培训方面以后每年保证 3000 万元的投入费用。2005 年的 3000 万元资金主要用于 122 个培训项目。其中，以外语培训和国际项目运作为主的基础类培训，费用约为 1000 万元，计划培训 2100 人次；其余部分用于经营管理、专业技术、操作服务和转岗再就业等类别的培训。据介绍，这 3000 万元仅是由东方公司投入的培训费用，如果加上参加培训人员的工资、差旅费、住宿费以及在岗期间创造的经济效益和各二级单位举办培训的费用，数目总额远远超过 3000 万元。

东方公司目前有两个培训基地和一定数量的师资队伍。其中，职工培训中心拥有 1.2 万平方米的培训大楼和配套设施，建成了以东方公司和中国石油专家为主，集美国、英国和北京等地 20 多所高校教授的师资网络。另外，东方公司石油物探学校和技工学校重组，从而成为职工培训的又一大型基地。2005 年 3 月 12 日，中国石油大学（北京）与东方公司在涿州签订长期全面合作协议。根据协议，石油大学作为东方公司的人才培养基地，通过各种方式分期分批为东方公司培养以物探、地质专业为主的博士、硕士等高层次人才；在东方公司设立研究生工作站，东方公司根据科研和生产的需要，提出进站研究生的条件和要求，由石油大学负责推荐，经双方协商后，确定一定数量的、有到东方公司就业意向的全日制博士、硕士研究生进站参加双方共同确定的科技项目研究和新技术推广应用工作，东方公司为石油大学选派进站的研究生提供必要的工作条件和生活环境，并协助石油大学加强对进站研究生的管理。

东方公司不断完善培训工作管理办法和机制，建立了培训工作的“六项制度”。一是培训合同管理制度。明确人事部门和主办单位的目标要求、实施方案、考核办法、费用标准等，增加了培训质量控制点，责任落实到人；二是参加培训选派制度。要求各单位按条件择优选派学员，对优秀员工安排奖励性培训，对选派不符合条件学员的单位进行批评，并责令退换学员；三是对重点和中长期培训项目实行预交培训费制度。参加培训，先由个人预交部分培训费用，结束时根据个人表现和考试成绩按比例返还，优秀者奖励，不合格者沉没；四是完善培训项目考核评估制度，制定了考核评估标准，设置了3个关键考核要素；五是建立培训责任追究制度。根据培训各方在培训中所担负的不同职责，进行层层责任追究；六是培训协议制度。参加重点培训要签订培训服务期协议，约定公司和受训人双方的权利和义务。同时还狠抓了培训过程中各项管理制度的落实工作，有效地提高了培训质量[17]。

实例二：中国石油天然气管道局。

中国石油天然气管道局（以下简称管道局）非常重视对科研人员的精神激励，在职称评审、人才培训、人才培养和人才使用方面向科研人员倾斜。

在职称评审方面，在管道设计、科研、施工、经营管理中有重大贡献的人才可以破格评聘专业技术职务。在目前职称评审制度基础上，打破原有的资历、学历限制，对有突出业绩和贡献的人员实行企业内部职称，在工资待遇上与正常评审人员相同。

在推荐局级、中国石油级和国家级有突出贡献专家和享受政府特殊津贴人员时，首先在局级跨世纪学术、技术带头人中选拔。

在人才培养和培训方面，拓宽高层次人才培养渠道，鼓励在职人员攻读企业所需专业范围内的研究生，选拔35岁以下具有本科学历的在职人员到清华大学等重点大学深造，现已培养博士生3人，硕士生124人，其中2003年管道局科研人员陈湘球被美国麻省理工学院录取，管道局一次性奖励人民币10万元。另外，还对35岁以下科研人员进行轮训，分别送到北京新东方外语学校进行英语学习；与清华大学、天津大学等国内重点高校合作对专业人员进行专业技能培训；鼓励科研人员参加与课题有关的学术交流、考察和专业技能培训学习等，包括到国外进行考察及学术交流；支持科研人员发表论文、出版论著；每两年举办一次高层次人才学术、技术论文交流会，聘请有关专家讲评。

在人才使用方面，科研人员在现有岗位不能充分发挥作用的，经人事部门协调后，可以变动工作岗位；提高科研人员的政治生活待遇，企业每年结合专业技术人员考核及学术技术带头人选拔，在科研人员中树立标兵，并列为重点培养的后备干部；建立管道局领导与高层次人才的联系制度，每年定期召开座谈会，交流信息并了解他们的思想、工作、学习和生活情况，听取他们的意见和要求，帮助他们排忧解难[17]。

（4）不可忽视环境激励。

企业内部尊重知识、尊重人才、工作成绩被认可以及团结融洽的工作氛围和团队协作精神，尤其是管理层对研发人员工作的关注与支持，都可以对研发人员产生有效的激励。创造良好的工作环境、配备先进的科研设备、购置齐全的技术资料也是激励研发人员积极从事研发工作的重要条件。下面的实例介绍了我国优秀企业在环境激励方面的实践。

实例一：中国石油天然气管道局课题长竞聘制。

2004 年中国石油天然气管道局提出了课题长竞聘制，2005 年按此制度实施了两个项目。同原来的制度相比，课题长在人员选择和使用上的自由度增大了。对于重大项目还实行风险抵押金制度，由课题长承担风险抵押金的 40%，项目完成后双倍返还。风险抵押金的设置考虑了科研人员的收入水平和承受能力。

管道局的科研项目分两类，一类采取由下而上的方式立项，这种占大多数。科研人员每年 10 月份申报第二年的科研计划，方向性的依据可以来自企业的五年计划和发展战略。各单位上报建议立项的科研项目后，由管道局科技部进行初步筛选。如 2005 年就有 100 多个项目上报，40 个通过了初步筛选。选中的项目需要提交开题报告，由管道局科委按专业类型组织开题论证，经专家认可后交由计划、财务部门，对预算、明细进行审核，这一环节的通过率在 2/3 左右；最后签订合同，把项目纳入第二年的科技计划。这种方式的缺点是项目的全局性稍差一些。

另一类是顶层设计项目。这样的科研项目往往具有前瞻性，一般由管道局科技部提出，指定单位承担或者采取招标的方式。为了搞好顶层设计项目，2005 年管道局科技部增加了两个定员，主要任务是结合全局发展战略，征求有关专家建议，提出顶层设计项目的设想。现在管道局只对顶层项目实行课题长竞聘制。

课题长竞聘制进一步调动了科研骨干人员的积极性，有利于挑选真正有实力的最优人选担任课题长，但是也有需要完善的地方，比如在有领导竞聘时，其他人不好参与竞争，尽管科技部鼓励更多的科研人员参加竞聘，但报名的人还是很少，尤其是处于成长阶段的年轻人。有的领导注意到了这一问题，也很开明。比如一位管道特级专家，有意识地让其他人担任课题长，其手下已有六七人担任了不同科研项目的负责人[17]。

实例二：大庆石油管理局企业文化建设。

大庆石油管理局除了在物质和事业上对科研人员进行激励外，还特别重视文化方面的建设。在大庆石油管理局的二次创业战略方针中，就把“发扬大庆精神”作为首要的指导方针。曾玉康局长说：“（我们）要加强思想上的引导和精神上的激励，使广大科技人员树立正确的价值观、业绩观和贡献观，在科技兴企的实践中实现自己的理想和人生价值。我们要结合企业发展需要，不断创新企业思想政治工作，有效地调动各方面的积极性。”大庆石油管理局在2003年确立的企业文化战略中，提出要与时俱进地赋予“大庆精神”、“铁人精神”新型的、科学的、适用的、实效的文化内涵。

铁人精神已成为大庆企业文化的一个品牌，面对很多困难大家也会往上冲。国外公司虽然会给很高的薪水，但出了问题罚的也很厉害，而在大庆石油管理局，出了问题可以进行协调，细致地查找原因，帮助解决困难，而不是把职工直接开除了事。大庆石油管理局的人情味很浓，管理者和普通科研人员并不是一个纯粹的雇佣关系，而是在平时的生活中培养了比较深厚的感情。

大庆石油管理局测井公司研究所的王忠义说：“我1987年就到了油田，现在已经47岁了，和大庆的精神已经紧密地结合在一起了，虽然现在对科技人员的待遇、对科研工作的重视程度还有待进一步改善和提高，但我已经打算与企业共存亡了。”王忠义也确确实实做到了时刻把企业的发展挂在心上。2002年王忠义在某大学调研时发现了一种在其他行业中应用的技术可能可以解决油田中广泛存在的套管损坏的问题，这种套管损坏每年对油田造成10多亿元的损失。强烈的为企业作贡献的责任心促使王忠义向单位领导详细介绍了这项技术在油田应用的可行性和潜在价值，最终他的建议被采纳了，管理局还设计了《套管应力监测技术研究》重大项目，王忠义也成了这个重大项目的课题长。目前这项技术已申请了国家专利，并进入了现场实验的阶段[17]。

第四节 研发人员的合作与沟通

一、团队管理

1. 团队的特征

对于什么是“团队”，一个为管理界广泛认可的定义是：团队是“具有执行能力、可以完成普通目标和设立绩效目标的一小部分人，他们可以互相支持着朝着他们自己设定的目标的方向前进[4]。”

斯蒂芬·罗宾斯对团队的定义也很明确[23]：团队是指一种为了实现某一目标而由相互协作的个体所组成的正式群体。这一定义突出了团队与群体不同：所有的团队都是群体，但只有正式群体才是团队。

斯蒂芬·罗宾斯还进一步指出了团队与普通群体的区别：一是群体强调信息共享，团队则强调集体绩效；二是群体的作用是中性的，而团队的作用往往是积极的；三是群体责任是个体化，而团队的责任既可能是个体的，也可能是共同的；四是群体的技能是随机的或不同的，而团队的技能是互补的。他对团队的理解主要是团队的协作效应。也就是说，团队是建立在深度合作基础上的。

斯蒂芬·罗宾斯还认为，高效团队具有以下八个基本特征：一是明确的目标。团队成员清楚地了解所要达到的目标，以及目标所包含的重大现实意义；二是相关的技能。团队成员具备实现目标所需要的基本技能，并能够良好合作；三是相互间信任。每个人对团队内其他人的品行和能力都确信不疑；四是共同的诺言。这是团队成员对完成任务的奉献精神；五是良好的沟通。团队成员间拥有畅通的信息交流；六是谈判的技能。高效的团队内部成员间角色是经常发生变化的，这要求团队成员具有充分的谈判技能；七是合适的领导。高效团队的领导往往担任的是教练或后盾的角色，他们对团队提供指导和支持，而不是试图去控制下属；八是内部与外部的支持。既包括内部合理的基础结构，也包括外部给予必要的资源条件[23]。

2. 团队管理的主要误区

在企业发展的过程中，团队发挥的作用越来越大。但是，受中国传统文化和思想的影响，我国企业团队管理经常陷入各种各样的误区，主要包括[24]：

（1）团队应消除冲突。

一般认为冲突对提高组织的绩效是不利的，强调冲突的破坏性，主张“和为贵”、“和气生财”。在我国，受传统文化的熏陶，团队的管理者往往对冲突讳莫如深，并采取种种措施来避免团队中的冲突。

实际上，团队的冲突往往无法避免，适度的冲突对团队绩效的提高也是有利的。例如，适度的冲突能刺激团队的创造性，有助于产生新观点，提升团队的活力，帮助个体和团队之间建立认同感，也可以暴露出某些潜在的冲突因素，有助于消除分歧，增进团队团结。很多企业的失败是因为冲突太少，而非冲突太多。因此，团队管理者要意识到冲突对于团队绩效的两面性，不要试图消除团队中必然存在的冲突。应该做的是，一方面要避免破坏性冲突；另一方面诱发建设性冲突，设法利用冲突为提高团队绩效服务。

（2）优秀团队的成员都是精英。

团队在企业的日常工作过程中发挥着重要的作用，团队建设也受到了企业人力资源部门的普遍重视。为了使其更好地发挥作用，很多企业在组建团队时对团队成员精挑细选，把各部门的优秀员工集中到团队中。但是，实践证明，精英组成的团队并不一定表现出令人满意的绩效。

实际上，团队的力量来自于成员之间的协作与配合，成员之间在各方面是否存在很强的互补作用决定了团队的绩效。因此，团队组建并不是要求入选团队的所有成员都是精英。正如医院的手术小组，如果所有的成员都是优秀的手术专家，那么在某些具体的操作环节上，可能会出现没有人在适当的时间按适当的要求去履行具体职责的情况，手术就难以保证成功。

打造优秀团队的关键在于团队成员技能和水平上的互补，注重成员的合理搭配，避免追求团队成员的全部精英化。一般而言，一个合理的团队要包括3类人员：首先是具有技术专长的成员，并且彼此的技术专长能够互补；其次是具有解决问题和快速决策技能的成员，他们能够就解决问题的众多建议进行权衡并迅速做出有效的决策；最后是善于倾听、能够及时反馈并具备解决冲突和协调团队人际关系技能的人员。

（3）突出个性有违团队精神。

很多企业认为，培育团队精神，就是要求团队的每个成员都要牺牲自我、放弃个性，否则就有违团队精神，就是个人主义在作祟。毋庸置疑，团队精神的核心在于协同合作，强调团队合力，注重整体优势，远离个人英雄主义。但是，过于强调追求趋同的结果必然导致成员的个性创造和个性发挥被扭曲和湮没，而没有个性，就意味着没有创造，这样的团队只有简单复制功能，而不具备持续创新的能力。

其实，团队不仅仅是人的集合，更是能力与个性的结合。团队精神的实质不是要成员牺牲自我去完成一项工作，而是充分利用和发挥所有成员的个体优势去做好工作。团队的综合竞争力来自于成员各自的专长与个性的合理配置，只有营造出一种适宜的氛围，不断激励团队成员充分展现自我，最大限度地发挥个体潜能，团队才会迸发出原子裂变般的能量，从而真正培养出团队的凝聚力，形成团队独有的能力。

（4）榜样的力量是无穷的。

在企业的日常管理中我们往往在各方面树立榜样以期在企业内部形成你追我赶的工作氛围。在采用这一方法时一定要注意到团队工作的特殊性：团队强调的是整体绩效，而非个人工作量的大小。团队内部成员的差异往往并不是绩效水平的高低，而是团队内部分工的不同和工作内容的差异。在团队内树立典范，很可能会直接导致团队的不团结，破坏团队的凝聚力，打击团队合作精神，影响团队未来绩效的提高。因此，树立团队内部典范以激励成员努力，往往会事与愿违。

要鼓励团队成员提高个人绩效从而促进团队绩效的提高，可以考虑为团队设定一个具有挑战性的目标，让每个成员都感觉到自己对于实现团队目标的重要作用，并鼓励团队成员之间相互协作，从而把成员的注意力都集中起来，为了一个共同的目标而共同努力，全力以赴。对于暂时绩效差的成员，可以通过员工自我考核与团队考核相结合，帮助其找到绩效差的原因，激发其自身潜能，或者对其进行能力测评，根据其才能水准确定合适的岗位，实现成员才能与岗位的匹配。

（5）团队合作优于成员单干。

团队合作具有无可比拟的力量，能够实现个人能力简单叠加所无法达到的成就。但是，团队合作也存在着无法避免的干扰和成本。比如，由于信息不对称，成员知道自身不能够达到某个目标，但是往往不能明确团队内其他成员对自己是否配合及配合程度，从而无法保证其专心于目标的实现。

另外，团队工作往往存在社会性浪费效应。经验表明，团队的规模越大，成员个人的表现越差。原因主要有两点：一是公平方面的原因，团队的每个成员会对自己的投入产出比与其他成员的投入产出比进行比较。如果有不公平的情况发生，成员往往采取消极的办法改变它以求心理平衡；二是对于责任分摊的心理预期。一旦成员认为自己的努力无法衡量时，往往会不自觉地降低自己的效能，并对别人的效能产生过高心理预期，其结果可能是整体绩效的下降。

这就表明，并不是所有的工作都适合由团队来完成，一定要仔细分析工作的特点和团队工作的优势，在综合考虑之后做出是否采用团队形式的决定。另外，还需要注意控制团队规模，避免规模扩大带来的种种管理和激励问题。

（6）团队的利益至高无上。

在“集体利益高于一切”这个价值观念被普遍接受的情况下，很多企业提出“团队利益高于一切”这个口号。这个口号具有一定的正确性。但是，在一个团队里过分强调“团队利益高于一切”，可能会导致两方面的问题。一方面，极易滋生小团体主义。团队利益对其成员而言是整体利益，而团队利益对整个企业来说，又是局部利益。过分强调团队利益，处处从维护团队自身利益的角度出发往往会打破企业内部固有的利益均衡，侵害其他团队乃至企业整体的利益，从而造成团队与团队、团队与企业之间的价值目标错位，最终影响到企业战略目标的实现。另一方面，过分强调团队利益容易导致个体的应得利益被忽视和践踏，可能会出现借维护团队利益的名义损害个体利益的情况。

团队工作的核心在于协同合作和提高团队整体绩效。团队合作的本质是“以人为本”，尊重每个成员的角色分工与自我价值，充分发挥团队个人的才能，创造出尽可能大的团队绩效，而不是牺牲团队成员的利益去完成一项符合团队利益的任务。团队建设所强调的团队精神是在企业内营造这样一种氛围：在团队内部能够不断地释放成员潜在的才能和技巧；能够让员工深感被尊重和被重视。只有这样才能使团队成员对团队产生归属感，使团队绩效大幅度提高。

二、研发人员的沟通与合作

1. 研发人员沟通的特点

研发人员有较高层次的需求，追求成就和自身的成长，注重成就激励和精神激励。在知识越来越成为企业的第一资源要素的趋势下，只有拥有专业知识，才能在组织中发挥作用并创造价值。反之，就会被排斥在主流之外。获取知识的有效手段是学习，研发人员必须通过不断的学习来实现对知识的追求，并满足自己的成长需求。沟通、特别是研发人员之间的沟通，是学习和提高知识的重要条件。

另外，研发人员由于对自我价值的高度重视，也格外注重他人、组织及社会的评价，并强烈希望得到社会的认可和尊重，这些都要在与人的沟通中实现。

从企业管理者的角度看，要稳定研发队伍，与员工保持沟通和交流也非常重要。我国著名企业中兴通讯公司的栾心芙说：稳定工程师队伍最关键的两点是：员工一定要有事情做，让他们通过做项目提高自身水平；对员工完成的工作，要有一个正确的评价，如果他们花很大精力完成了工作，结果得不到认可，那么就会伤害员工的自尊心。如何有效地实现这两点，沟通是非常重要的。栾心芙认为，开展内部研讨会是建立知识共享体系、完善知识管理的一个较好的形式，内部员工之间在研讨会上可以进行技术交流。“例如在设计芯片的过程当中，经常需要采用数字锁相环，有一个员工做得特别好，我们就请他来讲，做内部交流。这方面大家非常有兴趣，给我提合理化建议的非常多”，栾心芙说[25]。

2. 研发人员的沟通方式

由于技术问题的复杂性和分析、综合有关技术信息的重要性，口头沟通在当今研发活动中扮演着非常重要的角色。研究表明，项目良好的业绩与广泛的口头沟通模式之间存在着密切联系。通过与从事类似工作的人进行沟通，可以获得许多新思想。因此，在研发团队内部或研发团队之间，个人交往和口头沟通能够提供有效的沟通手段。

塔士曼在对一些业绩良好和较差的研究、开发及技术服务项目沟通网络进行比较的基础上，找出了一些与优异业绩项目有关的沟通模式。这些模式与项目类型有关，分别对应于研究、开发和技术服务三种研发活动。

业绩出众的研究项目：具有一种广泛和分散式的沟通模式。人们与他人进行广泛的交谈，组织对沟通思想没有限制性规定。在组织内部，人们主要是与那些能够提供有效反馈和评价的员工进行沟通。

业绩出众的开发项目：其沟通模式主要集中在组织内外部特定的运作或业务层面。与组织外部的沟通不多，管理者是最主要的沟通媒介或中间人。

业绩出众的技术服务项目：其沟通模式是管理者在组织内部的沟通和与外部的沟通中都占主导地位。组织内的所有外部信息都是通过管理者扩散的，他是唯一的媒介[2]。

3. 研发人员沟通的有效性

根据周彬、周军、徐桂红等的研究，实现研发人员的有效沟通主要应从以下几个方面着手[26]：

（1）正确认识自身的局限性。

研发人员的合作基础在于成员之间都有共同的知识基础，如果没有这一基础，合作就没有共同的语言基础，无法进行正常的交流。如果研发人员没有知识的差别，专业的互补性不强，合作也就没必要。因此，正确认识自己，明确自己的局限性，有利于研发人员之间的相互合作和沟通，从而在基本认识上解决彼此发生冲突的根源。

（2）提高主动沟通的意识。

研发团队的内部冲突往往是由于沟通不足或不当所致，而这又是由于研发人员缺乏主动沟通的意识造成的。良好的沟通需要有几个基本要素，即真诚或表里如一、彼此信任和相互了解。这些理念的形成并不是那么容易，需要不断的口头强化和实践验证，否则，就难以形成。

在研发团队中，由于学科专业的限制，人们对沟通的重要性认识不足，或者出于研究成果的独占性需要，不愿与人沟通，不敢与人沟通，这也是由知识信息的特殊性所决定的。但是，既然是团队研究，完成的是一个共同的科研任务，如果缺乏正确的沟通理念和主动的沟通意识，整个科研项目的进程就会受到影响，研究目标就难以实现。

（3）建立团队的内部沟通机制。

为了正确引导研发人员进行一些必要的内部学术冲突，发挥冲突的积极作用，建立内部正式沟通机制十分必要。中国古代孔子与学生之间也是采取这种形式进行学术沟通，现在一些研究机构也主张定期举办“头脑风暴”会议，来进行学术思想碰撞，产生新的研究思路或新的思想。一个正式的学术研究团队一定要建立一种平等的“学术对话”平台，让各种思想和研究思路能够进行有效沟通。

在人际沟通方面，也要有沟通机制，上下级之间，研发人员之间应平等地进行人际交流，定时或不定时地进行非工作聚会，如野外活动、午餐会、生日晚会等。团队负责人应给予研发人员“上诉”的机会和权力，建立研发人员“抱怨处理”制度，设置内部意见箱，并诚心诚意地对待下属所提意见和建议，鼓励成员积极思考，为团队的健康发展出谋划策，维护研发团队的形象和凝聚力。

（4）提高沟通的技巧。

目前大多数企业已经认识到员工培训的重要性，但是研发机构在这方面的认识仍然相当不足。研发人员在自己本专业是知识丰富，但关于如何进行管理、如何学会在组织中进行有效沟通等方面的知识还相当匮乏，对研发人员进行管理沟通的培训或组织行为科学的培训相当重要，通过培训可以提高研发人员的沟通技巧。

研发团队属于知识型团队，如何进行知识管理，如何管理知识型员工，是一个任务艰巨的管理工作，只有具备良好管理素质和领导能力的领导，才能够胜任研发团队的领导和管理工作，而不是在某一专业领域具有学术地位的人就一定胜任研发团队的管理，因此，需要特别重视对研发团队领导进行管理知识培训，提高其管理和沟通技能，实现研发团队内部的有效管理和有效沟通，这将大大有利于缓解研发团队内部冲突，推动研发团队健康发展，多出高水平的成果。

4. *在合作中沟通，在沟通中合作*

技术的复杂性已经使研发组织越来越复杂，规模也越来越庞大，一些研发组织往往要雇用数以百计的研究人员。研发组织的管理者必须在各种学科间进行协调，整合各种要素，以便它们能够顺利发挥作用，并使它们对研发组织的贡献达到最大化。因此，通过沟通加强合作，在合作中加强沟通，过去是、现在仍然是取得进步的必要条件。下面是两个管理研发人员合作与沟通的实例。

实例一：联想如何管理研发人员。

很多公司在招聘员工时，如果哪个员工说他带了技术成果或者客户资源来应聘，这些公司都会喜出望外，似乎拣了个大便宜。针对这种现象，联想公司 QDI 研发中心总经理万长青说："我们不希望个人带着成果来公司，这将是一种误导，是一种容易使员工犯错误的行为。如果你的企业的核心优势是靠这些渠道而得来的，那就永远不会形成自己的核心竞争力。一个好的技术团队培养起来非常不容易，尤其是在国内市场经济氛围刚刚培养起来的环境里。"

在 IT 企业里，研发人员的管理问题是非常令人头疼的，万长青颇有感慨："有些技术人才因为掌握了一些核心技术就不知道如何摆正自己的位置。我认为，应该让技术人才找到实现自己价值的舞台，让他找到自己的定位并培养良好的职业道德。同时培养大家在一个团队里工作的意识，不管你的个性如何，都能跟别人相互合作。"

那么，究竟如何让这些很有个性的研发人员和谐共处并且进行团队合作呢？万长青说："一些技术人员有保守的倾向，因为他要利用自己的技术优势保持自己的地位和待遇。这种倾向会伤害技术人才之间的合作关系。根据我们的经验，企业应该在人才的认可标准上进行调整，这种标准不仅仅要以技术水平的高低来评判。比较科学的认可标准应该是这样的：建立一个技术职称体系，让这些技术尖子把自己所知道的技术讲出来，还要让他们能带徒弟，即对技术尖子而言，你不光是手里有绝活，还应该有能力把团队带起来。在联想，我们的内部讲座很多，让这些人把自己的东西写成规范的教材，这样让他在信息共享的情况下形成权威人物。另外，我们在职位体系上也推行了弹性的职位体系，给研发人员足够的发展空间，让他们不断地接受新的挑战，也在这一过程中让他们寻找最适合自己发挥能力的岗位。”[27]

实例二：多学科团队奏响“创新协奏曲”[28]。

1. 联手签下跨省“大单”

2003年7月，浙江省公布了一项跨省科技招标启事，招标的课题是：“汽车电磁制动器开发及关键技术的研究”。电磁制动器是一种新型拖车制动器，这项技术当时在国内几乎还是空白，更没有自主知识产权的产品。对于这么一项研究空间大、应用前景广、经济效益可观的科研项目，包括浙江省本土在内的几所国内一流高校都志在必得。

这是一个横跨车辆工程、材料科学与工程、电气工程与自动化、新的集成制造技术和信息化等多学科领域的集成项目，需要联合攻关——江苏大学在这方面确有“人和”优势！很快，材料学院、汽车学院、电气学院、机械学院4个学院，孙玉昆、成小农、周孔亢、陈龙、顾寄南等相关学科的负责人走到了一起。经过讨论，大家达成共识：积极应战，全力竞标！经过认真准备，江苏大学最后以超出第二名16分、超出第三名25分的明显优势胜出。

2. 让年轻人出演主角

参加竞标时，课题组分成电气、材料、计算机、试验及产业化几个子项，分头查找资料，开展准备工作。项目研究正式开始后，实行“技术委员会领导下的项目负责人制度”，7名博士生导师组成专家技术委员会，负责技术咨询和研究决策，周孔亢教授任执行专家。在总项之下设立了5个子项，分解研究任务，齐头并进。

特别值得一提的是，从总项负责人李仲兴，到5个子项的负责人，几乎都由40岁不到的副教授担任。“这样做，就是给年轻人多压担子，多一点机会。”周孔亢解释说。为了让参与研究的年轻人多一点“实惠”，在签订项目合同书时，课题组特别向对方提出，项目“分子项设置、鉴定，最后总鉴定”。周孔亢教授对王选院士的一段话颇有同感，意思是说，作为科研团队的带头人，要想团队稳定，得到的就要比别人少，付出的还要比别人多。

3. 动听的旋律源于每个音符的跳动

一个分属不同学科领域的科研团队，真正运作好并不是件容易的事。全体成员的积极性如何调动？各个子项间的研究进度如何统一？研究工作如何既分工而又不能割裂？周孔亢教授说，解决这些问题，关键是平等、互补、沟通，让每个“音符”都跳动起来，营造一体感、归宿感，让每个人在完成共同目标中实现自我价值。

汪建敏老师负责的“电磁制动器电磁体制造工艺的研究”，被专家鉴定为“按照该工艺生产的产品达到国外同类产品先进水平”。回忆起当时的情景，他说一个实验经常要做5个小时，特别是2005年7月以后，几乎每天都是夜里两点以后才能睡觉，有时甚至通宵做实验。尽管非常辛苦，但人非常愉快，“因为是为自己做事情，是主动的，不是被动的。”特别是团队内部的氛围非常好，大家相互协作，只要别人需要，数据都及时提供。

历经两年磨砺，这个科研团队终于开发出了具有自主知识产权的电磁制动器。2005年12月25日，浙江省科技厅组织的科技鉴定给予高度评价。李仲兴老师深有感触地说，这个项目从最初竞标拿下到后来的顺利开展，最终成功突破，得益于有一个知识结构合理、性格互补的科研团队，得益于一个组织协调水平高、奉献精神强的领头人物，得益于全体成员相互间的尊重、沟通和协作。

思考题

（1）研发人员的特点是什么？

（2）研发人员的管理有何特殊性？

（3）研发人员职业生涯的路径有哪些？

（4）研发人员绩效考核的过程如何？

（5）研发人员的激励中应注意什么？

（6）研发团队管理有哪些误区？

（7）如何提高研发人员沟通的有效性？

参考文献

[1]（加）弗朗西斯·赫瑞比（Frances Horibe）著．管理知识员工（Managing Knowledge Workers）．郑晓明，等译．北京：机械工业出版社，2000，15－16.

[2]［美］杰恩·川迪斯著．研发组织管理——用好天才团队．柳卸林，杨艳芳，等译．北京：知识产权出版社，2005，72－73.

[3] 沈群红．中国高技术企业研发人员激励效用分析．中国国家图书馆博士论文文库，1999，57.

[4] 郑耀州．知识员工的报酬管理．北京：机械工业出版社，2006，93.

[5] 彭剑锋，张望军．如何激励知识员工．中国人力资源开发，1999（9）：12－14.

[6] 苏东水．管理心理学．上海：复旦大学出版社，1998.

[7] 苏东水．管理心理学．上海：复旦大学出版社，1998.

[8] John M. Ivancevich. Human Resource Management（人力资源管理），北京：China Machine Press；McGraw－Hill Education（Asia）Co.，2004.

[9] Greenhaus J H，Callanan G A，Career Management，2nd ed. Fort Worth，TX：Dryden Press，1994.

[10] Dalton G W，Thompson P H，Price R L. The Four Stages of Professional Careers. Organizational Dynamics，Summer 1977，6（1）：19－42.

[11] Edgar. Schein H，How'Career Achors' Hold Executives to Their Career Path. Personnel，May June 1977.

[12] Magid Igbaria，Suleiman K. Kassicieh，Milton Silver. Career Orientations and Career Success Among Research，and Development and Engineering Professionals. Journal of Engineering and Technology Management，March 1999，16（1）：29－54.

[13] 陈劲，徐笑君．研究开发人员职业发展轨道与职称评定研究．科研管理，1999，20（3）：34－39.

[14] 张一驰．人力资源管理教程．北京：北京大学出版社，1999，186－188.

[15] 张建国，彭剑锋，王华．一切从战略做起——微软研发人员的绩效管理．2005.［2005－12－16］. http：//www. daherc. com.

[16] 夏瑞利．破解研发人员考核难题．中外管理，2006.

[17] 刘振武等．中国石油天然气集团公司技术创新案例．北京：石油工业出版社，2006.

[18] 胡伟强．高科技企业研究人员的激励策略探讨．东华大学学报（社会科学版）. 2004，4（3）：7－10.

[19]［美］Paul Hersey，Kenneth H. Blanchad 著．行为管理学——人力资源的运用．［台］王琼玲译．台北：大中国图书公司，1979.

[20] Zingheim，Patricia K，Schuster，Jay R. Winning the Talent Game：Total Rewards and the Better Workforce Deal！. Compensation & Benefits Management，Summer，2001，17（3）：33－39.

[21] Beattie D F，Tampoe F M K . Human Resource Planning for ICL. Long Range Planning 1990，23（1）：17－28.

[22] 张望军，彭剑锋．中国企业知识型员工激励机制实证分析．科研管理，2001（6）.

[23] 陈春花，杨映珊．科研团队运作管理．北京：科学出版社，2004.

[24] 宋渊洋．团队管理的六大误区．企业活力，2006（2）：92－93.

[25] China R D M 电子百强经验：研发与技术团队管理．管理者，［2006－07－31］. http：//www. chinardm. com/info/html/2006－07－31670_1. html.

[26] 周彬，周军，徐桂红．论科研团队的冲突管理与有效沟通．中国科技论坛，

2004（3）.

［27］郑大奇．联想如何管理研发人员．［2001－09－07］．http：//www.ccw.com.cn/htm/work.

［28］高鸣，张明平．多学科团队奏响“创新协奏曲”．［2006－04－25］．http：//www.stdaily.com/gb/education/content_515803.htm.

第六章　企业知识产权管理

知识产权制度是保护智力劳动成果和维护市场公平有序竞争的一项基本法律制度，也是促进技术持续创新，加速科技成果产业化，增强经济和科技实力的有效机制之一。对于企业来讲，充分有效地利用知识产权制度，是提高企业技术创新能力和核心竞争力、优化科技资源配置、保证在市场竞争中处于主动地位的重要途径。面对21世纪经济科技全球化和一体化的飞速发展，了解知识产权制度和技术创新的关系，深刻认识知识产权在市场竞争中的重要作用，研究制定并实施知识产权战略，将其纳入企业技术创新战略的重要内容进行管理，是企业的必然选择。

第一节　知识产权与技术创新

一、知识产权概念和性质

1. 知识产权的概念

知识产权（Intellectual Property）一词最早是由17世纪中叶的法国学者卡普佐夫提出的，他将一切来自知识活动领域的权利概括为“知识产权”。后来比利时著名法学家皮卡第对这一概念进行了发展，他认为知识产权是一种特殊的权利范畴，它根本不同于对物的所有权。“所有权原则上是永恒的，随着物的产生与毁灭而发生与终止；但知识产权却有时间限制。一定对象的产权在每一瞬息时间内只能属于一个人（或一定范围的人——共有财产），使用知识产品的权利则不限人数，因为它可以无限再生[1]”。自1967年《成立世界知识产权组织公约》签订以后，知识产权这一概念得到了世界大多数国家和众多国际组织的承认。在我国，法学界曾长期采用“智力成果权”的说法，1986年《中华人民共和国民法通则》颁布后，开始正式使用“知识产权”这一法律术语，台湾地区把知识产权称为“智慧财产权”，香港地区称为“智力产权”。

“知识产权”这一法律术语虽然已被国际社会普遍认可，但是目前尚无确切的定义，国内外学者，对知识产权概念的界定归纳起来有以下几种代表性观点：

（1）知识产权指的是人们就其智力创造的成果所依法享有的专有权利[2]。

（2）知识产权是智力成果的创造人或工商业标记的所有人依法享有的权利的

统称。在第一种定义的基础上增加了生产经营活动中的标记权[3]。

（3）知识产权是人们基于自己的智力活动创造的成果和经营管理活动中的标记、信誉依法享有的权利。在第二种定义的基础上增加了经营性资信[1]。

（4）知识产权是民事主体依据法律的规定，支配其所有的信息，享受其利益并排斥他人干涉的权利[4]。

（5）国外对知识产权概念的定义有代表性的是世界知识产权组织编写的《知识产权法教程》，认为知识产权的对象是指人的脑力、智力的创造物。并解释道，之所以把这类财产称作知识财产，简单地说，就是知识财产与各种各样的信息有关，人们把这些信息与各种有形物质相结合，并同时在世界不同的地方大量复制。知识财产并不指这些复制件，而是指这些复制件中所包含的信息[5]。

有关国际公约都是从知识产权的客体范围来明确知识产权的概念的。1967年世界知识产权组织（WIPO）在斯德哥尔摩签订的《建立世界知识产权公约》第2条第8款规定，知识产权包括以下有关的权利：

（1）与文学、艺术及科学作品有关的权利（指版权或著作权）；

（2）与表演艺术家的表演活动、录音制品和广播有关的权利（指版权的邻接权）；

（3）与人类在一切领域创造性活动产生的发明有关的权利（指专利权）；

（4）与科学发现有关的权利；

（5）与工业品外观设计有关的权利；

（6）与商品商标、服务商标、商号及其他商业标记有关的权利；

（7）与防止不正当竞争有关的权利；

（8）在工业、科学、文学或艺术领域内其他一切来自知识活动的权利。

世界贸易组织（WTO）《与贸易有关的知识产权协议》（TRIPS）对知识产权保护范围的界定是：

（1）版权与邻接权；

（2）商标权；

（3）地理标志权；

（4）工业品外观设计权；

（5）专利权；

（6）集成电路布图设计（拓扑图）权；

（7）未被披露的信息专有权；

（8）对许可合同中限制竞争行为的控制。

从对知识产权客体的划分上，传统的知识产权包括版权（著作权）和工业产权，工业产权分为专利权和商标权。1992年国际保护工业产权协会（AIPPI）东京会议将知识产权划分为创造性成果的权利与识别性标记的权利。创造性成果的权利包括发明专利权、著作权、计算机软件权、工业品外观设计权、技术秘密权、集成电路布图设计权和植物新品种权；识别性标记权利包括商标权、商号权、其他与制止不正当竞争有关的识别性标记权。

随着科学技术的进步，知识产权的种类在不断的丰富，因此现代知识产权包括以下三种类型：一是创造性成果权，如著作权、专利权、科学发现权、技术秘密权、外观设计权、集成电路布图设计权和植物新品种权等；二是标记性成果权，如商标权、商号权、服务标记权、地理标记权等；三是经营管理经验等蕴涵有智力因素的成果权，如商业秘密权、制止不正当竞争权等。

2. 知识产权的特征

知识产权作为一种无形资产，与有形资产的所有权相比，知识产权有自己的特征，一般来说有以下几点：

（1）无形性。知识产品不具备物质形态，不占有一定的空间，它必须依赖于一定的载体为存在条件，具有不同的存在、利用、处分形态。这一特有性质决定了知识产权的保护同传统的有形物的保护存在着较大的差别。有形物所有权保护的核心在于对占有的保护，在一定的时空条件下，所有人能有效地控制自己的有形财产，以排除他人的非法侵占。而知识产品保护的核心在于权利人对禁止他人非法使用其成果的权利的保护。人们对它的“占有”不是一种实在的具体的控制，而是表现为认识和利用。使用知识产品不会像物质产品那样引起全部或部分消灭、损耗，也不局限在一定场合由一定的主体实际使用，而可以在无限的范围内由多数主体同时使用。处分知识产品也无须像处分有形财产那样需交付实物，只需将其技术实质以技术资料、文件等形式转移他方或者通过培训、传授的方式传递给他方，并使其知悉等。

（2）专有性。知识产权的专有性也称之为独占性，因为知识产权是一种“私权”，强调具体的、特定的主体的权利，任何未经权利人许可的使用即构成侵权（除法律规定外），这种专有性实际上构成了排他性，保护知识产权持有人对知识产品的垄断权利，这个特性也是知识产权受到重视最重要的原因。它的专有性主要表现在两个方面：第一，知识产权为权利人所独占，权利人垄断这种专有权利并受到法律的严格保护，没有法律规定或未经权利人许可，任何人不得使用权利人的知识产权；第二，对同一项知识产权，不允许有两个或两个以上同一属性的知识产权并存。

（3）地域性。知识产权作为一种专有权在空间上的效力并不是无限的，而是要受到地域的限制，只在其权利产生的领域内有效。这一特点有别于有形财产权。一般来说，对所有权的保护原则上没有地域性的限制，无论是公民从一国移居另一国的财产，还是法人因投资、贸易从一国转入另一国的财产，都归权利人所有，不会发生财产所有权失去法律效力的问题。而无形财产权则不同，按照一国法律获得承认和保护的知识产权，只能在该国发生法律效力。除签订有国际公约及双边或多边互惠协议外，知识产权没有域外效力，其他国家对这种权利没有保护的义务，任何人均可在自己的国家内自由使用该知识产品，既无须取得权利人的同意，也不必向权利人支付报酬。虽然至今有地区组织（如欧盟）以及地区（法语非洲国家）多边机制的发展促进了在多国基础上授予知识产权，但仍未从根本上改变知识产权制度对地域性原则的依赖，只要各国知识产权制度存在差别，知识产权的地域性就不会消失。

（4）时间性。知识产权保护要受时间限制，它仅在法律规定的期限内受到保护，一旦超过法律规定的有效期限，这一权利就自行消灭，相关知识产品就成为整个社会的共同财富。这一特点是知识产权与有形财产权的主要区别之一。有形财产权的有效期限，以其标的物的存在为前提，法律一般不能规定其有效期限。知识产权的有效期则是法定的。为了平衡知识产权"私权"与"公权"的关系，知识产权制度规定知识产权保护具有时间性，例如 TRIPS 协议规定发明专利权至少从申请日起保护 20 年。知识产权时间限制的规定，反映了建立知识产权法律制度的社会需要。这一制度既要促进文化知识的广泛传播，又要注重保护知识产品创造者的合法利益，协调知识产权专有性与知识产品社会性之间的矛盾。知识产权的终止、失效，只是其标的（权利）的丧失，作为其客体的智力成果依然存在，只是由"专有领域"进入"公有领域"。知识产权的失效，并不意味着其原来所保护的客体失去了使用价值。

（5）可复制性。知识产权的可复制性又称为工业再现性，这个特性在工业产权中更为突出。知识产权之所以成为某种财产权，是因为这些权利被利用后，知识产权的客体能够体现在一定的产品、作品或其他物品上，并可以重复再现，重复利用。例如专利权人拥有的专利必须能够体现在可复制的产品上，商标权人拥有的商标必须能够复制在相关的商品或服务标识上，著作权人的作品必须表现在可复制的图书或音像制品上，这样才能体现出专利权、商标权或著作权等。正因为如此，可复制性把知识产权与一般的科学和理论相区别。

3. 知识产权与无形资产的区别

知识产权作为无形资产的主体，两者紧密相关，但还存在一定的差异。首先，无形资产比知识产权包含的内容广阔。一般国际上无形资产包括：专利权、商标权、著作权、技术秘密、经营秘密、商誉、销售网络、特许生产经营权等内容，在我国财会制度中无形资产还包括土地使用权等。因此，无形资产的范畴中还包含非知识产权类的资产。其次，知识产权只有为权利持有人带来经济利益时，才能够转化为无形资产。我国《企业会计准则》规定：无形资产是指企业为生产商品、提供劳务、出租给他人，或为管理目的而持有的、没有实物形态的非货币性长期资产，也就说，无形资产能够给持有人带来经济利益。当知识产权进入市场交易或生产经营活动之中，能够为知识产权持有人带来经济收益时，知识产权才能转化为无形资产。现实中，一些知识产权由于许多因素，没有进入市场交易和商业化应用，就不能转化为无形资产。所以，取得了知识产权，并不等于就拥有无形资产。

二、技术创新与知识产权

知识产权制度是推动和保障技术创新的一项基本制度，知识产权与技术创新有着非常密切的内在联系，首先知识产权制度是随着技术创新的发生而诞生，又随着技术创新的发展而不断地发展和完善；其次，知识产权制度作为一种对技术创新的激励机制、保护机制、引导机制和加速机制又使技术创新获得蓬勃的发展；再次，由技术创新创造的新的智力成果又要求知识产权给予保护，从而促进了知识产权制度的进一步发展和完善，形成了互相促进的良性循环。

世界知识产权组织（WIPO）把知识产权制度的作用归结为五个方面：一是鼓励研究开发新技术；二是为新技术成功地应用于产业创造环境；三是促进技术的扩散；四是为制定技术发展规划和战略提供依据；五是为吸引外资、共同合作和引进技术提供制度化保障。

世界贸易组织（WTO）《与贸易有关的知识产权保护协议》即 TRIPS 协议也指出："知识产权保护和实施的目的，应有利于促进技术创新、技术转让和技术传播，有利于生产者和技术知识所有者的互相利益，保护和实施的方式应有利于社会和经济福利，并有利于权利与义务的平衡"。

1. 知识产权对技术创新的作用

（1）知识产权制度激励技术创新。

很多技术创新活动是一项复杂的、高智力劳动，需要巨大的投入，同时还存在很大的失败风险。创新成果具有易扩散、可共享等属性，如果创新成果得不到有效的保护，其他人就可以任意地、无偿地使用创新成果，那么创新成果权利人的利益就得不到保障，则其进行创新的动力就会受到抑制，从而阻碍了科技进步和社会经济发展。知识产权制度对创新成果在制度上予以产权化的安排，使创新成果的权利人在一定的期限内享有排他的独占权，并保护这种独占权不受侵犯，在权利的有效期内未经权利人许可，任何人不得使用。有了这种独占性，权利人可以通过转让、许可或实施其创新成果，取得巨大经济利益，收回投资，获得回报，形成一个"创新—获利—再创新—再获利"的良性循环，这样权利人才有继续创新的积极性和物质条件。1985 年美国学者曼斯菲尔德通过调查表明：没有专利制度的保护，医药工业中 65%的发明不会被利用，60%的发明活动不会进行；在化学行业，这两个比例分别为 30%和 38%[6]。在日本，1940 年至 1975 年 35 年间，仅创制了 10 种新药，1975 年日本开始对药品施行产品的专利保护后，至 1983 年 8 年间就创制出 87 种新药[7]。因此，知识产权制度对发明创新起着极大的激励作用。另外由于知识产权权利人拥有一定的独占权，竞争者要避免侵权，赢得竞争优势，就必须进行新的发明创造，从而激励人们持续创新。

（2）知识产权促进技术创新成果的传播与交流。

知识产权制度促进了知识的积累，为技术创新提供了丰富的信息资源。知识产权中专利制度要求专利权人在申请专利保护的同时，向社会公开自己创新的成果。专利制度这种以“公开换取保护”的制度安排，在专利权人和社会利益之间取得一种平衡。世界知识产权组织的研究结果表明，全世界最新的发明创造信息，90%以上首先都是通过专利文献反映出来的。在研究开发工作的各个环节中注意运用专利文献，发挥专利制度的作用，不仅能提高研究开发的起点，而且能节约 40%的科研开发经费和 60%的研究开发时间。欧洲专利局的一项研究结果表明，在十几个欧洲专利条约成员国中，在应用技术的研究开发中，由于利用了专利文献，避免了重复研究，每年可节约大约 300 亿马克的研究开发经费[8]。美国的一次关于技术创新的调查也表明，“不重视专利信息，凭空构思，只有 1%～3%的方案能够成功[9]”。专利技术的信息对知识的再创造，对技术创新具有极为重要的作用。世界上许多大公司、大企业在新技术、新产品的开发全过程中，毫无例外地都注意充分利用专利文献。在研究开发工作中，先进行专利文献检索，就可以做到知己知彼，在最新最高的起点上确立科研课题，站在巨人的肩上往上攀登，避免重复研究开发和有限科技资源的浪费。

知识产权制度明确技术创新成果的权属并对其加以保护，有利于企业参与国际竞争，引进国外先进技术，加强国际间经济技术贸易。国外企业一般将知识产权管理与企业的经营活动相结合，把专利申请与国际投资活动有效地结合起来，在确保专利权后，才进行对外直接投资活动。1988 年美国《综合贸易法》中特别 301 条款规定，如果某个国家“未适当有效保护产权及未给美国厂商以公平进入市场的机会”，美国就要采取报复制裁措施。所以只有建立了专利保护制度并使之良好地运行，从国外引进的技术才能被很好地应用，才有可能成为我国进一步技术创新的资源，我国的技术发明创造成果也才能在国际交往中得到有效保护。

（3）知识产权有利于保障技术创新的投入。

知识产权制度延长了竞争者进入市场的时间。专利制度赋予权利人一定的垄断期限，在此期间他人未取得权利人的许可不能使用其技术。这样，专利制度就保障了创新者利益的回收。

知识产权保护制度提高了侵权人的侵权成本。很多技术创新需要大量的人力、物力和资金投入，而模仿创新成果的成本可以降到很低。如果不采用专利保护措施，创新者不仅不能收回成本，甚至还会失去市场。根据曼斯菲尔德的调查，由于建立了专利保护制度，模仿的成本提高了近 11%，平均在药品行业约增加了 30%，化学行业约增加了 10%，电子和机械行业约增加了 7%[9]。

（4）知识产权制度促进技术创新成果的产业化和商品化。

知识产权制度激励技术创新，对促进创新成果产业化和商品化起着重要作用。技术创新是发明的首次商业化应用，是科技成果商业化的过程。近年来美国、日本等发达国家纷纷制定了 21 世纪知识产权战略，利用经济和法律手段来推动技术创新。知识产权制度中专利制度推动技术创新的作用最为明显。专利制度赋予专利权人在一定期限内独占市场经济利润，就是要求专利权人积极将自己的专利技术进行应用。专利权人可以自己进行产业化应用，从出售产品中获取利润；也可以进行技术转让或许可实施获得收益，同时实施该项技术的其他人可以以合适的代价得到需要的技术，节约大量的研究开发费用，避免研究、开发风险。

若专利权人在一定时期内没有实施、应用其专利技术，他不仅不能获得商业上的回报，而且其专利权会受到限制，如专利实施的强制许可。另外，专利权人要维持自己的专利权有效，需每年按时缴纳专利年费，并且这种费用逐年递增。这样，就促使专利权人积极推广应用自己的成果，去创造效益进而维护专利权有效。否则不缴纳年费而予以放弃，使专利技术成为公有技术。

2. 技术创新对知识产权制度的影响

从知识产权制度产生、发展的历史过程来看，它几乎是与近代科学技术的兴起同步，它是随着机器化大生产的出现而产生，并在第一次工业革命和现代工业革命中不断丰富和拓展。技术创新不断打破旧的知识产权体系，推动知识产权制度的变革，知识产权制度在技术创新中不断进行完善和发展。

（1）技术创新不断地扩展知识产权制度的保护范围。

知识产权保护首先从专利保护开始。世界上最早对发明创造给予专利保护的法规是 1474 年威尼斯城邦共和国颁布的，开启了知识产权制度的萌芽。1624 年，英国为了发展新工业，颁布《垄断法规》，确立了专利制度的基本原则和框架，被认为是世界上第一部具有现代意义的专利法。1709 年英国颁布的《为鼓励知识创作而授予作者及购买者就其已印刷成册的图书在一定时期内之权利法》（即《安娜女王法》）是世界上第一部保护作者权利的著作权法。1803 年法国颁布了的《关于工厂、制造场和作坊的法律》，确认了对商标权的法律保护，其后1857年，颁布的《关于以使用原则和不审查原则为内容的制造标记和商标的法律》是世界上第一部商标法。1890年美国的《谢尔曼反不正当竞争法》和1896年德国的《反不正当竞争法》被认为是世界上最早的专门的反不正当竞争法。15世纪下半叶到19世纪末，是近代科学技术的大发展时期，也是技术创新最活跃时期，随着科学技术在工业中的广泛应用，知识产权的保护范围也从专利扩大到商标、版权领域，传统的知识产权体系逐步形成。现代科技的发展更是极大地拓宽了知识产权的保护范围，1930年美国颁布《植物专利法》，首次将植物新品种纳入知识产权保护，1972年菲律宾率先把计算机软件的保护明文纳入《版权法》，1980年美国开始将数据库作为“汇编作品”进行版权保护，1984年美国公布了世界上第一个半导体芯片保护法，揭开了保护集成电路知识产权序幕。目前一些国家把网络传输、基因等技术领域纳入知识产权的保护范围，如1996年12月，在世界知识产权组织的日内瓦会议上形成了两个新条约，分别是《世界知识产权组织版权条约》（WCT）和《世界知识产权组织表演和唱片条约》（WPPT），这两个条约分别赋予了作者、表演者和唱片录制者控制包括因特网在内的交互性网络传输的权利。

（2）技术创新促进新的知识产权权利类型的诞生。

随着智力劳动的高级化和技术创新的高层次化，人类的创新成果已超出了传统知识产权保护范围，相应的保护对象也发生了变化。在知识经济时代，高新技术的应用和经济发展带来的问题尤为突出，一系列新客体如基因工程、生物技术、数据库技术、多媒体产品、计算机软件、集成电路等都向传统的知识产权制度提出了挑战，这些客体都要求知识产权制度必须给它们相适应的保护。首先，就专利而言，最新趋势的保护客体包含了基因工程在内的几乎所有技术领域的发明；就版权而言，已扩大到包括数据库、计算机软件权、域名权等。其次，在整体的知识产权范围内，已经出现并继续出现某些与传统的保护方式相互交叉又自成新一类的保护客体，如集成电路，植物新品种保护等。

（3）技术创新推动知识产权保护的国际化。

最早的知识产权保护是在各个国家内部实施的。随着科技的进步，地区经济集团化和世界经济一体化趋势的逐步形成，世界范围内知识产权贸易也不断扩大和发展，知识产权的保护突破了国界限制，由一国延伸至多国范围，许多世界性和地区性的知识产权条约相继制定。目前，已经缔结的世界性知识产权国际条约30多个，其中最重要的、对各国影响最大的是《保护工业产权巴黎公约》（简称“巴黎公约”），《保护文学艺术作品伯尔尼公约》（简称“伯尔尼公约”），《与贸易有关的知识产权协议》，《世界知识产权组织版权条约》和《世界知识产权组织表演和唱品条约》五个公约。《巴黎公约》规定了成员国保护工业产权的“国民待遇原则”、“优先权原则”、“独立保护原则”等基本原则及最低标准，目前已有168个国家加入该公约。地区性知识产权条约主要有欧盟、北美《自由贸易协定》、法语非洲国家的《班吉协定》等。1967年世界知识产权组织WIPO的建立和1994年世界贸易组织WTO签订的TRIPS协议，表明知识产权保护正在全面走向国际化和国际规范化。

三、保护知识产权的国际公约

国际公约（包括双边和多边协议）对于知识产权保护具有十分重要的作用，它不仅是知识产权国际保护的主要途径，而且是知识产权国内保护和涉外保护的重要标准和依据。目前已通过的世界性的知识产权国际公约有30多个，以下简要介绍《保护工业产权巴黎公约》（简称《巴黎公约》）、《保护文学艺术作品的伯尔尼公约》（简称《伯尔尼公约》）、《与贸易有关的知识产权协议》（TRIPS协议）和《专利合作条约》（PCT）。

1.《巴黎公约》的基本原则

（1）国民待遇原则。

① 在工业产权保护方面，各公约成员国在法律上要让其他成员国的国民享有本国国民同样的待遇，各成员国的国内法也可以给予外国国民高于本国国民的待遇；

② 非成员国的国民在成员国国内有住所或真实有效的工商营业所，应享有成员国国民同样的待遇；

③ 关于司法和行政程序、管辖权、指定送达地址或委派代理人的规定，成员国可以作为例外予以保留。

（2）优先权原则。

享受国民待遇的国民在某一《巴黎公约》成员国第一次提出专利申请或商标注册后，在一定期限内又在其他公约成员国提出同一申请，可以第一次提出之日作为申请日或注册日。这一申请日或注册日被称为优先权日，可以享有优先权的期限被称为优先权期。对于发明专利和实用新型而言，这一期限为12个月，对于外观设计和商标而言这一期限为6个月。以第一次申请的申请日算起。优先权原则不适用于商号、货源标记或产地名称等，对于服务标记则视具体情况而定。

（3）工业产权的独立原则。

各公约成员国可以独立地按本国的工业产权法规定对某项工业产权授权或驳回、撤销或宣告无效，但这并不影响该工业产权在另一国被授权或驳回、撤销或宣布无效。

（4）工业产权必须保护的客体。

《巴黎公约》第 1 条第 2 款的规定："工业产权的保护对象有专利、实用新型、外观设计、商标、服务标记、厂商名称、货源标记或原产地名称，和制止不正当竞争。"其中实用新型属于可选择的保护对象，其余都属于必须保护的对象。对于服务标记、厂商名称的保护可以不以注册为前提条件。

（5）临时性保护。

成员国必须依本国法律，对于在任何一个成员国内举办的、官方承认的国际展览会中展出的商品中可以申请发明专利或外观设计、商标的注册，给予临时保护，保护期限与优先权期限相同。在保护期限内，他人不可就同样内容提出申请，展品所有人提出的申请要以展品公开展出日作为申请日。

（6）宽限期。

工业产权权利人因未履行某种手续（如缴费）或违反了某些规定（如商标使用），将被撤销专用权时，需给予一定的宽限期，使权利人有机会弥补过错。

（7）强制许可原则：各成员国有权立法规定实施强制许可，即由国家的专利机关在一定条件下，不需经专利权人同意，准许他人实施其专利。

2.《伯尔尼公约》的基本原则

（1）国民待遇原则。

① 各成员国应将依本国法给本国国民提供的版权保护，提供给其他成员国的国民和在成员国中有惯常居所的非成员国国民。

② 各成员国应把公约提出的对版权的最低保护要求，提供给所有成员国的国民和所有在任一成员国首先出版作品的作者。

（2）自动保护原则。

享有国民待遇的作者，不需要履行任何手续，其作品可以在全体成员国中受到版权保护。

（3）版权独立性原则。

享有国民待遇的作者，其作品在各成员国中只能依据该国的国内法和公约的最低要求取得版权保护。同一作品在不同成员国中所受到的保护可能是不同的，只要不违反《伯尔尼公约》的基本原则和最低要求即可。

3.《与贸易有关的知识产权协议》(TRIPS)

（1）TRIPS 协议的主要特点。

① 保护范围涉及面广。

TRIPS 规定的知识产权保护范围，既涉及工业产权领域，又涉及版权领域，甚至还涉及一些新的知识产权保护对象的领域，进一步拓展了知识产权的保护范围。

② 知识产权保护水平高。

TRIPS 对各类知识产权的保护期限、权利范围和有关使用的规定方面，大大超过了现有其他国际公约对知识产权的保护水平。

③ TRIPS 把关贸总协定和世界贸易组织中关于有形商品贸易的原则和规定延伸到了对知识产权的保护。如最惠国待遇原则、透明度原则，将“贸易性”原则引入知识产权保护领域。

④ 强化了执法程序和保护措施。

TRIPS 具体规定了有关知识产权执法的行政和民事程序及救济措施（包括禁令、损害赔偿、对被告的适当赔偿、其他救济措施等）、临时措施（包括对“即发侵权”的制止等）、边境措施、刑事措施及惩罚等，加强知识产权的执法保护，这在有关知识产权的国际公约中尚属首次。

⑤ 强化了协议的执行措施和争端解决机制。

把履行协议、保护知识产权与贸易制裁紧密结合在一起，使得有关知识产权的争议能够得到解决，从而保证协议能够得到更有效的执行。如果一个国家或地区加入了 WTO，又不履行 TRIPS 的义务，就可以用贸易制裁的措施进行制裁。这种贸易报复不仅是来自于一个、两个 WTO 成员，甚至可能导致所有 WTO 成员的制裁报复，这就会对一个国家的国际贸易带来非常重大的影响。另外 TRIPS 引入了 WTO 提供的一套解决成员间争端、纠纷的办法，即设置仲裁机构。仲裁同样具有法律效力。如某一成员不履行仲裁裁决，也要受到相应的制裁，包括贸易制裁。

⑥ 有条件的将不同类型的成员加以区别对待。

TRIPS 原则上将成员分为发达国家成员、发展中国家成员、正在从中央计划经济向市场经济转轨国家成员、最不发达国家成员等几类，在一些条款的执行上给予不同的限期。例如，在履行 TRIPS 协议的过渡期限上，发达国家成员只有 1 年，发展中国家成员和正在从中央计划经济向市场经济转轨国家成员为 5 年，最不发达国家成员长达 11 年。

（2）TRIPS 新提出的保护知识产权的基本原则。

TRIPS 在重申现有国际公约中已有的国民待遇原则、保护公共秩序、社会公德、公众健康原则、对权利合理限制原则、权利的地域性独立原则、专利及商标申请的优先权原则、版权自动保护原则等基础上，制定了以下新的基本原则：

① 最惠待遇原则。

这是 WTO 的一个最基本的和非常重要的原则。在 TRIPS 中，最惠待遇是指在知识产权保护方面，某一 WTO 成员所提供给任何国家或地区（包括非 WTO 成员）的任何利益、优惠、特权或豁免，均应立即无条件地适用于全体其他 WTO 成员。但是，世贸组织在货物贸易、服务贸易和知识产权这三个方面，最惠待遇原则有各自不同的条件和内容。

② 透明度原则。

这是在 TRIPS 中第 63 条规定的原则，来源于 GATT 第十条贸易基本原则。其目的是防止缔约方之间出现歧视性行为，便于各方对相互保护知识产权的措施尽快了解，以便加强保护。

③ 争端解决原则。

即确认 GATT 原则运用于解决知识产权争端的原则，这是在 TRIPS 第 64 条中规定的，它把 GATT 中第 22 条、第 23 条关于解决贸易争端的规范程序，直接引入解决知识产权争端，可以利用贸易手段，甚至交叉报复手段确保知识产权保护得以实现。

④ 对行政终局决定的司法审查和复审原则。

TRIPS 明确对于知识产权有关程序的行政终局决定，均应接受司法或准司法当局的审查（第 62 条第 5 款）或者有机会提交司法当局复审（第 41 条第 4 款）。对于发明专利的撤销和无效决定，应提供机会给予司法审查（第 32 条）；对于异议不成立或行政撤销不成立，只要该程序的依据在无效诉讼中能够得到处理，不必对该决定提供司法审查（第 62 条第 5 款）。

⑤ 承认知识产权为私权的原则。

在 TRIPS 的前言中明确提出“承认知识产权为私权”的原则，应该适用于各类知识产权。

4.《专利合作条约》(PCT)

PCT 是《巴黎公约》下属的专门性国际条约，是一个涉及专利国际申请和专利国际合作的重要的国际性条约。PCT 的基本内容是规定了一个发明要求在两个或两个以上国家取得保护的“国际申请”问题。其国际申请及审批程序主要有以下五个环节组成：

（1）国际专利申请。

缔约国的任何居民或国民均可按照条约规定的语言和规定的格式，提出国际专利申请。按照专利合作条约的规定，请求公约适用的客体只是技术发明；工业产品外观设计、商品商标和服务商标之类的工业产权不包括在内。国际专利申请人可用英、法、德、日、俄、中、西 7 种文字中的一种，首先向 PCT 受理局提出国际专利申请书，并注明要在哪些国家申请专利，受理局进行形式审查后，将符合规定的专利申请文件制作两份，一份送交世界知识产权组织国际局进行国际申请登记，另一份送交一个国际检索单位进行检索。

（2）国际检索。

国际检索单位通过与现有技术资料的比较，确定该项专利申请的新颖性和创造性。依条约规定，所谓现有技术是指通过书面公开的，公众在全世界任何地方都能得知的一切技术。国际检索单位应当在收到检索本之日起 3 个月内，或者在自优先权日起 9 个月内提出检索报告，并送交国际局和申请人，国际局将检索报告连同原已登记的申请文件转交给申请人指定申请国家的专利局。目前世界范围内的国际检索单位有 10 个，即澳大利亚专利局、奥地利专利局、中国国家知识产权局、日本特许厅、韩国知识产权局、俄罗斯联邦工业产权局、西班牙专利商标局、瑞典专利与注册局、美国专利商标局和欧洲专利局。国际申请的受理局可决定由哪一个国际检索单位进行检索。

（3）国际申请的公布。

PCT 条约的目的之一是促进有关专利申请技术情报的传播。因此，国际局在自国际申请日（或优先权日起）起满 18 个月后进行早期公布，向国际公开。根据 PCT 的规定，申请人也可以要求提前进行国际公开。

（4）国际初步审查。

国际专利申请人收到检索报告后，可自行决定是否要进入国际初步审查阶段。国际初审单位针对该发明的新颖性、创造性和工业实用性提出审查报告。目前，国际初步审查单位与国际检索单位完全相同。国际初审单位将初审报告送交国际局，国际局将一份初审报告转交申请人，将另一份报告及其译本转交申请人指定国的国家专利局。该审查结果对于被指定国的专利审查并无法律上的约束力，但由于报告的权威性，使得该报告得到各国专利局的普遍重视。

（5）被指定国专利局的最后审查。

指定国家的专利局分别依照本国专利法，对国际专利申请文件、国际检索报告和国际初审报告进行审查，最后做出是否授予专利权的最终决定。

PCT 的实施，简化了成员国国民在成员国范围内申请专利的手续，同时由于国际检索单位和国际初审单位的参与，加快了成员国专利局的审查进程，又能在一定程度上统一专利审查标准和专利审批标准。

第二节　企业知识产权管理内容

一、企业知识产权管理

1. 企业知识产权管理的概念、目的、任务

企业知识产权管理是指企业在国际与国内法律制度平台上，对企业的有关专利、商标、著作权和其他知识产权的形成、利用、受益、处分的过程进行协调和

资源优化配置而进行的决策、规划、指挥、监督、协调、控制、保护、鼓励、服务等项组织活动的总称。

企业知识产权管理的目的是促进企业自主创新和形成自主知识产权，实现知识资源最优化配置，增强企业市场竞争能力，获得最佳经济效益。

企业知识产权管理的任务是通过依靠和利用知识产权制度，有效地利用专利、商标、著作权、商业秘密等加强企业的知识产权保护，防止知识产权无形资产的流失，提高知识产权的运用效益，立足于企业和市场为企业技术创新、创立驰名商标以及生产经营全过程服务。从宏观层面来看，企业知识产权管理的任务有：制定本企业知识产权管理战略、规划和具体实施方案；积极促进企业科技成果和其他智力成果的开发、转化、转让及其规范化管理；积极开展技术创新工作以及利用技术创新成果推动企业技术进步；宣传普及知识产权知识，增强企业知识产权保护意识和能力；建立、完善企业知识产权管理制度，切实加强企业知识产权保护工作。

2. 企业知识产权管理模式

国内外企业知识产权的管理模式大致分为三种：集中管理制、分散管理制和行列管理制。无论属于哪种管理模式，企业都设有专门的知识产权管理部门，并且与技术部门、经营部门密切联系，将授权后的知识产权集中统一管理。

（1）集中管理制的特点是企业的知识产权管理部门按照统一的知识产权政策进行运作，专利权与授权后的所有事宜全部由总公司知识产权管理部门统筹负责，主要体现在知识产权的移转、授权、再授权的管理方式上。其优点是最大限度地保护企业的整体利益，在开发、制造、销售产品的活动中能够顺畅工作。

（2）分散管理制的特点是充分授权。充分授权的含义是在知识产权总部统一管理下的充分授权。企业内各事业部及研究所根据产品特性自主决定专利申请，决定知识产权费用的预算。但取得专利权后，如何运用知识产权、处理纠纷、对外谈判、异议处理等事务则由知识产权总部统一管理。

（3）行列式管理制的特点是按照技术类别、产品类别管理知识产权。知识产权管理部门配合公司内各事业部的产品策略对专利进行管理，通过派遣知识产权联络人员了解各事业部门技术、产品的相关情况，挖掘发明创造，将知识产权的管理贯穿于产品开发至销售的各个阶段。知识产权管理部门集中管理专利授权后的所有事宜，包括权利的运用、转移、谈判、纠纷处理等。

国内外企业虽然在知识产权管理的组织架构设置上不尽相同，但知识产权管理部门的职责却基本一致，主要包括：知识产权的情报研究，知识产权的日常管理，知识产权的保护管理，知识产权的经营管理和知识产权的教育培训。

3. 企业知识产权管理要点

按照知识产权的客体，企业知识产权管理主要是专利管理、商标管理、著作权管理和商业秘密管理。建立知识产权管理制度和把知识产权管理纳入企业科研和经营管理之中是企业知识产权管理的重点。

（1）专利管理。

专利权是技术创新成果取得知识产权保护的主要形式，企业专利管理是围绕企业专利的申请、授权、保护、利用等方面所进行的工作，如专利申请，专利技术的实施，专利权的许可与转让，专利的奖励，专利信息的收集与利用，专利战略的研究与实施，专利权的保护，专利纠纷的处理等事项。从内容上看，则涉及专利规章制度的建立和完善，专利产权的管理，专利信息管理，专利利益分配与奖励等内容。

专利管理注意的问题：

① 对技术创新成果保护的分类。

技术创新成果一般有 3 种处理途径：申请专利进行法律保护，作为技术秘密自我保护或以论文、著作、技术公报的形式公开成果。理论上，一项技术创新成果，只要符合专利法保护的范围和具备专利审查的“三性”（新颖性、创造性和实用性），都可以申请专利。但是专利申请并非在任何情况下都是最佳选择，例如：申请专利需要支付申请费用和维护费用；申请专利就必须对技术方案以专利文献的方式公开，容易导致竞争对手围绕该技术开发出更先进的技术去申请新的专利，反过来对自己的专利形成限制；如果专利申请文献公开后最终未获得专利权的技术，企业就会受到更大的损失。因此，一项技术是否申请专利要从竞争、技术、法律、市场等方面综合权衡决策。从竞争角度考虑专利申请的情形有：技术比较复杂、竞争对手难以绕过去的重大发明创造；通过申请专利能够有效控制竞争对手或能够有效防止竞争对手控制自己的技术成果。从技术开发角度考虑专利申请的情形有：竞争对手容易通过反向工程获得该发明创造技术关键的成果；属于市场潜力较大但创造性较低的成果，以免他人比较容易开发出来，从而失去商机和市场份额。从法律角度考虑专利申请的情形有：容易被他人仿制的产品和技术；申请专利的目的不在于自己利用，而主要是实施专利转让、许可实施或专利诉讼战略。从市场角度考虑专利申请的情形有：市场应用前景广阔，实施后能够产生较大经济效益的技术成果。

企业技术创新成果作为技术秘密保护，不需办理任何申请手续，也不需支付任何费用。对于某些他人很难通过反向工程或其他途径“破译”的技术，或从竞争、技术、法律、市场考虑不适合申请专利的技术，企业可以作为技术秘密进行保护，只要保密措施得当，可以长期在事实上形成对该技术的独占性利用，而不像专利保护有一定的时间限制。但由于技术秘密不具有排他性，企业把创新成果作为技术秘密保护也存在很大的风险。企业无权禁止他人拥有同样的技术秘密；

无权禁止他人通过反向工程对技术秘密的破译，一旦破译该技术，对企业可能造成较大的损失；特别是在专利权实行先申请原则的国家，他人对该技术申请专利并取得专利权后，企业将失去对该技术的所有权，并可能造成侵犯他人的专利权。因此，企业将技术创新成果作为技术秘密的方式保护应当谨慎。

对于不适宜申请专利、也不适宜作为技术秘密保护的技术创新成果，企业也可采取公开的方式进行处理。创新成果的公开更多是作为一种战略手段加以运用，即通过公开成果使竞争对手的专利申请失去新颖性，达到阻止他人获取专利的目的。例如欧美许多企业将自己的一些发明创造主动通过发表学术论文或出版技术公报的形式公开。但是创新成果的公开并不是“全盘托出”，而是要达到阻止他人在后的相关专利申请，对于技术创新中的关键技术不能轻易公开，而且企业公开的范围在符合法律对新颖性审查要求的前提下越窄越好。

因此，企业对技术创新成果的保护方式，应该有一个自己的评判尺度，有些技术可以申请专利保护，有些技术可以采用技术秘密保护，也可以用专利保护加技术秘密保护方式。

② 专利申请类型选择。

依据我国专利法规定，专利的种类包括发明专利、实用新型专利和外观设计专利。发明是指对产品、方法或者其改进所提出的新的技术方案，发明专利可分为产品专利和方法专利两大类型。实用新型是指对产品的形状、构造或者其结合所提出的适于实用的新的技术方案。与发明专利相比，实用新型仅限于具有固定形状的产品，不能是某种工艺方法，如生产工艺、试验步骤、处理过程、化工产品的配方等不能申请实用新型专利。外观设计是指对产品的形状、图案或者其结合以及色彩与形状、图案的结合所作出的富有美感并适于工业应用的新设计。外观设计与实用新型都可以涉及产品的形状，其区别是，实用新型是一种技术方案，主要从产品的内外结构、技术效果和功能出发描述，而外观设计仅仅是一种外形设计方案，仅描述涉及产品的外观并必须与使用该外观设计的产品结合为一体。这三种专利形式各有其特点，发明专利的审查手续复杂，要经过实质审查，从申请到授权一般需 3 年左右，授权周期较长，申请授权所要求的标准比较高，授权率比较低，专利保护期限为 20 年，申请费和维持年费较高。而实用新型和外观设计审查手续比较简单，不需要经过实质审查，比较容易获得授权，从申请到授权一般在 1 年以内，保护期限为 10 年，申请费和维持年费较低。对于发明创造是产品、装置或系统时，既可申请发明专利，又可申请实用新型专利，企业可依据产品的技术市场寿命周期、创造性程度、应用前景和推广范围、申请和维护成本等做出专利申请类型的选择。因此企业应根据发明创造的特点、技术水平、产品市场寿命、申请和维护成本，并结合这三种专利的不同要求，选择适当的专利申请种类，实现专利类型互补，“高低”搭配。例如辽河石油勘探局专利工作者对专利申请类型的考虑是：申请发明专利费时、费力，并且手续复杂，在5到7年就有一次技术更新的钻井专业技术领域，实用新型专利保护就已经足够了。对于特别核心的技术可以采取专有技术和技术秘密的方式保密，也不用申请发明专利。现在辽河石油勘探局大多数专利是针对一些工具进行专利申请的，这些工具属于实用新型专利范畴，在实现工艺方面起着举足轻重的作用，也不容易被简单模仿[10]。

在企业申请专利的具体实践中，专利申请文件的撰写要有一定的技巧。专利申请人往往在说明书中不愿意过多地公开具体的技术实施方案，但是在权利要求书中又要求保护范围足够宽，就会造成权利要求没有以说明书为依据，从而影响专利的授权，因此在处理上要准确把握“公开”与“保密”的尺度。第二要重视权利要求书的撰写，由于权利要求书是一项发明创造要求取得专利保护的实质性内容，是用法律语言来叙述要求保护的发明创造范围，专利权利保护范围的大小和宽窄，是依据权利要求书表述的技术特征确定的，同时也是判定专利侵权的依据，因此对权利要求有三个基本原则，一是能使发明人得到最大的权利；二是能被国家知识产权局授予专利权；三是完整的保护发明创造，他人不能规避权利，无偿使用。

企业专利申请应注意时机的把握，虽然包括我国在内的世界上大多数国家专利授权实行先申请原则，但是专利申请的时间也不是越早越好，需要从竞争对手的研发状况和技术的完备性方面综合考虑，准确把握申请时机。另外对于某些发明创造也可以同时申请发明和实用新型两种专利保护形式。实用新型专利授权周期较短，能够尽快取得专利权的保护，有利于产品早日进入市场，并阻止他人的仿制、假冒等侵权现象发生。同时申请发明专利，有利于延长产品的保护期限，企业可以较长时期占有市场。

③ 对发明创造的激励。

有效的激励机制可以激发员工的创造性和维护知识产权的意识，目前国内外大多数企业对职工的发明创造采取多种形式的奖励和表彰，专利作为技术人员职位和工资晋升业绩考核的重要内容。如 IBM 公司的累积计分制，富士通公司和东芝公司的等级奖励制，埃克森美孚公司每年举行一次专利表彰晚宴，包括美国专利封面及发明者照片展示栏、奖金、埃克森美孚年度最佳专利奖等。大庆石油管理局对专利奖励是全方位的，首先，由大庆石油管理局来承担专利的全部申请费用，其次，落实了专利法中有关“一奖两酬”的规定，一项发明专利被授权后可以立即得到 1000～1500 元人民币的奖励，实用新型和外观设计则可以得到 500 元。另外在效益提成方面，激励力度很大，一项专利实施后，科研人员及成果转化人员可以根据实际情况对科技成果所创造出来的税后利润提成3～5年，每次可提5%～10%，远远超过了国家规定的标准，2002年对创造了1000多万元直接经济效益的《控制水泥面钻井完井新工具》专利的“一奖两酬”奖励达到51.52万元。除了直接的物质激励外，大庆石油管理局还把专利同职务晋升、工资晋升、职称评定、分房、评比先进等许多方面的奖励都挂起钩来。对于知识产权管理人员，大庆石油管理局也尽可能让他们出去参加知识产权培训，学习深造，在知识上充实自己，激励他们做好相关工作[10]。

④ 注重对职务成果与非职务成果的纠纷的预防。

职务发明与非职务发明的权属，一般依据两种方式确定：一是法律规定。现行的《专利法》、《著作权法》等知识产权法对此作了原则的规定，即承担本单位的任务或者履行本岗位的职责，以及主要利用本单位的物质技术条件所完成的成果为职务技术成果，其他则为非职务技术成果；二是双方约定，即由双方根据法律规定，对“任务”、“职责”、“条件”的具体情况进行约定，确定成果权属。但实际中围绕职务成果权属问题发生的纠纷相当普遍，特别是在科技人员流动或兼职的情况下，这种权利冲突就更为激烈。这一矛盾解决不好，一则挫伤科技人员的积极性，使得单位与主张该权利的员工关系紧张，有损于企业文化的建立；二则不利于科研组织的管理。因此，企业应在国际公约和专利法的基础上，制定规章制度和必要的管理措施，提前预防知识产权纠纷的出现。辽河石油勘探局在知识产权工作中实行了“保证书制度”。《办法》规定：辽河石油勘探局所属单位与职工签订的劳动合同中应明确知识产权保护条款。涉及知识产权的相关人员，还要签订《辽河石油勘探局知识产权保证书》，明确知识产权的归属、保证条款以及违约责任，每份保证书上都要求保证：“归单位所有的知识产权，任何个人无权转让和使用，也不得私自外借他人使用；离岗、离职、退养人员，不得利用原任职单位的技术秘密、专利、业务渠道为个人或他人（包括其他企业）提供与原单位竞争的服务[10]。”

⑤ 注重对专利文献的利用。

专利文献具有发明创造技术信息报道早、技术范围覆盖全面的特点，专利制度特有的审查功能，决定了专利文献情报较其他文献使用价值更大，通过专利文献的利用可以了解世界技术水平和预测技术发展方向；由于专利审批的“独立原则”和地域性特点，对于在没有申请专利和授权的国家和地区，可以使用该专利技术和专利产品。另外对于失效专利，可以在任何范围无偿使用。因此企业应当充分利用包括专利文献在内的技术情报，引导科技人员在技术创新的过程中，定期查阅专利技术和法律信息，监控技术发展动态，在技术引进和产品出口中，做好专利技术的信息与法律状况分析。例如北京大学的王选教授在研制计算机汉字激光照排系统时，曾花费了近 1 年时间系统检索了国外有关的专利文献，他从专利文献中发现，国外在研制照排系统时曾经经历了四个发展阶段：第一代是手动照排机，第二代是日本流行的光学照排机，第三代是欧美流行的阴极射线管照排机，第四代是尚未研制成功的激光照排机。在研究和借鉴国外专利文献的基础上，王选教授选择了激光照排高起点的研究方向，从而跳过了外国人走过的前三代机型，以最快的速度跃居世界领先水平。电子出版系统研制成功后，及时申请了 9 项中国专利和 1 项欧洲专利。其核心技术“高分辨率汉字字型发生器”（CN85100285）是全国 1985 年专利法实施后，第一批被授予专利权的专利技术，1989 年获中国专利局和世界知识产权组织联合授予的中国首届专利发明金奖。

⑥ 加强对专利技术资产评估、许可贸易及实施。

对于企业来讲，技术上的领先并不能带来经济效益，先进的技术只有用于高质量的产品和服务，并施于恰当的保护，且迅速投放市场，才能在经济上获得长期的回报。从 20 世纪 90 年代，国外许多石油公司调整技术研发战略，油公司减少了内部研发规模和投入，大量采用外源方式进行研发，注重新技术的应用而不是新技术的发明。因此，企业在专利管理中，要探索规范、科学的知识产权无形资产评估方法和技术，根据企业知识产权战略，有选择开展专利技术许可贸易，提高专利技术的实施效果和扩大应用规模，以利于尽早收回投资，占领市场，取得效益。

美国道化学公司是一家大型跨国化学公司，其生产的化学产品达 2000 多种，公司的知识产权资产包括专利、技术诀窍、版权、商标和商业秘密等，其中专利是其知识产权的主体，公司知识产权管理的特点是知识产权资产的动态管理。1993 年以来，公司从专利管理入手，将知识产权资产管理分为计划、竞争力测评、分类、价值评估、投资和组合六个阶段。在计划阶段，以公司整体发展战略为核心，制定专利利用与业务部门经营目标实施计划，这一阶段与竞争力测评、价值评估阶段密切相关。随后是竞争力测评，利用“知识地图”来完成的，即把本企业和竞争对手的知识产权资产同时放到一张图上，对各自的竞争优势、知识产权资产覆盖范围和发展机会等竞争力指标进行综合对比、评估。使企业明确了解自己的知识产权管理状况，以便加以改进。第三步是分类，把专利分成当前经营所需要的专利、未来发展所需要的专利、已失去商业价值的专利，并将第三类专利转让给其他公司或予以放弃。第四步是价值评估，利用公司与一家咨询机构合作开发的“技术因子法”知识产权资产评估方法，确定知识产权资产的市场价值，计算知识产权资产在企业资产总值中所占百分比。第五步，依据知识产权资产状况的评估分析，公司做出诸如对研究加大投资，开发企业发展所需的专利，或者通过专利许可贸易和建立合资企业，从外部获取专利技术的许可使用等决策。最后通过加强专利的动态管理和有针对性的投资，不断减少专利数量和增强专利质量，最终形成有利于提高企业竞争力，促进企业长期发展的专利组合。道化学公司通过加强专利资产动态管理，减少了专利管理和维持成本，提高了专利质量和战略价值。专利数量从 1993 年的 1.2 万件减少到 1999 年的 8500 件，节省专利维持费 4000 万美元，而专利的许可收入从 1994 年的 2500 万美元增加到 1999 年的 1.25 亿美元[11]。

（2）商标管理。

商标素有企业“黄金名片”之称，是维系企业产品与顾客之间联系的纽带。企业商标管理涉及商标设计、注册、使用、许可与转让、投资、宣传、保护，以及品牌定位、品牌战略等内容。

商标管理注意的问题：

① 培育和经营好商标。

商标可以区分不同厂商的商品或服务，引导消费者识别商品或服务，以达到认牌购货的目的。由于同一类型的商品或服务很多，商标对消费者购买决策的影响越来越明显，直接影响产品的市场占有率。企业在生产经营中除提高产品质量和售后服务外，要加强商标的培育和经营，由于商标代表着企业的商誉和产品的质量水平，因此对商标的许可要授权特许，谨防图眼前利益而使多年的商誉毁于一旦。

② 树立创企业名牌的意识。

名牌（驰名商标）具有企业信誉和产品质量的象征，凝聚了企业的技术、管理、营销等方面的智慧创造，对企业的经营有重大意义，其主要表现在：首先驰名商标具有巨大的无形资产价值。1992 年美国对其驰名商标价值进行评估后，其中八个驰名商标的无形资产价值超过年销售额的两倍以上，前三名是：Malboro（万宝路）香烟，301 亿美元；CoCaCola（可口可乐）饮料，244 亿美元；Budweiser（百威）啤酒，102 亿美元[12]。美国万宝路集团总裁马克斯韦尔在论及名牌的高效益时曾说：“企业的牌子如同储户的户头，当你不断用产品累计其价值时，便可尽享利息[13]。”二是名牌有利于商品获得高额附加值，提高企业经济效益。当代商品竞争的特点是非价格竞争因素已超过价格竞争因素，非价格竞争因素包括产品质量、技术含量、安全性能、售后服务以及商标附加值等，拥有驰名商标，产品的附加值随着商标信誉的扩大而增大，一般商品一旦与名牌嫁接，身价会立刻提高。三是驰名商标可以成为企业入股、合资、合作、联营、组成新的企业集团的重要资源，有利于实现资产重组和资源的优化配置。四是驰名商标可以获得法律的特殊保护，《巴黎公约》、TRIPS 协议等国际公约对驰名商标都给予了高出一般商标的特殊保护，规定凡驰名商标进入的国家，即使该国已有同类商标注册在先，也要让位于驰名商标。

目前进入我国市场的外国企业，其经济策略已经从输出商品和输出资本到输出品牌，采取各种手段和方式竭力推销国外名牌，以增加在中国的市场份额。但我国许多企业名牌意识比较淡薄，固守“好酒不怕巷子深”的陈旧观念，忽视品牌的培育与经营，造成无形资产的隐形流失。

（3）著作权的管理。

企业著作权的管理主要包括科学技术论文、工程设计及产品设计图纸及其说明和计算机软件等作品的管理。涉及论文发表的审查，技术资料档案保存与管理，计算机软件著作权的登记、保护、使用、许可与转让等。

计算机软件著作权管理注意的问题：

① 由于著作权具有“只保护表达，不保护思想”的特点，所以对技术创新思想的保护显得力不从心。在计算机软件的保护上，应根据具体情况，对计算机软件产品采取加密技术、商标注册、技术秘密、符合专利申请条件的可以申请专利等保护措施。

② 加强对软件的版权保护意识，尽快办理登记手续。软件著作权虽然自动产生，但在侵权诉讼中取证很难，而登记可以为界定软件侵权提供重要的证据。

③ 加强软件使用许可意识，软件使用许可形式既能用来向社会销售自己的软件产品，又能通过协议中的限制条款从法律角度约束用户的使用行为，以保护对自己软件产品的合法利益。如国际上目前使用的“启封式”合同许可方式。即软件所有者事先将拟定好的使用许可条款印刷在产品的外包装上或封装在内外包装之间，用户在打开包装前必须仔细阅读该许可证内容，如不同意其中条款，可将未打开包装的软件返回，并领回全部货款；如打开包装则视为同意全部条款，并将遵照执行。

④ 加强计算机软件版权意识培训，定期检查本企业的计算机系统，禁止未经允许的下载或复制活动，及时纠正非法复制、非法使用他人软件的行为。

（4）商业秘密管理。

商业秘密最重要而有效的保护方式是自我保护，主要涉及对员工商业秘密意识的培养，商业秘密的审查和编制商业秘密密级，建立相应的特殊保密措施和使用制度，对高密级的文件资料应建立严格的管理制度；建立详尽描述商业秘密的资料档案，以免造成其实质内容的流失；对公开发布的信息、论文及参加展览会、博览会和研讨会的内容和资料进行保密审查；涉秘人员保密协议的签订；建立对外业务谈判和接待参观人员及与外单位合作研究与开发过程中的技术秘密保护制度。

商业秘密管理注意的问题：

① 企业内部工作人员泄漏商业秘密是最常见的泄密途径，因为企业员工在工作中或利用工作的便利条件往往容易接触到企业的商业情报和技术资料。据对美国一些企业的调查表明，企业内部在岗职工和离退休职工泄漏商业秘密的比例最大，在泄漏商业秘密的人员中，30%是在职员工，28%是离退休员工[14]。因此，企业必须加强职工商业秘密意识的教育和培训，健全企业保密制度和保密措施，明确泄漏商业秘密的处罚办法。

② 人员流动中商业秘密的流失与防范。由于市场竞争导致人才的流动频繁，企业职工“跳槽”、“另起炉灶”、兼职或从事第二职业、离退休职工被其他企业聘用等现象时有发生，成为企业商业秘密流失的主要渠道。目前国内外许多企业采取与有可能了解企业商业秘密的员工签订保密协定和竞业限制协议的措施来保护商业秘密，以防止员工泄密或利用所掌握的商业秘密从事与本企业相同或相近的业务。企业既可与职工在劳动合同中约定保密条款，也可另行签订保密协议。竞业限制又称竞业避让，是指掌握商业秘密的人员在调离或者离退休一定时间内，不得在生产同类产品或经营同类业务且有竞争关系或者其他利害关系的其他单位内任职，或者自己生产、经营与原单位有竞争关系的同类产品或业务。由于竞业限制直接限制员工的择业权利，与劳动保护法可能构成冲突，因此在使用竞业限制时必须要注意以下几点：一是竞业限制的主体要恰当，应是企业高级管理人员、技术开发人员或掌握企业商业秘密的人员；二是竞业限制的期限要合理，一般应在3年以下；三是竞业限制的地域和职业种类要合理，范围不应涉及不会与原企业发生关系的地域或职业；四是补偿要合理，企业必须支付适当的补偿费；五是违约责任要合理，不得加重员工一方的违约责任，不得超出保护原企业合法利益范围。对于没有订立竞业限制协议的，只要不侵犯商业秘密就不能进行阻止。

二、企业技术创新中知识产权管理

技术创新是技术发明的首次商业化应用，技术创新过程可以认为是始于新的技术构思设想、终于商业上的成功应用过程。这一创新过程围绕着技术、工艺、设备、管理以及原材料等展开，并且通过参与这一过程的诸项生产函数的多次重新组合，使某些技术发明成果转化为商品，并获得预期的经济利益。从技术创新过程的时间序列来看，技术创新包含了构思、发现阶段；研究与开发；生产、销售阶段。以上每个阶段，技术创新都可能产生专利权、著作权、商标权及技术秘密权等知识产权，从而使技术创新的过程成为知识产权的形成过程。图6-1描述了技术创新各阶段各类知识产权的形成。

技术创新过程	提出新设想	研究与开发	中试	生产、销售
技术创新过程内容	1. 新构思 2. 评估 （立项）	1. 新知识产生 2. 新产品、新技术、新工艺产生 3. 开辟新用途	1. 工业性放大试验 2. 建立新生产工艺流程和服务	1. 工业化生产 2. 营销方式开拓 3. 新产品促销广告及创新扩散
专利权形成：				
1. 发明专利	——	——	——	
2. 实用新型专利		——	——	
3. 外观设计专利			——	——
商标权的形成				——
版权形成：				
1. 科学作品	——	——	——	
2. 工程设计、产品设计图纸及说明		——	——	——
3. 计算机软件		——	——	——
商业秘密形成	——	——	——	——

图 6－1　技术创新过程中各类知识产权的形成与界定

______代表知识产权形成

企业知识产权管理涉及技术、情报信息和法律等内容，通过图 6－1 可以发现，在技术创新活动的各个阶段，都有不同类型知识产权的产生，知识产权管理工作贯穿于技术创新活动的各个环节，但各阶段知识产权管理的内容应当有所区别和侧重。

1. 技术创新构思形成阶段知识产权的形成与管理

新技术构思方案的提出、评估阶段是技术创新的起点，企业受各种创新激励因素的驱动，对有关科学前景、生产方法、技术方案、工艺流程、市场前景等进行初步考虑、分析和评估，进而发现有价值的新技术方案构思。这一阶段除要查阅有关的科技期刊、杂志等科技文献外，特别要全面、系统地检索专利信息，对相关专利不仅要了解其技术内容，而且要搞清该专利的法律状态和保护范围，对专利权利要求部分要深入研究分析，没有相关专利的，可以立项研究开发；已经有专利保护的，但又是市场竞争所需的，要认真研究他人专利的保护点或专利群保护网，如果能够找到避开这些保护点或保护网的技术方案，可以立项研究，如果找不到突破口，就只能放弃开发计划，否则即使沿用别人的方案开发成功，知识产权也不属于自己，也不能用同样的产品或技术与对手竞争。因此，企业在这一阶段要运用知识产权制度的规则，分析国内外专利信息，对新技术方案进行可行性评估，提出引进、合作或自主研发的建议，制定正确的研究方案和技术路线，提高研究开发的起点，避免重复研究或者发生知识产权纠纷，降低技术创新的风险。

通过文献分析和市场调研，可以了解到：

（1）现有技术所处的成长阶段；

（2）新技术的发展动态和可能应用的领域；

（3）本行业的技术发展动态；

（4）竞争最激烈的技术领域；

（5）竞争对手的技术研发动态；

（6）新技术、新产品的预期寿命、潜在市场和经济价值。

以上许多内容属于创造性的智力成果，具有很强的商业价值，可以作为著作权和商业秘密来保护。

企业在实施重大技术创新、产品开发项目时，还应在检索、分析国内外专利信息的基础上，拟定自主知识产权目标，提交知识产权可行性分析报告，制定相应的知识产权管理规划和策略。

2. 研究开发阶段知识产权的形成与管理

研究与开发是技术创新过程的最重要环节，也是产生知识产权最多的环节，通过研究开发可以获得新产品、新技术、新工艺及其他科技成果，大多数具有原始创新性的成果是在研究开发阶段获得的。这些成果有的可以作为专利进行申请和保护，有的可以作为企业的技术秘密进行保护，此外，研发中形成的具有原创性的计算机软件和规范性的技术资料都可以作为著作权进行保护。

在研究开发开始时，应对研发人员进行知识产权培训，并签订职务成果知识产权协议书，研发人员要定期填写研发内容进度表和阶段成果登记表。在项目研究与开发过程中，要定期监测和检索相关的专利信息，特别是对关键技术和主导产品要进行技术发展动态跟踪、监控。如果在研究与开发过程中发现同类专利的申请，就要调整或放弃现在的研究方案或放弃该研究项目。一个新的设计方案、设计方法、工艺流程都可以申请专利，不必等到新产品或新技术研究与开发完成后再申请，这样可以防止研究与开发过程中由于别人的抢先申请导致整个研究前功尽弃。在研发完成后，要提出知识产权保护整体方案，将专利、著作权、商业秘密结合起来，形成对研究成果的最佳保护。如要认真分析申请多少个专利才能最有效地保护所有的创新点，在符合专利法的基础上，是整体申请还是拆开申请，如何形成专利群保护网，申请哪种类别的专利，如何编写专利说明书和权利要求书等问题，提出专利保护的策略，及时申报专利，应该申报而没有申报专利的成果，项目不得结束。

另外对有关研究与开发项目的所有资料、技术信息、样机要采取措施，严格保密。在申请专利前，对于需要在展览、会议、论文或其他可能泄漏技术秘密的场合公开的技术资料，公开的内容必须进行知识产权审核。另外对于涉及技术秘密的人员，要签订保密协议，以防止技术秘密的泄漏。

企业在与科研机构、大学或其他企业进行合作或者委托进行研究开发活动时，必须在项目合作合同或委托合同中明确各类知识产权的归属和保护措施，明确成果的署名权、所有权、申请权和使用权，避免以后产生知识产权纠纷。

例如中国石油集团东方地球物理勘探有限责任公司在科研项目研发管理中，将知识产权管理贯穿到科研项目立项、中期检查及项目的最终验收整个研发过程中。其研发项目知识产权管理如图 6－2 所示[10]。

3. 中试阶段知识产权的形成与管理

新产品或新技术研发成功后，在进入工业化的规模生产之前，一般还须经过一系列的试验、中试和试产，例如化工产品一般要经过从小试到中试等几十次性能试验和投产前的试产。在这一过程中，同样也会产生专利、著作权、技术秘密等知识产权，其中工艺方法专利、外观设计专利和技术秘密是中试阶段最主要的知识产权形式。如某种产品的制造方法、生产工艺可以申请发明专利，产品的图案、形状或其结合可以申请外观设计专利；生产的关键技术参数，最佳的配方等可以作为技术秘密；产品的性能说明、设计图纸等可以作为著作权进行保护。

4. 生产、销售阶段知识产权的形成与管理

经过研究开发和中试阶段的试验试产，新产品或新技术的技术方案和制造工艺水平已趋成熟，企业进入大批量规模商品生产和销售阶段，这一阶段除了可能形成的技术秘密和著作权等知识产权以外，最重要的就是商标权的产生和保护。商标代表企业特定产品的质量、信誉，也是区别商品和服务来源的一种标记，对于企业开拓市场、扩大销售具有重大价值和意义，一般企业在新产品进入市场时都要进行商标的注册。

对于已经获得专利的产品，也可以申请商标注册，取得专利产品的商标权，为新产品的市场竞争保护设置第二道防线，同时，商标权的取得和续展并未影响专利技术的使用与推广，却延长了专利产品的保护期限，有利于形成长期的市场竞争优势。

新产品和新技术进入市场后，企业为了尽快回收成本，取得利润，除自身生产经营以外，一般还通过技术转让、许可实施、技术入股等方式进行技术转移，所以在本阶段必须加强无形资产的经营管理，开展专利、商标、技术秘密等知识产权资产评估与运营管理，确保技术知识等无形资产的保值增值。另外，一般新

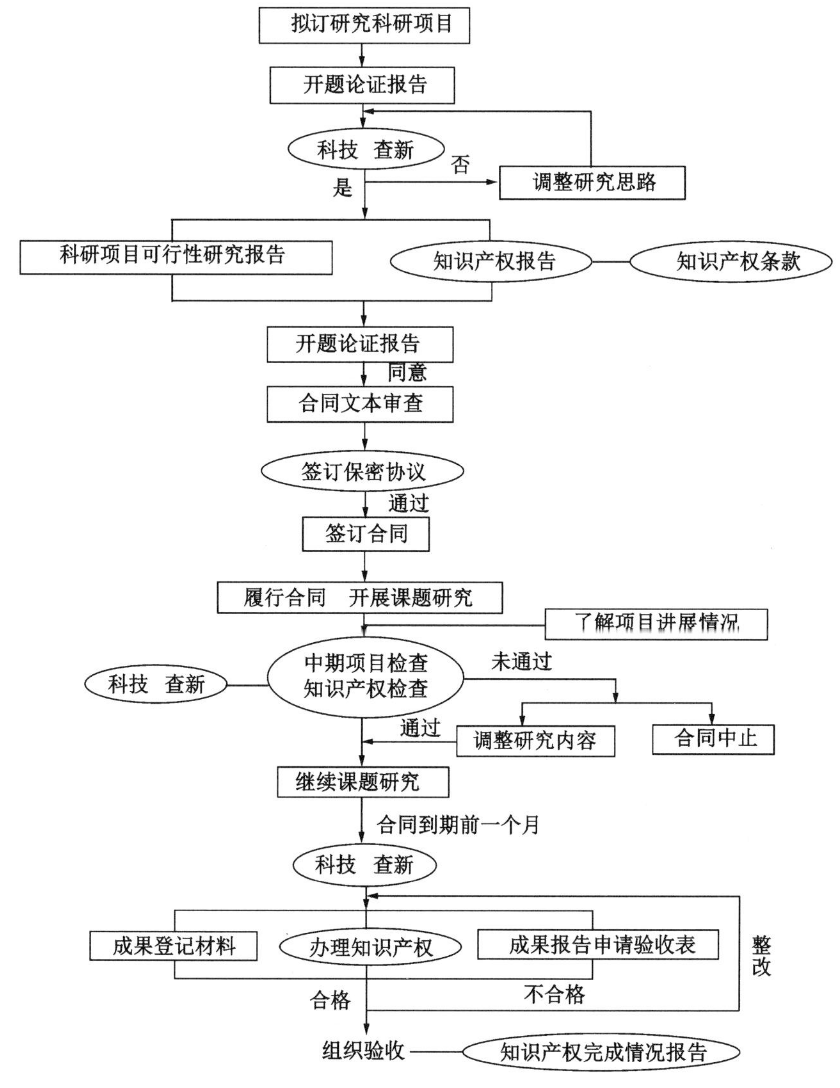

图6-2　东方地球物理勘探有限责任公司研发项目知识产权管理流程

产品和新技术进入市场后，在质量、服务、技术水平、性能指标明显优于老产品，大多数能够得到消费者的认可，市场前景广阔，但容易引起不法经营者的仿制与假冒，严重损害创新者的利益。因此本阶段在保护知识产权的基础上，要密切监控新产品市场营销状况，防止侵犯知识产权行为的发生。对于侵权者，要注意搜集侵权证据，并通过协商、行政诉讼或司法途径等方式处理侵犯知识产权事件，使侵权者停止侵权，赔偿损失，消除影响。

5. 技术引进中知识产权管理

企业在进行自主研发的同时，也通过购买、许可实施等方式引进新技术和新工艺。目前国外许多跨国公司认为“新技术应用比新技术的拥有更重要”，十分重视从外部获取技术。技术引进途径主要有：兼并、研发战略联盟、购买许可证、直接引进技术、风险投资等。企业在技术或工艺引进的同时，也就不同程度地获得了该技术或工艺的知识产权。

在技术引进时常伴有专利技术的引进而使得该项技术的价格大大提高，但稍有不慎就会上当受骗。我国企业在这方面有许多经验教训。因此，知识产权管理部门在技术引进前应分析国内外专利技术信息和法律状态，了解专利技术的权利人、专利技术的成熟程度和相关技术诀窍，专利保护的地域与期限等，运用知识产权制度的规则，提出引进方案和制定引进策略。在技术引进后期的二次创新中，专利管理主要表现在对创新成果实施专利申请及专利权利运用上，形成后发优势，以期达到引进—消化—吸收—再创新的目标。

三、国外企业知识产权的管理

国外大型公司对知识产权管理高度重视，都设有知识产权管理部门，负责公司知识产权工作，拥有完善的知识产权保护体系和规章制度。以下分别简要介绍美国和日本企业知识产权的管理。

1. 美国企业知识产权管理[11,15,16]

从20世纪80年代以来，美国全面加强了对本国企业知识产权的全球保护，鼓励企业通过创造和利用知识产权，形成市场竞争优势。通过加强知识产权的保护，促进了美国高新技术企业和跨国知识产权贸易的迅速发展，以专利为核心的知识产权已经成为美国企业最重要的资产和参与国际竞争的战略手段，在国际市场竞争中取得了巨大的竞争优势和丰厚的经济回报。

美国企业实施全面知识产权管理，把人员聘用、研究开发和知识产权获取、知识产权许可合同的签订与实施、发生侵权后的诉讼与调节都纳入知识产权管理的范畴，并形成了完整的知识产权管理制度。

（1）企业知识产权管理组织。

美国具有规模的企业一般都设有法务部，并由公司副总裁兼任首席法律顾问，担任主管。法务部负责管理知识产权，处理有关知识产权的申请、登记、注册、授权保护、法律诉讼等业务，另外负责国内外的信息跟踪及资讯调研等，使企业具有研发创新、技术转移之能力。其组织结构人员数量的配备因企业业务需求而异，中小企业可以是 3～5 人或数十人；大型企业如 IBM 公司、微软公司知识产权法务部达数百人管理。对于多数企业，有关专利申请、商标注册及著作权登记委托公司外部的专利律师事务所代理，企业法务部担任联络工作。企业知识产权管理组织体系如图 6－3 所示。

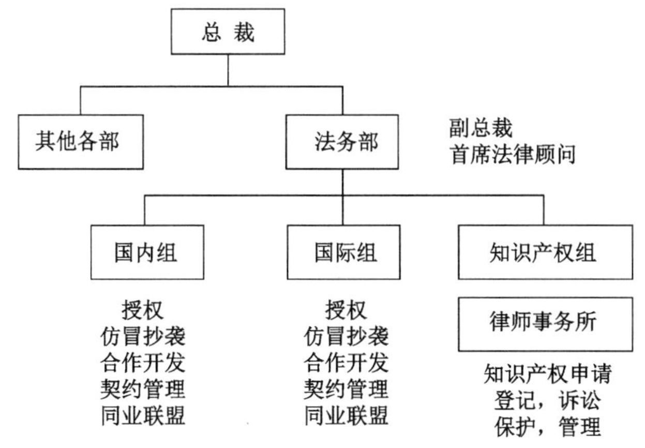

图 6－3　美国企业知识产权管理组织体系图[15]

（2）知识产权的归属。

IBM、微软等许多公司都与受聘的科技人员签署知识产权归属合同，明确企业对知识产权的所有权以及员工对知识产权的职责和义务。根据美国知识产权法律制度，在受雇期内，科技人员在研究开发、创作、生产、制造、销售过程中获得的任何发现、发明、构想、概念、公式、程序、工艺、著作、商业秘密、创意等，不论可否取得专利权、商标权、著作权等，其知识产权均归公司所有。知识产权归属合同还对员工的知识产权告知义务、保密义务、离职后的义务、损害赔偿责任等作了明确规定。

（3）知识产权管理与技术创新紧密结合。

美国企业在技术创新方面拥有巨大优势，美国企业知识产权管理的目标就是对技术创新成果实施知识产权保护，将丰富的技术创新潜力转化成为知识产权资源优势和市场竞争优势。美国企业知识产权管理的一个特点就是：法务部与研发部门的密切合作，这样，知识产权管理部门就可以有效实现对技术创新过程的监控，充分发挥知识产权管理的作用。

由于美国实行“先发明制”的专利保护制度，美国企业为了加强对技术创新过程的知识产权管理，建立了技术发明文字记录制度，要求科研人员必须在实验记录上记录各项实验的情况，包括成功的实验和失败的实验。实验记录有编号，用完后上交公司统一保管。在雇员离开公司时所有的实验记录必须上交给保管。

另外大多数企业还建立一套完整的发明呈报制度，以发明呈报表（invention disclosure forms）的方式要求技术人员定期向公司报告技术发明，最后由企业的专利委员会或专利小组对发明呈报表进行知识产权审核，以决定所呈报的发明以何种方式加以保护。如果该项发明达到相应的要求，则公司对其进行专利申请，寻求专利产权保护；否则，以技术秘密的方式进行保护或以技术公开的方式防止其他公司获得专利。

许多大型企业建立了知识产权信息管理系统。如施乐公司的技术诀窍管理系统，要求技术人员记录下他们解决难题的技术诀窍，并提交给审查委员会进行技术和商业秘密审查，在确保商业秘密已实施知识产权保护的基础上，有关记录就被存入一个内部知识数据库中，并与网络服务器上的相应文档相连，这样其他技术人员在具体服务过程中可以及时通过网络共享这些技术诀窍。

借助知识产权归属协议，技术发明文字记录制度、发明呈报表、知识产权信息管理系统等多种方式，企业建立了技术创新成果的监控、保护、共享的管理制度，有利于企业将技术创新成果从隐性知识状态转化为显性知识状态，促进企业对知识资本的更有效控制和利用，并可以减少由于人才流动带来的知识资本和知识产权的流失。

2. 日本企业的知识产权管理[17～20]

日本企业普遍重视知识产权的开发和利用。以“技术日立”著称的日立公司在创立之初，其董事长 Namihei 就提出了“发明是工程师的生命之源”，鼓励公司员工进行发明创造；松下企业创始人松下幸之助一生共获得 100 多项专利。在 20 世纪 80 年代，由于美日两国之间经济贸易冲突尖锐，美国利用知识产权制裁日本，日本作为美国新技术的重要输入和改进国受到了极大冲击。随着美日专利战的出现以及专利的经济价值的日益增加，日本企业特别重视知识产权的管理，在知识产权领域投入大量的资源。

（1）知识产权的管理组织。

日本企业投入到知识产权管理上的人力资源非常多，甚至达到西方公司的 10 倍或 10 倍以上，如目前松下公司知识产权工作人员共有 720 人，在全球首屈一指。各大公司知识产权事务的管理职能集中和整合于一个综合的知识产权部门，成为公司重要组成部分，并由公司一名重要的知识产权事务经理负责，大多数公司的董事会定期讨论知识产权事务问题，知识产权经理直接向首席执行官汇报。日本企业的知识产权管理组织体系如图 6－4 所示。

知识产权部由总经理直接负责，下设专利、商标、商业秘密等几个负责不同类型知识产权；法务处负责处理有关知识产权方面的纠纷；海外人员管理部负责公司在海外知识产权业务的人员及业务的管理。

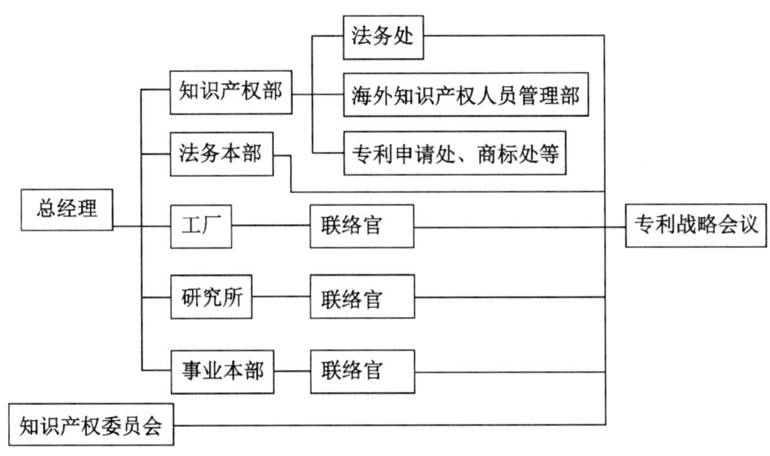

图 6-4 日本企业知识产权管理组织体系图[21]

知识产权部根据公司的中长期计划和短期计划制定知识产权发展计划，经法务本部部长确认后提交公司董事会讨论，然后在公司内部贯彻实施，指导公司下属各部门的知识产权活动。

知识产权委员会由知识产权专家及技术专家组成，下设多个临时专业委员会。负责公司知识产权战略制定、知识产权评估等技术活动。

在工厂、研究所、事业本部等部门设立知识产权联络官，由高水平科学家和工程师担任，负责各部门与公司知识产权部的业务联系、发明的挖掘活动和发明诱导活动等。

(2) 知识产权归属。

日本企业通过制定社规将知识产权归公司所有，即便是员工离任后一年内的发明也应通告给公司，由公司决定产权的归属。如日立公司的社规规定，员工的职务发明和职务外发明，权利均归本公司所有，业务外发明也必须向公司报告，根据需要决定取舍。若员工在岗位期间完成职务发明，而在离职后一年内取得专利权，也应通知公司，由公司决定是否使用该专利。

三菱公司与富士通公司均要求员工将发明转让给公司。三菱公司规定，员工作出的职务发明，其专利权一律归公司所有，职务外发明和业务外发明根据公司需要与员工协调让渡。富士通公司则要求员工，凡是从事与公司业务有关的发明或者研究计划时，产生的发明、与研究有关的专利或实用新型等权利，均应让渡给公司管辖。

(3) 知识产权培训学习。

日本企业知识产权培训包括两个层次：第一层次是针对全体新员工或不同层

级员工设立的有关知识产权法律知识的课程教育，培训的内容包括专利知识入门教育、专利说明书写作知识等。如东芝公司对于一般新进技术人员进行知识产权入门启蒙教育，进入公司1～3年的员工，培训有关整理专利调查和撰写发明提案书的方法，对4～6年资深人员进行阅读专利地图的培训，对于主任以上的管理人员则提供知识产权策略的课程，甚至对于高级主管也配合形势设置知识产权相关课程，以提高整个公司从上到下对知识产权的重视。第二层次是针对知识产权本部门工作人员的培训。培训的内容包括商标、著作权、技术契约、案例研究、专利情报、专利文献的写作及专利管理等；创造条件让员工通过专利代理人资格考试或选派人员去欧美专利事务所进行轮训和研究学习。

另外日本企业的知识产权意识体现在公司管理的很多方面：企业注重培养与专利有关的价值观念、行为规范、习惯理念；公司高层管理人员高度重视知识产权事务；工程师普遍关注知识产权问题；在公司开展新商业项目和进入新技术领域时，注重项目计划中的知识产权战略问题；公司设有明确的定量化专利活动目标；对个人和各部门的发明创造活动实行激励制度。

（4）专利信息管理。

日本企业非常重视对专利信息的管理，90%以上的企业设置了专利情报管理部门，注意通过信息管理来预测技术发展方向，避免发生侵权，重复发明，并跟踪与企业经营有关的技术发展，对他人技术进行学习或寻求获得许可。由于对专利信息的重视，日本企业普遍建立了专利地图绘制的相关管理制度，如松下公司在其内部发行有《专利地图手册》，介绍专利地图的基础知识和基本编制程序；编辑《专利地图实例》，汇集了该企业各研究所和事业部用过的各种专利地图。通过对专利资料中包含的大量技术、经济、法律的知识产权信息进行系统的分析与整理，最后以清晰明确的统计图表方式呈现出来，如表6-1所示。通过专利地图极大地提高了专利信息的利用效率和企业学习能力，促进了企业知识产权战略的制定，使日本企业获得了极高的技术发展和知识产权战略成功率。

表6-1　日本企业针对不同目的获取专利信息的内容要点[14]

目　　的	内容要点
（1）本企业的专利权、专利申请网的确认	按照产品、技术体系来进行整理，对主体（机械）—零件、体系—构成要素、核心技术—外围技术、技术改进的权利化以及申请状况要明确
（2）对手企业专利权、专利申请的掌握	以权利为中心点来进行整理，明确技术内容、权利范围、权利期限
（3）专利竞争力的确切把握	以企业（或公司）来进行整理，明确本公司和其他公司的优劣

续表

目　　的	内 容 要 点
（4）对手企业战略的把握	对于特定的企业（或公司），要包括专利情报以外的情报，以求综合把握其技术战略
（5）技术动向把握	对于特定的技术，要包括专利情报以外的情报，以求综合地把握技术动向

（5）统一知识产权管理评估指标。

1999 年 3 月，日本特许厅公布了《知识产权管理评估指标》，以建立对企业知识产权管理现状进行统一评估的标准，使企业能更加客观地评价本企业的知识产权管理及应用状况，以提高经营者的知识产权意识，从而改善知识产权管理，提高企业的竞争力，见附件 3。

3. 案例

（1）案例 1　美国 IBM 公司知识产权管理[11,16,22,23]。

IBM 公司是世界上最大的计算机技术软硬件产品生产、服务于一体的大型跨国公司，其业务遍及世界 150 多个国家和地区。2002 年公司获得专利许可收入达到 17.5 亿美元，获得美国专利 3288 项，公司连续 10 多年位居美国“美国专利最多的公司”排名榜第一名。

① 知识产权管理机构。

IBM 公司设有知识产权管理总部，知识产权管理总部内设两大部，法务部和专利部。IBM 公司的知识产权管理总部管辖全球 4 个地区的知识产权分部。美国本土虽有 2 个基础研究所和 28 个开发研究所，但只在主要的研究所设有知识产权分部，共计 21 个知识产权分部；亚太地区中 5 个国家设有 7 个知识产权分部，其中日本 3 个，中国台湾、韩国、中国香港和澳大利亚各有 1 个；欧洲、中东、非洲地区 8 个国家各设有 1 个知识产权分部；美国本土以外的美洲地区，加拿大和巴西两国各设 1 个知识产权分部；至于没有设立知识产权分部的国家，则由该地区的邻国知识产权分部代理管理。例如亚太地区未设知识产权分部的国家，则由日本的知识产权分部进行管理。

IBM 知识产权总部对全球各子公司知识产权部门要求严格，除向总部做业务报告外，世界各地子公司的知识产权分部要执行总部统一的知识产权政策，并接受总部严格的业务和职能管理。

② 知识产权管理部门的职责。

知识产权管理部门的职责是负责处理所有与 IBM 公司业务有关的知识产权事务，如专利、商标、著作权、半导体芯片布图设计保护、商业秘密及其他有关知识产权的事务。专利部门负责专利事务，如专利的申请与筛选、产品的知识产权调查等；法务部负责相关法律的事务，如知识产权授权协议的谈判、其他协议有关知识产权条款的审核等。

其知识产权管理基本战略是适当地保护公司研究开发的成果，确保公司经营活动自由，持久地维护公司优质的知识产权财产。

IBM 有关专利事务由专利律师及专利代理人来处理。在美国就有 100 多位专利律师，其他地区则有将近 100 名的专利代理人。一般来说，有关专利的申请，都是由专利律师或专利代理人来提出，发明人只要简单地以书面或口头方式向专利律师说明其发明即可。有关产品知识产权的调查以及制造产品的有关技术，技术人员只要对专利律师说明技术特征，专利律师会从专业的角度来调查及判断有无侵害他人知识产权的可能。另外专利律师经常与研究开发部门的经理人员、技术人员等密切合作，一方面向其灌输知识产权的观念，一方面从中发掘优良的发明。

IBM 在调查其有关产品的知识产权时，同时也监视别人的产品有无侵害 IBM 的知识产权，然后再促成他人与其订立授权契约，因此，拟定授权契约的谈判策略也是知识产权管理部门的重要职责之一。

IBM 与其他公司所签订的开发协议、买卖协议、委托制造协议、合并协议等，有关知识产权的条款，例如知识产权的归属、机密信息的取得等规定，也是由知识产权管理部门负责审核。

③ 集中式的知识产权管理。

IBM 公司对于知识产权的归属及管理是实行总部集中管理制，由总公司来集中管理此类事务。总公司及其子公司开发部门的员工所完成的发明、著作及其他成果的知识产权均归属于总公司所有，然后再由总公司负责处理有关授权事项。

各员工和公司之间要签署一份“有关信息、发明及著作物的同意书”，其中规定，只要是从 IBM 内部取得若干机密信息或是从以前员工完成的发明、著作等创作物中获取若干信息来完成 IBM 的有关研究开发项目的成果，以及因执行职务或为公司业务而产生的成果，都应该将这些成果的知识产权移转给公司。

IBM 总公司和各子公司签署“综合技术协助协议”，总公司将研发费用预付给子公司，而子公司创造的知识产权必须移转给总公司所有，由总公司集中管理这些知识产权，并授权各子公司使用，因此各子公司也能使用到其他子公司的知识产权。当总公司与全球其他企业缔结专利或其他知识产权授权协议时，总公司也可通过再授权的方式，将相关技术提供子公司使用。这种授权方式，使知识产权在 IBM 整个公司内得以流通使用。当子公司涉及知识产权纠纷时，总公司也出资协助子公司维护知识产权权益。这样，全公司的知识产权管理可以按照统一的知识产权战略进行运作，最大限度地保护公司的整体利益。

④ 有选择地申请专利。

IBM公司申请专利的策略是在确保公司经营活动自由的基础上，取得使用价值高的专利。因此对于员工的发明创造，必须由发明人所属研究所主管及负责该研究所的知识产权分部来共同筛选、评估发明创造申请专利的必要性，对于技术、经济价值高的发明创造，采取申请专利的方式进行保护；对于未申请专利的发明，而这些发明一旦被其他有相同发明的人申请专利，又会阻碍IBM公司经营活动的自由，为防止这种情形发生，IBM公司从20世纪50年代就开始自行出版技术公报，每月公开那些未申请专利的发明，使其失去新颖性，而使别人无法再申请专利。

IBM公司将专利分为五个技术领域，每一个领域由一名专任律师负责，称为专利经理。目前IBM公司全球的知识产权分部都有5名专利经理负责收集情报，决定是否申请专利，建议申请国家的范围，提供有关的现有技术以及权利要求的范围应如何保护等。

IBM公司是一个国际化的企业，它的产品通常在许多国家都有销售。因此，IBM公司会在许多国家申请专利，尤其是重要的发明，更会同时在数十个国家申请专利。例如，截止到2004年12月31日，IBM公司在中国申请专利3048件。其中，发明专利申请为2978件，占97.703%，授权比例为48.93%；外观设计专利申请64件，实用新型专利申请6件，分别占总申请量的2.1%和0.197%，授权比例为100%。信息技术领域为2936件，占总申请量的96.30%。

⑤ 有关产品知识产权的调查。

A. 专利商标调查。

IBM公司在保护自己知识产权不受侵权的同时，也重视尊重他人有效的知识产权，为避免侵害他人的知识产权，尤其是商标及专利权，IBM公司在产品制造国、销售国都详细调查他人的相关权利。在产品设计阶段，研究所就委托相应的知识产权分部进行专利调查。知识产权分部依据该产品的预定生产国、预定销售国以及技术内容指定须调查的国家来确定调查的范围，各知识产权分部对其自己管理的国家进行调查，对其他的国家则委托管辖该国的知识产权分部进行调查，然后再要求各知识产权分部将调查结果返回原知识产权分部。原知识产权分部汇总各调查结果，确定没有专利问题时，方可同意该研究所开发该新产品。如调查结果发现有专利权利上的问题时，就会采取措施如变更设计、或取得授权等。同样有关商标的调查也是各知识产权分部来进行，必要时事前就授让某商标权或是取得授权。

B. 作品创作过程存证。

IBM公司要求计算机程序及其他作品的开发创作者，必须对有关的开发创作过程、背景等详细情况依照一定格式做报告，如该作品有没有利用到他人现有的作品，使用程度如何，如利用到他人作品时是否取得同意书、有无参考他人软件的界面或其他外观设计作品等。在委托他人开发时，也要取得同样格式的确认书以确保无侵权行为发生。另外，在著作权存续期间，要同时保存程序源码的微缩胶片。对于重要且基本的程序以及很可能被盗版的程序，则向美国版权管理机关登记，作为以后必要时能主张权利或诉讼的证据。

⑥ 对发明创造的激励。

IBM公司为激励公司员工的发明创造，设立了累计计分制的奖励方法。对申请专利的发明人给予计分，发明专利为3点，刊载在技术公报的发明或发表论文，计为1点。点数累计为12点，给予3600元美金的发明业绩奖；发明人若是第一次申请专利就被采用，给予第一次申请奖，奖金1500美元；第二次的发明给予发明申请奖500美元。上述制度在总公司及子公司都共同实行。另外，公司每年举办一次盛大的发明贡献奖颁奖仪式，100名获奖员工将分享300万美元的奖金。IBM公司总裁亲自颁奖，在精神和物质上表彰发明人，仪式后，发明者可以休假3～4天，费用全部由公司承担。

⑦ 开放的专利许可。

IBM公司规定，公司所拥有的专利权以相同条件许可给任何人使用。从20世纪50年代开始，IBM公司在开放专利许可的同时，也与其他公司进行相互许可。目前全球许多企业、政府机关及其他团体等都与IBM公司签署专利许可实施合同，且多数是属于交叉许可的类型。在日本就有几十个企业及团体和IBM公司签订交叉许可合同。但IBM公司对其他的知识产权，如商标、外观设计、著作权等原则上不许他人使用，以避免导致消费者误认或威胁到软件开发者的利益。

⑧ 商业秘密的保护及管理。

IBM公司将商业秘密分为四个等级来管理，依次分为绝密、限阅、机密、仅内部使用四种。并依据商业秘密的等级，制定了其复印、对外公开、对内公开、废弃、保管、资料传送时间的处理规定。例如：对外公开时，前三类的资料必须得到特定人员的同意；复印资料时，前三类的资料只有原制作单位才能复印；传送资料时，前二类的资料必须转成密码才可传送。公司内部也有自我检查制度，随时进行内部检查并指导员工养成自我管理的习惯。接受他人的商业秘密资料也要得到特定人员的同意；对于接受商业秘密资料的有关条件，则必须得到知识产权管理部门同意。另外，未被指定为商业秘密或未限定保密期限的技术信息，如有碍于IBM公司的开发及销售，知识产权管理部门都会再加批示修改。

⑨ 知识产权信息和管理战略的网络系统化。

IBM公司建立了知识产权网络系统（IPN），进行知识产权信息和战略管理。当IBM公司的员工有了创新构思或研究成果时，他们可以及时通过知识产权网络信息系统报告给公司，公司的专门委员会通过评估，决定如何实施知识产权保护。随着知识产权网络系统的不断成熟和规模的扩大，2000年5月，IBM公司与网络投资公司（IGG）合作成立新的Delphion公司，Delphion公司可以为IBM公司和其他公司提供以专利为主的知识产权信息检索、考察、分析、跟踪等各种服务。可以检索美国专利申请、美国专利许可、欧洲专利申请、欧洲专利许可、日本专利索引和世界知识产权组织的PCT出版物等大量的专利信息情报，同时还为IBM公司提供知识产权的系统智能分析，帮助IBM公司实现了高效率的知识产权管理。

（2）案例2 日本三菱公司知识产权的管理[24]。

① 知识产权管理部门。

三菱公司由知识产权总部负责知识产权的管理，其下分为专利部、涉外知识产权部和策划处三个部，共有130多人，其中超过半数为法律背景，其他则为技术背景出身。以一个法律人员配一个技术人员的方式搭配处理知识产权业务是其特色之一。

专利部是和研究开发部门关系最密切的单位，负责协助研究人员和技术人员取得知识产权。专利部还设有驻外人员，负责驻在地的专利申请与诉讼事宜，目前在美国有2名，在德国有1名。由专利部分离出来的“专利情报中心”有30多人，三菱公司申请专利之前，需要经过该中心先行调查。这家公司每年约做6000～7000件专利事前调查案，但目前只能做到在专利申请之前做事先调查，未来要做到在进行研究开发之前即做好专利的事先调查。

知识产权总部下的涉外部负责公司知识产权的运用、对外交涉、诉讼与侵权协调事宜；策划处负责制定公司内部知识产权相关规定、监督知识产权的管理实施及分公司和相关企业间知识产权的协作等事宜。

② 知识产权管理与激励。

A. 专利权的归属。

三菱公司的社规规定，员工所做出的职务发明权利一律归公司所有，职务外发明和业务外发明则由公司根据需要与员工协调让渡。

B. 对员工发明的多次奖励。

三菱公司员工完成的职务发明依照契约有义务要让渡给公司，并可获得公司给予的“让渡补偿”，每件发明可得日币4500元。

在申请专利后到获准之间，只要是好的发明，不论获准与否，公司给予“优秀发明表彰”，颁发奖金和奖状。

如果这项发明获得专利并在公司内部实施，公司会给予发明人“实绩补偿”。每年最少补偿 3 万日元，补偿直至发明实施结束。

如果这项发明被许可给其他公司实施，公司也会依照所获得的权利拨出一定比例作为发明人的“实绩补偿”。

如果一项发明同时在公司内外实施，则发明人的“实绩补偿”一年最高可以拿到日币 100 万元。

发明人离职后仍然能领取“实绩补偿”。甚至死亡后其继承人也可以续领，直到公司不再使用或不再许可他人使用这项专利为止。

此外，三菱公司还设有累计专利数的“登记表彰”，员工所获的国内专利件数达到一定数量时，即给予一定数额的奖金。各工厂、事业本部和三菱公司的社长也设有“厂长表彰”、“本部长表彰”、“社长表彰”，奖励方式由厂长、本部长和社长自行决定。

C. 专利权的维持和运用。

三菱公司目前有国内专利 21000 件，国外专利 9300 件，每年大约可取得 3000 件专利，平均一年要支付 40 亿日元的专利维持费。在每年取得 3000 件专利中，转让出去的大约只有 1%。目前三菱公司对专利权的运用所采取的政策是开放政策，尽量将专利便宜地让别人利用。

三菱公司和国内外公司相互转让或交叉许可的情形很多。相互转让已成为三菱公司对付他人指控三菱公司侵权时的利器。当三菱公司被其他公司警告侵犯专利时，三菱公司经调查认为确有侵权行为时，即以自己的专利为谈判筹码，和对方谈判互相转让，从而可以减少或免除赔偿额并消除专利侵权诉讼。

D. 知识产权纠纷的处理。

当专利部从报纸杂志或其他信息来源判断某公司有侵犯三菱公司专利权的可能性时，即派技术人员前往鉴定。若鉴定结果认定为确有侵权行为，即向专利部报告，由专利部派人到该公司协调，直至该公司支付权利金为止。专利权侵权虽然可以向法院诉讼，但三菱公司的一贯方式是与侵权者协调，让其支付相当于权利金赔偿额的方式来解决，如果协调未果，才上诉法院。专利部负责处理知识产权诉讼案件，有时也聘请事务所的专业律师来处理。

对商标权的侵权，三菱公司则采取“严格诉讼”的策略，一旦发现侵权，立刻提出警告并开展诉讼行动。三菱公司认为商标代表企业的生命与荣誉，绝对不容侵犯。

E. 知识产权教育和培训。

(a) 三菱公司对所有的新进人员都要集中培训，进行半天至一天的法律与知识产权课程教育。待分配至各工厂后，又要接受各工厂有关的法律培训。工作两三年后，则要接受专利方面的培训，尤其是学习撰写专利说明书。

（b）三菱公司的知识产权总部在知识产权观念教育中扮演重要的角色，他们每两月发行一次公司内部知识产权刊物（IPR News）。

（c）公司每年举办一次知识产权周活动，知识产权总部与高级管理人员巡回公司各单位讲授并沟通有关的知识产权问题。

（d）公司经常举行研究开发成果的权利化活动，加强知识产权人员和研究开发技术人员之间的沟通，使有希望成为专利的智力成果早日获得权利。

第三节　企业知识产权战略

2002年3月20日，日本首相小泉纯一郎亲自主持成立知识产权战略会议，提出了“知识产权立国”，首次将知识产权视为基本国策。知识产权战略会议于2002年7月3日公布了《日本知识产权战略大纲》，确定了知识产权战略的四大内容，即创新战略、保护战略、应用战略和人才战略。2002年6月3日，美国专利商标局（USPTO）发布了《21世纪战略纲要》，该纲要明确指出，美国每年有50%以上的出口贸易依赖知识产权，知识产权是美国最重要的资源，继续通过国际协调推动世界范围内的知识产权保护是美国的利益所在。该纲要体现了美国把知识产权作为市场驱动的战略。

国外大型企业和跨国公司十分重视知识产权战略的制定和实施，通过知识产权战略的实施，综合运用专利、商标、商业秘密、计算机软件著作权等法律手段武装主导产品，推进名牌战略，把技术优势、品牌优势转化为市场优势。

一、企业知识产权战略的概念

知识产权战略是指运用知识产权保护制度，为充分维护自己的合法权益，获得与保持竞争优势，谋求最佳经济效益而进行的整体性筹划和采取的一系列策略与手段。知识产权战略从层次上看，可以分为国家层次、区域层次、产业或行业层次和企业层次。国家层次的知识产权战略从国家利益的角度出发，充分利用国际知识产权制度，通过制定一系列知识产权保护与激励的法律制度，促进知识产权的创造、发展、应用和保护，从而提升国家的竞争优势。区域层次和产业层次的知识产权战略是分别以区域、产业利益出发，为提升区域、产业的竞争优势而制定的一系列激励知识产权保护和创造的制度及措施。相比之下，企业的知识产权战略具有重要的基础作用，因为不论哪个层次的知识产权战略最终都要落实到企业层次上，都要依靠企业去实施。

在四个层次的知识产权战略中，国家知识产权战略处于最高层次，着重于理念性、宏观性和战略性，对其他层次的知识产权战略起着指导和约束作用；而企业层次的知识产权战略则处于最低层次，着重于操作性、技术性和战术性，是落实其他层次知识产权战略的基础。而区域或行业层次知识产权战略则介于二者之间，对上受国家知识产权战略的约束和指导，对下则对企业的知识产权战略有约束和指导作用。

企业知识产权经营战略实际上就是企业将知识产权制度的特点、技术特点、市场经营特点和商业化经营模式有机地结合起来，为遏制竞争对手并获取持续的竞争优势和企业最佳经济效益而进行的整体性筹划和采取的一系列的策略与手段。因此，企业知识产权战略可以简单定义为：就是企业为获取与保持市场竞争优势，运用知识产权保护手段以谋求最佳经济效益的策略和手段[25]。

知识产权战略按内容来看，企业知识产权战略运用最重要的是专利战略、商标战略以及多重知识产权保护战略。

1. 专利战略

专利是集技术、经济和法律三位一体的产物，是具有新颖性、创造性、实用性的独占技术，也是企业占领和保护市场的重要武器。专利往往被视为企业发展的生命线和护身符，拥有专利尤其是发明专利的数量，是企业竞争力的重要体现。专利本身来源于技术创新的成果，因此专利权在保护技术创新的过程中起到至关重要的作用。

企业专利战略是指企业为了获得与维持市场竞争优势，运用专利制度提供的专利保护手段和专利信息，谋求获得最佳经济效益的总体性谋划。专利战略除具有知识产权战略共同的特点“法律性、保密性、地域性、时间性、非独立性（与其他竞争战略配合使用）”以外，技术性是专利战略特有的性质。而且专利战略的制定、实施无不与专利技术紧密相连。所以专利战略也可以称为专利技术战略。

（1）基本专利战略。

基本专利也称为基础专利或核心专利，一般来说，基本专利是指在某一产品领域能够对商业化起决定性作用的专利技术。基本专利战略要求企业能够准确预测未来技术的发展方向，将核心技术作为基本专利来保护，从而控制该技术所在领域的发展。拥有自主知识产权的核心技术即是指掌握某一产品或技术领域基础性专利的垄断权。

技术、资金力量雄厚、研发能力强的企业，往往采用这一战略，国外大型的跨国公司的实践也证明了这一点。另外，由于专利获取的直接成本增加，主要专利和次要专利的直接成本相同，所以企业缩减成本的措施自然是（经济地）筛除次要的专利。

例如世界上最大的石油技术服务公司斯伦贝谢公司拥有的闭环钻井技术，涉及电法测井、地层测试、机械导向，可变径稳定器等电子、测试和机械技术领域。斯伦贝谢公司将该技术领域的关键技术在许多国家都申请了专利保护[26]。

日立公司将专利分为金银铜三类进行经营管理，并且对战略性专利目标进行了量化，制定了实现的基本措施。详细内容见表6－2[27]所示。

表6－2　日立专利政策和目标（1992年“第三期增加战略性专利行动”）

1. 内容

行动政策	提高专利质量（整合业务和专利战略）
基本措施	确定对手，为每项重要产品技术获取5项战略性专利
	加强获取基础专利的活动，这些专利能够抢占满足未来社会需求市场
	公司运用专利作为卖点，用以击败其他竞争对手旨在获得前沿专利的专利战略系统和特殊的研发项目

2. 战略性专利①水平和每年通过的专利数

水平	公司目标	认定的标准
金	25项	世界上最高水平的基础发明
银	75项	日本最高水平的基础发明
铜	200项	能够作为卖点，积极推广日立主流产品的发明

①战略性专利指的是日立公司和其他公司目前和将来的主要产品中必须要用的基本专利和必须专利。

对于企业来讲，一项专利是否是战略性专利经常不是马上就能清楚的，并且对是否是战略性专利的认知可以根据后续的技术发展来修正。

基本专利可以通过企业自己研发，也可以外部获得。佳能公司有一项政策，基本专利应当是在一个业务领域中开始商业化前获得。可以通过佳能自己开发或交纳许可费来获得。如果对此不能确保，这一领域就不能进入。

例如，美国CDX天然气有限公司研究开发的“Z－羽状水平井钻完井系统”，开创了采用水平井技术开发煤层气的方法。该公司非常注重保护其知识产权，就Z－羽状水平井钻完井系统，先后申请了18项专利，其中的核心技术“用于从地面接近地下矿藏的方法和系统”已于1999年11月19日提出了国际专利（PCT/US99/27494），PCT申请中指定了79个国家或组织，基本涵盖了世界主要国家（包括中国）。与此专利相同的在先专利（优先申请）名称为《采用交叉井生产煤层气的方法》，已被美国专利局授权。该专利保护的内容比较完善。在加拿大和美国的权利数量为14项，而在中国提出的权利为79项（后来修改为186项）。

该专利的权利要求从不同的用途和工艺角度，从宽到窄，从大到小，考虑了各种实施的可能，全面保护了该技术。CDX 公司这项专利，代表了当前煤层气开采的先进技术，由于其专利保护比较严密，形成了技术垄断，给后来的煤层气开发者带来不可逾越的障碍[26]。

（2）外围专利战略。

外围专利战略是指企业在自己的基本专利周围设置许多与之配套的专利，组成专利网，防御他人对该基本专利的进攻；或发掘竞争对手基本专利的“空隙”，在其基本专利周围设置自己的专利网，以遏制竞争对手的基本专利。

由于现代科学技术的复杂性和集成性，一般基本专利技术并不能实现对本技术领域部分改进的控制。例如，一项基本专利发明的不同应用，或生产一种产品的不同生产方法、工艺或产品的不同材料等。外围专利从个体上说不如基本专利重要，但整体上会影响基本专利技术的有效商业化应用。所以基本专利的权利人往往以同一发明原理延伸申请大量的外围专利，构成专利保护网，以期达到垄断该项产品技术领域，另外可以延长技术的保护期限。

例如朗科（Netac）公司的经营理念中，知识产权战略的实施关系到公司的生死存亡，是朗科发展的百年大计，更是朗科向国际化品牌迈进的根本保证。公司自 1999 年成立以来，不断致力于核心技术的开发与知识产权的维护。截至目前，公司已经向国家知识产权局申请了 81 项专利，其中发明专利 52 项，此外，还在美国、日本、欧洲等全球几十个国家与地区申请了发明专利，其中大部分已经进入到了实审阶段。在实施专利战略中，该公司采取专利进攻与防御相结合，为多项核心技术申请了基本专利，围绕这些基本专利又申请多项其他外围专利，从而建立了在闪存盘领域较为严密的专利网。同时，建立了有效的商标体系，继注册“优盘”商标后，又相继申请注册了其他“优”系列商标，并在多个国家和地区申请注册了“Netac”商标[28]。

另外，竞争对手也可以围绕基本专利技术，进行二次开发，获得一些具有实用价值的周边或配套技术专利，以期达到专利交叉许可。

美国菲利普石油公司开发的聚苯硫醚树脂（PPS），该技术开发成功后形成了一个由 300 多件专利组成的专利网，包括 PPS 树脂的制造、应用、加工等技术，为菲利普公司带来了长期稳定的经济效益。但是该技术在加工上有一个难点，就是要加入玻璃纤维等物质后进行注射加工成型，在 300 多件专利中没有一件是将 PPS 加工成膜、薄片、纤维状的技术，日本东莱公司经过对菲利普公司专利网的分析，最终找到了一个突破口，解决了这个难题，并且将采用 PPS 制造加工成膜、薄片、纤维等形状的技术组织了一个专利网。菲利普公司在得到这个消息后，不得不向东莱公司购买在美国的独家专利实施权[13]。

（3）专利许可战略[27,29]。

IBM 公司规定，公司所拥有的专利权以相同条件许可给任何人使用。从 20 世纪 50 年代开始，IBM 公司在开发专利许可同时，也与其他公司进行相互许可。目前，世界上许多公司都与 IBM 公司有专利许可使用关系，并且多数是相互许可。但 IBM 公司对其他的知识产权，如商标、外观设计、著作权等原则上不许他人使用，以避免导致消费者误认或威胁到软件开发者的利益。

从 20 世纪 90 年代初期，日本许多跨国企业推行一种“开放式的许可政策”，即如果条件“合适”的话，每一种技术原则上都可以许可给其他企业。例如，日立公司在 20 世纪 90 年代初期宣布所有的专利都可以许可。NEC 公司宣称他很少会拒绝出售一项许可，认为通过许可创造的新竞争对手不会有任何风险。然而，20 世纪 90 年代中期，有些企业修改了这一开放的许可政策，采取了选择性的许可政策。

开放式专利许可主要由于：

① 现代科技的迅速发展，产品和技术的生命周期已大为缩短，新产品的更替更加频繁，许多企业信奉“明天的技术更美好”；

② 技术的复杂性和集成性，是产品之间、企业之间相互依赖，迫使企业集群在其内部采取相对开发的许可政策，以避免侵权和报复；

③ 培育市场、繁荣整个产业；

④ 专利的权利人为了尽快收回投资；

⑤ 降低技术研发风险，节省研发费用；

⑥ 降低专利许可使用交易成本。

⑦ 庞大的多元化产品和专利组合侵权监测困难和监测成本增加；

⑧ 由于专利制度本身存在的从属专利。

专利交叉许可是企业之间采用的一种策略，即允许对手使用自己的专利以换取企业使用对方的专利，双方不必互相付费，只需找平差价，对双方互惠互利。这种专利交叉许可策略，多使用于两个专利技术比较接近的企业，如 1999 年 Dell 公司和 IBM 公司达成价值 160 亿美元的交叉许可协议。而现在专利许可已由两个企业的双边“相互许可”发展成多个企业的多边“交叉许可”。美国的汽车工业之所以取得了迅速发展，原因之一是美国在汽车发动机方面形成“专利同盟”，专利技术实施多边“交叉许可”，使各企业利益均沾。

目前，国外许多高技术企业实施专利联营的策略，即将某一产品领域的基本专利联合起来，共同经营。例如：在 1997 年，哥伦比亚大学及 Jujitsu 有限公司、通用仪器公司、Lucent 技术公司、Matsushita 电气工业有限公司、Mitsubishi 电气公司、Philips 电子 N. V. 公司、Scientific _ Atlanta 公司、Sony 公司等

8家公司把它们在MPEG-2技术上的几十项基本专利拿出来，共同成立一个专利池。后来其他企业带着基本专利加入到这个专利池，使许可人的数量增加到23家，池塘中基本专利数量增加到500多项。截止到2004年，MPEG-2专利池的管理人已经把其中全部专利一揽子许可给710家公司，为许可人带来巨大的专利使用费[30]。

(4) 专利诉讼战略。

专利诉讼是保护专利权的手段之一，专利诉讼战略就是利用专利诉讼，达到制约竞争对手，追求专利最大利益的方法。

20世纪70年代，宝丽莱公司状告柯达公司侵犯其一次性成像技术专利权，1990年，美国联邦法院做出最终判决：柯达公司生产、销售的一次性成像技术侵犯了宝丽莱公司的7项专利权，柯达公司赔偿宝丽莱公司经济损失9.95亿美元。不仅如此，柯达公司因此关闭了价值14亿美元的生产线，直接导致700多人失业，柯达公司还花费5亿美元回收再前销售的产品，并支付大笔的诉讼费，创下了专利诉讼赔偿损失最高的纪录。IBM公司近年来通过频繁的诉讼和有效诉诸法律程序，一直采取一种非常强硬的执法和诉讼政策，尽管面临高额的法律费用和败诉的可能。但IBM公司认为打赢一场战争比打赢每场战斗更为重要，IBM公司用这种方法让竞争对手和发明者保持对侵权的警觉。同时IBM公司也一直保持着知识产权经营意识，使其与许可政策相结合。

目前，西方国家都看好中国市场，特别是中国加入WTO以后。发达国家的大企业和跨国公司在进入中国市场之前采取了知识产权先行一步的战略。这种战略有两个明显的特征：一是大量地到中国来抢注他们的专利，主要是发明专利。另一个是在专利申请之后按兵不动，观察中国国内的技术创新和产业发展的态势。当某一个产业已发展很好，有了一定的市场份额时，他们找上门来要使用费，属于典型的先放水养鱼，再坐收渔利的策略。例如在2000年和2002年，日立、松下、三菱、时代华纳、JVC、东芝等跨国公司组成6C联盟，飞利浦、索尼、先锋等公司组成3C联盟，分别向中国境内DVD整机生产厂家索要专利使用费，致使大批中国DVD企业陷入困境，仅深圳宝安区DVD工厂从140多家锐减到35家左右，金正、创维、厦华等著名的国产品牌DVD也开始从国际市场隐退，目前中国绝大部分DVD骨干企业分别与6C和3C联盟签署“专利许可协议”和“DVD格式/标识许可协议”，并支付许可使用费[31]。

专利权无效宣告诉讼，阻止专利权诉讼也属于专利诉讼战略。专利诉讼的策略很多，主要是搜集相关的证据和选择适当的时机。

(5) 专利技术标准化战略。

在当今世界上，不论是以产品销售为主的企业，还是技术服务为主的企业，在商业运作中都需要按照标准去进行。伴随高新技术的快速发展，标准的内容越来越丰富，技术标准的作用越来越突出，技术标准的实质就是对一个或几个生产技术设立必须要符合的条件以及能达到此标准的实施技术。技术标准中包含了知识产权，出现了使用技术标准支付许可费用的现象。

早期的标准追求公开性、普遍适用性，强调行业推广应用，而专利技术实施的前提是获得许可，不允许未经授权的推广使用。由于专利对标准的影响越来越大，使得技术标准由原来的普通技术规范向含有专利技术发展，专利技术便融入标准来实现垄断的目的，含有专利的技术标准成为市场竞争的武器。

技术标准是一种或者一个系列的具有强制性和指导性的文件，这种文件含有技术的细节和方案，因此，技术标准本身也是由知识产权构成的。首先，技术标准是一份文件，具有版权的特征；其次，技术标准中含有的技术细节和方案也可以是专利。技术标准为生产某一种产品的质量水平划定了一个界限，凡是达不到要求的就是不合格产品或者生产技术，技术标准中的技术方案是完整的，如果其他企业为了达到生产某种产品的要求，可以向相关的标准体系申请许可，支付许可费就可以获得达到标准的生产技术。实际上技术标准许可的实质是专利的许可，现代技术标准的许可战略是沿用了“技术专利化——专利标准化——标准垄断化与许可化”这一专利战略思路，并且贯穿于技术许可战略。

在建立标准的初期，要先申请专利。专利申请之前技术标准的公布，会破坏专利的“新颖性”，从而失去获得专利的可能，这会使标准技术对外许可效益大为降低。

其次是在技术标准化阶段将这些专利技术融入标准中，在建立标准的同时就要构建此标准体系的技术许可框架。

标准与专利的统一，是市场准入权和获益权的结合，其效果决不是简单的1+1=2，而是1+1>2。现代技术标准，就是成功地利用专利技术和标准化工作的特点，巧妙地将技术许可战略构建在技术标准之中的又一种专利战略。因此，要将标准的问题纳入到企业专利工作中考虑。

2. 商标战略

商标战略是企业为了本身的长远利益和发展，运用商标制度提供的法律保护，在非技术性因素竞争和市场竞争中谋求最大经济利益，并保持自己非技术性竞争能力和优势的整体性战略观念与谋略战术的集成总和体[32]。

商标战略是现代企业的一种基本战略，它主要是通过对商标的精心选择和培育来提高其知名度，使其有效地传达企业形象和产品质量，借以实现企业产品占有市场的目标。商标战略的实施需要转化为一系列具体的战术行为，即商标策略包括设计、注册、宣传、商标使用和维护以及商标管理等内容。

（1）商标设计策略。驰名商标创立首先依赖于一个有独特和新颖性的商标，因此，设计的商标必须做到“易读、易听、易说、易记、易写”五性原则。

（2）商标使用策略。企业作出商标使用决策后，应以有利于促进产品销售和增加企业信誉为中心，正确使用商标权。包括：

① 个别商标策略。在不同产品上使用不同的商标。由于顾客的需求多种多样，即按市场细分原则，有多个目标市场，就要有不同的商标适应。例如美国宝洁公司在中国市场上销售的不同功效和成分的洗发液，分别使用了“潘婷”、“海飞丝”、“飘柔”商标。

② 统一商标策略。就是以同一商标推出所有产品。这种策略，可强化宣传和推销工作，并可降低销售成本。例如：上海无线电十八厂在其生产的电视机、电话机、微波炉等商品上都使用“飞跃”牌商标，美国3M公司所有产品都标有“3M”商标，日本夏普公司的所有产品都标有“夏普”商标。

③ 总商标与产品商标策略。就是整个企业的产品有一个商标，其系列产品各自有不同商标组成母子商标群。总商标代表企业信誉，产品商标代表该产品的特殊质量或功能。这种策略，使新产品借助于总商标的信誉进入市场，又不怕某一商品倒牌而影响总商标。例如日本丰田公司在不同类型汽车上分别使用“TOYOTA Crown”、“TOYOTA Coaster”、“TOYOTA Hiace”等双重商标。

（3）商标宣传策略。

① 全方位宣传策略。把整个市场视为一个大目标，投入较多广告费进行宣传，目的是为了提高商标知晓度和产品进入市场并占领市场的竞争力。

② 渗透性策略。不以直接推销特定商品为目的，而通过多种特殊形式的宣传（公关、广告等），旨在提高商标信誉，树立企业形象，提高消费者对本企业的信赖和培养对品牌的忠诚度。

3. 多重保护的知识产权战略

单独的专利、商标或商业秘密等知识产权方式对产品和技术保护具有一定的局限性，因此，许多企业特别重视利用知识产权的多种组合来保护技术创新成果。例如，美国特拉华公司可口可乐饮料的配方是用商业秘密的形式保护，可口可乐的瓶子获得外观设计保护，可口可乐的名称和标识获得商标保护，公司知识产权通过研发和营销活动等得到了强有力、系统的发展和推进，并且通过侵权监测和法律行为得到保护。因此，可口可乐一直保持全球最有价值的商标之一的美誉。1992年，美国Searle公司发明的Aspartame人工甜味剂专利即将到期（Aspartame是一种低卡路里的人工甜味剂，比其他人工甜味剂更健康），为继续保持企业知识产权和产品竞争优势，Searle公司积极开展市场营销和广告宣传活动，促使消费者建立健康的低卡路里甜味剂Aspartame与Nutrasweet商标图形的联系。广告宣传告知消费者，当他们需要低卡路里甜味剂时就去寻造专利产品 Aspartame，而专利产品 Aspartame 的标志是 Nutrasweet 商标图形。Searle 公司成功地通过商标策略保护了到期专利产品。

一项业务可以分解成各种构成要素和可以受各种知识产权保护的产品技术，从而产生该项业务的多重知识产权保护方式，见表 6－3[27]。

表 6－3 多重知识产权保护的商业系统分析

商业元素＼成分	知识产权类型（例子）
（1）商业创意	商业秘密
（2）商业计划/模式/方法	商业秘密、专利
（3）产品技术（设备、原料等）	专利、实用新型、执照、商业秘密、商标、外观设计
（4）产品/工艺技术	专利、商业秘密、执照
（5）研发结果	商业秘密、专利、数据库使用权、执照
（6）成分技术	掩盖保护、专利
（7）运用技术	专利、实用新型、执照、商标
（8）补充产品	专利、商业秘密、数据库使用权、版权
（9）替代技术	专利、执照
（10）系统配置	公开信息、用于防卫的出版物、保留复印权
（11）软件、系统性数据	商标、版权、商业秘密、数据库使用权
（12）辅助性服务	商标、商业秘密
（13）分销技术	专利、实用新型、商业秘密
（14）营销概念	版权、公开 PR 信息、专利、商标、设计
（15）包装	设计、商标
（16）公司名称、标志、口号和象征	商标、版权、设计

4. 我国企业知识产权管理应注意的问题。

我国知识产权制度建立 20 多年以来，特别是我国加入 WTO 以来，企业对知识产权法律观念和权利意识有很大提高，但与西方大企业相比我国企业对知识产权的意识和保护没有达到应有的高度和水平，知识产权的流失现象屡有发生，知识产权作为竞争战略认识不足，因此，今后知识产权管理在以下几个方面亟待加强。

（1）发展自主知识产权的核心技术，提高竞争力。

有了原始创新和基本发明专利保护的核心技术，才能形成自主知识产权的产业。目前，国外跨国公司利用其在高技术领域占据知识产权优势，并通过“专利壁垒”来保护企业的利益，通过知识产权的发明、占有、许可和转让，在全球获取巨大的经济利益。据统计，在 1994 年至 1998 年我国受理的有关计算机、医药、生物通讯和半导体等高技术领域的发明专利申请中，国外申请分别占 70%、60.5%、87.3%、92.4%和 90%[8]。上述领域中，有些具有开创性质的核心技术专利保护范围广，以至于国内其他后续开发者很难避开它的保护范围。因此，企业在技术创新中，首先要立足于具有原始性创新，加强对核心技术的专利保护，才能形成企业的竞争优势。表 6－4 为中国专利局 1985—2005 年授权的发明专利统计表，从中可以看出，代表具有原始创新水平的发明专利授权数量，国外几乎是国内的两倍。

表 6－4　中国历年国内、外发明专利授权数统计（1985—2005） 项

地　域	发　明	实用新型	外观设计	合　计
国内	87365	725326	452196	1264887
国外	151352	5247	48016	204615
合计	238717	730573	500212	1469502

资料来源：根据中国知识产权局有关数据整理。（http//www. sipo. gov. cn/sipo/sjzx/）

（2）建立完善的知识产权工作网络和健全的知识产权管理制度。

知识产权是集科技、法律与经济为一体的制度，知识产权管理是一项具有很强专业性和规范性的工作，涉及企业技术、生产、销售等多个部门和许多专业领域，在技术创新过程中可能产生知识产权的环节也比较多，仅靠企业中的一个部门或某部门的一个岗位，都难以满足企业知识产权管理的要求。因此，必须在企业建立起知识产权管理工作网络，把可能形成知识产权的部门和环节纳入管理之中。建立完善的知识产权规章制度应包括的主要内容有：明确主管部门职责，相关部门的职责，主管岗位的职责，技术创新各环节产生的知识产权权利的界定，对研究与开发、中试、生产、销售等过程中的知识产权管理，技术引进和出口的知识产权管理，知识产权的许可、转让、销售，专有技术（技术秘密）和计算机软件的管理，企业员工的保密义务，知识产权工作的考核，知识产权的资产管理，知识产权奖励和惩罚等。

另外，由于我国实施知识产权制度时间较短，企业普遍对有关知识产权的国际规则和惯例了解较少，对知识产权战略和策略运用不够成熟，往往在国际贸易和经济技术合作中带来许多损失，因此，必须加强知识产权管理人才的培养，对于有国际业务经营的企业，可以选派知识产权管理人员到美国、日本等企业进行培训。

（3）建立以人为本的知识产权激励机制。

企业的知识产权管理属于企业知识资本的管理，企业的知识资本主要有两种类型，即显形知识资本和隐形知识资本。显形知识资本主要指以专利、商标、商誉、著作权、商业秘密和非专利技术等形式存在的知识资本，而隐形知识资本则是指员工的创造性知识、思想的非文字化体现，它只存在于员工的头脑中，难以明确地被他人观察、了解。目前对于显形知识资本，大多数企业已经建立了一系列的规章制度来进行管理，但却往往忽视了对隐形知识资本的管理。一方面由于隐形知识资本本身难以明确观察，另一方面拥有隐形知识资本的员工也不愿把这种特殊的知识资本轻易地奉献给企业，往往是待价而沽。因此企业必须有效地调整管理机制，把两种知识资本的管理有效地结合起来，更加注重以人为本的创新激励方式，形成激励员工彼此合作创新、共享知识的管理机制，促进企业技术创新效益的最大化。

（4）加强知识产权的资产管理和经营水平。

随着知识经济的发展，知识产权与有形资产一样甚至成为比有形资产更为重要的企业资产，一些知识产权其无形资产的价值已经远远超过有形资产的价值。如“可口可乐”、“万宝路”、“百威”、“索尼”、“松下”等商标的价值远远超过其公司有形资产的价值，美国得克萨斯仪器公司、IBM、微软等国际大型公司每年知识产权许可收入高达数十亿美元，特别是美国高通公司依靠出售1400多项CDMA专利技术标准许可作为经营收入的主要来源；另外，柯达公司与宝丽莱公司关于一次性成像专利技术侵权赔偿9.95亿美元的案例，也从另一方面说明了知识产权的资产价值。

我国许多企业对知识产权的管理还没有进入资本化运作，对知识产权的资产价值认识不足，对知识产权无形资产没有进行价值评估，导致在合资或重组中知识产权价值被严重低估；许多专利技术没有进行有效的开发与利用，专利技术的产业化程度不高，推广应用规模不大；知识产权的经营战略和策略运用不够成熟。因此，企业应在知识产权保护的基础上，加强知识产权的资产管理和经营水平，提高知识产权经济效益。

（5）重视知识产权的维护工作。

一方面我国企业由于知识产权保护意识淡薄，自觉或不自觉地侵犯他人知识产权，比如未经著作权人许可，擅自复制、销售、使用盗版软件现象比较普遍；另一方面，我国企业被侵权现象十分突出，维权意识不强，造成知识产权资产的严重流失。目前在企业兼并、重组和合资时，知识产权被无偿使用或价值被严重低估，另外由于人才的流动，也造成企业商业秘密的扩散，给企业的经营带来损失。1999年格力公司推出的具有动感效果的灯饰画面柜机推向市场后，得到消费者的厚爱，很快成为公司的主流产品。当发现同行某企业有侵权行为时，公司向法院提起专利侵权诉讼，经法院一审判决侵权公司向格力公司赔偿损失200多万元，并停止销售、销毁模具。近年来格力公司还成功处理了“电风扇导风机构专利侵权案”，“小霸王”风扇专利侵权案，大圆弧窗式空调专利侵权案，格尔“GEER”空调对“格力”商标侵权案等。通过知识产权维权工作的开展，为公司带来市场优势和经济效益，也为公司无形资产的升值奠定了基础。

附件1　保护知识产权国际公约

一、由世界知识产权组织（WIPO）通过其国际局管理的国际公约（25个）

（1）《保护工业产权巴黎公约》（简称“巴黎公约”），于1883年3月20日在巴黎缔结，1884年7月生效，先后经过7次修改，截止到2004年9月已有168个成员国。

（2）《制止商品来源虚假或欺骗性标记协定》，于1891年4月14日在马德里缔结，到2002年5月为止有33个成员国。

（3）《商标国际注册马德里协定》，于1891年4月14日在马德里缔结，1892年7月生效，到2002年5月为止有52个成员国。《商标国际注册马德里协定实施细则》，于1988年4月18日在日内瓦通过，1989年1月1日生效，取代1974年6月21日制定的原“实施细则”。

（4）《商标国际注册马德里协定有关议定书》，1989年6月27日通过，1995年12月1日生效，到2002年5月为止有55个成员国。《商标国际注册马德里协定书实施细则》，1996年1月通过，1996年4月1日生效。

（5）《工业品外观设计国际备案协定》，于1925年11月6日在海牙缔结，到2002年5月为止有29个成员国。《工业品外观设计国际备案协定实施条例》1979年6月颁布，1979年7月生效。

（6）《商标注册用商品和服务国际分类协定》（简称“尼斯协定”），于1957年6月15日在尼斯签订，1961年4月生效，到2002年5月为止已有69个成员国。

（7）《保护原产地名称及其国际注册协定》（简称“里斯本协定”），于1958年10月31日在里斯本签订，到2002年5月为止有20个成员国。《保护原产地名称及其国际注册协定实施细则》，1976年10月5日通过，1977年1月1日生效。

（8）《工业品外观设计国际分类协定》（简称“洛迦诺协定”），于1968年10月8日在洛迦诺签订，1971年生效，到2002年5月为止有40个成员国。

(9)《专利会合作条约》(PCT)，于1970年6月19日在华盛顿签订，1978年生效，到2002年5月为止有115个成员国。《专利合作条约实施细则》，1970年6月19日通过。

(10)《专利国际分类协定》(IPC)，于1971年3月24日在斯特拉斯堡签订，1975年生效，到2002年5月为止有52个成员国。

(11)《建立商标图形要素国际分类协定》(简称“维也纳协定”)，1973年6月12日制订于维也纳，1985年生效，到2002年5月为止有19个成员国。

(12)《国际承认用于专利程序的微生物保存条约》(简称“布达佩斯条约”)，于1977年4月28日在布达佩斯签订，1980年8月19日生效，到2002年5月止有54个成员国，该条约还附有一个《国际承认用于专利程序的微生物保存条约施行细则》

(13)《商标注册条约》(TRT)，于1973年6月12日在维也纳签订，1980年8月生效，到20世纪90年代初有5个成员国(包括前苏联在内)，因苏联解体，该条约的成员国已不够生效最低限数，已经失效。

(14)《保护植物新品种国际公约》于1961年12月2日在巴黎签订，到2002年5月有50个成员国。在此公约的基础上成立“保护植物新品种联盟”(简称UPOV)。

(15)《商标法条约》(TLT)，于1994年10月10日至28日在日内瓦讨论通过，已有50个国家签字，包括一个政府间组织——欧洲共同体，1996年5月1日生效，到2002年5月有27个成员国。

(16)《专利法条约》(PLT)，于2000年6月1日在日内瓦讨论通过，尚未生效。截止到2005年4月，该条约已获得10个国家的批准。

(17)《保护文学艺术作品伯尔尼公约》(简称“伯尔尼公约”)，于1886年9月9日在伯尔尼缔结，1887年12月生效，到2002年5月为止有149个成员国。

(18)《印刷字体的保护及其国际保存协定》1973年于维也纳签订，到1996年3月20日才生效，生效时有7个成员国。到1997年1月有9个成员国。

(19)《视听作品国际登记条约》于1989年4月在日内瓦签订，同年生效，到2002年5月为止有13个成员国。

(20)《世界知识产权组织版权条约》于1996年12月20日在日内瓦签订，2002年3月6日生效，到2002年5月有34个成员国。

(21)《世界知识产权组织表演和录音制品条约》于1996年12月20日在日内瓦通过，2002年5月20日生效，有31个成员国。

(22)《建立世界知识产权组织公约》于1967年7月14日在斯德哥尔摩签订，1970年4月26日生效，到2002年5月为止有179个成员国。依据该公约建立的世界知识产权组织，1974年成为联合国的一个专门机构。

（23）《科学发现的国际登记条约》于1978年3月3日在日内瓦通过，到2002年1月尚未生效。

（24）《保护奥林匹克会徽条约》于1981年9月26日在内罗比通过，1983年1月生效，到2002年5月为止有40个成员国。

（25）《集成电路知识产权条约》于1989年5月26日在华盛顿签订，只有8个国家签字，至今尚未生效。

二、由世界知识产权组织和其他国际组织共同管理的国际公约

由世界知识产权组织与联合国教科文组织、国际劳工组织共同管理的国际公约有3个。

（26）《保护表演者、录音制品制作者与广播组织公约》（简称“罗马公约”），于1961年10月26日在罗马签订，1964年5月15日生效，到2002年5月为止有68个成员国。

（27）《保护录音制品制作者防止未经许可复制其制品公约》（简称“录音制品公约”或“唱片公约”），于1971年10月29日在日内瓦签订，到1973年4月18日生效，到2002年5月为止有67个成员国。

（28）《关于播送人造卫星传输节目信号公约》（简称“布鲁塞尔卫星公约”），于1974年5月21日在布鲁塞尔签订，1979年8月25日生效，2002年5月止有24个成员国。

三、由世界知识产权组织与联合国教科文组织共同发起的国际公约（1个）

（29）《避免对版权使用费收入重复征税多边公约》，于1979年12月13日在马德里签订，到1997年2月1日止有7个成员国，尚未生效。该公约还有一份议定书，涉及作者以外的主体（如表演者、录制者、广播组织）避免重复征税的规定，成员可以选择接受议定书。

其他世界组织管理的国际公约（2个）

（30）《世界版权公约》于1952年9月6日在日内瓦签订，到2002年5月有98个成员国，由联合国教科文组织管理。

（31）《与贸易有关的知识产权协议》（TRIPS），于1993年12月15日在日内瓦通过，于1994年4月15日在马拉喀什（摩洛哥）正式签署，1995年1月1日生效，由关税与贸易总协定（GATT）和世界贸易组织（WTO）管理，到2002年5月WTO成员已有144个。

附件2 我国加入的知识产权国际公约及时间

(1)《建立世界知识产权组织公约》，1980年6月3日。

(2)《保护工业产权巴黎公约》，1985年3月19日。

(3)《集成电路知识产权条约》，1989年5月26日。

(4)《商标国际注册马德里协定》，1989年10月4日。

(5)《商标国际注册马德里协定有关议定书》，1995年12月1日。

(6)《保护文学艺术作品的伯尔尼公约》，1992年10月15日。

(7)《世界版权公约》，1992年10月30日。

(8)《保护录音制品制作者防止未经许可复制其录音制品公约》1993年4月30日。

(9)《专利合作条约》，1994年1月1日，中国专利局同时成为PCT的受理局、国际检索局和国际初审局，中文也成为PCT的工作语言。

(10)《商标注册用商品和服务分类协定》，1994年8月9日。

(11)《国际承认用于专利程序的微生物保存条约》，1995年7月1日。

(12)《工业品外观设计国际分类协定》，1996年9月19日。

(13)《专利国际分类协定》，1997年6月19日。

(14)《保护植物新品种国际公约》，1999年4月23日。

(15)《与贸易有关的知识产权协议》(TRIPS)，2001年12月11日。

附件3 日本《知识产权管理评估指标》[33]

日本特许厅的《知识产权管理评估指标》由战略性指标和定量性指标构成。

一、战略性指标

战略性指标可分为下述五大战略。

1. 经营战略

(1) 经营者的知识产权意识；

(2) 知识产权业务的经济效益。

2. 技术战略

(1) 推行独创性技术开发；

(2) 在研究开发中运用知识产权。

3. 知识产权信息战略

(1) 健全知识产权信息管理体系；

（2）利用知识产权信息开展研究开发活动，实施解决纠纷对策。

4. 国际战略

（1）在外国获取战略性专利权；

（2）培养国际化知识产权工作人员。

5. 法务战略

（1）确保解决纠纷的人才；

（2）知识产权风险管理。

二、定量指标

定量性评估能更为客观地把握知识产权管理的水平。定量指标有下述几项：

（1）知识产权工作人员的数量；

（2）专利收支额；

（3）专利实施率；

（4）侵权纠纷案的件数；

（5）知识产权相关奖金的最高额。

三、知识产权评估指标的具体核查事项

知识产权评估指标的具体核查事项为100项，其中1～35是企业经营战略的内容；36～56为企业技术战略内容；57～71是企业知识产权信息战略内容；72～86为国际战略指标；87～100为法务战略内容。

（1）公司是否在业务计划和经营方针中明确了知识产权方针？

（2）公司将上述基本方针广为宣传并具体化了吗？

（3）公司在制定知识产权战略时，是否考虑竞争要素的变化？

（4）针对集团经营、持有股份公司化等企业经营形式的变化，公司是否对知识产权管理方式的现状有所研究、探讨？

（5）公司是否定期在董事会、高级管理人员会议等会议上讨论知识产权战略？

（6）上述讨论的结果是否会在公司的经营中得到反映？

（7）在公司的每个业务部门（业务本部、工厂、部、课）都制定知识产权年度计划吗？

（8）公司是否形成了由部门长承担完成上述年度计划的责任，并对实施进行跟踪的体制和制度？

（9）公司在培养经营人员过程中要进行知识产权教育吗？

（10）公司的经营人员能依靠自己的力量向外公布有关知识产权的信息吗？

（11）公司对持股人说明知识产权战略吗？

（12）公司在国内外主张权利、解决司法纠纷时，是否必要而充分主张了权利？

（13）公司是否具有独立的知识产权管理部门？

（14）针对公司业务的发展速度，公司知识产权部门战略性服务工作的速度是否能完全跟上？

（15）公司开展多种业务时，是否基于知识产权在各种业务中的重要性和今后业务开展的方针而投入知识产权资源？

（16）公司是否与机构相对应的形式，明文规定了知识产权的相关责任和权限？

（17）公司是否有计划地配备机构运营所必需的知识产权人员？

（18）公司是否在业务部门配备了实施知识产权战略的人员？或者是在业务部门设置实施联络会？

（19）关于申请专利、维持专利等所需要的知识产权活动成本与希望通过这些活动得到的收益和通过这些活动而躲过的风险之间的收支平衡，公司的业务部门是否进行评价？

（20）公司是否就专利收入的增加、支出的减少制定中长期（3～5 年）计划？

（21）为提高本公司的知识产权效率和水平，公司是否将知识产权业务外托给专门的服务业？

（22）上述的业务外托是否有助于提高公司的知识产权效率和水平？

（23）公司是否开展关于知识产权的社长亲笔信、加强专利月或周、表彰先进等活动？

（24）公司是否对新职员进行知识产权培训？

（25）公司是否对技术人员进行知识产权培训？

（26）公司是否对知识产权工作人员进行知识产权培训？

（27）公司对管理人员进行知识产权培训吗？

（28）公司是否在业务部门开展启蒙活动，以使防止侵害其他公司权利的意识在业务活动中扎根？

（29）关于职务发明，公司是否进行客观判断？

（30）公司是否有申请阶段奖励制度？

（31）公司是否具有根据发明质量高低而以不同奖励的奖励制度？

（32）公司是否有获得专利权后给予奖励的奖励制度？

（33）公司是否有在获得实施费用时给予奖励的奖励制度？

（34）公司是否有对知识产权工作人员的活动给予奖励的制度？

（35）公司对发明的奖励制度是否从公司之外来看也极具吸引力？

（36）公司技术开发部门的经理中是否有曾经从事过知识产权管理人员？

（37）公司技术开发部门的经理是否理解知识产权制度？

（38）公司的技术人员是否充分理解知识产权在业务活动中的重要性？

（39）知识产权工作人员是否参加公司的研究开发会议？

（40）公司是否就每个开发项目制定专利申请计划？

（41）上述专利申请计划的进展管理是否彻底？

（42）公司是否制定了有可能获得基本专利的独创性技术开发计划？

（43）公司是否制定有关行业标准技术专利的开发计划？

（44）公司写出的说明书是否能抓住发明的本质，使该发明获得内容广泛而状况稳定的权利？

（45）公司对候补申请案提出申请与否的判断标准是否明确？

（46）公司对申请与否是否作客观的判断？

（47）公司是否能根据业务开展的时机而适时地作出请求实审的判断？

（48）公司就可否请求实审的判断标准是否明确？

（49）公司是否客观地判断可否请求实审？

（50）公司是否能根据本公司业务活动情况和其他公司的业务动向而适时地对权利的维持和放弃作出判断？

（51）公司对权利的维持和放弃是否有明确的判断标准？

（52）公司是否客观地对权利的维持和放弃作出判断？

（53）公司是否举办支援发明一线获得专利权的活动？

（54）公司是否配备了与发明人员数量相对应的适当的知识产权工作人员？

（55）在本公司开发与利用外部知识产权进行的开发之间，公司是否有评价两者利害得失的体制？

（56）公司的业务活动是否反映上述评价结果？

（57）公司是否具有明确的管理、处理知识产权信息、机密情报的规则？公司是否彻底贯彻这一规则？

（58）公司对于没有达到申请水平的发明是否有明确的处理规定？

（59）在整个公司的知识产权相关部门、开发部门是否有网络化的知识产权信息管理体系？

（60）公司是否拥有计算机系统，该系统可以查询发明人向特许厅申请的状况以及其他公司的技术动向等信息？

（61）公司是否拥有有助于知识产权战略决策的知识产权信息管理系统？

（62）在推荐发明时和申请前，公司是否要求相关人员检索现有技术？

（63）公司是否针对其他公司的动向在有计划地构筑专利网络？

（64）是否在公司外挖掘有助于将来业务开展的专利？

（65）上述的挖掘活动是否制度化？

（66）是否对全公司的专利买入情况进行一元化管理？

（67）公司在着手开发新技术时，在调查其他公司权利的同时，是否在技术开发计划中写入针对其他公司权利的对策？

（68）公司在产业化和出售产品之前是否作侵权（侵害他公司权利）调查？

（69）为开展侵权（侵害他公司权利）调查和避免侵权，公司在技术开发阶段到产业化阶段的各个阶段是否明确了责任人？

（70）对于其他公司的需要加以注意的申请，公司是否监视其审查情况，并在注册前向特许厅提供信息？

（71）对于他公司需要加以注意的申请，公司在其被授权后是否提出异议？

（72）关于可否向外国提出申请的判断标准，公司是否明确？

（73）在向外国提出申请时，公司是否明确选择申请国的标准？

（74）公司是否客观地决定可否向外国提出申请？

（75）公司是否根据申请国家数量和对象国选定申请渠道？

（76）对于维持和放弃在海外取得的权利，公司是否有明确的判断标准？

（77）公司对于当地子公司所创造的发明是否有明确的处理规定？

（78）公司是否把握国内外竞争企业的国外申请状况？

（79）公司内是否建立了制度，以调查预定出售国和预定生产国的专利侵权情况？

（80）公司是否具备收集海外法律制度及其应用情况信息的能力？

（81）在把握国外法律制度和商业惯例的基础上，公司是否制定了法律对策？

（82）针对美国的先发明制度，公司是否采取了措施？

（83）公司在培训知识产权工作人员时，是否有与国际知识产权相关的科目？

（84）公司的国内知识产权部门中是否有负责海外案件的人员？

（85）公司在海外是否拥有可以就外国申请、诉讼相商和相托的当地专利事务所或法律事务所？

（86）公司是否确保了在海外实施侵权对策（假冒产品对策等）的人才？

（87）公司是否拥有负责知识产权的代理人或律师？

（88）公司是否拥有应付诉讼的工作人员？

（89）公司是否有完善的包括相关法（版权法、反不正当竞争法、禁止垄断法等）在内的产业风险管理体制？

（90）当发生问题时，公司内作出决断的程度是否明确？

（91）公司是否请知识产权专家核查诸如与其他公司进行共同开发的委托合同等知识产权相关行业的处理规程？

（92）公司是否有专门负责许可的工作人员？

（93）对于每一次许可，公司是否都要把握对象权利的新的获权情况及抽出有问题的专利并采取决策？

（94）为增加本公司的有效权利，公司是否随时准备签订合同或提起诉讼？

（95）公司是否就每一竞争对手分析知识产权战略，制定出许可战略？

（96）公司是否具有明确的许可政策？

（97）公司是否有组织地进行着侵权判定？

（98）公司是否建立了制度，就本公司在有效期内的权利，收集其他公司侵权的信息，并研究对策？

（99）在公司之外，是否拥有理解公司知识产权战略的代理人或律师？

（100）公司是否对公司外的律师和代理人进行评价，并根据目的来选择律师和代理人？

思　考　题

（1）企业如何根据本单位技术创新的特点，制定知识产权战略；

（2）企业在开拓国际市场时，如何有效运用知识产权的规则；

（3）企业在科技项目研发中，如何有效管理知识产权；

（4）企业如何提高知识产权资产经营管理水平。

参 考 文 献

［1］吴汉东．知识产权法．北京：北京大学出版社，2000.

［2］郑成思．知识产权法教程．北京：法律出版社，1993.

［3］刘春田．知识产权法教程．北京：中国人民大学出版社，1995.

［4］张玉敏．知识产权法学．北京：中国检察出版社，2002.

［5］世界知识产权组织．知识产权法教程．北京：专利文献出版社，1990.

［6］Mansfield E. Patents and Innovation：An Empirical Study. Management Science. 1986，32（2）：175.

［7］张平等．标准化与知识产权战略．北京：知识产权出版社，2002.

［8］马连元．WTO与我国知识产权保护对策［J］//国家知识产权局．专利工作动态，2000（总第729、730）．

［9］张平等．技术创新中的知识产权保护评价．北京：知识产权出版社，2004.

［10］刘振武等．中国石油集团公司技术创新案例．北京：石油工业出版社，2005.

［11］包海波．美国企业知识产权管理的构成及其特征分析［J］，科技管理研究，2004（2）．

［12］段瑞春．关于现代知识产权问题［J］．中国软科学，1999（3）．
［13］冯晓青．企业知识产权战略．北京：知识产权出版社，2006.
［14］杨忻，李淼．知识产权理论与实践．北京：电子工业出版社，2005.
［15］陈美章．美国知识产权的管理及其发展趋势［J］．知识产权，1997（5）．
［16］薄斌．国外企业知识产权管理［J］．科学与管理，2003（6）．
［17］姜颖等．走出去扩眼界 转观念促创新—中国知识产权研究会代表团2002年赴日考察的体会与思考［J］，知识产权，2003（1）．
［18］包海波．日本企业的知识产权战略管理［J］．科技与经济，2004（2）．
［19］常凯，日立公司的知识产权管理［J］，电器工业，2002（5）．
［20］吴新银等．专利地图制作及解析研究［J］．电子知识产权，2003（11）．
［21］朱雪忠．国有知识产权的流失与管理［D］．华中理工大学博士论文，2000.
［22］常凯．IBM公司的知识产权管理［J］．电器工业，2002（1）．
［23］巫晓倩．IBM公司在中国专利申请状况分析［J］．电子知识产权，2005（4）．
［24］常凯．日本三菱公司知识产权管理的特色［J］．电器工业，2002（4）．
［25］冯晓青．企业知识产权战略．北京：知识产权出版社，2006.
［26］中国石油天然气集团公司．知识产权保护与管理．北京：石油工业出版社，2005.
［27］欧洲技术与创新管理研究院．企业战略与技术创新决策．陈劲，方琴译．北京：知识产权出版社，2005.
［28］文香平．朗科知识产权战略结硕果．中国知识产权报，2003－10－11.
［29］McGaughey，Liesch，Poulson. An Unconventional Approach to Intellectual Property Protection：the Case of an Australian Firm Transferring Ship Building Technologies to China［J］. Journal of World Business，2000，35（1）．
［30］魏衍亮．近期DVD知识产权纠纷跟踪报道［J］．电子知识产权，2004（11）．
［31］焦学宁．DVD专利费用之争［J］．电子知识产权，2002（4）．
［32］何敏．企业知识产权保护与管理实务．北京：法律出版社，2001.
［33］钱孟珊．日本知识产权管理评估指标介绍［J］．电子知识产权，1999（8）．

第七章　研发项目的评估与决策

本章首先阐述研发项目评估与决策的基本原则，然后介绍研发项目评估与决策的几种定量和定性方法以及综合定性和定量的管理科学方法，接下来讨论不同方法对不同研发项目评估和决策的适用性，最后讨论多研发项目组合评估和决策的理论和案例。

第一节　研发项目评估与决策的基本原则

对研发项目的评估与决策既可以从定性的角度、也可以从定量的角度进行分析，在实践中无论采取何种方法，都需要遵循下述几个基本原则：

（1）对研发项目的评估与决策不仅要考虑项目本身的技术成败，而且要考虑该项目对企业整体技术能力以及对企业未来利润的影响。换句话说，我们需要以企业整体的商业活动为分析对象，而不能仅从技术的角度评价与决策研发项目。企业从研发成功到实现商业化，还需要经过批量生产、市场销售等其他环节，研发的成功（比如产生一种新发明）并不能保证商业化的成功。技术上的研发成功如果不能转化为商业价值，我们不能称之为创新。同样，商业化的成功也并不能保证发明企业能够获得这种成功的全部或主要收益。如美国施乐公司虽然发明了鼠标等计算机辅助设备，但并没有从中获取很多收益。

（2）正确理解和处理沉没成本的影响。沉没成本是项目评估中的一个基本概念，指以前发生的可能与项目有关、但与当前决策无关的一些投入费用。以前投入的成本也许是造成当前状态的一个原因，但对研发项目评估和决策的出发点是当前的状态，所要考虑的是未来可能发生的费用及收益。以前发生的费用或成本已经成为过去，无论是否开展当前项目，均不可能有所改变，因此在项目评价中，不应该考虑这些沉没成本。特别是，不能因为过去已经投入了很多经费，觉得放弃了太可惜就坚持继续投入以至项目结束，更不能因为过去投入了过多经费而没见成效就提前终止项目。对于这些项目是否要继续，应该以现在和以后的成本和收益作为评价基准。如果有正的净收益，即使过去已经投入较大，仍然应该继续投入，如果评价结果是负的净效益，则无论过去已经投入多少，都应该放弃该项目。因此，对研发项目（以及其他工程项目）的评估和决策，不能考虑沉没成本的影响。

（3）研发活动本身具有一定的风险，对研发项目的评价应该包括风险因素在内。由于技术发展方向的不可预测性，一个项目的研发活动往往会产生预料不到的结果，影响企业未来的商业机会。另外，由于对研发项目的评估需要考虑企业的整体商业利益，因此研发项目的风险不仅包括技术风险，即技术上是否可行，而且包括商业风险，即成功的技术是否能够转化为商业价值和企业利润。从投资决策的角度来讲，研发项目的这种结果不确定性使其具有期权的某些性质，评价研发项目时需要考虑这种未来不确定性的价值，这一点将在后面阐述。

（4）需要考虑不同研发项目之间的相互依存关系。由于技术的复杂性和关联性，在对一个研发项目的开发和管理过程中，研发人员及管理人员往往需要同时在多个技术领域进行共同努力。在一个研发项目结束后，研发人员可能会产生新的技术想法，并对应后续的研发项目。反过来，一个研发项目是否进行有可能依赖于以往的研发项目。另外，企业在某一段时期，可能要同时展开多个研发项目，这些不同的研发项目之间可能具有一定的关联性和依存关系，因此，往往需要从研发项目组合的角度进行评估和决策。

（5）对于周期较长的研发项目进行定期评估。研发项目的周期可长可短，小的项目可能一年内就能完成，而大型研发项目的周期通常需要好几年的时间，这中间每年会有一定的经费投入。随着研发工作的深入，技术难题逐渐得到解决，而且研发工作能否成功、未来是否具有市场应用价值等开始并不非常确定的问题逐渐明朗。因此，有必要定期对研发项目的进展情况进行总结，评价继续投资的可行性。另外，企业在完成研发项目之后，进一步实现商业价值也需要额外的投入和时间，这样，综合评价研发项目的效益通常是多阶段的决策问题，同样有必要定期收集项目信息进行评估。

第二节　研发项目评估和决策的定量方法

对研发项目进行评估和决策有不同的方法和技术，这些方法中既有以定量分析为主的评估技术，也有基于定性判断和评分的分析方法。接下来本章首先介绍几种常用的定量评估技术。

1. *净现值方法*

在投资项目评估中最常用的一种方法就是利用折现现金流计算投资项目的净现值（NPV），通过判断项目净现值的正负来决定投资项目的取舍。研发项目需要一定的资本投资，从这个意义上讲，研发项目是一种投资行为，可以使用净现值的方法进行评价。

净现值是项目寿命期内将各年净现金流量按一定的折现率折现到同一时点

（一般是期初）的现值之和。从定义中可以看到，净现值指标考察了项目寿命期内各年所发生的净现金流量，而且由于它直接反映了投资者最为关心的问题——投资项目的收益，因而，净现值指标是对投资项目进行动态评价的最重要指标之一。

$$NPV=\sum_{t=0}^{n}(CI_t-CO_t)\cdot(1+i_0)^{-t} \tag{7-1}$$

式中 CI_t——第 t 年现金流入；

CO_t——第 t 年现金流出；

i_0——最低希望收益率（或基准折现率），可以在企业融资成本的基础上，根据行业的投资机会、风险情况确定；

n——项目影响持续的时间长度，这不仅包括研发项目本身的时间长短，而且包括销售开发出来的新产品（或使用改进后的新工艺）可在未来产生收入的时间长短，即新产品（或新工艺）的生命周期。

使用折现现金流评估方法的基本步骤是：估计出研发项目以及未来商业化阶段逐年的净现金流量（$NCF_t=CI_t-CO_t$），并计算项目的净现值（NPV）指标，如果该指标值大于或等于0，即项目可行，否则不可行。所以净现值方法有时候也称为折现现金流（Discounted Cash Flow，简称DCF）法。

具体来说，项目的净现金流是指因项目实施而导致的企业现金收入的增加减去当年用于项目的实际投资，即：

$$NCF_t=现金收入增加部分-当年投资增加$$

因项目而产生的企业现金收入增加主要来源于新产品的销售。考虑到所得税的影响，这包括[1]：

现金收入增加部分=（新产品销售收入-在生产、销售和管理过程中实际支出的现金成本）×（1-所得税率）+（之前用于项目投资的固定资产折旧额+递延和无形资产摊销额）×所得税税率

如果研发项目的成功使得企业在生产工艺上有所改进，从而降低了生产成本，那么对应的现金收入增加部分为：

现金收入增加部分=（生产过程中现金成本的节省金额）×（1-所得税率）+（之前用于项目投资的固定资产折旧额+递延和无形资产摊销额）×所得税税率

[1] 固定资产折旧以及递延和无形资产的摊销虽然会影响企业的所得税和会计成本，但并不影响实际的现金支出，因此，这里需要将其加回。

项目评估中使用的现金流信息是在对未来事件进行预测的基础上估计出来的，并不是实际发生的值，根据式（7－1）计算的 NPV 指标仅仅是项目净现值的一个点估计值。考虑到项目实施过程中的不确定性和随机性，可以进一步使用风险条件下的折现现金流分析方法，这包括：

（1）敏感性分析。

对影响评价指标计算的主要参数，特别是那些难以准确估计或预测的参数，选取多个可能的取值，分别计算指标值，测定这些不确定因素变动时评价指标值改变的幅度大小，从而判断投资项目在外部条件发生变化时的承受能力。

一种比较常用的分析方法是，对项目的可能结果假设三种状态：①最乐观的情况；②最可能的情况；③最悲观的情况，计算并比较三种状态下的指标值，确定项目的风险大小。

（2）概率分析。

假设项目周期内各年的现金流均为随机变量，那么评价指标 *NPV* 也是一个随机的变量，可以通过计算它的一些统计参数来进行项目的风险分析。比如，净现值指标的分布范围以及方差可以用来度量项目的风险大小，该指标值大于 0 的概率可以近似表示项目盈利的可能性，其最小值可以衡量项目能够导致的最坏结果。

随机变量 NPV 的统计参数可以通过概率分析或者 Monte Carlo 模拟方法进行计算。在比较简单的情况下，假定各年净现金流 NCF_t 均服从正态分布，那么指标值 NPV 也服从正态分布，其均值和方差可以表示为净现金流分布参数的函数，相关统计指标可以通过解析的方式进行概率分析[1]。但是，在更为一般的情况下，NPV 并不服从已知的概率分布类型，对项目的风险情况难以进行概率分析，这时可以求助于 Monte Carlo 方法，通过模拟计算 NPV 的统计参数，进而分析其风险情况。

Monte Carlo 分析的一般步骤如图 7－1 所示：首先确定影响项目未来现金流的各不确定因素（假设为随机变量）、各因素之间的相互关系以及未来变动趋势；然后根据类似项目的历史资料或者综合专家判断的意见，确定这些变量可能服从的概率分布；最后通过概率的方法对每一随机变量进行模拟，并据此计算评价指标值（如 NPV）。对这些随机变量重复模拟多次，可以获得一组指标值的样本。在此样本基础上，通过统计计算我们可以获得评价指标的各统计参数，进而用于风险分析。

在实践中，美国 Merck 公司早在 1983 年建立、用于评估新药研发项目的“研究计划模型”就是基于这种方法而设计的[2]。近年来，随着计算机的普遍应用，大样本的 Monte Carlo 模拟变得非常简单和方便，概率分析在项目的风险评

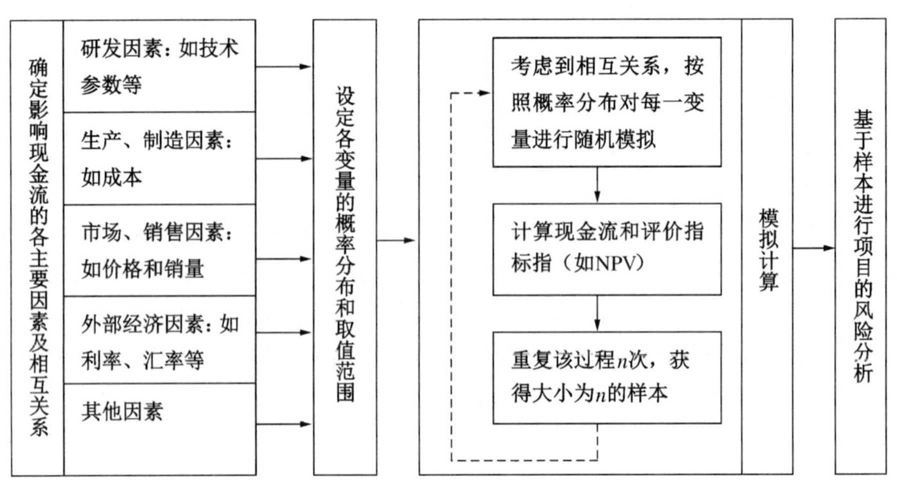

图 7－1 Monte Carlo 分析的基本过程

估中有着广阔的应用前景。

在项目评价中，除去净现值指标外，比较常用的其他一些指标包括投资回收期（Payback Period）、内部收益率（IRR，Internal Rate of Return）、投资回报率（ROI，Return on Investment）等，对这些指标的概率分析或模拟分析可以仿照上述类似的方法进行，此处不再赘述。

2. 实物期权方法

尽管折现现金流或 NPV 是通用的项目评估方法，但这种方法没有考虑到研究开发项目的特殊性，即分阶段决策。一般说来，研发项目本身只是探索性的，项目未来能否取得成功并不知道，即使项目开发成功，是否值得进行（或者什么时候进行）商业化投资也不确定。因此，要完全实现研发项目的潜在价值，企业需要在整个过程中见机行事，相机抉择。换句话说，在每一阶段，企业都可以决定是否继续进行研发或是否进行市场化努力。一旦发觉研发结果不理想，或者研发出来的新产品不具备市场化的可能性，企业就可以随时调整研发方向或终止这些项目，避免遭受较大损失。在这个意义上，企业投资研发活动，相当于用部分初始投资购买了未来的一种投资或收益机会（或者叫做实物期权，Real Option）。显然，这种潜在的投资或收益机会是有经济价值的，评估这种未来收益的机会，一般使用实物期权的分析方法。

（1）什么是实物期权？

实物期权是金融期权的概念在实物交易市场上的推广。在金融市场上，投资者如果购买某种股票的买方期权，就意味着投资者获得了在一定期间内以事先约定的价格购买该种股票的权力（但投资者没有必须购买的义务）。例如，某投资者在一年前花了15元钱购买了A公司股票一年期的买方期权，期权规定投资者可以以60元钱的价格在一年内买一股A公司的股票。假如在此期间，当A公司的股票价格涨到每股82元的时候，该投资者决定行使股票的买方期权，那么他可以有22元钱的收益（82－60＝22元）。再减去投资者购买股票期权已经花的15元钱，那么他可以净赚7块钱。如果投资者在股票价格为70元的时候行使期权，那么他买卖股票的收益是10元钱，减去花在期权上的15元钱，他将会损失5元钱，这5元代表了为了投资者获得等待行使期权的机会所付出的代价（这种情况下，投资者如果不行使这一权力，将会损失更大，为15元）。

一般说来，如果在期权有效期间，股票的实际价格（如上例中的82元）超过了期权规定的购买价格（60元），投资者行使期权的净收益就是股票的实际价格与期权规定的购买价格之差，再减去购买期权的价格（15元）。然而，如果在期权到期之前，股票的价格低于期权规定的购买价格，期权的购买者则没有义务以期权规定的价格购买股票，相反，他可以放弃行使股票期权，这样他的损失仅限于当初购买期权的费用。换句话说，期权的购买者可以获得股价上涨的收益，但并不用承担股价下跌的损失，投资期权者所能遭受的损失最多不过是当初购买期权的投资。这样，投资期权者的收益不限，但所遭受的损失有限。

金融期权的概念同样可以应用到研发项目投资中。假设企业现在投资某一新产品开发项目，如果项目开发成功，它可以在未来进行投资，进行商业化生产，从而获得丰厚收益。如果开发不成功，企业可以放弃该项目，仅承担初期研发的成本。这样，与金融期权相比较，投资研发项目相当于购买一种实物期权，是为了获得未来的某种收益机会而付出的初始成本。在技术开发成功后进行商业化投资则相当于行使这种期权，进行“实物”交割。同样，研发投资所能带来的未来的收益不确定，但最大损失不超过研发成本。从这种意义上讲，企业进行研发投资与拥有金融股票期权具有同样的性质。

事实上，企业的许多投资、经营决策都存在着推迟或中途放弃的可能性，因此多多少少都具有实物期权的特征。比如，采油（或采矿）公司购买某油田（或矿产）一定年限的开采权后并不马上开采，最终是否进行开采或者何时开采一般还要根据未来市场收益情况决定。房地产企业投资获得一定的建设用地后，并不一定马上进行开发或销售，也视为一种投资实物期权的行为。我国改革开放初期，国家在个别经济/技术开发区对市场化改革进行试点，在某种意义上也可说是基于类似考虑的政策期权投资。

（2）如何计算实物期权？

金融期权的价值一般可以应用Black－Scholes－Merton（B－S－M）公式进行计算[3]：

$$S \cdot e^{-\delta t} \cdot N(d_1) - X \cdot e^{-rt} \cdot N(d_2) \quad (7-2)$$

其中，$d_1 = \{\ln(S/X) + (r-\delta+\sigma^2/2)t\}/\sigma\sqrt{t}$，$d_2 = d_1 - \sigma\sqrt{t}$

式中 S——股票实际价格；

X——期权规定的购买股票价格；

δ——期权期间所发放的股票红利；

r——用以折现的无风险利率；

σ——衡量股票价格波动性参数；

t——期权有效时间；

$N(d)$——标准正态分布的累积分布函数。

确定了这6个参数，就可以使用式（7－2），评估股票期权的价值。其中，股票实际价格 S、波动性参数 σ、期权有效时间 t、无风险利率 r 的增加都会增加期权价值，但行使期权的价格 X 及派发红利的增加 δ，会降低期权价值。

评估实物期权的价值与评估股票期权类似，同样可以利用上述B－S－M公式。以研发投资为例，对应的6个参数如表7－1所示。为说明实物期权评估方法的应用，下面我们对Merck制药公司的一个期权评价案例进行分析。

表7－1 实物期权评估所需确定的参数

参数及其影响	实物期权（研发项目）	股票期权
S（+）	未来新产品商业化后能够带来的收益现值	股票的实际价格，即股票未来全部收益的现值
X（－）	未来新产品商业化过程中全部投资成本的现值	期权中约定的未来某一期间购买股票所支付的价格
σ（+）	衡量未来收益不确定性的参数，即新产品商业化后现金收入增长率的标准差	衡量股票实际价格变动的参数
t（+）	新产品商业化机会存在的时间长度，与产品生命周期、企业自身竞争优势、技术许可期限或专利有效期等有关	期权有效期
δ（－）	新产品商业化机会存续期间可能损失的未来收益，比如为延长技术许可期限而付出的成本、由于竞争对手率先投资生产而带来的损失等。	股票红利
r（+）	时间长度为 t 的无风险投资的收益率	时间长度为 t 的无风险投资的收益率

（3）案例分析（Merck 公司）[4]。

在 20 世纪 90 年代初期，为进入新的商业领域和开发新的药品，默克（Merck）制药公司计划从一个较小规模的生物科技公司 Gamma 购买一项新的生物技术的使用许可证。Gamma 公司已经就此项技术申请了专利，但还没有进行任何的商业应用开发。Merck 公司估计，在获得该项技术的使用许可后，它还需要投入两年的研发工作才能确定这项技术是否能够商用。由于该项新技术尚不成熟，Merck 公司也不确定它是否能够在此基础上开发出新的药品，而且，即使能够开发出一种新的药品，也不知道这种药商业化的可能性如何。两年后，如果开发出来的新药品具有商业化的可能性，Merck 公司将会开办一个新的工厂进行批量生产，工厂的筹建过程需要一年的时间才能完成。

按照 Merck 公司和 Gamma 公司的协议，Merck 公司将在未来 3 年内支付后者 200 万美元的技术使用许可费。另外，如果 Merck 公司开发出来的新产品上市销售，它还将付给 Gamma 公司一定的专利费。但是，如果 Merck 公司在研发过程中发现结果并不理想，它有权在任何时候终止该协议。

可以看出，Merck 公司的这个协议有点儿类似于股票的买方期权，因此可以看作是一种实物期权，可以利用前面介绍的方法来评价其理论价值，然后与购买此期权的实际投资成本（包括技术许可费用和研发投资）进行比较，从而决定 Merck 公司是否应该从事该项交易。

为计算该期权的价值，Merck 公司的分析人员采用了 Black－Scholes 模型（即令 B－S－M 公式中的红利参数 $\delta=0$），该模型要求确定下面的 5 个参数：

项目价值 S：假定该项技术是成功的，而且将进一步建厂投产，Merck 公司使用传统的 NPV 分析方法估计出了该项目的现金流现值。该现值在未来若干年内可能会发生变化，假设具有一定概率分布。在估计这个参数的时候，Merck 公司排除了：（1）投资建厂的初期投入成本（这部分应该算作是执行期权的价格），（2）购买技术许可以及投入研发的费用（这部分应该算作购买期权的价格）。考虑到未来情况的变化，分析人员考虑了五种情况：$S=$ 27.5 百万美元，22.5 百万美元、18 百万美元、15.8 百万美元、15 百万美元。

期权执行价格 X：分析人员估计，如果 Merck 公司将开发出来的新产品推向市场，总的建厂投产等初期费用约为 25.4 百万美元。

有效时间 t：预期的开发和投产时间。分析人员考虑了三种情况：2 年、3 年或 4 年。如果 4 年后将产品投产，Merck 公司估计随着竞争产品的上市，该项目将无利可图。

波动性参数 σ：Merck 公司的分析人员从投资银行获悉，与该项目的风险相当的一些生物科技公司的股票年收益，标准差大约为 0.5。因此，分析人员决定以此参数作为该项目价值 S 的波动性参数。

无风险利率 r：基于当时的 2～4 年期的国库券利率，分析人员确定该利率为 4.5%。

根据上述参数的设定，Merck 公司分析人员计算了总共 15 种情况（5 种项目价值×3 种有效时间）下该期权的价值，然后与购买该期权的成本，即购买技术许可费及投入研发的费用（估计为 280 万美元）。表 7－2 给出了这些计算结果，结果表明，除了在两种情况外，该实物期权的价值均超过了购买成本，因此 Merck 公司最终决定签署技术使用许可协议，开始投资进行研发。

表 7－2　Merck 公司实物期权分析结果

参　数	基　本	敏感性分析的四种情况			
		1	2	3	4
项目价值 S	27.5	22.5	18	15.8	15
期权执行价格 X	25.4	25.4	25.4	25.4	25.4
利率 r（%）	4.5	4.5	4.5	4.5	4.5
波动性参数 σ（%）	50.0	50.0	50.0	50.0	50.0
有效时间为 2 年的情况					
期权价值	10.1	5.9	3.4	2.4	2.1
决策	投资	投资	投资	不投资	不投资
有效时间为 3 年的情况					
期权价值	11.9	7.6	4.8	3.6	3.2
决策	投资	投资	投资	投资	投资
有效时间为 4 年的情况					
期权价值	13.5	9.0	6.0	4.6	4.2
决策	投资	投资	投资	投资	投资

注：项目投资决策是基于与购买期权成本 2.8 比较的基础上做出的。

从前面的公式（7－2）可以看出，评估实物期权的价值仍然需要对投资项目的未来现金流进行预测从而确定 S，而且与传统的 NPV 分析方法相比，所需要设定的参数更多，因此，对实物期权的评估更有可能受到分析者个人主观因素的影响。为尽量减少这种影响，可以如上面 Merck 公司案例分析中那样，使用敏感性分析或 Monte Carlo 模拟的办法对实物期权进行评估。

由于实物期权与金融期权之间存在诸多相似之处，计算前者价值的方法一般都是在后者的评价方法基础上衍生出来的。在实际应用中，除了上述经典的 B－S－M 公式外，还有许多评价特定类型实物期权的方法，其中比较常用的一种方法是类似于决策树分析的二项式模型（Binomial Model），Copeland 和 Tufano 在 2004 年 3 月份的《哈佛商业评论》上曾对此方法有过专门的介绍[5]。限于篇幅，我们这里对其他的方法就不再赘述。

（4）实物期权与 NPV 方法比较。

20 世纪 80 年代初，《哈佛商业评论》发表了一系列文章讨论使用传统现金流方法评价研发项目所带来的问题。一些学者把传统分析中的重要指标－投资收益率 ROI（即 Return On Investment）戏称为“克制创新”（Restraint On Innovation）指标。有证据表明，在 1959 年美国有 19%的企业开始用以 NPV 为代表的传统方法评价项目，到 1975 年这一比例约为 94%。但在同一期间，美国企业的研发投资和其他资本投资却都呈现出下降的趋势。因此，部分学者将这种投资水平下降的原因归结为对 NPV 分析方法的滥用，并指出应用这些分析方法削弱了美国工业的国际竞争力，导致美国企业在与日本企业竞争上处于不利地位[6]。

事实上，NPV 分析与实物期权方法的主要区别在于，前者将决策者的注意力集中在比较确定的目标，而后者认为决策者应该根据项目的进展，不断修正自己的判断，根据实际出现的投资机会，相机决策。

为比较实物期权与传统的 NPV 评价方法之间的差别，这里再分析一个简单的例子。假设某一新产品研发项目需要投资 60 万元，未来新产品商业化所需投资的现值约为 600 万元，估计的总的销售收入现值为 500 万元，由于该项目的 $NPV = -60 - 600 + 500 = -160 < 0$，因此，根据 NPV 的结果，企业应该放弃这种项目。那么，如果我们使用实物期权分析的方法，结果将会怎么样呢？

首先，实物期权评价方法考虑了收益不确定性的影响。企业新产品销售收入的波动性主要来源于两个方面，一是销量的不确定性，二是价格的不确定性。根据历史数据或相关资料，能够估计未来新产品销售收入年增长率的标准差为 30%。其次，实物期权评价方法考虑到了投资决策的灵活性，即企业在完成研发活动后可以根据情况决定是放弃市场化的后续投资？马上投资新产品的批量生产？还是推迟投资一段时间直到市场状况进一步明朗之后再投产。假定企业推迟投产一年的损失现值为 15 万元（这相当于未来总收益的 15/500 = 3%），而且这种新产品的投资机会期间只有 5 年，五年后由于技术的更新换代，投资机会将丧失。进一步假设无风险收益率为 5%，则该研发项目的期权价值为：$ROV = (500e^{-0.03\times5}) \times 0.58 - (600e^{-0.05\times5}) \times 0.32 = 100$ 万元。这个价值高于研发本身所需的投资 60 万元，因此，企业不应该放弃这个项目，而是应该投资进行研发。至于研发完成后，是否进行投产，则要根据研发情况再确定。从此例可以看出，传统 NPV 分析低估了研发项目的价值，这种差别体现的是企业未来投资能够相机决策的价值。

事实上，值得指出的是，实物期权分析对决策灵活性的重视，其实反映了“干中学”的重要性，强调了项目进行过程中获得的信息的价值。NPV 分析要求企业在做投资决策时就明确未来的可能行动方案，以便于进行分析比较。实物期权分析认识到未来信息的价值，允许企业推迟投资活动，企业可以根据新获得的信息，决定新的行动方案。因此，后者更符合企业一般决策的实际情况。

美国学者 Graham 和 Harvey 在 2001 年对 392 名企业首席财务官（CFO）做的一项调查表明，大约 27%的 CFO “总是使用或者几乎总是使用”期权分析的方法来评价企业成长机会[7]。

如上所述，在对实物期权进行评价时，需要利用较传统 NPV 分析更多的项目信息和参数。而且，由于两种方法对项目决策过程的理解不同，这些参数对评价结果的影响亦有所差别。表 7－3 比较了传统的 NPV 分析与实物期权方法的差别。

表 7－3　传统现金流分析与实物期权分析比较

种类＼方法	传统的 NPV 方法	实物期权方法
不确定性	看作风险，将降低项目价值	将风险看成增加项目价值的投资机会。不确定性增加，将增加未来盈利的机会
持续时间长度	较长的回收期会降低项目的吸引力，评估时可能会使用较高的折现率	时间越长，未来出现具有吸引力的投资机会的可能性越多，因此投资期权的价值越高
最坏结果	严重影响 NPV 的计算结果，导致 NPV 为负	可以中途停止投资，最大损失为研发投资。最坏结果不会影响期权价值
信息的作用	未来信息不影响项目评价结果	未来信息影响项目的后续决策，具有较高价值
决策和管理的灵活性	未来项目实施的过程和步骤在评估时假设为确定	未来新的信息和管理者的相机决策决定项目的决策路径

尽管实物期权分析方法较传统 NPV 分析方法更加科学、更加合理，但其在实践中的应用仍然有相当大的局限性。美国贝恩（Bain）咨询公司 2001 年的一项关于“管理工具和技术”的调查发现，在 451 名使用过实物期权评价方法的高层管理人员中，大约三分之一的管理者在应用该方法的当年就决定放弃使用这种方法[5]，其中主要原因在于实物期权评价方法的技术复杂性。比如，对大多数管理人员来说，计算期权价值的公式（7－2）就像一个不透明的黑箱，他们并不清

楚其推导过程以及公式本身隐含的假设。而且，在现实商业活动中，管理决策所能产生的期权形式远较金融期权复杂和难以觉察，仅使用 B－S－M 公式中的 6 个参数对实际投资评估难以给出令管理者信服的结果。特别是，B－S－M 公式中的隐含假设（即项目价值 S 的变动服从对数正态分布）对于研发项目投资未必合适。

在实践中，应用实物期权分析的另外一个主要问题是，尽管评价方法能够给出期权的理论价值，但企业能否实现这些价值，即是否需要执行这些期权以及什么时候执行，则涉及如何有效地管理投资期权的问题。如果对期权管理不当，错失投资机会，就像买保险后，出了事故没有索赔一样，投入了资金，但没有获得计划中的收益，期权价值的评估本身也就失去了意义。

3. *决策树方法*

除了上述实物期权评估的方法，分析人员有时候利用决策分析，特别是决策树（Decision Tree）方法，评估研发项目投资。相对于实物期权计算方法，决策树的分析方法有几个好处：（1）决策树本身能够直观反映出管理者未来面临的投资机会以及可能的决策方案；（2）对未来现金流的变化及不确定性并不做复杂的概率分布假设，而是直观地在决策树中表示出来；（3）没有复杂的数学公式，过程比较直观，简单明了，易于理解。事实上，决策树分析和实物期权分析之间存在着一定的等价关系，如果正确、合理使用，二者的结果基本一致[8～10]。

决策树分析的一般方法是，首先将决策方案、投资机会按照先后顺序，一定的逻辑关系表示成决策树的形式，然后用倒推的方法进行分析。使用这种方法评价研发项目的关键之处在于明确区分研发阶段和之后的商业化（或者投产）阶段，即决策是分阶段进行的。为了便于说明，下面我们以一个简单的例子解释如何使用决策分析评估研发项目[11]。

假设某企业准备开发一种新型的桌面打印设备，开发此项技术需要投入研发资金 6 万元，耗时一年。工程技术人员初步估计，一年之后最有可能出现（60% 的可能性）的结果是，技术开发成功，但效果一般。开发出来非常好的技术的可能性大约只有 30%。另外也存在技术开发失败的可能性（为 10%）。研发项目结束后，企业如果决定将产品推向市场，则需要另外投资 15 万元，一年之后产品才能面世。产品未来的收益，如果折算为产品上市时的现值，大约在盈利 60 万元和亏损 60 万元之间。假设该企业用于项目投资的折现率为 12%。

图 7－2 用决策树的形式列出了企业所面临的决策及所有可能的结果。图中小的矩形方框代表决策结点，即企业在此时需要做出决策。决策点后面的分支代表企业面临选择的决策方案，对应的数字代表需要投资金额。图中小的圆圈代表概率结点，其后的分支代表企业采取某种决策后可能出现的不同结果，对应的数

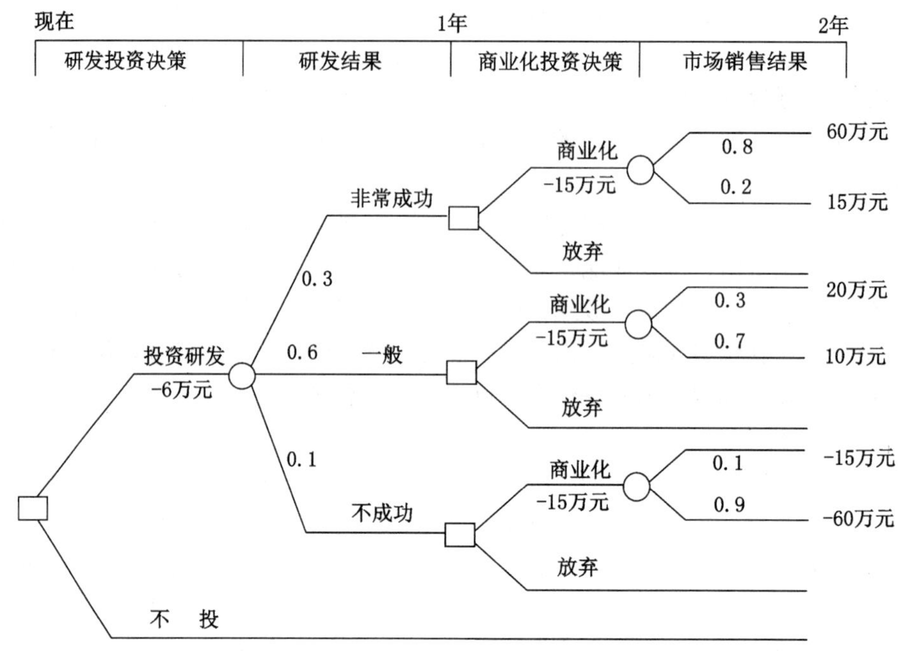

图 7-2 决策树分析

字代表不同结果出现的可能性（或概率）。最后的一列数字代表不同结果所产生的现值收入。

分析此决策树，可以采用倒推的方法，首先从最后一阶段的决策开始。假设一年后企业发现，开发出来的技术非常成功，那么它是否需要将产品商业化呢？如果商业化，企业可能会面临两种结果：一种结果是收益 60 万元，可能性大概为 80%，另外一种结果是收益 15 万元，可能性估计为 20%。从期望值的角度分析，企业将产品商业化的期望收益为：0.8（60）+0.2（15）=51 万元，折现到商业化投资时的现值为 45.5 万元，超过商业化投资的成本 15 万元。因此，一旦企业发现技术开发非常成功，就应该将其商业化，推向市场。类似的分析可以发现，如果企业知道开发出来的技术只是一般意义上的成功，则应该放弃商业化（期望收益 13/1.12=11.6 万元，低于所需投资 15 万元）。如果技术开发根本不成功，企业只有亏损，则更不应该继续投资商业化。这样，就可以确定企业一年后在不同情况下的决策方案。

接下来分析研发阶段的投资决策。如果企业现在投资研发活动，那么它有 30%的可能性获得非常好的技术，然后它继续进行商业化投资，取得预期的商业收益。而如果开发出来的技术不是非常好（可能性为 60%+10%=70%），那么它将放弃商业化的努力，没有任何收益和进一步的损失。这样，企业投资研发的预期收益现值为：0.3×｛−15÷1.12+（0.8×60+0.2×15）÷1.12²｝+0.6×0+0.1×0=7.17万元，超过了研发的投资费用6万元，因此企业应该选择投资该技术开发项目。

表7−4的最后一行给出了上述决策分析的结果。为便于与传统现金流分析方法作对比，表中前三行还给出了使用NPV方法，在不同假设下的计算结果。从表7−4中可以看出，如果企业根据NPV的结果做决策，则应该放弃此研发项目，但如果根据决策树的分析结果，企业则应该投资该项目。比较两种方法可以看出，决策分析方法同样考虑到了企业决策的灵活性。通过相机决策，企业可以明智地选择放弃进一步投资，最坏的结果并不会影响初始研发投资价值的评估。在此意义上，决策分析具有与实物期权分析相同的优点。

表7−4　决策树分析计算表

<table>
<tr><th colspan="2">评价方法</th><th>NPV</th><th>现在</th><th>1年后</th><th>2年后</th></tr>
<tr><td rowspan="3">传统NPV分析方法</td><td>A. 考虑最可能出现的结果</td><td>−11.4</td><td>−6</td><td>−15÷1.12</td><td>10÷1.12²</td></tr>
<tr><td>B. 在A的基础上，同时考虑市场不确定性</td><td>−9.0</td><td>−6</td><td>−15÷1.12</td><td>（0.3×20+0.7×10）÷1.12²</td></tr>
<tr><td>C. 进行商业化投资，考虑所有不确定性</td><td>−5.4</td><td>−6</td><td>−15÷1.12</td><td>{0.3×（0.8×60+0.2×15）+0.6×（0.3×20+0.7×10）+0.1×［0.1×（−15）+0.9×（−60）］}÷1.12²</td></tr>
<tr><td colspan="2">决策树分析方法</td><td>2.2</td><td>−6</td><td>−0.3×15÷1.12</td><td>0.3×（0.8×60+0.2×15）÷1.12²</td></tr>
</table>

与其他方法类似，决策树分析方法也有一定的局限性，首先，一些未来变数较大、本身比较复杂的项目，其决策树可能极其复杂，导致分析和计算较为复杂；其次，不同的项目阶段或决策分支可能需要使用不同的折现率，而决策树处理此类问题比较复杂；另外，决策树中对不同结果的出现概率的估计可能也比较主观，因此，实践中最好与敏感性分析和Monte Carlo模拟方法结合使用。

第三节　研发项目评估与决策的定性方法

除了上面介绍的三种定量方法外，在研发项目或技术创新项目评估中，还可以使用一些非财务指标或难以量化的定性指标对项目进行评价和比较，接下来我们简单介绍几种实践中常用的定性评价方法。

一、轮廓图方法

轮廓图（Profile）方法是评价研发项目的一种非常简单的方法：首先，确定一组影响项目成败的关键因素或评价标准；然后按照这些标准对每一候选研发项目的绩效做出定性判断（例如可以评价为高、中或低）。将这些定性的评分连接起来，就好像一个项目的轮廓图，这种方法因此而得名。图 7－3 给出了这种方法的一个例子。

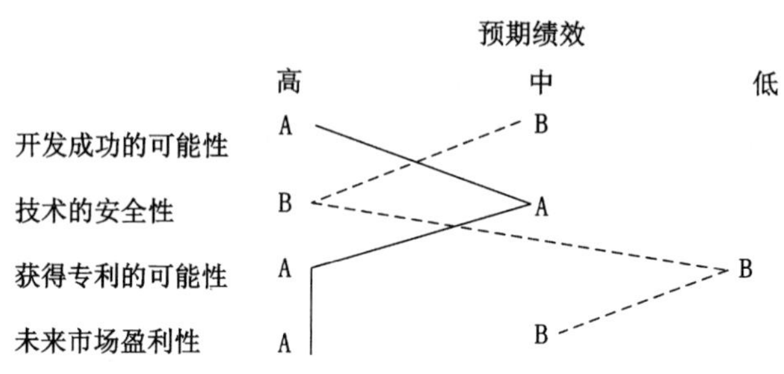

图 7－3　轮廓图方法的例子

二、检查清单方法

检查清单（Checklist）方法同轮廓图类似，都需要首先确定一组评价研发项目的关键因素。与轮廓图不同的是，这种方法对每一方案的各个评判标准给出是否满意的定性判断，一个简单的例子如表 7－5 所示（其中满意为 1，不满意为 0）。在实际应用中，用以评价项目的检查清单可以包括从公司战略目标到市场因素、生产因素等多方面的内容。

表 7－5　检查清单方法的例子

绩效 / 项目 / 种类	预期绩效	
	项目 A	项目 B
开发成功的可能性	1	1
技术的安全性	0	1
获得专利的可能性	1	0
未来市场盈利性	1	0
总评	3	2

上述两种方法非常简单、易于理解，适用于定量评价研发项目比较困难的情

况，比如当项目未来的现金流很难预测或者变数比较多，无法适用财务评价指标时。但是这两种方法有其内在的缺点。例如，轮廓图方法只能提供每个项目的绩效轮廓，但不能对每个项目给出一个综合性的指标。检查清单方法尽管可以通过加总令人满意的因素个数（表 7－5），给出一个综合指标，但这种方法没有考虑到各个因素的重要程度，仍然非常粗糙。

Twiss 总结的检查清单内容[12]：

（1）企业目标、战略、政策以及价值。

① 与企业战略和长期计划的一致性；

② 与企业形象的一致性；

③ 与企业对待风险态度的一致性；

④ 与企业从事创新态度的一致性。

……

（2）市场因素。

① 产品的市场定位；

② 产品的市场规模；

③ 估计的产品市场份额，

④ 产品的生命周期；

⑤ 商业化成功的可能性；

⑥ 可能的销售收入；

⑦ 市场推销计划；

⑧ 对现有产品系列的影响；

⑨ 价格和顾客的接受程度；

⑩ 竞争地位；

⑪ 与现有销售渠道的融合性；

⑫ 估计的上市成本 。

……

（3）研发因素。

① 与企业研发战略的一致性；

② 技术成功的可能性；

③ 开发的成本和时间要求；

④ 专利的可能性；

⑤ 研发资源的可得性；

⑥ 产品未来发展的可能性；

⑦ 新产品未来商用的可能性；

⑧ 对其他研发项目的影响。

… …

(4) 财务因素。

① 研发成本；

② 制造成本；

③ 市场推广成本；

④ 现金流的可得性；

⑤ 对其他项目的现金流影响；

⑥ 投资回收期；

⑦ 潜在的年收益及时间表；

⑧ 预期的利润率；

⑨ 最坏可能出现的结果；

⑩ 与公司投资目标的一致性。

… …

(5) 生产因素。

① 工艺要求；

② 生产工人的来源及劳动力成本；

③ 与现有生产能力的一致性；

④ 原材料的来源及成本；

⑤ 总的制造成本；

⑥ 对生产条件的要求；

⑦ 生产的安全性；

⑧ 增加值。

… …

(6) 环境和生态因素。

① 可能产生的有害物质；

② 对公众态度的敏感性；

③ 与产品有关的国家法规；

④ 对雇佣的影响。

… …

三、评分法

评分法（Scoring Method）又称为多属性分析，是对多个定性指标进行比较、判断、评分和排序的方法。这种方法主要包括下述几个步骤：

（1）确定影响项目成败的关键因素或评价标准，这点与轮廓图方法和检查清单方法相同。

（2）根据其相对重要性，确定每个关键因素或标准的权重，并进行归一化（即总和为 1）。这些权重可以通过专家意见或者德尔菲等方法获得。

（3）综合专家意见对项目的各个因素进行评分，并计算项目所有因素的加权评分结果。

这种方法计算的项目 i 的综合评价指标值 TS 为：$TS_i = \sum_j W_j \times S_{ij}$。其中，$W_j$ 为因素 j 的权重，S_{ij} 为项目 i 在第 j 个因素上的得分。

德国 Hoechst 公司美国分公司在使用评分法确定研发项目优先次序时考虑项目特征[13]。具体来说，该公司主要考虑 5 个方面的因素，这些因素进一步细化为 19 个特征。在具体实践中，管理人员首先对所分析项目的逐个特征进行1～10分的评分。为方便讨论和比较，公司对每一特征的分值 1，4，7，10 进行了明确定义。将每一因素下所包含问题的得分值加总，得到不同因素的得分值。然后根据 5 个因素的得分值按照一定权重加权平均可算出项目总的得分值。在此基础上，公司可以对不同的项目进行比较和排序。

Hoechst 美国分公司采用的 19 个问题的评分法：

（1）收益方面（3 个）。

① 对赢利能力的贡献（5 年的税前累计现金流）；

② 技术投资的静态回收期，即累计现金流等于或超过所投资成本的年份；

③ 从开发到商业化所需时间。

（2）商业战略（2 个）。

① 一致性：分析的项目是否与产品线战略、商业战略和企业未来发展战略一致；

② 影响：分析的项目对产品系列、商业领域以及企业本身的财务和战略影响。

（3）战略优势（4 个）。

① 专利（或所有权）状况；

② 增长的平台（从单纯一种产品到新的技术和商业领域）；

③ 生命力：产品在市场上的生命周期；

④ 与企业内部其他业务的融合程度。

（4）商业成功的可能性（6 个）。

① 市场需求程度；

② 市场成熟度（处于什么阶段？“衰退”还是“快速增长”）；

③ 竞争强度（同行竞争的激烈程度）；

④ 商业应用开发技术（是否存在？新的还是已经在市场上存在?）；

⑤ 商业应用模式（不太可能，还是可以预测?）；

⑥ 管制的、社会的、政治的影响（负面还是正面?）。

（5）技术成功的可能性（4 个）。

① 与现有技术差距（属于差距较大还是渐进的改进类型?）；

② 项目的技术复杂程度；

③ 行业的技术基础（是全新的还是行业中已经广泛应用?）；

④ 人力资源和设备供应能力（需要雇佣或购买还是资源已经存在?）。

评分法的特点是：（1）确定项目的评价标准或因素比较灵活，可以根据项目的实际情况而确定；（2）权重的确定也比较容易和灵活；（3）评价结果为一综合指标，因此便于对项目进行排序比较；（4）即可以考虑财务指标，又可以包括非财务因素；（5）简单，易于操作。

这种方法的缺点在于：（1）结果算出的综合指标不具有实际的意义；（2）不能提供和比较不同结果出现的可能性；（3）不同的因素或评判标准之间可能具有较强的相关性，互相不独立，因而导致对同一方面因素的重复考虑；（4）权重确定或评分过程中的主观性较大，缺乏较强说服力；（5）高层企业管理者可能并不接受这种方法的评价结果。

四、动态排序列表

库柏等人在对企业所使用的新产品开发管理工具进行调查时发现，有些企业使用一种所谓的动态排序列表方法（Dynamic Rank Ordered List）对不同的新产品开发项目进行比较和排序[13]。这种方法克服了单独使用一种指标对项目优先权排序的缺点，同时对多个定量或定性的指标进行排序，但是又不如评分法复杂和耗时。简单地说，这种方法对各个项目分别按照不同的单一评价指标进行排序，然后将同一项目按不同指标排序的序号进行算术平均，得到项目的排序分值。

例如，美国某一电信设备供应商在对新产品项目进行评价时考虑了四个方面的因素：（1）项目的战略重要性，可以表示为 1～5 分，其中 5 分表示极为重要。（2）项目未来预期收益的净现值 NPV；（3）项目的预期内部收益率（IRR）；（4）技术成功的概率或可能性（PTS）。在排序过程中，该公司首先将项目预期的 NPV 和 IRR 根据项目成功概率进行了调整，然后根据战略重要性、调整后的 NPV 和调整后的 IRR 这三个指标进行比较和排序。表 7－6 列出了该公司对 6 个假想项目的分析结果，其中最后一列是项目的综合排序分值和排序结果[13]。

五、Q—排序方法

对多个项目进行排序时，另外一个常用的方法就是 Q－排序方法（Q－Sort

Method)。Q－排序方法是由心理学家于上世纪四五十年代提出的衡量个人特征的一种排序方法，现在已经被广泛应用其他社会科学领域。该方法的一般步骤包括（如图7－4所示[14]）：

表7－6　动态排序列表的例子分析结果

项目编号	IRR・PTS	NPV・PTS	战略重要性	排序分值
A	16.0 (2)	7.0 (2)	5 (1)	1.67 (1)
B	10.8 (4)	17.0 (1)	4 (2)	2.33 (2)
C	11.1 (3)	7.8 (3)	2 (4)	3.33 (3)
D	17.7 (1)	5.1 (4)	1 (6)	3.67 (4)
E	9.0 (6)	4.5 (5)	3 (3)	4.67 (5)
F	10.5 (5)	1.4 (6)	2 (4)	5.00 (6)

注：括号中为按每列指标单独排序的序号，最后一列的数值为前三列括号中的序号平均值，项目的最后排序结果根据该值从小到大排列。

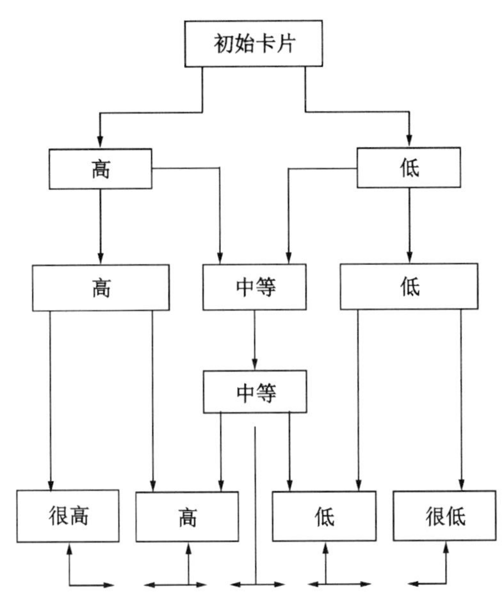

图7－4　Q—排序方法的过程

（1）将每一个项目的基本情况分别记录在一张卡片上，分发给每个分析人员；

（2）让每个分析人员按照一定的标准将这些卡片分成两组，一组代表需要优先考虑的、优先权比较高的项目，另一组代表不需要优先考虑、优先权比较低的项目。

（3）让每个分析人员从上述两组中选择一些项目形成优先权居中的一组项目；

（4）让每个分析人员从具有高优先权的项目组中选取部分具有很高优先权的项目，同时，从具有低优先权的项目中，选取部分具有很低优先权的项目。

（5）要求每个分析人员重新检查自己的排序，同时与其他分析人员的排序结果进行比较，进而展开讨论、重新排序和讨论。

（6）最后，经过几个回合的重排和讨论，就可以达成一致的项目排序结果。

在实施该方法时，分析人员排序的标准可以是各项目的某一具体属性，如与企业战略的一致性、技术的可行性等，也可以是项目的总体特征。不同分析人员使用的排序标准应该一致，所得到的结果代表的是根据该标准或项目总体特征的排序结果。根据这些排序结果，可以进一步对项目进行评价和选择。

第四节　研发项目评估与决策的管理科学方法

在项目评估和决策分析中，还有一些分析方法既考虑了与项目有关的定量指标，又考虑了定性指标。为了将这两方面的项目属性或评价决策标准比较好地结合起来，最后对项目的比较和排序使用的是一些管理科学中属于决策分析的数学处理方法，因此这里我们称之为管理科学方法。我们主要介绍两种方法：层次分析法和数据包络分析方法。

一、层次分析法

为了克服评分法过于主观的缺点，提高其可靠性，分析人员有时候在实践中采用层次分析法（简称为 AHP 分析法，Analytic Hierarchy Process）。层次分析法能够综合考虑项目属性中的定量指标和定性指标，从而对项目方案进行综合排序。这种方法除对权重的确定采取较为复杂的计算方法外，其他步骤与评分法相似。

一般说来，层次分析法主要有下述几个步骤：

第一，建立项目分析的递阶层次结构，即将项目决策问题按照逻辑顺序分解为多个层次。如图 7－5 所示为评价研发项目所建立层次结构的一般形式[15]。处于该递阶层次结构最高层的通常只有一个元素，即决策分析的目标。中间层次由决策属性（或准则）构成，这些属性可以有多层。其中第一层的决策属性影响决策目标的实现，而其他子属性分别影响上一层属性的实现，递阶层次结构反映的是不同层次属性之间的影响和支配关系。层次与层次之间的影响可以是完全的，也可以是不完全的，即并不要求上一层的每一属性与下层的每一属性之间都存在

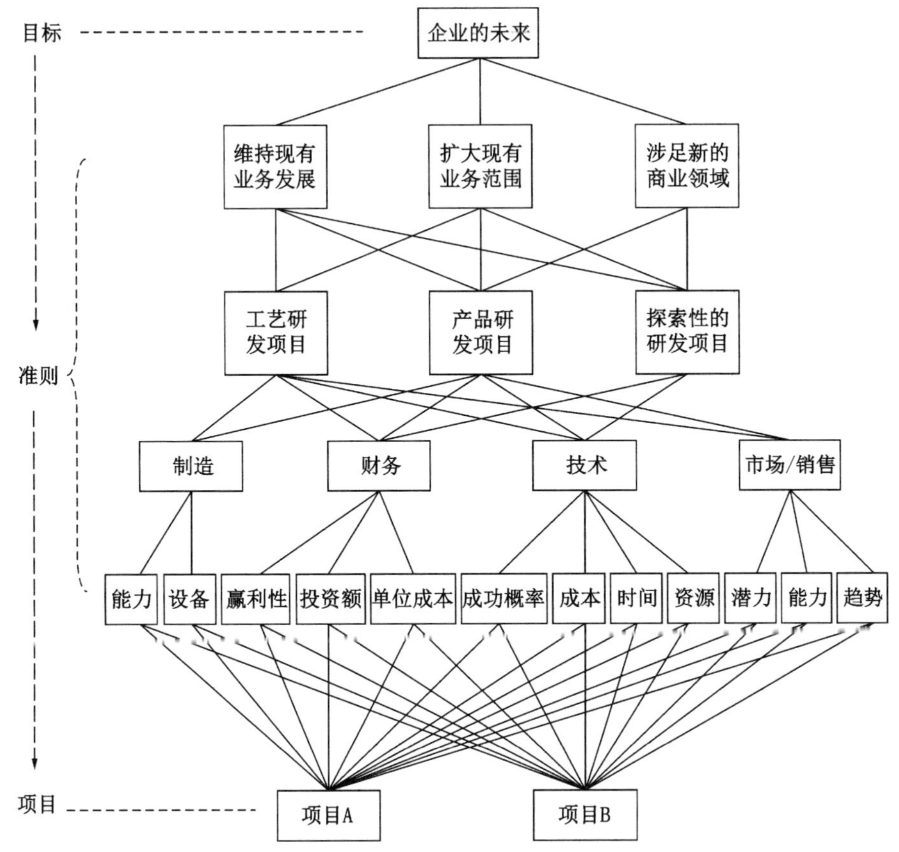

图 7－5　层次分析法的层次结构

影响和支配关系。整个递阶层次结构的最底层一般是备选的各个项目方案，各项目方案通过子属性、属性与决策目标相联系。

第二，对同一层次的属性进行两两比较，构造判断矩阵。递阶层次结构建立之后，不同层次之间的隶属、影响关系就可以确定。假定上一层次属性 C_k 受下一层次属性 A_1，A_2，…，A_n 的影响，那么通过两两比较不同下层属性对上层属性影响的重要性，可以构造出下层属性之间的判断矩阵。该矩阵具有下述形式：

C_k	A_1	A_2	…	A_n
A_1	a_{11}	a_{12}	…	a_{1n}
A_2	A_{21}	a_{22}	…	a_{1n}
…	…	…	…	…
A_n	a_{n1}	a_{n2}	…	a_{nn}

其中的矩阵元素 a_{ij} 反映的是，就对上层属性 C_k 的影响而言，下次属性 A_i 相对于 A_j 的重要程度。这些元素应满足如下的一些性质：$a_{ij}>0$；$a_{ij}=1/a_{ji}$；$a_{ii}=1$，这样判断矩阵其实是一个互反的正的方阵。为确定判断矩阵中各元素的值，层次分析法中通常采用 9 级标度法对不同属性进行比较。根据这种方法确定的元素值与被比较属性之间的重要性程度之间有如下的对应关系：A_i 与 A_j 同样重要：$a_{ij}=1$，$a_{ji}=1$；A_i 比 A_j 稍微重要些：$a_{ij}=3$，$a_{ji}=1/3$；A_i 比 A_j 明显重要：$a_{ij}=5$，$a_{ji}=1/5$；A_i 比 A_j 非常重要：$a_{ij}=7$，$a_{ji}=1/7$；A_i 比 A_j 极其重要：$a_{ij}=9$，$a_{ji}=1/9$。如果被比较属性的相对重要程度介于上述判断中相邻的两种等级之间，a_{ij} 可取 2，4，6，8，对应地，a_{ji} 可取值 1/2，1/4，1/6，1/8。矩阵中的元素不要求具有传递性，即不要求满足等式：$a_{ik}=a_{ij}a_{jk}$。

第三，根据判断矩阵，确定针对某一上层属性 C_k 的各下层属性的相对权重，即进行单准则排序。下层属性的权重可以通过求解上述判断矩阵对应于最大特征值（λ_{max}）的特征向量而获得。在实践中，还需要根据判断矩阵的最大特征根计算一致性指标，进而对判断矩阵的一致性进行相对检验。一致性指标的计算公式为：$CI=(\lambda_{max}-n)/(n-1)$；相对一致性指标为：$CR=CI/RI$。其中 n 为判断矩阵的阶数，RI 为平均随机一致性指标，表示根据随机发生的判断矩阵计算出来的一致性指标的平均值。1～10 阶矩阵的 RI 取值如下：

矩阵阶数 n	1	2	3	4	5	6	7	8	9	10
RI	0	0	0.58	0.90	1.12	1.24	1.32	1.41	1.45	1.49

一般说来，CR 越小，判断矩阵的一致性越好，$CR\leqslant 0.1$ 时，判断矩阵具有满意的一致性。如果判断矩阵的一致性较差，需要比较各属性重要性，重新调整判断矩阵，直到取得比较好的一致性。

第四，确定每一属性对于决策目标的重要性，即进行层次综合排序。在单准则排序的基础上，可以进一步计算每一层次中各属性对于总目标的综合权重，并进行综合排序的一致性检验。假定 W_k 为第 k 层的权重矩阵，$W_k=[w_{ij}]_{m\times n}$，其中 W_k 的第 i 行表示第 k 层的 n 个属性对上一层第 i 个属性的权重，m 为上一层（$k-1$ 层）的属性个数，那么第 k 层的各属性对总决策目标的综合权重行向量为：$W[1,k]=W_2\times W_3\times,\cdots,\times W_k$，$k=2,\cdots,n$。

第五，对各项目进行评价和排序。由于递阶层次结构的最低一层为各项目方案，因此 $W[1,n]$ 实际上就是各方案的总体评价得分，代表各方案对目标的影响和贡献程度，根据不同项目的分值排序结果，可以进行相应的项目评价和选择。

在实践中应用层次分析法时，不仅需要对各层次的判断矩阵进行一致性检验，而且要对各层次的综合排序进行一致性检验，因此整个过程需要分析人员不断地调整和修正。Liberatore讨论了该方法在评价研发项目时的应用[16]。傅家骥等人详细讨论了层次分析法的具体分析步骤，并给出了应用该方法评价先进制造系统项目的例子[1]。

二、数据包络分析

数据包络分析（Data Envelopment Analysis）作为一种多指标评价方法，同样可以用来评价研究开发项目。对于一组研发项目，企业可以根据不同的属性或评价指标进行评分或排序，这些指标可能包括：未来财务收益，与企业当前以及未来拟发展的技术能力的适应度、技术的可行性、市场接受程度等，其中每个指标代表的属性不相同，量纲也可能不同。比如，上述第一个指标的单位是元，其他的指标值可能是根据一定量表评价得出的无量纲分值，分值之间的数值差别没有实际意义。尽管这些指标之间不具有直接可比性，但是数据包络分析方法能够根据这些不同性质的多个评价指标，通过线性规划的方法，找出一个相对最优的效率边界，以体现项目在各个属性上的最佳得分。比较不同项目与此效率边界之间的距离，可以分别算出每个项目的效率值。根据这些效率值分析人员可以对项目进行综合排序和比较。

严格说来，数据包络分析是将定性分析与定量分析很好地结合起来的一种分析方法，因此并不属于纯粹定性的方法。但是与前述几种定性评价方法类似，项目评估与决策人员可以在决策过程中充分考虑难以量化的定性因素的影响。在应用数据包络分析方法时，分析人员或决策人员首先必须确定在项目选择过程中需要考虑哪些指标、不考虑哪些指标。在此基础上需要进一步对所要考虑的定量的或定性的指标分别进行预测或评分，保证它们满足一定的精确度或一致性要求。该方法在计算过程上较前述几种方法更为复杂，需要根据多个指标进行数学建模并借助一定的专业软件进行处理、分析。

在实践中，美国贝尔实验室下属的高级技术研究小组曾经使用该方法对不同的研发项目进行评价和比较[17]。如表7－7所示，该研究小组评价研发项目时，主要考虑了6个指标：投资总额，在三种情况下项目的收益现值，分别从知识产权和产品市场角度考虑项目的吸引力。其中后两个指标值是根据该小组的评价模型得出的评分值（1，1.5，2.25）。结果表明，数据包络分析可以使高级技术研究小组对多达几百种的研发项目进行综合排序，非常有助于管理者对投入项目做最后的选择决策。

表 7-7　高级技术研究小组使用数据包络分析对项目进行排序的结果

排序	知识产权	产品市场	投资总额	最可能的收益	最乐观的收益	最悲观的收益
1	2. 25	1. 5	4322	1296700	1353924	1184192
2	1. 5	1. 5	850	525844	551538	493912
3	1. 5	1. 5	1	4	4	3
4	2. 25	2. 25	478	545594	822164	411082
5	1. 5	1. 5	1	15	15	11
6	1. 5	2. 25	65	89144	178289	0
7	1. 5	1. 5	1068	685116	1027386	342558
8	1. 5	1. 5	4	3766	4707	2824
9	1. 5	1. 5	20	4800	4800	-96
10	1. 5	2. 25	2	23	27	18
50	1. 5	2. 25	9	116	139	93
100	1. 5	1. 5	15	60	72	48
150	2. 25	2. 25	40	5531	13829	2766
200	2. 25	1. 5	38	90	135	45

第五节　研发项目评估与决策方法的适用性

上面我们讨论了评价研发项目的几种定量和定性方法，那么在具体评价与决策一项研发项目的时候，应该采用哪种方法？或者说，如何在不同评价方法之间进行选择呢？

要对这些研发项目进行定义、评估、选择和决策，企业首先需要在明确研发项目目标和内容的基础上大致或者完全确定投入研究开发项目的经费预算，之后根据项目的特点进行定性或者定量评估，并在需要的时候对各研发项目按照一定的经济和技术指标排序，最后，根据企业研发战略和资源等实际情况，对相关研发项目进行选择和决策。大多数情况下，企业还要对研发项目的组合进行调整和优化（第六节内容）。

研究开发经费的预算与研发项目的具体内容有关，由企业管理者与研发部门双方共同协商确定。一般说来，确定研发项目的经费预算可以参照以下几种方式：

（1）根据同行业的主要竞争对手的研发投入情况确定；

（2）使用企业销售额（或利润额）的一定百分比作为研发经费；

（3）根据企业往年研发经费投入情况确定。

由于获得竞争对手企业的确切信息较为困难，而且不同企业关注的技术活动内容差异较大，在实践中参照第一种方式确定研发经费预算难度较大。后两种方式的参照基准是企业过去经营活动的结果，难以反映企业在未来技术战略方向上的调整，同样有不合理的地方。因此，在现实中，不同的企业应该根据自身技术战略以及具体项目的实际情况而确定。总的说来，在确定研发经费支出预算的时候，企业应该把握几个主要原则：

（1）投入研发的经费水平应该与企业的长期技术发展战略相一致，保证企业核心技术研发项目的经费投入；

（2）研究开发是智力密集型的活动，需要一定时期持续、稳定的资金投入，突然增加或者减少经费投入对研发活动的组织和管理可能带来比较大的不利影响；

（3）对较大研发项目的结束或启动对研发经费预算的影响应该分别考虑，做到具体问题具体分析。

一般说来，企业对研发投资的经费预算主要有两种看法：

（1）研发支出是企业日常经营管理成本中的一部分，属于经常性支出。这种观点适用于那些早期、探索性的研究活动，或者企业为维持竞争优势而在核心技术领域从事的持续研发活动。高层管理者通常可以自行决定这部分经费的投资用途，但是在实践中，企业用于这种项目的资金预算会比较有限。

（2）研发支出是一种投资。这种观点的基本逻辑是，企业投资经费应该按照清晰一致的财务标准在企业的各项活动中进行分配，无论这种活动指的是一般意义上的投资，如用于生产、扩张或购买设备，或是研发投资。这种资金分配的观点用于那些目标市场明确、未来收益容易预测的技术开发或工程项目比较合适。

基于这两种经费分配观点，如果管理者认为所需研发经费超过了他们自行确定的范围，那么是否对这些项目投资就必须经过严格的财务评价，需要将研发活动视为一般的投资活动进行分析，但这将导致财务评价方法的过多使用和滥用。为解决这个问题，有的学者提出可以进一步将研发活动分成三种类型进行分析[18]（图 7－6）。

（1）商业投资。对于大型企业来说，许多技术活动，如产品改进、开发和工艺改进项目都有比较明确的市场目标，而且技术人员能够或愿意接受财务指标（如收益率）的评价结果。这些活动一般要求投资较高，时间跨度较短，目标市场和未来收益的不确定性较低，更接近于一般商业性投资。

（2）知识投资。这包括企业内早期的探索性研究活动。通常，这些项目持续

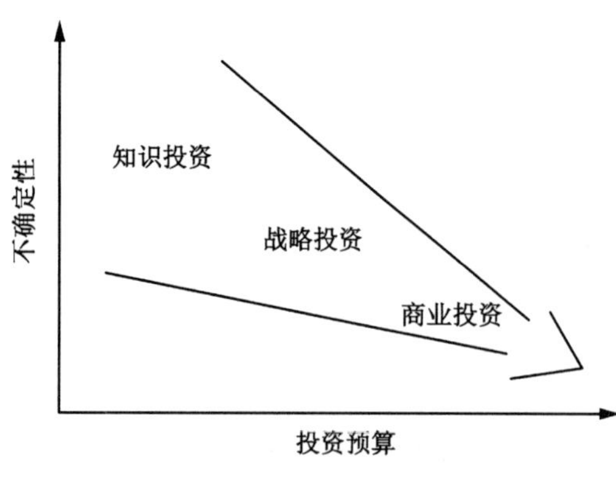

图 7-6 研发项目的定位

时间较长，目标市场不清晰，未来不确定性比较高，因而经费预算较低。它们也可被看做是一种积累技术知识的投资，属于必要的商业成本。企业从事这些活动的目的可能是出于长期竞争力的考虑。

（3）战略投资。还有一类技术活动介于前二者之间，与企业的技术战略转变有关，比如开发全新的技术产品。企业的目标是进入新的技术领域，巩固和加强自身的技术地位，而且对未来的市场机会充满信心和希望。

按照这种分类，属于第一类的研发活动，可以主要采用传统的现金流分析，通过计算一定的财务评价指标（如 NPV 或收益率）进行投资决策。对于第二类的知识投资，则可以使用一些定性的方法，或者直接由高层管理者根据自己的主观判断进行决策。对于第三类的战略投资行为，一方面其投资经费较高，管理者难以将其视为管理费用而自行决定，另一方面，其对企业未来现金流的影响不明朗，排除了使用传统 NPV（或收益率）评价方法的可能性。因此，需要将其看做一种实物期权并结合企业发展战略进行综合分析。柴萨提供了类似建议，即对于一般的技术开发项目采用传统财务分析方法，对类似于早期样机开发这样的项目最好采用实物期权评价方法，定性评价则主要用于基础性、探索性的研究项目[15]。

在实践中，定性的评价方法一般与定量方法结合使用。比如，可以用定性方法来评估不同研发项目的技术风险、项目与企业战略发展的一致性等，然后综合财务指标进行研发项目组合的评估和决策分析。

第六节 研发项目组合的评估与决策

企业同时需要考虑的技术研发项目可能有许多个，管理者和分析人员对单个项目从定量和定性的方面进行评价，或者将多个项目进行综合排序，虽然可以确定不同项目的优先次序，但并不能保证这些项目在企业的战略安排、资源分配和风险管理等方面的平衡，而且上述的静态评估和排序方法忽视了不同项目在实施顺序和周期长短等方面的差异，没有考虑企业对各种资源和能力的动态管理问题。因此，接下来还需要对项目组合进行综合的分析和权衡。

企业对项目组合进行分析和管理，可能基于以下一个或多个方面的考虑：

（1）实现价值最大化。通过有效地配置企业稀缺的技术资源，实现研发项目投资组合预期收益的最大化，维持和增强企业竞争优势。

（2）平衡项目组合。在满足企业战略目标的前提下，使得短期目标和长期目标、高风险项目和低风险项目之间取得平衡，避免投资领域过于分散。

（3）体现战略意图。项目组合是企业战略的体现，企业的各种资源在项目、市场以及地区间的分配应与企业发展战略统一，因此，技术项目组合也不例外。

在具体分析和平衡项目组合时，一般需要考虑下述几个原则：

（1）项目组合中所选择的项目必须与企业的技术战略一致。在权衡和取舍不同项目之前，应首先保证最终选择的各项目与企业的长期技术发展方向和战略一致，这是分配企业研究开发资源的基础和前提。例如在分析技术开发项目组合时应该首先把检验与战略的一致性放在首位。但是，在一个组合中，即使每个项目都符合企业技术发展战略，也有可能出现项目过分集中于某一类型的现象。如果一个企业新产品开发项目过多，而关注新技术发展趋势和前景的研究开发项目过少，那么企业的长期竞争能力就会受到影响；反之，则可能导致企业短期竞争能力或现金流出现问题。

（2）项目组合中各项目的完成周期应该分布适当。也就是说，组合中的项目既不能都是短期项目，也不能都是长期项目。一般说来，为了保证短期和长期的创新能力，企业在同一时间应该有处于不同阶段的研发项目，以维持创新活动水平的连续性。项目组合分析有助于识别不同项目是否具有合适的时间结构。如果项目组合的时间分布不平衡，那么企业应该对个别项目进行适当调整，这可能涉及预算的调整，企业所承担的整体项目的技术风险也可能发生变化。

（3）需要保证组合中各项目之间的先后次序。一个组合中的各项目之间可能并不是完全无关的，一个项目的开始也许要视另一个项目的结果而定，不同项目的结果也有可能相互关联。如果与已选项目关联的项目被排除，那么项目组合需要重新调整，总的研发经费也要调整。从组合中剔除已选的关联项目将会压缩研发经费，反过来，重新包括不被选择的关联项目则会增加研发经费。

（4）保证企业资源的合理分配。各个研发项目对企业资源的利用可能存在冲突现象，比如，两个研发项目可能都需要某些关键技术人员的参与，但这些技术人员在同一时间只能参与一个项目。更有可能出现的一种情况是，项目组合的投资总额超过当年可能分配的研发经费预算。一旦出现这种资源能力上的冲突，项目组合必须重新调整，这将影响组合的时间结构、风险水平以及研发团队的组织结构。

（5）合理确定整个项目组合的风险水平。如果一组研发项目的技术风险（或商业化风险）水平都比较高，那么从决策层获得经费支持可能比较困难。反过来，如果所有项目的风险水平都比较低，也会影响企业创新的强度和开拓新技术的能力。因此，不同风险水平的项目也应该适当搭配。

（6）适当确定项目组合中的项目数量。有时候，决策者希望在多个具有发展潜力的技术领域进行开发，因此，在项目组合中包括较多的小项目比较合适。另外一些时候，决策者希望能够集中资源在有限的技术领域进行研发，这样，组合中包括不多的几个大项目就会更好一些。

为了对多个项目的组合进行综合分析和平衡，从事项目管理研究的一些学者和在实践中从事技术管理的部分管理人员开发出了各种不同的项目组合分析工具，借助于这些工具，可以对项目组合进行有效的评估和决策管理。

一、项目组合的战略分析

1. Booz－Allen & Hamilton 公司的分析方法

Booz－Allen & Hamilton 公司的咨询人员在实践中开发出了一种企业技术战略和投资分析工具。他们认为，技术变迁的路径和周期总体上而言是可以预见的，成功技术管理的基石是技术战略，制订技术战略需要了解企业自身的技术能力和分析不同技术在行业发展中的地位，技术战略只有与企业总体商业战略保持一致，才有助于企业竞争优势的增强。因此，制订企业技术战略和选择技术投资项目可以分四步进行。

（1）评估企业技术实力。这种评估要求管理者对传统业务范围之外的企业内外技术环境做全景的扫描。首先，分析企业每个业务领域、产品线和工艺过程中所应用的技术，并明确其对这些业务、产品和工艺的重要性。其次，重新评估过去和目前技术投资项目的评估、排序过程，了解先前的技术选择准则。最后，分析企业外部竞争环境，了解竞争对手在企业所拥有的各个关键技术领域内的投资情况，并适当关注可能出现的改变行业技术路径的新技术。

（2）分析技术组合。对企业的每一项重要技术从两个维度进行分析，第一个维度代表某一具体技术对行业发展的重要性，另一个维度表示企业在此技术上的投资和相对竞争地位。明确了这些技术的地位，企业就可以针对不同的技术分别讨论其具体发展战略，如图 7－7 所示[19]。

（3）比较技术战略和商业战略。将企业各个产品的竞争地位表示在商业战略矩阵图上，并在技术战略矩阵图中定位与每一产品相对应的关键技术，将两个战略图进行对比以确定技术战略与商业战略是否一致。这种比较不仅有助于对所有技术投资项目确立共同的比较基础，而且可以全面描绘企业的技术和产品定位，帮助管理者识别可以利用的技术优势和需要改进的技术劣势。如图 7－8 所示[19]，技术项目 A 和 B 在企业技术战略中的定位显然与相关产品对企业发展战

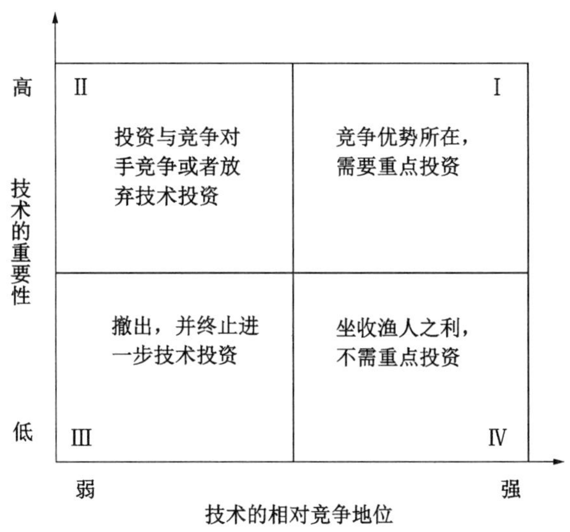

图 7－7　技术组合分析

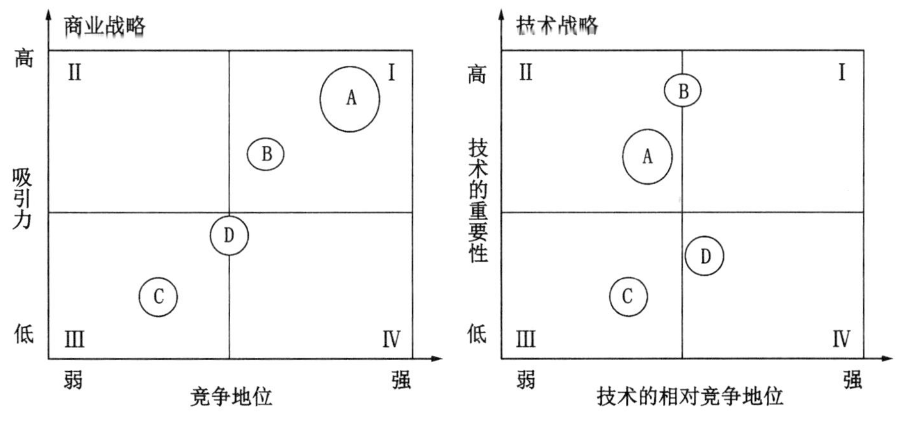

图 7－8　商业战略与技术战略的比较

略的影响不一致，这不仅会影响企业未来的发展潜力，而且影响技术战略的实施。

（4）确定技术投资项目优先次序。根据上述两种战略矩阵的比较，可以确定需要技术投资项目的优先顺序。如图 7－9 所示[19]，企业可以优先考虑对企业发展战略影响较大的技术项目 A 和 B，并适当增加投资力度，相反，可以适当降低或终止在项目 C 和 D 上的进一步技术投资。

2. Arthur D. Little 公司的分析方法

Arthur D. Little 咨询公司在 20 世纪 80 年代使用了一种与 Booz－Allen &

技术组合象限	技术重要性	技术的相对竞争地位
Ⅰ	高	强
Ⅱ	高	弱
Ⅲ	低	强
Ⅳ	低	弱

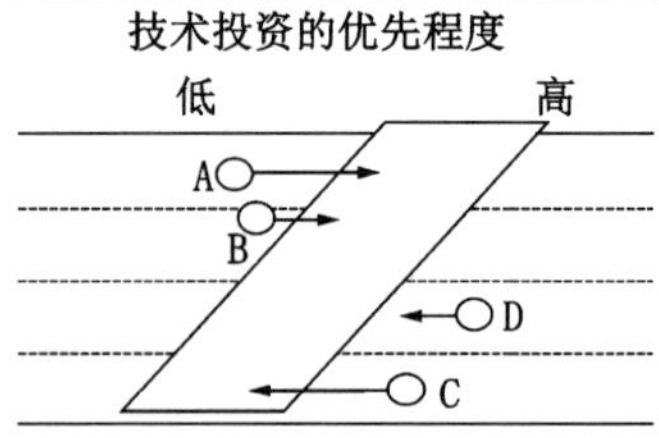

图 7－9　技术投资战略

图中阴影区域表示适当的投资力度

Hamilton 公司类似的战略分析方法。同样是通过定位企业自身的技术能力水平和技术对行业的影响来制定企业技术战略，但是这种方法对技术的分类是基于技术对行业的竞争影响而确定的，这种技术分类包括：（1）基本技术. 是指那些本行业内企业所必需的、区别于本行业与其他行业的基础技术，这类技术对行业竞争形势具有很少影响。（2）关键技术。体现在不同企业产品或工艺流程中的技术，可能是企业竞争优势的源泉，对企业间竞争地位具有较大影响。（3）发展中的技术。指一些竞争对手正在研究开发、尚处于试验阶段的新技术，对行业内竞争具有潜在的较大影响。（4）新兴技术。尚处于研究阶段或在其他行业出现的突破性技术，对本行业内企业的影响未知，但充满应用前景。

另外，此方法将企业自身的技术能力水平分为 5 个等级[15]：（1）主导地位。企业本身的技术发展水平和方向代表着整个行业的技术发展水平和方向，属于行业内公认的技术领袖，如操作系统领域的微软公司，芯片行业的 Intel 公司，激光打印机行业的 HP 公司等。（2）优势地位。企业能够独辟蹊径，采用独立的技术行动，并可能开拓新的技术路径。（3）有利地位。能够在部分细分市场维持总体的技术竞争优势，如中国通讯市场上小灵通的制造商 UT 斯达康。（4）维持地位。企业仍然处于追赶阶段，还不能够独立开创新的技术发展路径。（5）劣势地位。企业技术水平明显落后于竞争对手，技术项目以短期目标为主，缺乏中长期的技术发展考虑（表 7－8）。

表 7－8　技术能力和技术重要性的联合分析

<table>
<tr><td>技术重要性</td><td colspan="5">技术竞争力地位</td></tr>
<tr><td></td><td>主导</td><td>优势</td><td>有利</td><td>维持</td><td>劣势</td></tr>
<tr><td>基本</td><td colspan="2">可能存在资源浪费</td><td rowspan="4">行业平均</td><td colspan="2">维持生存</td></tr>
<tr><td>关键</td><td colspan="2">当前竞争优势</td><td colspan="2">当前竞争劣势</td></tr>
<tr><td>发展</td><td colspan="2" rowspan="2">未来竞争优势</td><td colspan="2" rowspan="2">未来竞争劣势</td></tr>
<tr><td>新兴</td></tr>
</table>

综合这两方面的分析，管理者可以清楚地看到不同的企业技术定位的战略意义，表7-9中给出的相应的技术战略则可以用来指导企业研发项目的制定和选择[15]。

表7-9　对应于技术定位的技术战略

技术重要性	技术竞争力地位				
	主导	优势	有利	维持	劣势
基本	维持现状			及时弥补	
关键	细心培育				
发展	逐步建立			选择性投资	
新兴					

3. 项目组合的风险分析

项目组合必须考虑风险。项目投资组合图能够很好地勾画出各种投资组合的情况。图中每个圆圈代表一个项目，每个圆圈所在的位置代表了所需资源的质量，以及项目所处的生命周期阶段（定义、计划、执行、交付）。圆圈的大小代表了项目收益的相对多少。图7-10表示了一种高风险的项目投资组合，其中每个项目都需要一些高质量的资源，这比较像一个同时拿到了几个高收益大项目订单的企业；也比较像产品生命周期较短的一个行业，在该行业中，产品只经过大约几个月的热销就可能过时了。

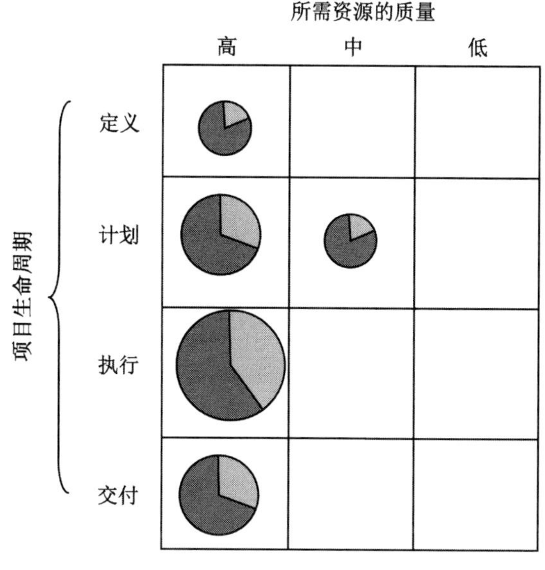

图7-10　典型的高风险项目投资组合

图 7 - 11 表示一种保守的、利润导向的项目投资组合。企业可能是主要做一些低风险项目、所需资源的质量也不高的组织。这像是一个大部分项目都是产品升级类型的公司的项目投资组合选择。图 7 - 12 表示一个在每个生命周期阶段都平衡的项目投资组合，其全部质量的资源都得到了非常有效的利用。

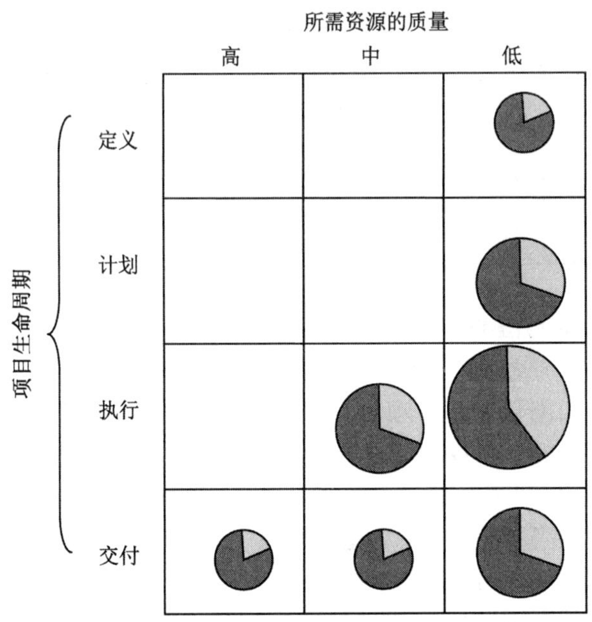

图 7 - 11　典型的保守、利润导向的项目投资组合

项目投资策略的制定，要在企业整体战略的指导下进行，考虑企业有限的资源情况，通过分析项目的收益及资源消耗，战略性地选择出符合企业发展目标的项目投资组合。

4. 项目地图分析工具

在对项目组合进行平衡分析时，通过直观的图形，管理人员很容易发现项目组合中存在的问题，并非常有针对性地对项目组合进行调整。项目地图（Project Maps）或者气泡图（Bubble Diagrams）是实践中最为常用的一类图示方法。这种方法可以视为对战略分析中的 BCG 模型四象限图（明星、现金牛、狗、野猫）的扩展，其中最为常用的一种图形是如图 7 - 13 中所示的风险—收益气泡图。

在这类图形中，横轴一般衡量项目的财务效果，纵轴衡量项目的风险。通常，如果横轴表示的是对项目未来收益所做的定性判断（如高等、中等、低等），那么纵轴用来衡量项目的总体风险，即项目的总体成功概率（等于技术成功概率与商业成功概率的乘积）。但如果项目收益使用预测的 NPV 的实际值表示，那么纵轴要用项目的技术成功概率来衡量，因为对项目 NPV 的计算通常已经考虑了

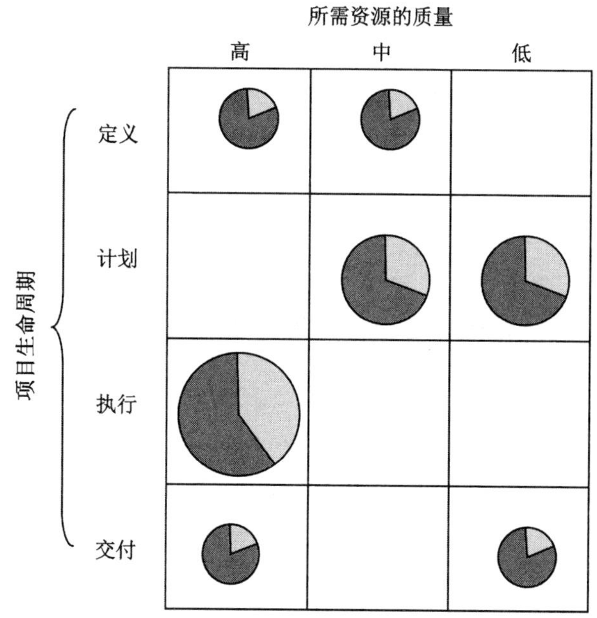

图 7－12　典型的平衡的项目投资组合

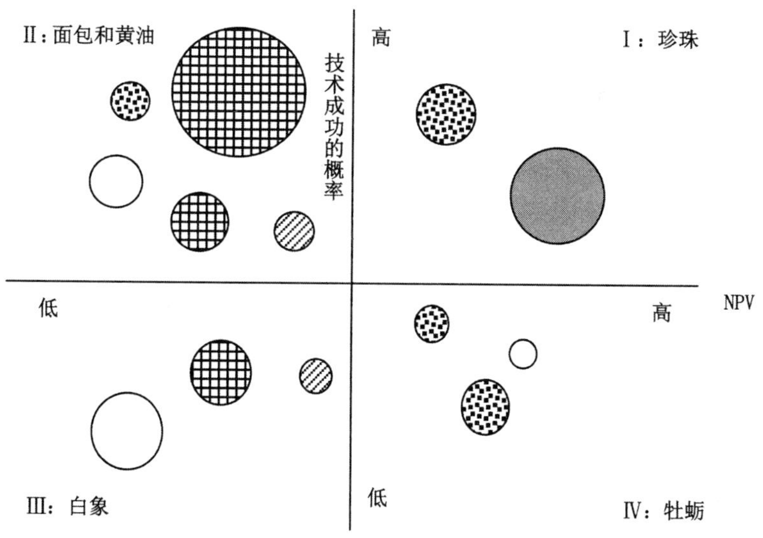

图 7－13　风险—收益气泡图

项目商业化的成功概率。图 7－13 是属于前者的一个例子，在这种项目地图中，每个圆圈的面积大小表示项目每年所需要投入资源，背景颜色表示与不同的产品系列相关的项目。

两个维度的气泡图包括四个象限，我们可以将位于每一个象限的项目进行分类。

（1）珍珠（Pearls，第一象限）。位于第一象限的项目具有较高的预期收益和很高的成功概率，项目的风险较小，属于比较有潜力的明星项目。大部分企业都希望此类项目越多越好。

（2）牡蛎（Oysters，第四象限）。“Oyster”一词在英文中的意思除了“牡蛎”之外，还可以理解为“可以从中获得利益的事物”。这也暗示着在该象限的技术项目通常是一些需要长远规划、具有探索性的研发项目。虽然潜在收益很高，但是技术开发成功的可能性较低，风险较大。如果企业想从此类项目获得稳定的收益，需要有一定的技术突破。

（3）面包和黄油（Bread and Butter，第二象限）。处在该象限的项目一般都是一些较小的、技术上比较简单的项目，技术风险很低，开发成功率较高，但预期收益不是很好。前面我们提到的衍生型项目多属于此种类型，可能包括对当前产品或工艺的改进、为细分市场而做的产品性能调整等。大部分企业的产品开发项目都属于这类项目。

（4）白象（White Elephants，第三象限）。“White Elephants”在英文中是“无用而累赘的东西”的意思，这里用来表示属于此类项目通常不仅风险较大，而且预期效益不好，不值得进行技术投资和开发。但事实上，多数公司多少都存在这种类型的项目。

在这四类项目中，面包和黄油型预期收益不高，但企业通过不断的产品或工艺改进，通过市场细分吸引新客户，可以为企业提供稳定的收入，是企业短期现金流的来源基础。珍珠型项目能够帮助企业开拓新市场，扩展新业务，为企业带来高额利润，是企业高速增长的动力。牡蛎型项目则是企业根据长期技术发展战略，是对新兴或突破性技术的研究和开发，属于企业长期竞争优势的源泉。白象型项目消耗技术资源，但不能给企业带来预期利益。因此比较合理的项目组合应该包括多个珍珠项目和面包黄油，几个牡蛎型项目，尽量排除白象型项目，从中释放的资源可以转移到珍珠型项目上去。

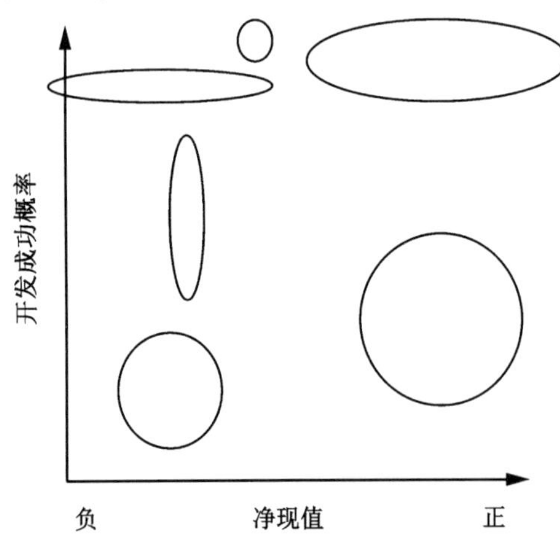

图 7－14　包含项目财务风险的气泡图

图 7－14 的气泡图中不仅包含项目的风险和收益信息，而且包括项目

所需投入的资源（气泡面积）、产品系列之间的相关性（气泡背景）等信息。可以判断，在给定资源约束的条件下（即所有气泡的面积之和给定），企业要增加新的技术项目，必须削减在其他项目上的资源，因此，气泡图隐含着关于资源分配的信息。在这些项目地图中将气泡表示成不同的形状（如圆圈或矩形）或加以不同的颜色，还可以包括更多的项目属性特征。如图 7-14 所示是 3M 公司的某些业务部门使用的包括不确定性信息的气泡图，图中气泡的长短或高低分别表示对 NPV 和成功概率预测的不确定性（即方差大小）。另外，如果变换气泡图的横轴或纵轴所代表的项目属性，还可以从不同的角度对项目进行分类分析。表 7-10 列出了库柏等人按照实际使用情况排序的不同气泡图的变种[20]。图 7-15 是美国某公司根据评分法对项目的市场前景和实施难易程度进行定性判断、评分后画出的项目地图。

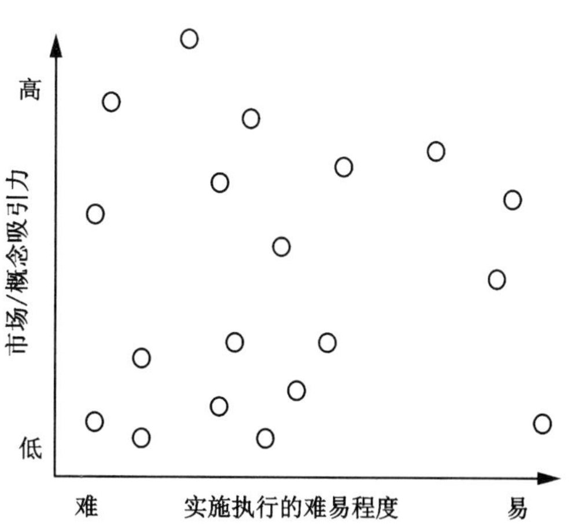

图 7-15　根据评分法结果描绘的项目地图

表 7-10　按实际使用情况排序的常用气泡图类型

排序	类型	维度 1（X 轴）	维度 2（Y 轴）	百分比%
1	风险—收益图	收益：NPV，IRR，上市后的效益或市场价值	成功的概率（技术的或商业化的）	44.4
2	新颖性	技术新颖性	市场新颖性	11.1
3	可行性—吸引力图	技术上的可行性	市场吸引力（如增长潜力、对消费者的吸引力、生命周期内的潜力）	11.1
4	竞争能力—项目吸引力	竞争能力（自身竞争优势）	项目吸引力（如市场增长、技术成熟度、上市准备时间）	11.1
5	成本—时间	实施成本	产生影响的时间	9.7
6	战略—效益	战略核心或适应性	商业前景，NPV，财务吸引力	7.9
7	成本—效益	累计收益	累计开发成本	5.6

表中各按不同类型气泡图的流行程度降序排列；最后一列的百分比指使用率。

二、项目组合的资源分配

在综合分析和调整研发项目组合时，除了考虑技术和总体战略关系外，企业的资源能力（如技术研发资金、工程技术人员等）限制对项目组合平衡分析的影响也需要得到考虑和重视。再好的项目如果在投入资源上得不到保证，也无法达到预期的目标。在一个组合中，由于不同项目对资源投入的数量要求和时间要求互不相同，管理者可以通过合理地选择、放弃或延迟项目实施时间等措施有效调整和分配企业资源，因此，基于资源分配方面的考虑也会导致项目组合发生改变。尽管应用有关决策科学方法（如线性规划理论等）可以对企业资源分配进行优化，但是，这种方法需要建立和求解复杂的数学模型，在实践中并不多见。下面我们主要介绍在管理实践中经常用到的几种资源分配和调整方法。

1. 战略料斗模型

战略料斗模型（Strategic Buckets Model）是一种自上而下的、由高层管理者确定的、能保证企业资源分配与企业技术战略目的统一的资源分配方法。

首先，管理人员根据企业远景和发展战略确定分配技术资源的基础和维度，这种维度可能是：(1) 特定战略目标。多少资源用以维持现有业务、扩展现有业务和开展新业务？(2) 产品系列、产品线或产品类型。即根据不同产品在产品生命周期（或S曲线）上所处的位置进行资源分配；(3) 项目类型。多少资源用于新产品开发、工艺改进和/或者基础研究？项目类型也可以根据前面介绍的战略组合矩阵进行分类；(4) 地理位置。即多少资源应该用在针对不同区域市场的研发项目？(5) 项目所涉及的技术领域。

然后，管理者按照这种分类基础分成几个所谓的“战略料斗”，确定每一“战略料斗”内应该分配的资源，并将所有需要考虑的项目归类到各个“料斗”。

最后，对每一“料斗”中的项目排列优先次序，分配资源，直至每一“料斗”内的资源分完为止。其中，对“料斗”内项目排定优先次序所采取的标准，可以是财务指标，如NPV或预期商业价值，也可以是根据前面介绍的项目评估方法（如评分法）得出的分值。表7-11即为一个根据该方法分配资源的例子[13]。

2. 能力管理视图

塞德提出了一种使用Excel表格，通过色彩和几何图形分析某一时间期间某一特定资源分配的简单方法，如表7-12就可被视为一软件企业在项目间分配人力资源的管理视图 。在表中，第一行表示项目开发所需要的不同资源类型，第二行和第三行代表不同类型资源的能力限制，分别以人数和开发能力（以人—天或人—周为单位）表示，其余的每行对应于每一项目对人力资源的需求，所有项目按照优先顺序排列。表中的灰色区域代表缺少可以利用的资源，由这些区域所形成的高高低低的几何图形代表不同资源在各个项目上的使用情况。平坦的图形代表各种资源能够得到平衡利用，而陡峭的图形代表项目对不同资源的利用不平衡，差别较大。

表 7－11　根据战略料斗模型分配资源的例子　　单位：百万元

开发新产品：产品线 A 目标预算：7.7	开发新产品： 产品线 B 目标预算：17.5	维持现有业务： 产品线 A 和 B 目标预算：10.8	降低成本： 所有产品 目标预算：7.8
项目 A 4.1	项目 B 2.2	项目 E 1.2	项目 I 1.9
项目 C　2.1	项目 D　4.5	项目 G　0.8	项目 M　2.4
项目 F　1.7	项目 K　2.3	项目 H　0.7	项目 N　0.7
项目 L　0.5	项目 T　3.7	项目 J　1.5	项目 P　1.4
项目 X　1.7	Gap＝5.8	项目 Q　4.8	项目 S　1.6
项目 Y　2.9		项目 R　1.5	项目 U　1.0
项目 Z　4.5		项目 V　2.5	项目 AA　1.2
项目 BB　2.6		项目 W 2.1	

表 7－12　组合中项目顺序调整前对资源能力的要求

资源供应 / 人数 / 开发能力 / 项目	O.S.	Diag	App	SQA	HW	CAD	Doc
人数	5	2	6	4	2	1	2
开发能力	50	20	60	40	20	10	20
项目 A	25	15	40	10			10
项目 B	15	4	14	20			5
项目 C	5		12	10		3	10
项目 D	2	1	3	5	15	5	
项目 E			3		3	5	5
项目 F			12				
项目 G		8	10	5		4	6
项目 H	5	7	12	10		2	4
项目 I	4	2	8	15	10		6
项目 J	4	2	8	15	10	2	

以表 7－12 为例[21]，项目 A 和项目 B 消耗了当期的大部分人力资源，若要实施项目 C、D 和 E，企业必须增加四个方面的资源供应（App，CAD，SQA 和 Doc)，而实施项目 F－J 将会对更多类型的资源提出需求。假如这些项目都是企业关注和希望开展的项目，那么如果在某些方面做出调整和改变，企业现有的资源能力将不能支撑所有这些项目的实施。

管理人员的平衡措施可能包括：（1）雇佣新的人力资源，增加资源供应；（2）调整资源在不同类型的项目之间的分配；（3）延迟部分项目的实施，缓解资源压力；（4）调整项目组合中的优先次序，保证更多项目实施。表 7－13 为延迟项目 C 实施后得到的能力分配试图，经过这样的调整，项目 D 和项目 E 能够马上得以实施[21]。

表 7－13　组合中项目顺序调整后对资源能力的要求

资源供应 / 人数 / 开发能力 / 项目	O. S.	Diag	App	SQA	HW	CAD	Doc
人数	5	2	6	4	2	1	2
开发能力	50	20	60	40	20	10	20
项目 A	25	15	40	10			10
项目 B	15	4	14	20			5
项目 D	2	1	3	5	15	5	
项目 E			3		3	5	5
项目 C	5		12	10		3	10
项目 F			12				
项目 G		8	10	5		4	6
项目 H	5	7	12	10		2	4
项目 I	4	2	8	15	10		6
项目 J	4	2	8	15	10	2	

需要说明的是，上述视图仅是对某一时期内企业各种资源配置的静态分析，从这里并不能看到资源的动态分配情况。但是，在用 Excel 工作表绘制能力管理视图时，可以分别对不同时期的能力分配方案做出这样的管理视图，并在各个时期的视图之间建立一定的动态关联联系。这样，管理人员就能够对各种资源在不同项目之间的分配进行动态调整，进而有助于对项目组合的动态平衡分析。

3. 项目组合的评估与决策

对项目组合进行分析和评估有多种方法，可以使用多种不同的工具，前面我们所介绍的只是文献或者在实践中得以广泛应用的一些常用方法。即便如此，不同方法或工具在实践中受欢迎的程度或被采用的情况也有很大差别，这里根据有关学者的调查研究结果对这些工具在技术管理实践中的使用情况做一简要说明。

库柏等人对国外 205 家企业在项目组合评估中使用的分析方法进行调查后发现：(1) 超过四分之三的企业在项目评价和项目组合评估中，使用财务分析指标（如净现值，收益率，投资回收期等）对项目进行排序或决定项目取舍，超过 40%的企业在选择项目或项目组合时根据财务指标进行决策；(2) 多数企业进行项目组合的战略分析，有大约四分之一的企业将战略分析结果作为平衡项目组合和分配研发资源的主要依据；(3) 超过 40%的企业采用项目地图或气泡图作为项目组合分析的辅助工具；(4) 三分之一以上的企业经常使用评分法确定项目的优先排序；(5) 大约五分之一的企业使用检查清单方法作为一种决定项目取舍的分析工具。

通过比较在项目组合评估与决策上最好与最差的两组企业，他们还发现：(1) 项目组合评估最好的那些企业的高层管理人员对项目评估的重视程度高于最差企业的高层管理人员。(2) 项目评估与决策最好的企业其项目组合评估过程得到了管理者的高度认同和支持，规则清楚，步骤明确，标准统一，适用于所有正在进行的和有待考虑的项目。(3) 相比项目评估最差的企业，评估与决策最好的企业对财务指标的重视程度较低，而对战略分析的重视程度更高。(4) 评估最好的企业认识到任何一种分析方法都无法给出正确结果，通常会采用更多方法对同一项目进行分析。其中一半左右的企业使用三种以上的方法分析同一项目，而大约一半项目评估最差的企业只使用一种方法进行项目决策。

由此可以看出，尽管我们前面介绍的各种方法或工具本身并不能给出关于项目取舍的最后答案，但它们的确能够非常有效地辅助管理者进行决策。对这些分析工具科学、合理的应用，可以影响企业的项目组合评估，最终影响企业的发展战略和长期竞争优势。好的项目组合评估能够带来多方面的预期收益，而差的评估则会影响和损害企业的健康发展。表 7－14 总结了使用这些方法和工具的管理者普遍感受到的主要好处以及觉察到的主要困难[20]。

表 7－14　管理者在项目组合评估中感受到的主要好处和主要困难

按重要性排序	主要好处	主要困难
1	提供共同讨论基础，有助于决策的一致性	创造一个良好气氛和企业文化，理解项目组合决策方法
2	有助于把资源集中用在重要的或突破性的项目	进一步提高资源分配和项目选择的效率

续表

按重要性排序	主要好处	主要困难
3	导致更好的战略配合	在短期和长期项目之间做权衡
4	保证短期和长期项目的平衡	获得更好的数据和预测：市场、销量、成本等
5	有助于集中于较少但更有价值的项目	建立战略目标与项目组合之间的联系
6	加速商业化进程	平衡资源在不同的事业部、部门以及技术之间的分配
7	能够获得不同部门的一致支持，创造更好的理解和接受	平衡不同职能部门及其参与程度
8	改进战略计划	需要更科学、可信的财务指标或决策工具

基于上述分析和讨论，对于管理者来说，要想提高和优化企业的项目组合，需要重视以下几个方面。首先，需要制定和设计一个规范和严格的技术项目评估、选择和管理流程，在此过程中，高层管理人员的介入和支持至关重要；其次，在项目选择过程中，管理者应当运用多个指标进行多方位综合分析，避免过分依赖财务指标，或者其他单一指标；最后，要足够重视战略分析工具的应用，适当利用项目地图（或泡泡图）等分析工具，检验研发项目组合的合理性，保证研发项目的选择和管理与企业的总体发展战略相一致。

4. 项目组合评估与决策的案例分析[22]

Alpha 食品公司的高层管理人员以及各部门经理正在考虑制订本公司、本部门未来 5 年的发展计划。之前，公司研发人员根据本行业的技术发展趋势提出了一些项目开发计划，并通过市场经理、营销经理、生产经理、研发经理及客户的共同参与和讨论，对这些项目逐个进行了评估。有关业务以及支持这些业务推进的研发计划和投资建议如表 7－15 所示。接下来，公司的技术总监希望总经理以及各部门经理能够共同参与讨论决定公司未来的技术项目投资计划。

图 7－16 为技术总监根据不同的平衡因素展示给其他经理的项目组合地图。这些平衡因素包括：研发项目的年成本和完成时的总成本，项目成功的概率（技术上的和商业上的），不同技术的成熟度，项目中所含技术的竞争优势和影响，各个项目的吸引力，以及完成时间。图中的每个圆圈代表一个项目，圆圈面积代表建议的投资额，内部的数字表示项目编号。

按照 Arthur D. Little 公司对研发技术竞争地位的分类和技术生命周期理论，图 7－18（a）给出了不同项目所包含的技术在竞争地位和成熟度两个方面的分布。从中可以看出，从编号为 2 到 10 的 9 个项目都处于“维持”地位。处于这种位置一般意味着这类项目研究取得的成果较晚，竞争对手可能会更早达到技术目标。经过仔细分析后，经理们发现，这主要是由于在这些项目上投入的人力和资金缺乏所致（表 7－13）。相反，在项目 11 和 14 上，由于企业过去在这些项目上配备了较强的资源，使得这两个重点要求的项目得到了资源强化。项目 1、项目 12 和项目 13 所处的可以接受的竞争位置也是由于企业资源配置决定的。另外，在这张组合图中，经理们还发现，企业过多地把资源放到了处于培育期和成长期的不确定技术上，显然这不是一个比较好的决策。

表 7－15　Alpha 公司业务战略和研发计划建议

业务类别	经营战略和研发推进计划	项目	建议投资（万元）	最佳投资（万元）
产品系列 A	达到成本领先地位，增加市场份额，保持客户服务；改进现有生产工艺。	1	40	70
产品系列 B	通过增加产品生产线扩大经营；利用技术优势开发新产品。	2	10	20
		3	15	30
		4	15	30
		5	15	30
产品系列 C	保持现有产品的优良品质和技术领先地位；通过开发新型专利产品扩大经营规模。	6	30	90
		7	40	100
		8	40	100
		9	40	110
		10	40	110
产品系列 D	通过加强营销、销售和服务扩大经营规模；开发独特的具有高附加值的下一代专利产品。	11	200	200
全新业务 E	在行业内，用专利的、高附加值产品进行多样化的产品组合	12	50	50
		13	60	60
		14	200	200
小计			795	1200

根据图 7－16（b），技术总监对各个经理们提出了以下的问题：（1）目前建议的资源分配与技术和市场的不确定性合适吗？（2）项目 11 和 12 具有技术和市场的双重不确定性，对其投入较大资金是否合适？（3）公司在占据主导地位的市场中，为巩固市场地位而进行的新产品开发是否足够？

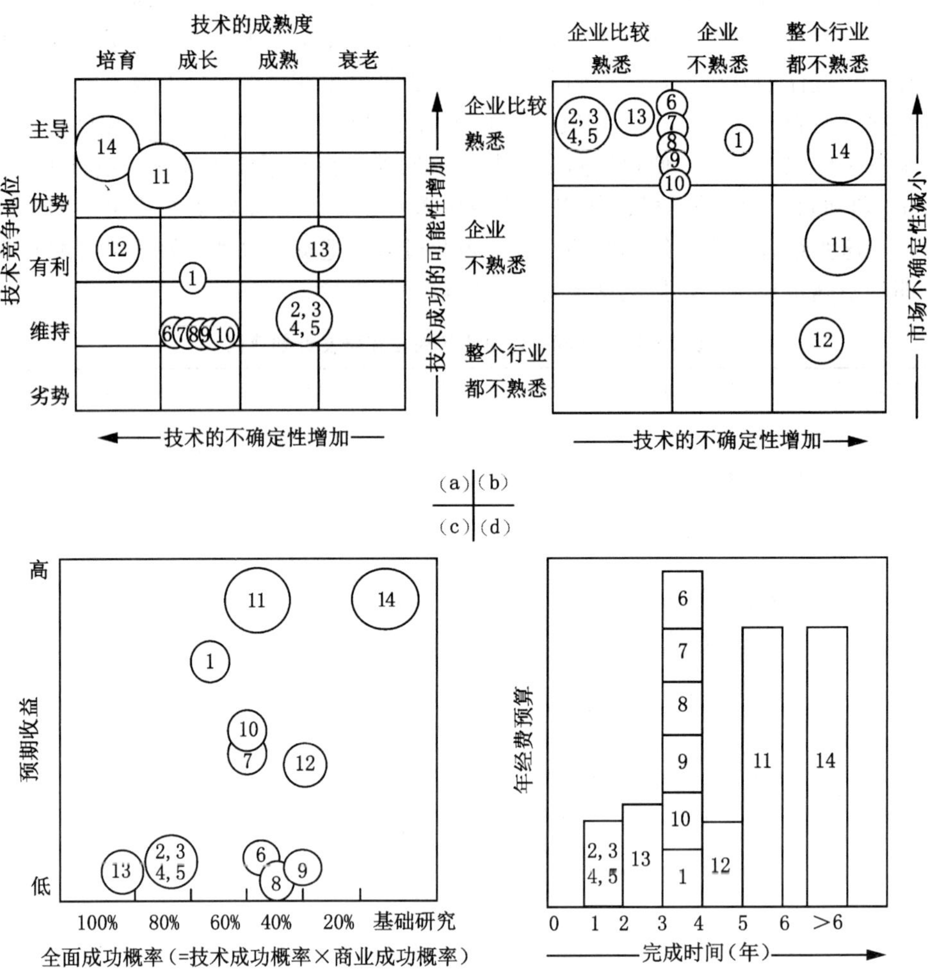

图 7－16　Alpha 公司初始的研发项目组合计划

进一步分析各个项目的风险与收益关系（如图 7－16（c）所示）可以看到，产品系列 B 的几个项目（2～5）的预期收益非常低，而且成功的可能性也只有 70％左右。经理们讨论后发现，这是由于投入的资源有限，不能保证在竞争对手之前占有市场，这样，尽管其技术成功的可能性很高，但商业化成功受到威胁。同样，分析产品系列 C 的几个项目（6～10）后发现，其技术成功的不确定性较高，预期收益较低。因此，存在这样的问题：如此低的收益与总体的风险是否适当？项目 13 的投资预算较大，但回报很低，是否应该投资该项目？

最后，分析不同项目的完成周期（图 7－16（d））可以发现更多的问题：（1）

根据目前的研发计划安排，大多数项目在两三年内不会产生商业应用，有一半的项目完成时间超过 3 年。这样的投资和完成时间分配合适吗？（2）如果要等到 5 年之后才能看到投资效果（项目 11 和项目 14），公司的业务能够负担得起长期的、高成本研发投资吗？

由上述这些分析可以看出，针对目前项目建议中的各种问题和不协调，公司的经理们其实需要仔细思考并回答下述关键的战略问题：（1）研发项目对于公司各类业务的重要程度如何？（2）如果重要，那么公司应该投资哪种项目？是基本技术、主要技术、关键技术还是处于培育期的新兴技术？是投资产品或工艺改进、产品创新还是进行基础研究？（3）公司应该如何保证把研发计划和业务发展计划有机地结合起来，形成一个有效的战略计划？（4）归根结底，从短期和长期战略需要以及各部门的商业机会来看，研发项目的最佳组合到底是什么？

在接下来的讨论中，技术总监和其他经理们对项目 12 进行了具体分析，发现该项目属于新的业务类型，仅在边缘上与公司的食品发展战略相一致。该项目的产品如果开发成功，可以将公司引入它并不熟悉的零售食品行业，但公司并不具备该领域的经验，对于业内竞争情况知之甚少，因此商业成功的可能性不高。而且由于这种产品推向市场需要得到有关部门的批准和认可，非常耗费时间。讨论的结果是，大多数经理们认为应该放弃此项目。类似地，公司的经理们对其他一些项目也进行了深入分析，达成了新的共识。

通过这些组合的展示和集体讨论，辅以情景分析和模拟问题，各个经理们能够掌握足够的信息，并理解项目组合平衡的关键内容和必须做出的主要决策。经过反复的讨论和权衡，最后，推出了新的项目组合计划（表 7－16）。

表 7－16　Alpha 公司调整后的研发计划建议

业务类别	经营战略和研发推进计划	项目编号	预算（万元）		调整理由
			原来	调整后	
产品系列 A	达到成本领先地位，增加市场份额，保持客户服务； 改进现有生产工艺	1	40	70	高收益、缩短完成时间、减少不确定性、提高项目吸引力
产品系列 B	通过增加产品生产线扩大经营； 利用技术优势开发新产品	2	10	0	放弃：竞争太激烈，企业没有优势
		3	15	30	增加投入，缩短完成时间
		4	15	30	
		5	15	0	放弃：市场不确定

续表

业务类别	经营战略和研发推进计划	项目编号	预算（万元）		调整理由
			原来	调整后	
产品系列C	保持现有产品的优良品质和技术领先地位；通过开发新型专利产品扩大经营规模	6	30	0	放弃：市场不确定
		7	40	100	提高成功率，缩短完成时间
		8	40	0	放弃：市场不确定
		9	40	0	
		10	40	100	提高成功率，缩短完成时间
产品系列D	通过加强营销、销售和服务扩大经营规模；开发独特的具有高附加值的下一代专利产品	11	200	100	减少风险，与其他企业合作可能会加速项目
全新业务E	在行业内，用专利的、高附加值产品进行多样化的产品组合	12	50	0	避免技术和商业双重风险，简化产品组合，降低经营风险
		13	60	0	效益和成本不匹配，改进不大
		13A	0	20	与项目13相关的小规模研究
		14	200	250	通过缩短时间增加成功概率
小计			795	700	

根据新的项目组合描绘的项目地图如图7－17所示。表示在图7－17（a）上，公司放弃了产品系列B中的项目2和项目5，以及产品系列C中的项目6、项目8和项目9，在“维持”的竞争位置集中资源支持项目3和项目4以及项目7和项目10，以提高其竞争地位。从放弃的项目中释放的资金可以增加到其他项目中去，增加这些项目的投入，将它们从“维持”的技术竞争地位提升到“有利”或“优势”的位置，这样调整后可以缩短项目周期和市场导入时间。

图7－17（b）表明，公司的执行经理仍然希望技术项目能够围绕他们所熟悉的内容而展开，决定最大限度地将资源投入到公司熟知的市场上去。放弃项目13，通过与其他企业建立研发合作伙伴关系，减少在项目11上的投入。保留具有显著技术风险特征的项目14，但是由于公司对该项目的市场前景较为熟悉，

因此，主要的市场风险并不大。从潜在收益与成功概率的关系来看，新的组合也比调整前的计划有明显改观（如图 7－17（c））。

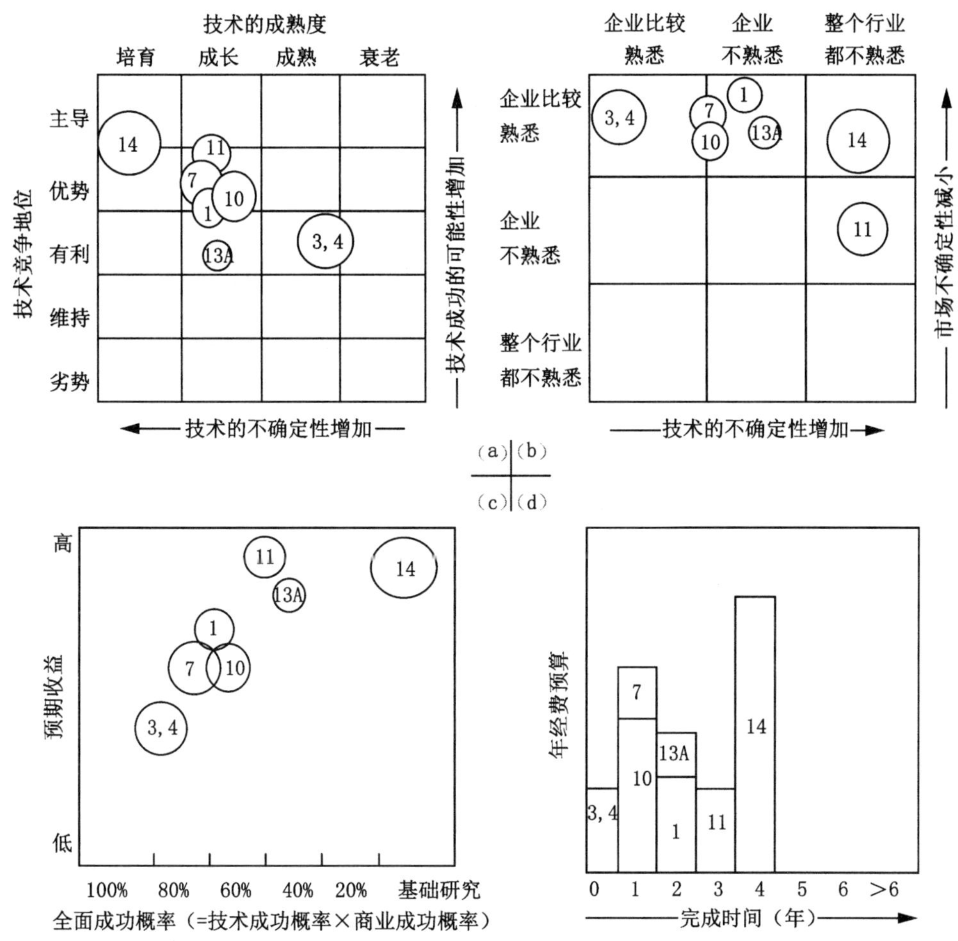

图 7－17 Alpha 公司调整后的研发项目组合计划

项目的完成时间一直是比较关键的竞争因素。由于业务与竞争的不确定性随时间按指数增加，周期越长，未来的不确定性越大，竞争对手越有可能取得先机。表现在图 7－17（d）中，调整后项目组合的完成时间得到了明显改善。通过集中资源、与其他企业合作研发、调整项目 11 和项目 14，所有项目的完成时间都缩短到 5 年以内。

思 考 题

（1）相比 NPV 方法，实物期权方法有哪些优劣势？

（2）检查清单方法与轮廓图方法有何类似之处？

（3）层次分析法的主要步骤分别是什么？

（4）企业如何从财务上处理（分配）研发投资的经费预算？

（5）什么是项目地图？

参考文献

[1] 傅家骥，仝允桓．工业技术经济学（第3版）．北京：清华大学出版社，1996.

[2] Nichols N A. Scientific Management at Merck：An Interview with CFO Judy Lewent. Harvard Business Review，1994，72（1）：89－99.

[3] Leslie，Michaels. The Real Power of Real Option. The McKinsey Quarterly，1995（3）：4－22.

[4] Bowman，Moskowitz. Real Options Analysis and Strategic Decision Making，Organization Science，2001，12（6）：772－777.

[5] Copeland T，Tufano. A Real－World Way to Manage Real Options，Harvard Business Review，2004，82（3）：90－99.

[6] Faulkner. Applying "Options Thinking" To R&D Valuation. Research Technology Management，1996，39（3）：50－56.

[7] Graham J R，Harvey C R. The theory and practice of corporate Finance：Evidence from the Field. Journal of Financial Economics，2001，60，187－243.

[8] Smith J E. Nau R F. Valuing Risky Projects：Option Pricing Theory and Decision Analysis. Management Science，1995，41（5）：795－816.

[9] Faulkner T W. Applying "Options Thinking" To R&D Valuation. Research Technology Management ，1996，39（3）：50－56.

[10] Brandão L E，Dyer J S，Hahn W J. Using Binomial Decision Trees to Solve Real－Option Valuation Problems，Decision Analysis，2005，2（2）：69－88.

[11] Faulkner T W. Applying "Options Thinking" To R&D Valuation. Research Technology Management，1996，39（3）：50－56.

[12] Twiss B. Managing Technological Innovation，Pitman，1985.

[13] Cooper R G，Edgett S J，Kleinschmidt E J. Portfolio Management in New Product Development：Lessons from the Leaders－ Part I. Research－Technology Management，1997.

[14] Meredith，Mantel. Project Management. A Managerial Approach，6th Ed.

John Wiley & Sons，2005.

[15] Chiesa V. R&D Strategy and Organization – Managing Technical Change in Dynamic Contexts. Imperial College Press，London，2005.

[16] Liberatore M J. An Extension of the Analytic Hierarchical Process for Industrial R&D Project Selection and Resource Allocatino. IEEE Transactions on Engineering Management，1987，12 – 18.

[17] Linton J D，Walsh S T，Morabito J. Analysis，Ranking and Selection of R&D Projects in a Portfolio，R&D Management，2002，32 (2)：139 – 148.

[18] Mitchell G R，Hamilton W F. Managing R&D as A Strategic Option，Research Technology Management，1988，31 (3)：15 – 22.

[19] Pappas C. Strategic Management of Technology，Journal of Innovation Management 1，1984，30 – 35.

[20] Cooper R G，Edgett S J，Kleinschmidt E J. Portfolio Management for New Product Development：Results of an Industry Practices Study，Working Paper No 13，the Product Development Institute，2006.

[21] Seider R. Optimizing Project Portfolios，Research Technology Management，2006，43 – 48.

[22] (美) 菲利普 A. 劳塞尔，卡马尔 N. 萨德，塔马拉 J. 埃里克森著．第三代研发 (Third Generation R&B：Managing the Link to Corporate Strategy)．赵凤山，庞艳，胡杨译，机械工业出版社，2004.

第八章 技术变革与演化的基本规律与理论

我们在前面的章节中分析和介绍了企业技术创新与管理的主要内容和方法。为了提高技术创新的有效性，企业还需要对技术变革与演化的基本规律与基本理论有深入的认识。在本章中，我们重点介绍技术演变的 A—U 模型、技术生命周期理论、结构性技术变革理论、S 曲线以及关于创新源泉的理论。

第一节 A—U 模型及其扩展

产业中的创新过程因其复杂性而引人入胜，人们一直在探索产业发展过程中的创新演变，力图解释创新如何进入产业和使产业发生转变。从 1975 年到 1978 年，美国麻省理工学院斯隆管理学院的阿特贝克教授和哈佛大学商学院的阿博尼西教授合作发表文章，提出了产业创新的动态过程模型（如图 8-1 所示）。由于这个演化模型由阿博尼西和阿特贝克共同提出，被称为 A—U 模型。该模型认为，产品和工艺的创新频率遵循与时间相关的通用模式，并且产品和工艺创新之间存在重要关系。A—U 模型的提出在技术创新领域具有里程碑意义，使之成为创新领域的经典。后来，两位作者继续深入该模型的研究，从产业发展的全过程分析中揭示创新及市场与企业之间的内在联系，并且把该模式从装配产业扩展到非装配产业[1]。这些工作使 A—U 模型、主导设计、非装配产品创新与装配产品创新等成为创新领域的基本术语和进一步研究的基础。在后续的一些研究中，值得我们关注的是以后发国家的实践为基础的探索，例如韩国学者金麟洙的成果。因此，本节介绍 A—U 模型、主导设计、非装配产品的创新演化和追赶的逆 A—U 模型。

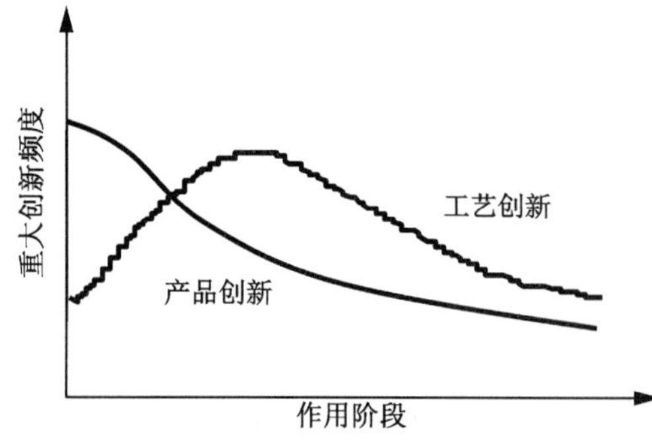

图 8-1 A—U 模型：创新特征的变化及其在公司发展过程中的作用变化

一、A—U 模型

根据 A—U 模型，新技术、新产品的演进可以分为三个阶段是：流动阶段，企业力求从性能优势获利，此时提供最大的性能优势；过渡阶段，重大产品创新广为应用；

专业化阶段，在某几个主要产品和技术领域的领先可以确保强盛。相应的，企业创新的特点也有很大不同（表 8－1）。

表 8－1　创新的三个阶段及其特点[2]

种类＼阶段	流动阶段	过渡阶段	专业化阶段
竞争焦点	产品功能、性能	产品差异	成本降低
创新激励	用户、需求信息、技术投入	扩展内部技术能力带来的机会	降低成本和提高质量的压力
主导创新类型	重大产品的创新频繁	产量提高所要求的重大工艺创新	产品和工艺渐进创新，在生产率和质量方面的累计提高
产品线	多样化，经常包含用户的设计	至少有一种稳定的产品设计，以便进行大批量生产	基本无差异的标准产品
生产工艺	柔性但是效率低；容易适应产品重大创新	刚性增加，一些重要步骤发生变化	高效、资金密集而且刚性；创新代价高
设备	通用，需要高技能的劳动力	一些子工艺自动化，建立“自动化孤岛”	专用，大多数工序实现自动化，操作工的主要任务是监测和控制
材料	一般通用材料	要求部分供应商提供专用材料	要求专用材料；如果不能得到，会进行纵向一体化
车间	小规模、靠近用户或技术供应商	部分专用的通用车间	大规模、高度专业化，专门用于某些产品的生产
组织控制	非正式、创业型	通过各种形式进行	强调结构、目标、规则

汽车产业产品创新和工艺创新的演化是一个典型例子。在亨利·福特生产举世闻名的 T 型车之前的四年时间里，其公司开发、生产和销售五种不同的发动机，从两汽缸到六汽缸都有。这些产品是在一个柔性组织、更像一个手工作坊的车间生产的，依靠能工巧匠在通用机床上制造，这些机床远没有达到当时可能达到的最高水平。每一种发动机实际上都是在检验一个新构想。经过这个过程，产生了一个主导设计——T 型车的发动机；在接下来的 15 年里，一个工厂每年就生产 200 万台这种发动机，被认为是世界上效率最高、高度一体化的工厂。在这 15 年间，福特产品只有渐进的，而不是重大的创新。这个例子说明，随着新产业内小企业的逐步成熟，从先驱发展成为大规模生产者，其创新性质和目标随之发生变化。这对技术创新管理至少有如下启示[3]：

（1）在一开始的流动阶段，市场需求难以确定，只能泛泛陈述，几乎没有开发出恰到好处的技术。因此，存在任何研究开发都具有的两种不确定性——目标不确定性和技术不确定性。同时面对两类不确定性，决策者基本上没有动力对正式研究开发大力投入。

（2）随着企业的发展，市场和应用目标的不确定性下降，更大的研究开发投入变得合理。随着生产线专业化程度逐步提高，在实现技术创新的代价奇高、价格竞争带来的薄利无法支撑较大的间接费用之前的某一个点，研究开发投入的效益会达到最高点。此时，针对已有产品品种性能提高和特性增加的技术机会很清晰，研究开发高投入是处于这一过渡阶段。这时企业会被视为"科技型公司"，因为它们对正规研究开发部门大力投入，强调工艺创新，并且通过性能提高增加产品差异。这时成功的公司具有以下特点：规模大，一体化生产，市场占有率高。

（3）小型的、处于流动阶段的创业企业一般采用通用设备，一般都是外购而来。在发展过程中，企业有可能开发出一些以自用为目的的设备；当它完全成熟时，整个生产线可能被设计成专用于某些产品生产的一体化系统。由于成熟企业全面专业化，所有重大工艺创新更可能来自企业之外。但是，要注意到，设备供应商会认为自己是做产品，而非工艺创新。但对于用户企业来说，这是工艺创新。

（4）随着产品和生产工艺标准化程度提高，组织的协调和控制方法也会发生变化。由于企业在发展初期面对任务不确定性，它必须高度重视信息处理能力。稍后，应进一步建立正式计划部门，从流动阶段转向过渡阶段；逐步规范生产和管理过程，工作流程描述、岗位描述、系统分析等对生产网络产生更广泛的渗透。随着企业的成熟，其组织结构也将发生变化，成为更正式、权力结构层次更多的组织。

（5）随着企业达到标准化产品阶段，只面对渐进创新，企业对信息处理能力的要求将降低。随着生产和工艺技术的演化，产业内各企业也将逐步同质化。

二、主导设计

主导设计是赢得市场信赖的一种设计，通常是通过综合过去产品变化中各自采用的技术创新而形成的[1]。例如，在打字机行业的演进过程中，安德伍德 V 型就是一个主导设计，它很好地被市场接受，而且被竞争对手们争相仿效。它的独特设计是把包括单层的标准传统键盘、可视打字、列表键、大写转换键、滚筒装置等在内的众多已被市场检验过的创新汇集到了一种打字机上。在打字机使用者和打字机制造商心目中，它界定了打字机是什么样的和应如何使用操作。

另一个例子是IBM个人计算机在市场上迅速成为主导设计。这种个人计算机把很多众所周知的并且已被使用者肯定的构件很好地融汇到一起：显示器、标准磁盘驱动器、传统标准键盘、英特尔8088芯片、总线结构以及微软的DOS操作系统。这些部件合在一起形成的个人计算机至少占领了20世纪80年代该市场80%的份额，并成为个人计算机的通行概念。

主导设计包含了多层次使用者对某种特定产品的需求，但是不一定要体现最尖端的技术性能，是在技术可能性与市场选择的相互作用之下广为接受的满意产品，而不是仅为少数人设计的优化产品[1]。主导设计的形成是在特定时期技术与市场选择相互作用的结果，行业法规和政府干预也会对主导设计的形成产生作用。例如，行业法规经常能加强一个标准并因此确定出主导设计。美国通信委员会对美国无线电公司电视广播标准的批准有利于美国无线电公司将自己的设计作为刚刚出现的电视行业的标准。

主导设计的出现是行业演化过程中的重要分水岭。在主导设计出现之前，有一个企业的进入浪潮。这些企业携带着各式各样的产品进入市场，进行尝试。主导设计出现之后，会有一次竞争者的退出浪潮，有效竞争将开始在成本和规模的基础上进行。主导设计的出现使行业竞争的焦点从产品创新转向工艺创新，因而有利于那些在工艺创新和一体化方面成熟并且拥有内部技术与高超工程技能的公司。

三、非装配产品的创新演化

A—U模型首先是在研究汽车、电视机、洗衣机、计算机、电话机、钢笔等装配产品的基础上提出的。石油、玻璃、钢材、油漆、人造丝等这些都是非装配产品。这些非装配产品产业的演化过程中，产品与工艺创新之间的相互关系仍然遵循A—U模型中流动阶段、过渡阶段和专业化阶段的基本演化特点[1]，但又与装配产品有所差异。

在流动阶段，企业以独特的产品参与竞争，性能优劣在这里是关键，而且由于没有很大的沉没成本负担，此阶段容易热衷于产品变化，生产方法灵活多样但缺乏效率，依赖于通用设备并且投入的熟练工人较多，组织控制同样是非正式的和创业型的。

在专业化阶段，竞争集中于成本价值关系，并且大部分创新的方向是致力于改进这一关系。在此阶段，产品和工艺创新是渐进性的，因为根本性变化需要高成本，而且产品创新和工艺创新更为紧密地联系在一起。

过渡阶段是介于流动阶段和专业化阶段之间广阔的中间阶段，在A—U模型中，装配产品和非装配产品的差异在过渡阶段表现最为明显，非装配产品对于工艺驱动存在较大程度的依赖。表 8 - 2 比较了装配产品和非装配产品在过渡阶段的重要特点[1]。

表 8 - 2　装配产品与非装配产品在过渡阶段的对比

种　　类	装配产品	非装配产品
创新	强调渐进的产品提高和产品多样化	由于需求上升，强调工艺变化
创新来源	用户；制造商	制造商；设备制造者
产品	许多产品特点是唯一的	差别化程度下降
生产工艺	一些子工艺的自动化，创造“自动化岛”	开始变得更为僵化、更连续，资本密集度更高
设备	开始引入专用设备	专用设备
工厂	部分专业化的通用工厂	较小规模、目的单一的设施
工艺变化的成本	中等	高
竞争者	许多，但在主导设计出现后，数目下降	许多，但在可行的工艺出现后，数目下降
产业领先者的挑战	来自于现有产品的更有效的生产商和产品性能提高的竞争	来自于更有效的和更高质量生产商的竞争

在过渡阶段，生产工艺自动化从建立自动化岛开始，然后又通过它们与材料输送和其他系统联系。在非装配产品的生产中，这一现象会很快发生并且变化极大，最终结果是形成一个连续生产工艺。在过渡阶段，从手动生产工艺到建立自动化岛，尤其是在几个自动化岛联结成一个新工艺步骤的时候，可能涉及不同类型的技术，需要更高的技能。工艺技术生产率巨大跃迁的结果是，要求更少但更大的生产工厂来满足预计的需求。

在装配产品市场上，市场进入和竞争地位的变化是随着新一代产品技术发生的，但是，非装配产品的情况有所不同，似乎不是与产品变化相联系，而是与主要设备创新相联系。这些设备创新经常是将先前两个或三个独立步骤合成为一个步骤。另外，以前需由一个独立生产单元完成的步骤可能合并到一个新工艺中去。

总的来说，对非装配产品工艺创新的强烈关注，最大限度地激励了制造商和设备供应商想方设法去不断改进产品和工艺。在平板玻璃制造、石油精炼、化工等非装配产品中，产品性能的变化并不像装配产品那么显著，例如今天的平板玻璃与 200 年前的很相似，但今天的波音 747 与 20 世纪 30 年代的民用飞机相比已有天壤之别。装配和非装配产品明显不同：非装配产品中工艺创新的频率迅速超过产品创新，工艺创新主导产业的发展，并使该产业经历过渡阶段到专业化阶段的演变。

表 8－3 石油裂化中的工艺创新与生产率增长[4]

项 目	每 100 加仑①汽油的投入品消耗		
投入	Burton 工艺	流动阶段/初始装备	流动阶段/1961 年装备
原材料（加仑）	396	238	170
资本（1939 年美元）	3. 6	0. 82	0. 52
劳动力（人·时）	1. 61	0. 09	0. 02
能源（百万 BTU）	8. 4	3. 2	1. 1

①1 美加仑＝3. 78541 立方分米。

在非装配产品产业，工艺创新的特点是偶尔大步迈进，经常逐渐改进。对石油精炼产业的研究发现，从 1913 年首次引入“裂解”重碳化氢提取汽油的方法并成功地商业化以来，有三次工艺创新浪潮：第一次是在 20 世纪 20 年代早期，第二次是在 1936 年，最后一次在 20 世纪 40 年代。每一次创新都大大提高了生产率（表 8－3）。这些创新使原材料、资本、劳动力的使用大大改进，能源生产率显著提高[4]。

四、技术追赶的逆 A—U 模型

韩国学者金麟洙对韩国的汽车、造船、钢铁等行业的技术学习和追赶过程进行了深入研究，认为追赶国家的技术发展过程与发达国家有所不同。金麟洙设计了一个三段式模型——获得、消化吸收和改进，以此来扩展 A—U 模型，这里称为追赶的逆 A—U 模型（图 8－2）。

在追赶国家工业化的早期阶段，这些国家从工业发达国家获得成熟的国外技术。由于缺乏建立生产运作的本地能力，企业家们通过获得国外成套技术来启动生产，这其中包括装配方法、产品规范、生产技术、技术人员和零部件。这一阶段的生产仅仅是从外国引进的组装生产，生产出相当标准的、无明显差别的产品。由于劳动力成本低和在受到保护的市场中没有多少竞争的压力，相比之下生产效率不高。迫切的技术任务是将那些已在其他地方得到验证的国外技术加以利用，制造出产品。为此目的，只有生产工程管理是必须的。在实施生产操作之初，外国的技术帮助在排除故障、解决问题时显得非常重要。但是，随着本国技术人员获得了生产和产品设计的经验，利用外国帮助的情况就很快消失了。

在这一过程中，生产和产品设计技术很快在全国范围内得到传播。晚来的进入者，靠挖墙脚从先期获得技术的企业中猎取有经验的技术人员的办法，获得技术能力。由于迟到的进入者加剧了竞争，激发了本国消化吸收国外技术来生产各

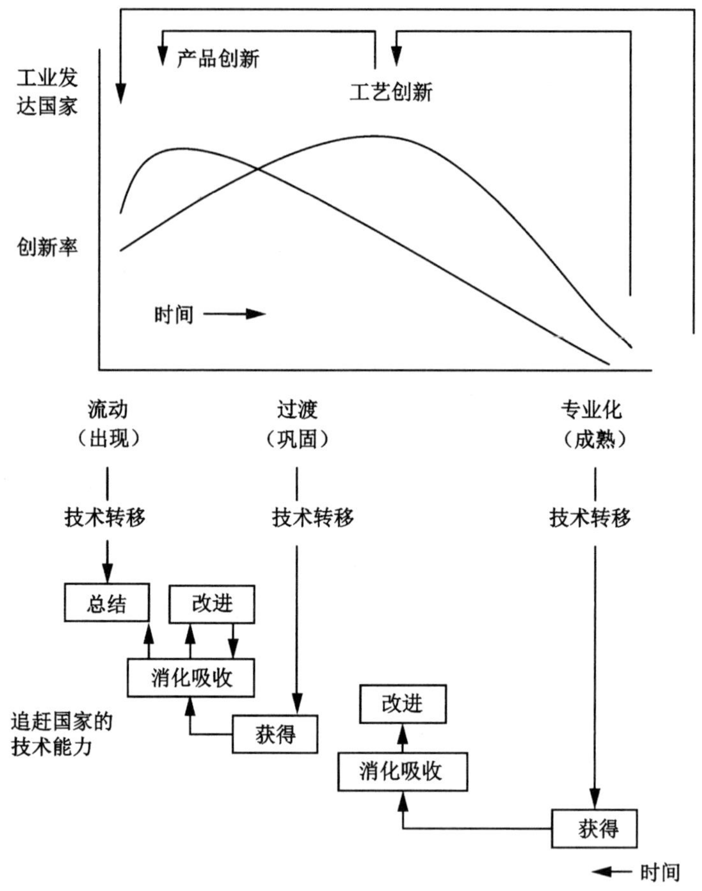

图 8－2　追赶国家的逆 A—U 模型

具特色的产品的技术努力。技术进步的重点放在工程管理和有限的开发上，而不是放在研究上。通过消化吸收引进技术，本国的企业可以由模仿性分解来开发相关产品，而不需要外国技术的直接转让。

由于对一般生产技术相对成功的消化吸收和日益强调增加出口，加上本国科学和工程管理人员能力的不断提高，使得技术逐步改进。通过本国在研究、开发和工程管理方面的努力，引进的技术被应用于各种生产线。沿着获得、消化吸收和改进的轨迹，追赶国家中的企业走的是发达国家研究、开发和工程管理的逆向道路。

逆 A—U 模型也可以和 A—U 模型结合起来说明追赶国家所处的阶段。追赶国家三段式技术发展轨迹不仅仅发生在专业化阶段成熟技术的传播过程中，也可能发生在正在发展成长的技术的流动阶段。如图 8－2 所示[5]，追赶国家中的那些已成功地获得、消化吸收，有时甚至改进了引进的成熟技术的企业可能会利用发达国家尚处于过渡阶段的较高技术重复这一过程，处在追赶国家和地区第一梯队的中国台湾和韩国，有许多工业行业已达到了这个阶段。如果成功的话，他们也许会最终积累本国的技术能力，在流动阶段就开发出新兴的技术，向发达国家中的企业发起挑战。当有足够多的企业达到这一阶段时，这个国家就可以被视为发达国家。日本可能是在 20 世纪唯一达到这一阶段的追赶国家。

五、技术追赶与有效的 R&D

我们在第一章中指出，虽然现有的文献强调，发展中国家的企业需要从引进国外技术开始，逐步培养自主技术创新能力，但是我们的研究表明，影响企业自主技术创新能力培养最直接、最根本的因素是企业 R&D 的特点，而不是一定要先引进国外技术，然后消化、吸收、创新。原因在于，技术创新是一个知识获取和知识应用的过程，只要一个企业的 R&D 能够有效地反映知识获取和知识应用的特点（知识是逐渐积累起来的；知识的获取是一个“昂贵”的过程；知识的获取是一个充满了“创造性”的过程；知识的获取往往需要利用企业外部的知识；不同种类的知识获取的特点是不同的），这个企业就可以在技术创新和技术能力培养方面取得成效，包括开发出领先的技术[6]。

第二节　技术生命周期

技术的演化规律是技术创新管理的重要基础。A—U 模型从产品创新和工艺创新的视角来分析产业发展变化中的技术演化。在此基础上，有的学者基于对社会学、历史学、经济学和工业管理学的研究，从更基本的层面来探讨技术演化的规律，并在对影响非装配产品、简单装配产品、封闭装配系统、开放装配系统四类不同产品技术生命周期演化的决定因素进行研究的基础上，提出了由变异、酝酿、选择和保持四个阶段构成的技术生命周期过程。这一变化规律是创新领域的经典理论和必学概念，特别是其对技术的分类在今天仍然有重要的指导意义[7]。后续相关研究中值得关注的是技术生命周期演化中的集聚和替代。因此，本节介绍技术生命周期的基本过程和四类技术演化过程中的影响因素及技术生命周期中的集聚与替代。

一、技术生命周期的基本过程

如图 8－3 所示，技术生命周期包括四个组成部分：变异期、酝酿期、选择

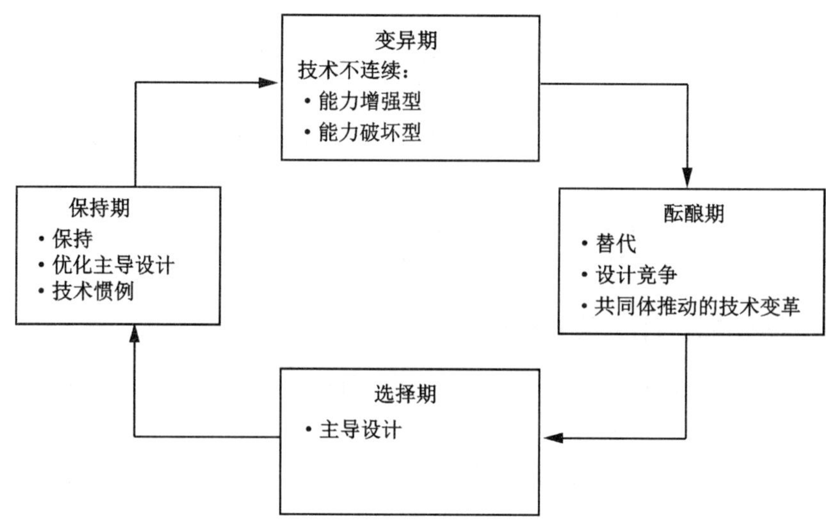

图 8－3　技术生命周期的基本过程

期和保持期[7]。其中，变异期的主要特征是技术不连续；变异期的技术不连续会启动酝酿期；选择期确定主导设计；保持期的特征是渐进变化，保持期对下一个变异期起到了承上启下的作用。技术变化是由许多因素共同推动的，这些因素包括偶然性事件（变异）、组织在选择竞争技术领域的直接社会和政治行为（人为选择）、能力的加强和许多组织通过干中学来解决问题的行为（保持期）。

1. 变异期

变异期的主要特征是技术不连续。技术不连续是指那些少有的、不可预测的创新。这些创新大大提高了相关技术的绩效，并产生了完全不同的产品或者工艺设计。产品的不连续表现为根本不同的产品。相对于前一种产品而言，这些产品需要重大的成本、性能和质量改进（如喷气飞机的引擎、柴油机火车头、电子打字机等）。工艺的不连续是指根本不同的产品生产方法，这些方法反映了产品质量、成本方面的成数量级的改进（如酸性转炉炼钢、浮法玻璃）。

需要特别指出的是，技术不连续可分为能力破坏型和能力增强型。能力破坏型的不连续是基于完全不同的技术知识、概念，使已有的技术专长陈旧过时。例如，机械表的制作技巧与石英表不相关。另一方面，能力增强型的不连续则基于已有的专门知识和技术。比如自动机械运动是一种为手表弹簧提供能量的完全不同的方法，但是建立在先前的机械能力之上。能力增强型的创新在已有的技术体系上带来了一种新的技术，不会使已有的技术专长陈旧过时。

2. 酝酿期

变异期的技术不连续会启动酝酿期。在此期间，企业需要尽力去吸收（或者消灭）创新技术。酝酿期有两种情况，一种是新旧技术体系之间的竞争，另一种是新技术体系之间的竞争。新旧技术体系间的竞争是激烈的，而且旧的体系很少悄然消失。已有的行业共同体常常会对已有的技术体系进行技术改进和效率提高，以响应新技术体系的出现。该时期的产品差异大，而且存在不确定性，各种技术和设计一起竞争主导设计，最后以主导设计的出现来结束。

在技术体系竞争的同时，还存在设计竞争。一是因为技术还不成熟；再是因为存在竞争，每个先驱都会努力使自己的产品有差异，所以不同的技术突破会同时出现。比如在医学影像领域，就有不同影像技术之间的竞争（超声、X 射线、核磁等）。

在酝酿期中，替代过程和设计竞争伴随着技术和市场的不确定性。各种技术在不同的性能方面进行优劣竞争。例如在汽车开始出现时，电动车、内燃车和蒸气汽车在安全、行程、噪声、经济性、推动力和便利性等方面互相竞争。在酝酿期，哪个性能更重要是不清楚的，这是因为使用者本身不能够确定产品的主要性能。而且，技术在哪一个方面有明显的价值也还不明了。只有当替代的技术增加一个重要的性能指标，或者它的性能明显优于已有的技术时，替代的技术才能显示出优势。

3. 选择期

主导设计是在一个产品类别中有着主导地位的产品结构。主导设计的出现标志着酝酿期结束。主导设计出现后，技术不确定性减少，技术变革的本质从变异转变成渐进变化。一系列技术参数的清晰和集中，允许公司设计标准的、可互换的零件，并优化组织的工作量和效率。主导设计使供应商、卖主和顾客之间关系更稳固可靠。从顾客角度看，主导设计减少了产品类别的困惑，显著降低了产品价格。不论是在缝纫机、步枪、自行车、合成染料、还是复印机等产品中，都有主导设计，直到下一个技术不连续出现。

主导设计的产生可能会遵循不同的规律。对于简单或非装配产品，主导设计的产生受技术本身的特点的影响最大。例如，制造水泥的悬浮预热法能成为工业标准，就是因为它在生产高产量水泥时能够显著地提高燃料利用率。但是对于复杂产品，其主导设计的产生会受到各种社会、政治因素的影响。比如，一个强大有力的使用者能够提出标准，美国空军就给可编程机床产业强加了数字控制标准。产业委员会也能够提出长期的标准，例如计算机通信协议和银行共享银行卡系统。政府规定常常迫使标准得到接受，例如电视机标准。有时政府能够利用这些标准作为特殊的政策工具来解决贸易障碍问题。

4. 保持期

保持期的特征是渐进变化。主导设计出现以后，一个产品类别中的技术不确定减少了，产品的性能维度和关键技术问题都被确定下来，技术进步由多个渐进创新推动，竞争基础从产品本身变成了工艺创新。例如，当内燃机代替电池和蒸汽机成为主导设计以后，汽车的技术进步转移到了安全、稳定性等方面。

主导设计出现以后，在技术共同体内部，出现了建立秩序的社会结构：主要的技术问题得以确定，合理的工艺得以建立，共同体规则和价值观在互相依赖的参与者的相互作用中形成。在保持期中，技术体系在全社会中建立起来，而且是跨学科的。例如，涡轮喷气飞机行业的技术包括了内燃机、机械、航空、冶金学等学科的交叉知识。

保持期一直延续到下一个技术不连续的出现。技术不连续直接挑战了作为前一个保持期技术基础的技术前提。这些技术威胁，特别是那些和大量不确定性、模糊和执行成本相关联的不连续，会遇到来自于行业共同体和竞争组织的阻挠。被威胁的技术共同体也会通过增加对前一个技术体系的支持和增加非技术作用来抵制技术变革。一般而言，在保持期中，共同体和组织规范会推动渐进的、常规的技术进步，却阻碍破坏技术的变异。因此，技术不连续只能够从现有的技术共同体和经验丰富的公司的外部产生。

二、四类技术演化过程中的影响因素

在技术生命周期演化过程中，技术、社会和组织因素都有影响。对于不同种类的技术，各个因素发挥的作用不一样。这里分非装配产品、简单装配产品、封闭装配系统、开放装配系统四类不同产品分别探讨技术生命周期演化的影响因素（如表 8－4 所示）。

表 8－4　技术复杂度和社会、政治、组织的相对影响[7]

技术复杂度	技术进步推动因素	主导设计的基准	主导设计的仲裁者	社会、政治、组织的影响
非装配产品 简单装配产品	子过程替代或削减 材料替代 产品替代	容易观测到的维度的技术优异	单个或同质的实践者共同体	最低
封闭装配系统	子系统替代或主导设计 核心子系统演化 连接技术	不同设计方案在多个维度上的竞争	异质的不同专业、不同组织的共同体	高
开放装配系统	核心子系统替代/主导设计 连接和/或界面技术	不同元件和界面设计方案在多个维度上的竞争	多个、多样化的不同组织、不同专业、政府的共同体	普遍存在、渗透其中

1. 非装配产品

对于非装配产品，技术进步要么发生在工艺中，要么发生在材料中。对于工艺技术，子过程替代或子过程削减都可以提高工艺效率。例如，19 世纪末的玻璃生产工艺，工匠们在一个巨大的圆筒里吹制玻璃，助手们将这些圆筒切割，然后展平，并打磨成一片片的玻璃。在 1903 年，Lubbers 机器代替了工匠吹制玻璃。这些机器可以更快更便宜地生产玻璃，极大地提高了玻璃的产量和生产效率。

对于非装配产品，其性能维度是质量或者生产效率，可以很容易测量得到（例如，单位价格，性价比等）。替代子系统明显沿着先前产品的主导性能维度发展。因此，在非装配产品的演化过程中，技术性能起决定作用，社会、政治、组织的影响很低。

2. 简单装配产品

对于简单装配产品来说，性能维度也是很清楚的，而且容易测得（例如，单位价格或性价比），技术进步发生在制造工艺、材料和产品替代上。因此，技术方面的因素主导着组织的考虑，主导设计和行业标准由技术因素驱动。

3. 封闭装配系统

封闭系统是子系统集合或通过链接和界面技术连接在一起的简单产品构成。因为有很多子系统，封闭系统具有多个性能维度。例如，CT 扫描仪可以用其速度、分辨率、大小、扫描模式和成本来描述。技术进步发生在子系统、链接和界面层次。因此，在封闭装配系统的演化过程中，技术所起的作用下降，社会、政治、组织的影响程度提高。

封闭系统具有一系列系统层面的技术问题——结构、核心子系统和系统主导设计。与简单或非装配系统不同的是，在封闭系统中，不是所有的子系统都是同等重要的。一些子系统和那些相互依赖少的子系统相比，与整个系统有更多的内部连接，对整个系统更为重要。也就是说，封闭系统可以是分等级排列的：一些子系统是核心，而其他的则是外围的。例如，在汽车业中，引擎是核心子系统，所有的车身、刹车、方向盘和点火装置都要依赖引擎的性能。因此，核心子系统的技术变革将会引发相互关联子系统中的辅助变革。

4. 开放装配系统

开放装配系统（例如，电视、收音机、电话、计算机、铁路等）是最复杂的技术系统形式，由一系列封闭子系统通过界面技术连接起来。与封闭系统不同的是，这个系统不是自身工作，而是通过分布在不同区域的网络组件共同工作，通过分布在不同区域的多个组织来实现技术的相互依赖和规模经济。

开放系统与封闭系统在某些方面的特征很相似，比如各个封闭子系统集是通过链接和界面技术连接起来的，多个性能维度是它的特征。例如，在 19 世纪末，直流电和交流电系统可以从安全性、灵活性、传输距离和效率等维度来比较。正因为如此，在开放装配系统的演化过程中，技术所起的作用有限，多个不同的多样化组织、多个专业组织和政府的共同体所产生的社会、政治、组织的影响普遍存在、渗透其中，产生更大的影响。

在开放装配系统中，技术过程发生在封闭子系统和界面水平上，每一个封闭子系统和连接技术包含各自的变异期、酝酿期、选择期和保持期。比如，在收音机，信号发生器自身从 1900 年到 1920 年之间就经历了三次不连续技术变革。

5. 四类技术演化过程中的非技术因素的影响

总体来说，非技术因素，比如社会政治因素，对非装配产品的技术演化过程影响不大，因为即使是在酝酿期或者在变异期，性能维度也是非常清楚的，行业共同体能够运用技术逻辑来解决替代技术之间的差异性。也就是说，对于非装配产品来说，是技术推动组织的发展。

但是，非技术因素对于开放系统来说，不论在酝酿期还是在变异期，对核心子系统或相关子系统的影响都达到最大化。这些非技术因素通过一个很大的网络来产生影响。这个网络包括行业内的竞争者、供应商、专业组织和共同体，以及所有对于技术演变有实际意义的因素。对于开放系统来说，非技术因素驱动一个包括可行的技术选择集的技术进步过程。相对于技术逻辑来说，从简单装配系统产品到封闭系统和开放系统产品，以及随着产品经过主导技术结束的酝酿期和随之而来的影响核心子系统的技术不连续期的演变，非技术因素所起的作用越来越重要。

非技术因素在所有产品类型中，对于外围子系统的作用是最小的，在渐进变化时期也是最小的。比如，在渐进变化时期，技术性能维度是确定的，竞争者和行业共同体演化成秩序良好的社会系统。在这一时期，渐进的技术变革是由技术逻辑和在行业共同体中广泛发展的规范和价值所驱动。

三、技术生命周期中的集聚与替代

在变异、酝酿、选择和保持四阶段技术生命周期模型中，有技术和设计方案的竞争和新的不连续技术对旧技术的替代等许多重要现象。后续相关研究继续深入，进一步发现了技术生命周期演化中的集聚现象，提出了技术替代的管理建议。

有的学者发现，当技术发明出现时，往往成群出现，存在集聚现象：发明一出现，就与创新相互补充，共同推动技术的成长；之后，一段快速经济增长期随之出现，创新的增长也较快。这是由发现、发明事件驱动的，干中学在其中起到重要作用。经过一段时间的发展，技术就会进入创新减少、新发现放缓的技术成长晚期[8]。

一个技术平台或者技术范式中有着多代技术，每一代技术衍生出多种产品。这一代代的技术都按照生命周期成长，并最终被下一代技术替代。有的学者在研究 ISDN 和 ADSL 在日本和韩国的技术替代时发现，当转换成本相对较小时，技术替代的最佳时间对新技术生命周期的不确定的变化要更为敏感[9]。当其他条件相同时，在旧的技术生命周期造成相对适度的不确定的情况下的最佳转换时间，要比旧的生命周期造成高不确定性的情况下的最佳转换时间发生得更早，因此相对于其他情况会更早到达成熟点。对最佳盈利的影响，新的技术生命周期的不确定性比转换成本更大。在旧的技术生命周期造成相对适度的不确定的情况下产生的总盈利，要比旧的生命周期造成高不确定性的情况下产生的多得多，因此也比其他情况更早到达成熟点。

技术替代的转换成本主要有以下表现[10]：

（1）有形资产提前报废损失。技术转换可能导致尚未到达使用寿命的机器设备、厂房等设施等提前报废，也会使专用原材料、配件报废。

（2）停产、减产损失。技术替代和改造可能导致生产过程中断，造成停产减产损失。

（3）企业产品的自我替代损失。技术替代过程是新旧产品交替过程，企业推出新产品可能导致原有产品销量下降或价格下跌。

（4）职工的结构性过剩。技术替代可能导致原有工程技术人员和技术工人技能的过时，从而使部分职工不能适应新技术的需求。

（5）技术配套体系失效。技术替代可能使已建立的配套协作网络、资源供给网络、信息网络、产品销售网络等失效。

（6）技术体系和管理体系的失效。技术替代带来的技术、知识、技能更新，产品和工艺的变更，营销系统和组织结构的改变，可能导致原有技术体系和管理体系的失效。

针对技术替代，企业可以采取以下管理对策[10]：

（1）密切监视技术发展动态。企业要密切注视本行业技术和相关技术的发展动态，尤其要重视可能对本企业产生威胁的技术动态。

（2）进行超前的技术准备。在企业的风险投资决策中，与其付出规模化生产投资失误代价，不如付出研究开发风险代价。如果企业在新技术出现苗头、甚至从基本假设开始进行技术试探，那么当新技术替代旧技术成为不可避免时，企业已有了充分的技术准备，将在竞争中处于主动地位。为此，企业必须进行必要的基础性研究，至少可以与大学、研究所合作，以获得新技术的基础知识，并同时对研究开发人员、工程技术人员及技术工人也要进行必要的知识更新教育和新技能培训。

(3) 重视对潜在市场的分析。技术替代的市场分析有别于常规的市场分析。常规的市场分析强调已有的市场需求信息，注重近期分析，这些对技术替代的市场预测是不适用的。新技术的市场往往是创造出来的，例如，晶体管的出现替代了电子真空管，但据估计，50%的晶体管是用于那些由于发明了晶体管才可能出现的产品中。因此，技术替代的市场分析，一部分需要靠捕捉信息加以研究和预测，另一部分需要靠“创造性的想象”，要发挥企业家、技术专家的才智和想象力，对未来做出判断。

(4) 建立适当的决策机制和决策方法。企业最终决定技术选择、决定是否向新技术转移资源的决策者是以总经理为首的最高决策层。由于技术的专业性太强，本身又太复杂，总经理往往没有足够的精力过问。最有资格协助总经理进行技术决策的是主管研究开发的副总经理或总工程师，但是，很少有企业把他们当做重大决策的“内阁成员”，这也使他们主要陷入具体技术管理事务之中，而不能从战略的高度思考问题。为此，企业要赋予技术副总经理或总工程师重大技术决策的权力和责任，并让他们参与最高决策。

第三节　结构性技术变革

从不同的角度可以对技术进行不同的分类，进而从不同侧面研究技术变革，有助于更全面地把握技术变革的本质。美国麻省理工学院斯隆管理学院的汉德森和哈佛商学院的克拉克通过研究发现，结构性技术变革对产业内的领先者更替具有重要影响。该研究推出了新的技术创新分类，使结构性技术变革成为创新理论中的又一经典概念。后续有更多的研究关注结构性技术变革，在产品结构方面进行了深入的探讨，并把与产品结构有密切关系的组织问题纳入研究范畴，进而关注产业链上的组织关系。因此，本节介绍以下二部分内容：(1) 结构性技术变革及其与组织的关系；(2) 结构性技术变革的扩展：产品结构、组织结构与产业链。

一、结构性技术变革及其与组织的关系

1. 结构性技术变革

根据产品构成模块和产品结构的变化，可以把创新分为突破性创新、结构性创新、模块性创新和渐进性创新四种不同类型，如图 8－4 所示。图中的横轴表示创新对产品组成模块的影响，纵轴表示创新对产品构成模块连接关系的影响。

在突破性创新中，一系列新的设计理念体现在组成模块中，而且，这些组成模块用新结构连接在一起。渐进性创新不断完善和扩展现有的设计，改进发生在单个组成模块中，但是基于其中的核心设计理念以及它们之间的连接方式并没有变化。模块性创新是一种改变核心设计理念不改变产品结构的创新，例如用数字电话代替模拟电话，只是用一个电子拨号装置代替一个模拟拨号装置。结构性创新改变产品结构但是不改变产品组成模块，组成模块体现的核心设计理念不变[11]。结构性创新包含的就是结构性技术变革。结构性技术变革带给现有公司的挑战非常微妙，因此，这里着重讨论这一类型的创新。

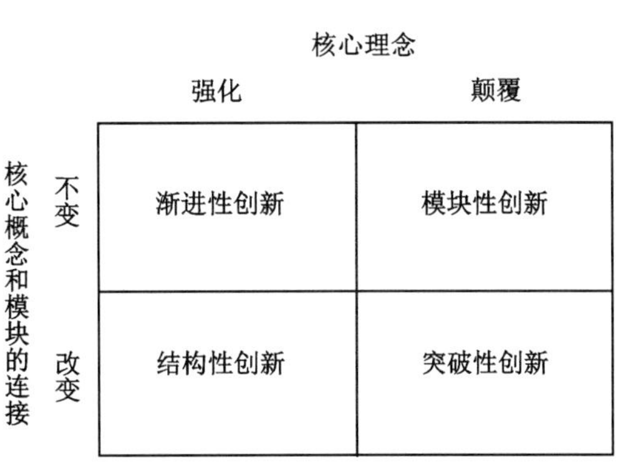

图 8－4 一个创新分类框架[11]

结构性创新的本质是把已有系统的各个组成模块用一种新的方式重新组合[11]。当然，这并不是说在结构性创新中组成模块本身一点变化都没有，而是其变化相对较小。结构性创新常常由组成模块的变化触发——或许是尺寸、或许是设计中其他方面一些可以替代的参数。这些组成模块的变化导致出现与其他已有产品的组成模块之间新的整合或连接方式。但是，每一个组成模块的核心设计理念同与之相联系的科学技术知识维持不变。例如，轻便风扇对于悬挂在天花板上的风扇来说是结构性创新。主要的组成模块大体上是相同的（例如叶片、马达、控制系统），产品结构却相差很远，各个组成模块之间的内在关系与原来的产品相比有重大变革。较小的尺寸和室内风扇叶片与马达的相对位置会导致马达型号、风扇叶片尺寸以及叶片起风量之间新的整合，削减装置的尺寸或许会带来叶片性能与支架重量的新的组合。

2. 结构性技术变革与组织

与结构性技术变革相关的是结构性知识，而结构性知识体系存在于企业组织之中。因此，结构性技术变革与组织密切相关。这里重点讨论信息渠道、信息筛选机制、问题解决策略与结构性知识的关系[11]。

企业内既有正式的信息渠道（比如甲向乙报告），也有非正式的信息渠道（因为老张是某个方面的专家，我经常打电话跟老张探讨）。企业的结构性知识体系正是建立在这些信息渠道的基础上。因此，企业的信息渠道体现了企业进行有效产品设计所需的零部件之间联系的结构性知识。例如，当室内风扇的主导设计形成后，在这一行业反应迅速的企业将组织力量对该产品的主要零部件进行研发，企业会建立风扇叶片攻关小组、发动机攻关小组等。这些小组间的信息渠道体现了他们进行商讨交流的机制。风扇叶片攻关小组、发动机攻关小组等向同一个主管汇报并且每周定期交流，这种交流中就包含了叶片和发动机之间关系的结构性知识。

企业的信息筛选机制同样包含结构性知识。企业经常处在信息的包围之中。在企业的生产固定下来之后，企业就会着手建立信息筛选机制。这种信息筛选机制能够体现企业对某种产品不同部分之间主要联系的一些认识。比如，室内风扇的发动机设计人员和控制器设计人员对发动机和控制器之间的关系会描述得越来越准确，两个设计小组之间的关系也会随之发生变化。控制器设计人员会发现他们非常需要了解有关发动机扭矩和功率的知识，但对发动机制造材料可以了解较少。他们会创建信息筛选机制来筛选这种知识。

工程师在他们所从事的技术项目中逐渐积累解决各种具体问题的方法。因此，当一个工程师遇到跟以前相同的问题时，就无须逐个重新考虑各种可能的方法，而只需重点考察以前在解决问题中有效的方法。设计人员既可以利用这种策略来解决产品构成模块内部的难题，也可以解决结构性知识方面的问题。有时候，企业对零部件内部联系的认识对解决问题至关重要。例如，随着时间的推移，生产风扇的企业会发现设计低噪声风扇最有效的方法是重点解决好风扇的发动机和风扇罩之间的关系。

问题解决策略以及信息渠道和信息筛选机制能帮助企业有效地解决一些复杂的问题。它们会成为惯例，成为企业中的潜意识，在企业中作用重大但却潜藏不露。一旦主导设计确定，结构性知识就会稳定下来，它会隐含在问题解决策略、信息渠道和信息筛选机制中，并且逐渐复杂起来。

3. 结构性技术变革：给老牌企业带来挑战、给新进入者带来机会

虽然稳定组织中的问题解决策略、信息渠道和信息筛选机制可以帮助工程师提高工作效率，但是也会使企业难以感知和适应结构性知识的变化——结构性技术变革。因此，结构性技术变革往往会给行业内的在位者带来挑战，给新进入者带来机会。结构性技术变革会给产业内的老牌企业带来以下两个方面的问题[11]：

（1）结构性创新在起始阶段常常是比较隐蔽的，因此老牌企业需要花很多时间甚至资源来确认某一创新是否是结构性创新。这主要是因为，企业都有自己特殊的问题解决策略以及信息渠道和信息筛选机制，使得他们常常难以确认某一创新，比如产品零部件之间新的联系，是不是结构性创新。实际上，因为企业还没有改变旧的核心设计思想，它们可能会误认为自己了解某一新结构，但是实际上并不了解。一般而言，面临威胁的企业可能继续依赖传统框架——或者他们旧有的结构知识——理解新的问题，因而误解威胁的特性。

（2）即使企业已认识到结构性创新的本质，还是会面临这样的问题：有效地构建和应用新的结构性知识。仅仅认识到新技术在特征上的结构性并不能赋予企业所需要的结构性知识。企业必须首先转换到学习的新模式，并投入时间和资源来学习这种新结构。企业这样做时面临着两方面的阻碍，一方面是所有企业在从一种学习模式转向另一种学习模式时所必须面临的困难，另一方面是企业要在与其原有结构性知识不相关的领域构建新的结构性知识。结构性创新需要在设计探索和新知识的消化方面投入额外费用，许多组织在试图进行这种类型的转变时遇到了困难。与此相反，新进入者因为较少束缚于学习环境和组织知识的传统方式，易于培育构建新结构知识所需要的组织灵活性。因此，结构性技术变革往往会给老牌企业带来挑战、给新进入者带来机会。老牌企业可能会大量投资于新出现的创新，但是将其解释为是现有技术的渐进扩展，或低估其对原有结构性知识的影响，而行业的新进入者可能更有效地利用结构性技术变革的潜力，因为它们不受原有结构知识的影响。

二、结构性技术变革的扩展：产品结构、组织结构与产业链

结构性技术变革对技术管理的影响是多方面的。比如，在存在结构性技术变革的情况下，如何回答下面的问题[12]：

（1）一个很强的零部件供应商是否会驱使公司用特殊的方法进行组织变革，以适应特殊的产品结构？

（2）纵向一体化的公司比那些与外部供应商合作的公司需要采用更多还是更少的模块化设计？

（3）公司的大小或者地理分布是否和产品结构相关？

（4）如果不改变组织结构，公司是否能够改变它们的产品结构？如果能，那么哪一种组织结构能够允许最大的产品结构适应性呢？

在这一部分，我们从产品结构、组织结构与产业链三个方面探讨这些问题。

1. 产品结构

产品结构是把产品功能划分成物理构成的方案，包括：（1）功能要素或功能结构的安排；（2）从功能要素到物理构成的方案；（3）相互作用的零部件之间作用的规则。产品结构选择对公司业绩有重要影响。公司有广泛的产品结构选择范围，因此，产品结构在管理决策中很重要。吴瑞迟综合运用软件工程、设计理论、运作管理和产品开发管理的知识，探讨了产品结构问题，并发现公司的很多问题都和产品结构有关。

产品结构的选择会涉及很多因素。这里以问题的形式给出不同情况下一系列产品结构决策中需要考虑的主要因素[12]：

1）产品改进

（1）哪些功能要素需要升级？

（2）是否需要添加其他功能？

（3）在产品生命周期中，哪些功能要素需要适应新的应用环境？

（4）哪些功能要素会衰退？

（5）哪些方面的结构灵活性对用户有用？

（6）在产品的未来款式中，哪些功能能够保持一致？

（7）哪些功能要素需要快速改变以适应市场或者技术的动态变化？

2）产品差异化

（1）哪些产品差异能最好地满足顾客偏好？

（2）容易获得何种程度的零部件灵活性？

（3）缩短订单交货时间有多少好处？

3）零部件标准化

（1）与产品功能要素相关的零部件是从内部还是外部获取？

（2）与另外一个产品共享零部件在成本方面有何意义？

（3）在哪些地方采取标准化零部件能减少开发时间或者降低项目管理的复杂性？

4）产品性能

（1）哪些局部性能特性对于顾客最有价值，并且能通过模块化结构来实现最优化？

（2）哪些整体性能特性对于顾客最有价值，并且能通过整体结构来实现最优化？

5）产品开发管理

（1）在组织和供应网络中，专注和专业化程度有多高？

（2）产品本来就大而复杂吗？

（3）开发团队在地理上分散吗？

（4）组织中的专业化分割会带来结构性技术变革的障碍吗？

（5）企业是否有能力改变组织结构和方式？

2. 组织结构

产品是实现各个功能要素的零部件的集合，存在产品结构。公司是承载能力要素的各个部分的集合，存在组织结构。组织结构要具有灵活性来应对产品结构的变化。也就是说，组织也存在结构性变革问题。研究表明[13]，“动态共同体”这种适应性组织能够很好地进行结构性技术变革。“动态共同体”型的公司组织是动态变化的：公司具有不同的、准独立的分部，这些分部的制度和能力随着市场的变化共同演进，在演进中通过组合创造出新的生产能力；这些分部是共同体，他们的根本文化被共享的公司价值观深深影响，他们的动态能力由共同的社会和经济规则指导。尽管企业的高层管理者深深影响了动态共同体的结构，但是分部的行为不体现集中的设计或者控制，反而是分散的和自组织的。

"动态共同体"是一种高度适应性组织，需要在模块化和相关性、竞争和合作、有序和无序这些对立之间找到平衡。模块化的分部具有广泛的多样性，但是各分部在接近市场这一点相似，而且存在技术联系。公司文化既鼓励各分部相互竞争，同时又能合作。

3. 产业链

产品的零部件由外部供应商提供时，与该产品相关的产业链就会与产品结构相关。在没有供应商参与的情况下，结构性创新虽然也能够在单一公司产品开发中产生，但是，在供应商掌握很多可用的知识基础时，如果没有供应商在产品开发中的早期参与，结构性创新会遇到很多困难。比如伯茨道根等的研究发现，早在产品开发的概念探索和定义阶段，就要把上游的供应商整合进主要的公司跨职能设计团队；这个整合能够鼓励产品开发中的结构性创新，带来产品或者系统中组成部分连接的全新结构，并给公司带来竞争优势[14]。在很多供应商有知识基础时，如果在产品开发早期供应商没有成为正式成员，结构性创新就会受到阻碍。除了建立完整的产品团队之外，对供应商的长期委托、实施对设计和结构控制的共同责任和无缝信息流都会推动结构性创新。

在复杂产品系统中，产业链上的合作对结构性创新更为重要。泰德以家电行业为例，分析了复杂产品系统发展中的种种挑战，认为当产品和服务跨越传统市场和技术边界时，根本性的创新难以实现，因为不同的公司和行业各自具有不同的子系统和部件[15]。这时，成功的开发需要新的创新形式，譬如结构性创新和技术融合。在这里，结构性创新是指产品零部件相互融合创新，但核心设计概念保持不变。

公司的内部组织以及公司与其他组织之间的联系，包括供应商，客户和合作组织的网络会影响到结构性创新。比如，欧洲公司和美国公司倾向于支持封闭的战略联盟，而日本公司则更多参与开放网络和互助合作。这种开放网络有助于公司从不同途径获得互补技术和市场知识。由于家电业涉及不同技术和行业，开放的网络比封闭的或联盟更为有效。正因为如此，日本企业更能推动家电产品的结构性创新和技术融合，构筑在行业内的领先地位。日本企业在汽车行业也是如此，优势甚至更为明显。

需要指出的是，一个在创新者或者制造商看来是结构性创新的东西，对于消费者可能是重大创新，对于产品零部件供应商可能是渐进创新，对于供应商而言可能是重要的互补创新。这些在创新价值链不同层面呈现不同面孔的创新是超立方体式创新[16]。超立方体式创新对于那些依赖于互补性的创新来获得成功以及利用学习机制和在客户层面存在外部网络的企业尤其重要。这些企业在进行结构性创新时，更要注意到整个产业链上的相关因素，要从他们的客户、供应商和互补创新者等不同角度思考问题。简指令集（RISC）和复杂指令集（CISC）半导体芯片以及超级计算机是这方面的典型例子：他们依赖于互补创新来获得市场的成功，在客户领域显示了积极的网络外部性，需要从供应商那里获得复杂的设备和零部件。在超立方体式创新中，创新公司的经理人要对创新价值链上所有成员进行评价，搞清楚结构性创新对公司能力和资产的影响。创新者需要不断探索在创新价值链上有利于增强核心能力的创新产品。创新者还需要关注原有的互补创新的惯性以及新的互补创新的动力，并加以利用。

第四节　S　曲　线

本节介绍技术 S 曲线的基本描述、能源 S 曲线、S 曲线的极限、技术 S 曲线的转换与先发优势。

一、技术 S 曲线的基本描述

技术 S 曲线认为，随着技术逐步成熟，给定同样多的时间投入或其他资源投入，产品或工艺的性能改进量是不一样的。如图 8－5 所示[17]，在技术发展初期，性能提高速度相对较慢。随着技术越来越容易理解、控制和扩散，技术改进速度增加。但是，在成熟阶段，技术会逐渐逼近其自然或物理极限，这时要获得性能改进，不但需要更长的时间或更多的其他资源的投入，而且变得越来越不容易。

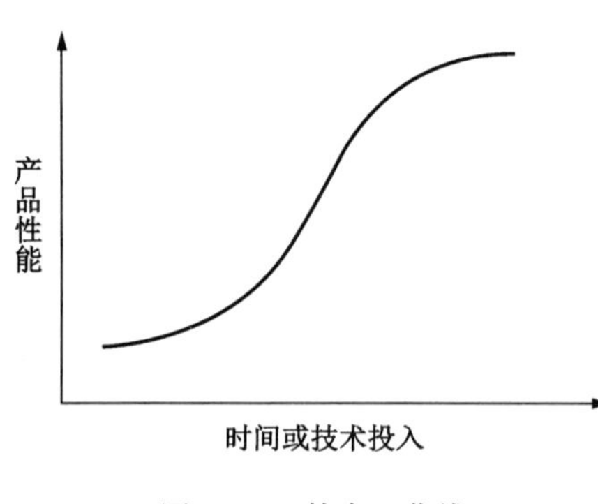

图 8－5　技术 S 曲线

技术 S 曲线的纵轴是用来测度产品或工艺性能的一个重要维度。横轴上的单位可以有多种选择。比如，如果目的是测度开发小组投入的相对效率或潜在产出率，可以选择技术开发投入作为横轴。如果试图评价技术成熟度对产品销售或竞争地位的影响，可以选择时间作为横轴。

在技术成熟的过程中，技术轨道上升会逼近水平线，这可能是因为自然规律强加的极限。例如，蒸汽动力轮船对风力帆船的替代是因为：风力帆船的速度在本质上受风和水的物理作用规律的制约。在飞机产业中，涡轮喷气技术对活塞式发动机技术的替代，是通过一系列单个材料和元件性能的不同步、持续提高而完成的。沿着给定技术方法前进的性能提高速度递减也可能是因为规模现象（事物不可能变得很大或很小）或因为系统复杂性，因为这些问题中的任何一个都使得下一步进展更为困难，维持进展步伐的唯一途径是对系统进行根本性的重新定义。因此，当现在使用的技术跨过转折点之后，就要从其曲线下方发现新技术。新技术的产出率更高，有一天会与现在的技术S曲线相交。因此，要及时获取或开发新技术，转换到新技术，使其性能超越现有技术。换句话说，S曲线理论希望企业沿着图8－6中系列S曲线的包络虚线发展[18]。

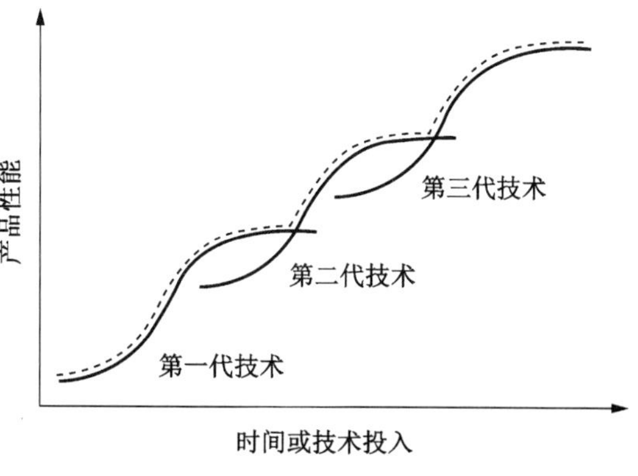

图8－6　指导性S曲线战略

二、能源S曲线

当一项新技术被引入市场时，该技术一般都会遵行一个S形曲线，尤其是如果该技术在一个相对基础（市场份额）上被评价时[19]。Versluis提出渗透潜力S曲线模型对能源市场进行的研究。渗透潜力是假设没有其他新技术进入市场时，该技术的渗透。在一个稳定的竞争环境中，渗透潜力曲线是典型S曲线。渗透潜力S曲线模型能够很好地与实际数据吻合，得到能源市场的S曲线，并在此基础上进行预测。

一次能源是一个对于扩散时间常数高度依赖的、移动缓慢的市场。19世纪中期，一次能源基于两种原材料：75％的木材和25％的煤炭。在19世纪末，引入了另外3种一次能源：石油、天然气（包括沼气）和水电。20世纪初期，又引入了地热能。在接下来的60年中，没有新的技术再被引入；直到20世纪60年代初人们又引入了核能。核能的能量生产率很是吸引人，但是放射性废料的处理是其主要缺点。现在出现的技术，例如太阳能、风能和生物能，只占现有的总一次能源产量的很小一部分，它们的总和比“地热能和其他能”还少。

1973年，富有原油的中东国家减少了对西方国家的石油出口，以惩罚他们对阿拉伯—以色列冲突的介入。石油的禁运导致了石油价格的大幅上升。由于长期价格协定的惯性，其他一次能源没有马上涨价。从那时起，各种能源的竞争力随着石油价格的变化而波动。从1970年到1980年，石油和天然气的价格比扩大了7倍。后来伊朗革命和伊拉克与科威特的战争又引起了两次小的石油危机。2001年，石油和天然气的价格比回跌到1970年水平。2002年石油价格又从10美元每桶上涨到34美元每桶。在这种情况下，渗透潜力模型的时间稳定假设似乎是不正确的。因此，对一次能源的引入的分析分成了两个时期：不包括1973年石油危机的“1860—1970”时期和包括石油危机的“1860—1998”时期。

“1860—1970”时期渗透曲线的实际市场份额数据见图8－7。扩散时间常数范围为80到110年。基于这些实际数据，Versluis建立理论模型来预测每一代能源技术的最大可获得市场份额。计算结果表明，最老的技术，煤炭和石油，显示出最高的最大可获得市场份额，分别为0.89和1。其后引入的技术——天然气，最大可获得市场份额为0.43。

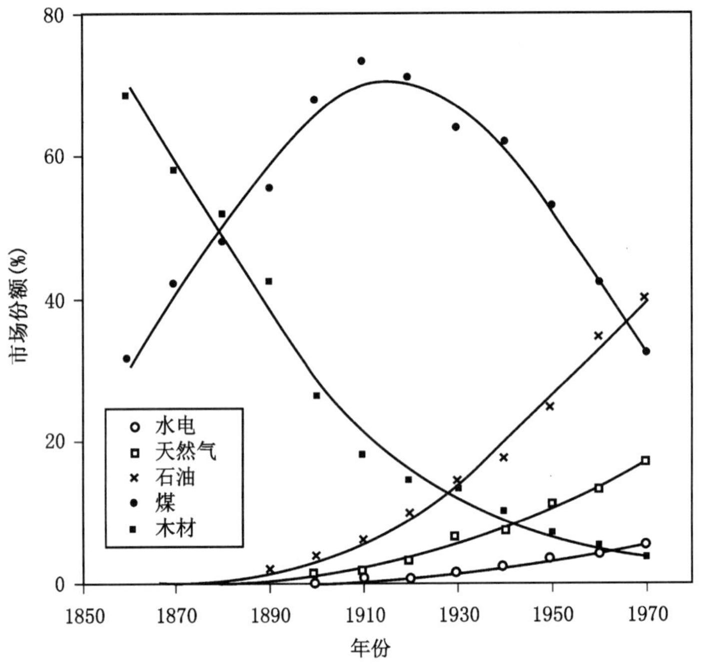

图8－7 “1860—1970”时期一次能源S曲线

如上所说，有着波动石油价格的现象，看起来不能适合渗透潜力分析。但是，这个模型能够用加入一条额外的S曲线来修正，加入的S曲线能够解释20世纪70年代的石油危机。这个修正只对石油的渗透潜力有用；这个修饰能够通过和以前技术的竞争在其他数据中表现出来，在煤炭的市场份额曲线中尤其明显

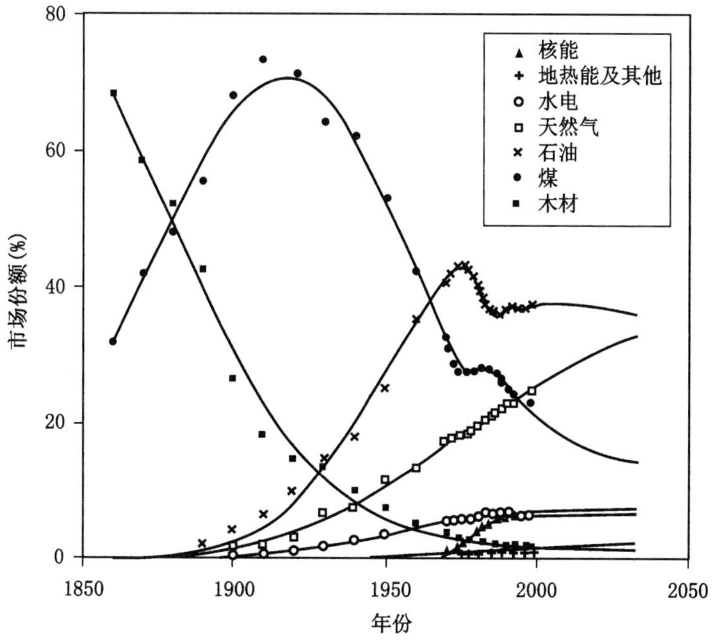

图 8－8　“1860—1998”时期一次能源 S 曲线

（图 8－8）。这个 S 曲线和一些新能源技术的引入无关，却和 1970 年后相对石油价格上涨和由此导致的石油竞争力下降有关。

石油渗透潜力分为一条与“1860—1970”时期的渗透潜力曲线等价的主要 S 曲线和一条与石油危机相关的 S 曲线。石油危机 S 曲线的扩散时间常数为 8.8 年。石油危机对于一次能源市场份额的影响不是暂时的，而是长久的。

由于不稳定的价格环境，预测只在其他所有条件相同的条件下有效。图 8－8 表现了一直到 2040 年的渗透潜力模型的变量。下一个重要的能源技术是什么？现在一次能源仍旧由一个世纪前就引入的技术统治。新兴的技术来自于风能、太阳能和生物能，这些技术所占的比例太少了（远少于 1%）。尽管我们都想使可再生能源得到广泛使用，但是这些新技术想要真正能够和现有主要一次能源——石油、天然气和煤炭竞争，还需要不止一个技术突破。除此之外，由于能源市场的高扩散时间常数，这些新技术的广泛使用还需要更多的时间和耐心。

三、S 曲线的极限

对计算机硬盘产业的有关研究发现，用来评估元件技术的进步轨道时，S 曲线在描述单个公司的经历中有用。但是，如果用来研究整个产业未来研究项目的走向，该框架就存在严重不足。比如，各个公司大小不一样，对技术极限的认识就会有差异[18]。

一般来说，经理人员和技术人员一样，常常倾心于全新技术——可以称之为技术赌博。这些对全新技术的赌博一般都需要投入比预想的多得多的时间和资金，而传统技术通过稳步的渐进创新，仍然可以获得更大的进展。关于砷化镓、光盘存储器和陶瓷发动机等技术赌博都有一些预测，它们要么推迟实现，要么被传统技术渐进创新的稳步积累先占为王。因此，传统技术的性能提高潜力比企业或产业专家预计的要大得多。也就是说，看起来变平的技术极限之所以出现，常常是因为对旧技术投入减少或停滞造成的。

不同公司对同一产品技术的极限水平的认识可能会有相当大的差异。一种可能的解释是没有人知道复杂技术产品的物理性能极限：技术人员不知道他们将来可能发现和开发出什么；决定性能的物理定律（以及定律之间的联系）没有彻底弄清楚；绕过已知物理极限的可能性不能很好地预测。也就是说，技术的自然或物理极限，在实践中是一个移动靶，而不是不可移动的障碍物。从技术开发的视角来看，这些极限是动态的、相对的、不断变化的。

当然，并不是任何一个产业内的不同企业都会对S曲线有很多的不同看法。有些技术问题，例如是否从一种原材料转换到另一种，其性能的自然极限可能是相对清晰、广为人知、而且是认识一致的。但是，有时候，一种技术的性能取决于以下因素的综合作用：多个广为人知的物理定律而且具有企业独特性并基于经验的技术诀窍。在这种情况下，对某个具体的公司来说，它所看到的技术S曲线的形状就具有企业独特性，而不是受绝对定律和物理联系的影响。此时，产业层次的技术成熟曲线描述和预测，既没有必要也不应该用来指导企业层次的战略[18]。

综上所述，对于某个具体的技术，在特定情况下，不论对技术本身还是对各个公司来说，技术S曲线的极限都是动态变化的。在企业选择是加大对已有技术的研究开发投资还是转移到新技术时，一定要考虑到这种情况存在的可能性。

四、技术S曲线的转换与先发优势

1. 元件技术S曲线的转换与先发优势

福斯特运用S曲线发现，根本性的新技术常常由产业的新进入企业开发和引进，而非老牌领先企业[20]。福斯特认为，领先企业倾向于强化和优化成熟技术，在及时发现新技术和后继技术方面常常失误，这是领先企业丧失产业主导地位的主要原因。

但是，克里斯藤森对硬盘产业的研究则发现，产业领先的老牌公司在新元件技术S曲线的转换上一般都比较积极主动，但没有证据表明，比之于那些固守传统技术的公司，他们能获得任何战略优势[18]。实际上，新元件技术的早期采用者，其全球市场占有率之和从 1981 年的 60%下降到 1989 年的 37%。后转换 S 曲线的那些公司——Priam、Micropolis、Miniscribe、希捷、惠普、昆腾、东芝、日立、DEC 和富士通，它们的全球市场占有率之和则从 1981 年的 10%上升到 33%。

如何解释上述不同的发现？在一般的 S 曲线框架中，描述新技术从成熟技术之下升起直至与之相交，只是从技术角度考虑考虑结构性技术变革。实际上，影响企业成败的因素很多，元件技术战略只是其中之一。在计算机硬盘产业，单单是率先切换到新元件技术 S 曲线这一点来说，对取得竞争胜利既不是必要条件，也不是充分条件。

2. 结构技术 S 曲线的转换与先发优势

当新结构技术在计算机硬盘产业中出现时，相比于业内老牌企业，率先采用新技术的新进入企业和先发者往往获得优势，而且能够乘新结构技术之东风，窜到产业内领先位置。在硬盘产业，不是元件技术、而是新结构技术的出现，致使产业内领先企业突然衰落。出现这种情况的原因是，结构性技术变革一般在新兴市场最先找到用户。成功运用结构性技术变革的新进入者、进攻企业，是因为他们在开发这些新兴市场方面表现更佳，而不一定是因为他们拥有更强的开发结构技术的能力。

1973 年到 1990 年间，计算机硬盘产业连续出现了五种结构技术：14 英寸、8 英寸、5.25 英寸、3.5 英寸、2.5 英寸直径温彻斯特硬盘。虽然这些结构技术是用尺寸缩小来区分的，但是，它们的主要区别在于总零件数减少和系统设计中元件之间连接方式的变化。在各代结构技术的顺序替代中，每一代结构技术的性能（用单位面积的存储量来衡量）刚开始是往往不如上一代。但是，随着上一代技术改进速度下降，新结构技术的性能终会胜出。每一代新结构技术的开发和推出，新进入企业都是领先者。贴牌制造（OEM）市场 14 英寸产品的主导生产商控制数据公司，在 8 英寸结构推出之后，被 Micropolis、Priam、Shugart 等新进入者超过。希捷、Miniscribe 和 Tandon 等新进入者淘汰原领先者，主导了 5.25 英寸这一代产品。相比于 5.25 英寸结构的领先者，Conner Peripherals 和昆腾在 3.5 英寸硬盘获得了主导地位。

从技术上来看，新结构技术开发比新元件技术开发的挑战性要小，主要差异在于老牌企业和新进入企业把两种技术推向市场的相对能力。一般而言，新元件技术一般都推动为已有市场看重的那些性能的提高，而结构性技术变革的典型特征是，它们采用经过实践考验的元件技术，并且在新市场上得到应用。

例如，14 英寸和 8 英寸结构的主要客户分别是大型机和小型机制造商。这些硬盘的性能主要用两个维度来衡量：总容量和信息存取速度。在与大型计算机制造商要求不相关的其他性能指标，特别是每立方英寸容量和每单位总成本方面，5.25英寸结构超出大型硬盘。一个新兴市场，台式个人计算机，对这两个新的、不被传统用户看重的硬盘指标特别重视。因此，采用新结构技术的硬盘在新兴台式计算机市场需求旺盛，却被当时理性的、客户驱动的大型计算机市场的硬盘供应商忽视。率先推出5.25英寸结构的企业当然就是那些产业新进入者。

一般而言，在发现、开拓有吸引力的新兴市场机会方面，老牌企业行动缓慢。错过新市场，对老牌企业的看家市场会产生重要影响：一旦在新市场站稳脚跟，5.25英寸硬盘制造商发现他们可以提高硬盘容量和速度，而且，其提高速度比台式机市场要求的快得多。因此，几年之后，5.25英寸硬盘就能与用于小型机和大型机的基于老的结构技术的硬盘在竞争了。到某一点时，比那些大型硬盘的老牌制造商技术经验更丰富、率先进入5.25英寸结构台式机市场的新进入企业，能够制造出容量更大、成本更低的硬盘。新进入者依靠这些能力侵入大型和小型计算机市场，同时快速获取这些市场。

图8-9描述了这种情形[18]。新技术用于新用途（B），这里的性能指标与原市场的应用A不一样。实际上，在用途B中，新技术性能更优异，并在那里获得一定程度的商业成熟度。随着新结构技术的进步，到某一点时，新结构就会在满足原市场要求的性能方面超过旧技术。这时，新技术就侵入原市场，迅速替代旧技术。

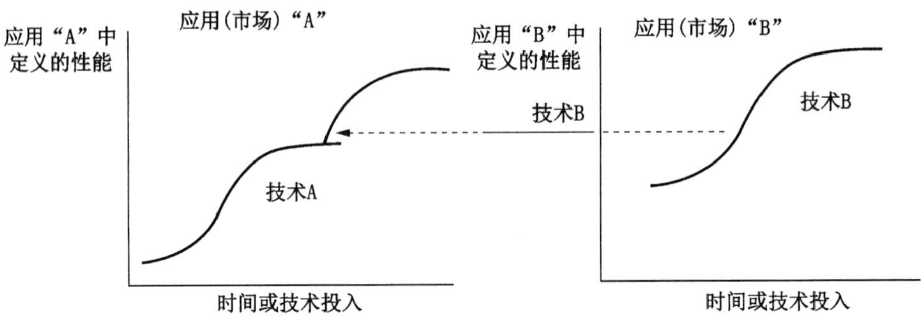

图8-9　结构性技术变革的另一种S曲线形式

总之，面临结构性技术变革时，及时转换S曲线非常关键。特别需要指出的是，管理者需要从技术和市场两个维度来评价结构性技术变革。如果以现有技术在现有市场上的性能指标来评价新结构技术的性能，往往会错过新结构，因为新结构与现有市场关注的优点不相关或在这些方面劣于现有结构。这就需要用老牌企业不熟悉的新市场或边缘市场的新用途要求的新性能指标来评价新结构。当新结构的性能提高速度高于现有市场需求的增长速度时，新结构在新市场达到商业规模之后，能够快速向现有市场渗透。这个技术替代过程比传统 S 理论概括的过程要复杂。传统 S 理论忽视了关键的市场创新过程，只集中于新结构的技术维度。

第五节 创新的源泉

把握技术变动的规律，可以在技术变化的过程中寻找创新机会。技术推动和需求拉动的线性创新模型表明，企业至少有两类创新来源需要把握，一是研究和开发，二是用户的需求。从前面对结构性技术变革的介绍中可以看出，创新产品与整个产业链都有重要关系。这就是说，与技术创新链相关的过程和组织都存在创新的源泉，创新的机会可能在企业内部，也可能在企业外部。在创新源泉的研究中，美国麻省理工学院斯隆管理学院万·希波尔教授的研究最为经典，他发现在某些产业里用户是重要的创新源，他提出的方法也被广泛运用于企业创新的实践中[21]。因此，本节介绍（1）用户创新源和领先用户方法；（2）企业内部创新源；（3）大学和研究院所创新源；（4）政府资助研究中的创新源。

一、用户创新源和领先用户

1. 用户创新源

万·希波尔教授对企业的创新来源做过一个详细调查，结果如表 8－5 所示[21]。从这个表可以看到，9 个行业中只有 3 个行业是制造商的创新占主导地位，而其他则是用户、供应商和其他创新源占到了主导地位。从经济学的角度考虑，这是一个创新者对利益预期的问题。如果用户觉得他自己创新比坐等制造商提供新产品来得更快、更节省成本或更有效益，那么他就会有动力去创新。比如拉制成型工艺，它对使用企业的生产成本影响是很大的，早一天降低成本都会对企业的利润产生很大的积极影响，因此这个工艺的用户自然会不停地进行创新。又比如，对用户来说，工程塑料可能不会在其成本中占很大比重，但对于制造商来说，由于工程塑料一般是大规模生产的，一点点的创新能带来的效益都是惊人的，制造商们自然会乐于创新。Eric von Hipple 教授的研究表明，需求不仅是创新之母，而且需求会激发用户自己进行创新。有时，用户的创新还会产生一个新的产业。

当然，创新源的分布也同各个创新源所掌握的知识和信息有关。比如，虽然线路终端设备制造商们一般也想创新，从而改善产品功能或降低成本，但这些设备的主要性能是由其中的关键设备所决定的，并且这些关键设备的研发需要专业的知识和信息，如果不掌握这些知识和信息是很难进行创新的。

表 8－5　创新源数据汇总

创新类型	创新构想实施者					
	用户	制造商	供应商	其他	*NA*（*n*）	总数（*n*）
科学仪器	77%	23%	0	0	17	111
半导体和印刷电路板工艺	67	21	0	12	6	49
拉制成型工艺	90	10	0	0	0	1
牵引式铲车及相关创新	6	94	0	0	0	16
工程塑料	10	90	0	0	0	5
塑料添加剂	8	92	0	0	4	16
工业气利用	42	17	33	8	0	12
热塑料利用	43	14	36	7	0	14
线路终端设备	11	33	56	0	2	20

注：*NA* 是案例具体资源不可得的案例数，NA 案例不进入表中的百分比计算。

2. 领先用户方法

美国麻省理工学院斯隆管理学院罗伯特教授的调查表明，40%左右的公司会在创新中与客户进行合作[22]。因此，如何更好地利用用户创新非常重要，尤其是要发现和利用领先用户。

对于任何市场或产品，几乎总存在一些比其他人更早地感受到需求的组织和个人。领先用户不一定必然是一个领域的“观念领先者”，他们是在重要市场和技术趋势的前沿应用方面领先。他们一般早于其所在的市场感受到需求。有三类领先用户：

（1）目标应用中的领先用户：这可能包括实际上已经试验了原型开发的领先用户。

（2）类似市场的领先用户：有相似应用的领域的领先用户。例如，对人体抗菌控制产品感兴趣的保健企业实际上可能找到来自兽医科学的领先用户。

（3）其他市场中对目标属性更为重视的领先用户：例如，制冷企业可能从巨型计算机行业发现领先用户，在那里，冷却技术对计算机的运行起重要作用。

陈劲教授在万・希波尔教授研究的基础上，提出了我国企业的领先用户方法（如图 8－10 所示）。我国大多数企业在通过市场研究开展技术创新时，采用的是路径①的过程，其结果是对现有产品的细微改进。但是，通过充分利用领先用户研究方法的优势，路径②的过程可能导致全新的产品和服务的产生，并获得市场的欢迎[23]（陈劲，2001）。

表 8－6　与客户、供应商和大学进行外部合作的公司的比例

合作对象	北美	欧洲	日本
客户	44%	38%	52%
供应商	45%	45%	41%
大学	34%	32%	34%

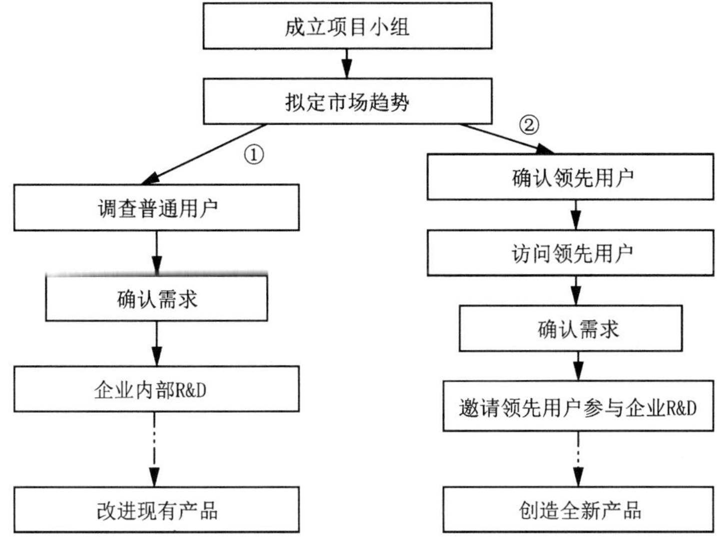

图 8－10　技术创新早期预开发活动[23]

领先用户研究通常在一个创新项目的初始阶段进行，以便形成新产品或服务的概念。一个拥有技术和营销人员的核心项目小组在大量其他人员，尤其是技术和营销部门的经理和职员的支持下开展此项研究。我国企业在实施领先用户研究时，可以通过四个阶段进行，每个阶段根据以下中心活动加以定义：

第一，选择项目的中心和范围：经理们在分析创新机遇和业务目标的基础上选择感兴趣的产品和创新项目，制订一个主项目计划，并决定实施计划所需的人员、时间和资金，然后选择一个由营销、技术和其他部门人员组成的核心研究小组。

第二，确认趋势和要求：核心研究小组在确认重大趋势和相关用户需求的目标指引下，通过进行深入的市场和趋势调查，开展领先用户研究。在这一阶段，小组的主要工作是收集数据、探究趋势和需求，并初步拟订用户需求。

第三，从领先用户处收集需求和方案信息：研究小组确认领先用户，并通过采访精选过的领先用户获取需求和方案信息。这些领先用户为研究小组深入理解正在出现的用户需求和信息及可能的方案提供帮助。

第四，同领先用户一起开发概念：选择、邀请合适的领先用户（有时是其他专家）参与企业的开发过程，以利于研究小组开发一个有潜力的产品或服务的概念，然后将得出的概念提交给管理层进行评价。

需要指出的是，领先用户方法比较适用于基于人的操作经验的产品创新，如医生长期接触医疗器械，因而比大学的教授和科学家更能找出可以创新改良之处。领先用户法一般不适于基于科学的创新以及工艺创新。

二、企业内部创新源

企业内部的创新来源有两个，一是正规的研究开发部门，二是员工的创新建议，在我国也称为合理化建议。

1. 研究开发部门

企业内部的研究开发部门是企业非常重要的创新来源。企业将自己内部的研发视为他们最重要的创新来源（如表 8－7 所示）。一般而言，一个企业的研发强度（研发费用占总收入的比例）与它的销售额增长率、新产品销售额以及盈利能力有着密切的正相关关系。

表 8－7　企业研究与开发工作来源重要性排序[22]

序　号	研究工作来源的排序	开发工作来源的排序
1	公司研究中心	部门内部研发
2	部门内部研发	公司研究中心
3	赞助的大学研究	供应商的技术
4	新招聘的学生	合资企业/联盟
5	继续教育	技术许可
6	大学联络的研究项目	客户的技术
7	技术顾问/合同研发	继续教育
8	合资企业/联盟	购买的产品技术

我国企业一直在探索如何加大研究开发支出、提升创新能力。政府部门也一直强调，企业要建立和完善企业技术开发中心，增强转制进入企业的科研院所的创新能力，制定创新战略，增加研究和开发投入，建立有效的人才激励机制，增强技术创新能力，加快技术创新产业化发展步伐。原国家经贸委曾经制订企业技

术中心认定与评价办法，以促进和规范企业技术中心的建设与发展，充分发挥技术中心的作用。他们每年对国家级的企业技术中心进行评定，淘汰差的，补充新的，实施动态管理。各省级部门也制定相应办法，评定省级的企业技术中心。被评定的企业技术中心在研究开发投入、进口研究开发设备等方面可以享受一定的税收优惠。

企业建立和完善技术中心的一个具体实例是：1998 年 12 月，在原有技术中心的基础上，海尔建立了中央研究院，研究超前 10 年的技术，增加技术储备，着重搞好超前技术的商品化工作，使各类超前技术在研究院得到二次开发和技术重组，实现商品化，最终形成高新技术产业化。该研究院的机构设置包括超前技术信息中心、超前技术研究所、超前技术产品中试基地、国际市场环境模拟测试室等四大部分，以保证高新技术产业化一系列工作的顺利实施。

2. 员工的创新建议

公司发动员工提出改进和创新建议，也是公司创新的重要来源。日本企业的质量圈活动就能充分发挥员工的创造性来解决公司的问题，为公司创造价值。我国企业也普遍存在合理化建议活动。

比如，宝钢从 1980 年就开始开展合理化建议的活动。1986 年，国务院和上海市出台推进企业开展合理化建议的活动，宝钢也于 1987 年正式建立合理化建议的管理制度，把合理化建议活动纳入正规的管理渠道。经过几年的运转，从 1990 年开始，宝钢的合理化建议活动走向快速发展轨道，从表 8－8 可以看出，宝钢的合理化建议活动每年都上一个新台阶。从数量上来讲，建议数、人均数、采纳数年均增长速度超过 50％。从质量上来看，采纳率、实施率连年上升。这些都反映了合理化建议工作水平的提高。

合理化建议活动奠定了群众创新的良好基础，充分调动了广大工人的积极性，为宝钢的技术创新作出了很大的贡献。其中突出的如《合理优化定修模型，有效降低费用，增加作业时间》和《5# 翻水泵改为倒虹管》，为宝钢带了巨大的效益。在 1995 年和 1997 年上海市两届“十大工人发明家”评选活动中，宝钢都有人当选，他们都是从合理化建议活动中脱颖而出的。1995 年的当选者一年提建议高达 150 多条，1997 年的当选者有专利 20 多个，一年有 100 余条合理化建议。

宝钢的合理化建议活动之所以开展得如此有成效，主要有以下经验：

（1）有力的激励政策。从 1992 年开始，宝钢在国务院、上海市规定的基础之上，大大提高奖励水平，奖励的最高金额突破 1 万元，以提高广大职工合理化建议的积极性。从 1995 年开始，实施按项目效益的百分比提成的办法，奖励数额上不封顶。实际上，单个项目最高奖励金额已达 20 万元。

（2）组织保证。1993 年 1 月，公司成立了合理化建议委员会，明确规定公司一把手带头，党政工团领导一起抓的领导体制。公司各级领导均非常重视合理化建议活动，每年有一次合理化建议表彰会，奖励积极分子，并与先进个人代表聚餐，每次的一等奖也都由公司领导总评决定。公司二级单位的领导，不仅自己带头提合理化建议，还亲自审查合理化建议。1998 年，公司为了进一步加强合理化建议活动的开展，专门派一个合理化建议考察代表团前往日本学习考察。如此重视合理化建议活动，在国内的企业是较为少见的。

（3）活动形式多样化。1993 年，冷扎厂首创以招标形式解决上一年度的合理化建议活动。有时，为了解决生产中的问题，针对某一专题进行集中发动。从 1997 年 6 月开始，每年在公司开展合理化建议月活动。公司的能源部，利用节日，如“三八”、“五四”、“七一”、节能月、节能周等活动，推进合理化建议活动。

（4）科学合理的效益评价体系。公司从 1990 年开始立项攻关，研究合理化建议的效益评价体系。经过几年的精心设计与实践，于 1994 年开始正式实施。评价指标体系分为七大类，每一类分成四项指标。经过两年的实践，1996 年又提出修订方案，对效益进行工序分解，按各工序的成本构成进行测算，使效益计算更科学合理。

表 8－8　宝钢合理化建议活动历年实绩表

年份	人数	建议数（条）	人均数（条/人）	采纳数（条）	采纳率（%）	实施数（条）	实施率（%）	经济效益（万元）	人均效益（万元/人）	奖励金额（元）
1985		232						135		
1986		546						870		
1987		1572						4092		
1988		3956		2479	62.6			6101		
1989		3818		2140	56.1			8323		
1990	25366	5471	0.23	3131	57.2	1398	44.7	5754	0.25	115553
1991	25917	13225	0.51	10157	76.8	5094	50.2	15006	0.58	214445
1992	25703	19790	0.77	15943	80.6	7981	50.1	15525	0.60	472082
1993	23537	24421	1.04	19270	78.9	10824	56.2	22531	0.96	880941
1994	22381	30201	1.32	24675	81.7	15449	62.6	29084	1.27	1312125
1995	22847	42364	1.85	37354	88.2	25757	68.9	32368	1.42	2447275
1996	23277	71482	3.07	64435	90.1	45169	70.1	38041	1.63	4594420
1997	23429	93052	3.97	86531	92.9	63580	73.4	36294	1.55	5537015

资料来源：王毅，宝钢技术创新调研报告，浙江大学管理科学研究所，1998 年。

三、大学和研究院所创新源

在知识经济时代，技术知识商业化成为大学和公共研究机构的一个新使命。许多大学鼓励教师从事那些能带来有用创新的研究。一般来说，大学的知识产权包括可以专利化的创新和不可专利化的创新两部分，而且大学持有将创新商业化的唯一处置权。如果一个发明能够成功地商业化，大学通常会从发明人那里分享部分收益。为了增加大学的研究转化成商业化创新的比例，许多大学已经成立了专门的技术转移办公室。在美国，1980 年通过了贝恩—杜尔法案（Bayh－Dole Act）以后，大学的技术转移办公室开始迅速增加。这个法案允许大学集中使用利用纳税人税金资助的发明的知识产权，而在此之前，联邦政府拥有所有联邦政府资助项目的成果的处置权[24]。

在我国的科研资源管理体系中，科研院所和高等院校拥有较丰富的人才资源与知识资源，可以优先获得科研资源，如科研经费、科研人才及科研设备，社会对它们的科研成果也有比较高的认同与信任。相反，我国很多企业，包括一些绩效较好的企业，缺乏知识资源，技术创新能力难以跟上发展的需要。所以，通过产学研合作，利用大学和研究院所的创新源是非常重要的。例如，20 世纪 90 年代末，清华大学抓住机遇，与同方股份有限公司实现了“大型集装箱检查系统”这一科技成果的产业化。由同方威视核技术公司生产的“同方威视”集装箱检查系统系列产品批量装备海关，为我国海关建立起一道高技术反走私防线。同方威视核技术公司与清华大学持续合作，还先后开发出 9 大系列 30 余种型号的民用产品，销往亚洲、欧洲、美洲、非洲和大洋洲近 40 个国家与地区，国内外市场份额高达 60％以上，成为该领域国内、国际市场的领军企业。2005 年，同方威视核技术公司销售额 12 亿元，利润 1.6 亿元。

四、政府资助研究中的创新源

许多国家的政府通过建立自己的实验室、成立科技园区和孵化器以及批准成立其他公共或私人研究实体的方式，积极投入到对科学研究的投资中去。例如，在 20 世纪 50 年代和 60 年代，美国政府是最大的研发资金的提供者，到 1964 年占到了 66.5％的份额。从那之后，虽然这个数字开始显著下降，但是政府投入资金的绝对数量并没有下降，比例下降是因为企业研发费用的迅速增加。实际上，2000 年美国政府投入的研发费用达到了历史的最高水平——696 亿美元。与此同时，企业投入的研发费用达到了 1800 亿美元[24]。图 8－11 为 2003 年部分国家研究与试验发展经费来源构成[25]。

如图 8－12 所示[25]，我国政府的科技资金投入稳步增长，只是随着我国企

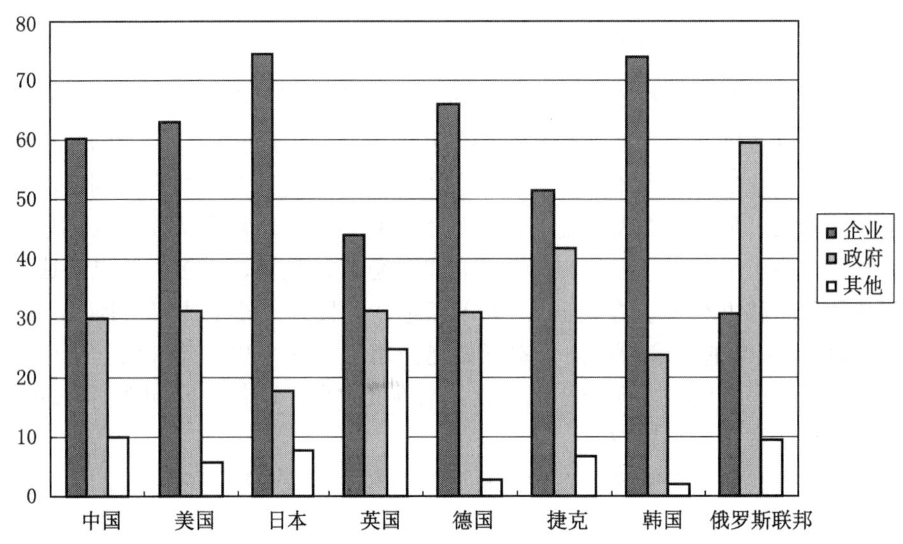

图 8－11　2003 年部分国家研究与试验发展（R&D）经费来源构成

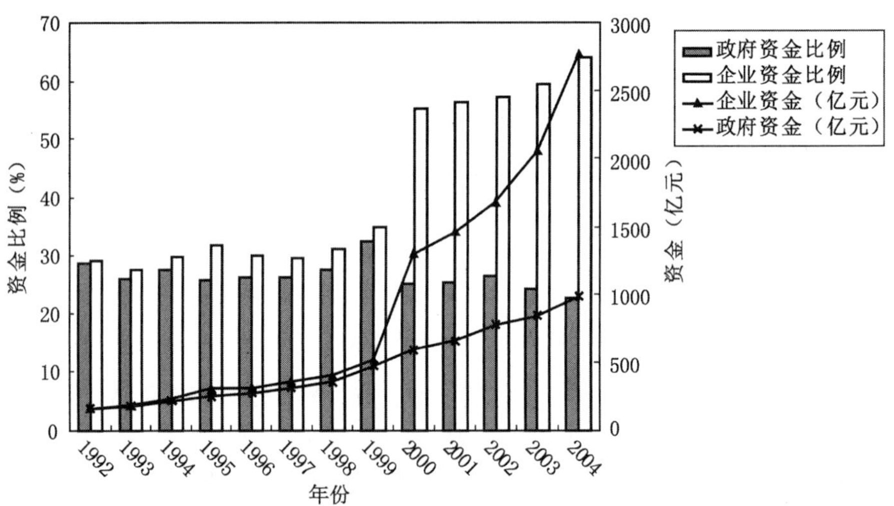

图 8－12　中国科技活动经费筹集统计中的政府与企业资金（1992—2004）

业投入的增加，其比例有所下降。通过各项国家级科技计划投入的研发经费成为我国企业创新的重要来源之一，创造的价值从表 8－9 可见一斑。企业要积极参与国家科技计划，并且利用其成果进行创新。

表 8-9　国家级科技计划项目效益情况（1994—1997）

效益情况＼年份	1994	1995	1996	1997
新增产值（亿元）	387.54	691.88	666.36	937.34
净利润额（亿元）	61.77	63.13	81.38	107.42
上缴税金（亿元）	19.87	23.58	36.47	52.68
出口额（亿美元）	2.07	4.77	7.49	11.69

资料来源："国家'十五'科技计划体系研究"课题组，《国家"十五"科技计划体系研究》分报告一：《国家主要科技计划》(1999)。

思　考　题

（1）A—U 模型是如何解释产品创新和工艺创新的基本特点的？

（2）技术生命周期演化的基本过程和主要影响因素是什么？

（3）结构性技术变革为什么会给老牌企业带来很多挑战？

（4）S 曲线对企业技术管理的启示有哪些？

（5）领先用户对企业技术创新的作用是什么？

参考文献

[1] 高建，李明译．把握创新．北京：清华大学出版社．1999. //Utterback J M. Mastering the Dynamics of Innovation. Boston：Harvard Business School Press，1994.

[2] William J. Abernathy and James M. Utterback，Patterns of Industrial Innovation，Technology Review，1978.

[3] Abernathy，William J，James M. Utterback，Patterns of Industrial Innovation. Technology Review，1978.

[4] Utterback，J. M.，Mastering the Dynamics of Innovation，Boston：Harvard Business School Press，1994.

[5] 刘小梅，刘鸿基译．从模仿到创新——韩国技术学习的动力．北京：新华出版社，1998. // Linsu Kim. Imitation to innovation：the dynamics of Korea's technological learning. Boston：Harvard Business School Press，1997.

[6] Gao X. Technological Capabilities Catching up：Follow the Normal way or Deviate. Ph. D. Dissertation，MIT Sloan School of Management，2003. 高旭东．技术创新能力培养：特定的培养顺序还是有效的 R&D. 科学学与科学技术管理，2005（6）（总第 285 期）：64－68.

[7] Tushman M L，Rosenkopf L. Organizational Determinants of Technological Change. Research in Organizational Behavior 14，1992，311－347.

[8] Iyigun M. Clusters of Invention，Life cycle of Technologies and Endogenous Growth. Journal of Economic Dynamics & Control，2006，30，687－719.

[9] Kim B. Managing the Transition of Technology Life Cycle，Technovation，2003，23，371－381.

[10] 吴贵生．技术创新管理．北京：清华大学出版社，2000.

[11] Henderson R M，Clark K. Architectural Innovation：The Reconfiguration of Existing Product Technologies and the Failure of Established Firms. Administrative Science Quarterly，1990，35 (1)：9－30.

[12] Ulrich K. The Role of Product Architecture in the Manufacturing Firm. Research Policy，1995，24，419－441.

[13] Galunic D Charles. Architectural Innovation and Modular Corporate Forms. Academy of Management Journal 2001，44 (6)：1229－1249.

[14] Bozdogan K，John Deyst. David Hoult and Malee Lucas. Architectural innovation in Product Development Through Early Supplier Integration. R&D Management 28，1998，3，163－180.

[15] Tidd J. Development of Novel Products Through Intraorganizational and Interorganizational Networks：the Case of Home Automation. Journal of Product Innovation，1995，12，307－332.

[16] Afuah，Allan N，Nik Bahram. The Hypercube of Innovation. Research Policy ，1995，24，57－76.

[17] Foster R. Innovation：The Attacker's Advantage. NY：Sumit Books，Simon and Schuster，1986，88－111.

[18] Christensen，Clayton M. Exploring the Limits of the Technology S-curve. Production and Operations Management 1，1992 (4) .

[19] Versluis C Drams. Fiber and Energy Compared with Three Models of Market Penetration. Technological Forecasting & Social Change，2002，69，263－286.

[20] Foster R. Innovation：The Attacker's Advantage. New York：Summit Books，1986.

[21] Eric von Hippel. The Source of Innovation. Oxford University Press，1988.

[22] Roberts E. Benchmarking Global Strategic Management of Technology. Research Technology Management，March－April，2001，25－36.

[23] 陈劲．企业技术创新透析．北京：科学出版社，2001.
[24] [美] Melissa A. Schilling 著．技术创新的战略管理（Strategic Management of Technological Innovation）．谢伟，王毅译，北京：清华大学出版社，2005.
[25] 中国统计局主编．中国科技统计年鉴（2005）．北京：中国统计出版社，2005.